westermann

Werner Geers

Arbeiten mit Excel 2019

Programmübergreifendes Basiswissen
Befehle
Funktionen
Diagramme
Allgemeine Rechenoperationen

1. Auflage

Bestellnummer 40815

Die in diesem Produkt gemachten Angaben zu Unternehmen (Namen, Internet- und E-Mail-Adressen, Handelsregistereintragungen, Bankverbindungen, Steuer-, Telefon- und Faxnummern und alle weiteren Angaben) sind i. d. R. fiktiv, d. h., sie stehen in keinem Zusammenhang mit einem real existierenden Unternehmen in der dargestellten oder einer ähnlichen Form. Dies gilt auch für alle Kunden, Lieferanten und sonstigen Geschäftspartner der Unternehmen wie z. B. Kreditinstitute, Versicherungsunternehmen und andere Dienstleistungsunternehmen. Ausschließlich zum Zwecke der Authentizität werden die Namen real existierender Unternehmen und z. B. im Fall von Kreditinstituten auch deren IBANs und BICs verwendet.

Die in diesem Werk aufgeführten Internetadressen sind auf dem Stand zum Zeitpunkt der Drucklegung. Die ständige Aktualität der Adressen kann vonseiten des Verlages nicht gewährleistet werden. Darüber hinaus übernimmt der Verlag keine Verantwortung für die Inhalte dieser Seiten.

BiBox westermann

inkl. E-Book

Dieses Lehrwerk ist auch als BiBox erhältlich. In unserem Webshop unter www.westermann.de finden Sie hierzu unter der Bestellnummer des Ihnen vorliegenden Bandes weiterführende Informationen zum passenden digitalen Schulbuch.

service@westermann.de
www.westermann.de

Bildungshaus Schulbuchverlage Westermann Schroedel Diesterweg Schöningh Winklers GmbH,
Postfach 33 20, 38023 Braunschweig

ISBN 978-3-427-**40815**-4

westermann GRUPPE

Vorwort

Das Buch Arbeiten mit Excel 2019 ermöglicht, im Unterricht die Tabellenkalkulation handlungsorientiert einzusetzen. Es bereitet ideal auf die Abschlussprüfung für den Kaufmann/ die Kauffrau für Büromanagement vor.

Vor allem vier Aspekte stehen im Vordergrund:

- Die Prüfungsrelevanten Befehle bei der Tabellenkalkulation für die Kauffrau für Büromanagement/den Kaufmann für Büromanage-ment werden vollständig erarbeitet. Auf der letzten Seite dieses Buches können Sie sich anhand der Anwendungen, Befehle und Funktionen für den Prüfungsbereich „Informationstechnisches Büromanagement“ (Teil 1 der gestreckten Abschlussprüfung) informieren, welche Prüfungsinhalte Sie unbedingt beherrschen sollten. Umfangreiche Übungen und zusätzliche Übungen aus dem wirtschaftlichen Bereich bereiten zusätzlich auf die Abschlussprüfung vor.

  Im BuchPlusWeb finden Sie außerdem eine Zusammenstellung aus dem Prüfungskatalog für die Abschlussprüfung (Verordnung über die Berufsausbildung zum Kaufmann/zur Kauffrau für Büromanagement vom 11. Dezember 2013), in dem alle für die Tabellenkalkulation relevanten Themen zusammengefasst werden. Daraus erklären sich u. a. die im Buch ausführlich behandelten wirt-schaftlichen Anwendungen, wie z. B. Angebotsvergleiche, ABC-Analysen, Nutzwertanalysen, Optimale Bestellmenge, Auswertun-gen von Kunden- und Artikeldaten usw. Berechnungen, Funktionen, Diagramme usw. vertiefen in diesem Zusammenhang das Wissen.

- Die wesentl ichen Inhalte von Computerführerscheinen werden abgedeckt. Dies ist schon dadurch gegeben, dass sich die Inhalte der Abschlussprüfung und der Computerführerscheine im Wesentlichen gleichen.

- Das Buch ist so aufgebaut, dass umfangreiche Kenntnisse über die Tabellenkalkulation im wirtschaftlichen Kontext vermittelt werden. In vielen Stellenanzeigen, in denen kaufmännische Angestellte gesucht werden, wird dieses Wissen vorausgesetzt, es ist praktisch eine Notwendigkeit in der täglichen Büroarbeit. Das Buch bereitet nicht nur auf die Abschlussprüfung vor, es vermittelt solide Kenntnisse für den weiteren beruflichen Werdegang.

- Das Buch eignet sich sowohl für den unterrichtlichen Einsatz als auch für das Selbststudium. Durch die vielen Übungsaufgaben kann das Wissen ständig ausgebaut und erneuert werden.

Neueste Informationen, eventuelle Änderungen und Ergänzungen, die sich beispielsweise durch Updates des Programms ergeben, können Sie über das Internet unter den folgenden Adressen abrufen:

http://www.werner-geers.de http://www.berufliche-informatik.de

Für die Arbeit mit dem Buch wünsche ich Ihnen viel Spaß!

Papenburg, April 2020 *Der Verfasser*

1 Verwendung des Programms

1.1 Tabellenkalkulationsprogramm starten und beenden

Tabellenkalkulationsprogramme können wie jedes andere Programm über das Anklicken eines Symbols auf dem Desktop oder über die Schaltfläche **Start** am unteren linken Bildschirmrand gestartet werden. Eventuell ist das Programm auch in der Taskleiste verankert.

Die Arbeit mit dem Programm ist nicht davon abhängig, welches Windows-Betriebssystem genutzt wird. Die Darstellung des Programms auf dem Bildschirm kann durch den Benutzer teilweise beeinflusst werden. Daher können leichte Abweichungen zu den nachfolgenden Abbildungen eintreten, die Funktionsweise des Programms ist jedoch vollkommen identisch.

Bearbeitungsschritte

- Starten Sie das Programm **Excel** über das Programmsymbol auf dem Desktop.

- Alternativ können Sie das Programm über die folgenden Schaltflächen auswählen:

- Eventuell können Sie das Programm über die **Taskleiste** öffnen:

- Der Excel-Bildschirm wird eingeblendet. Sie können nun unter anderem zuletzt verwendete Excel-Mappen oder Vorlagen für verschiedene berufliche und/oder private Aufgaben aufrufen.

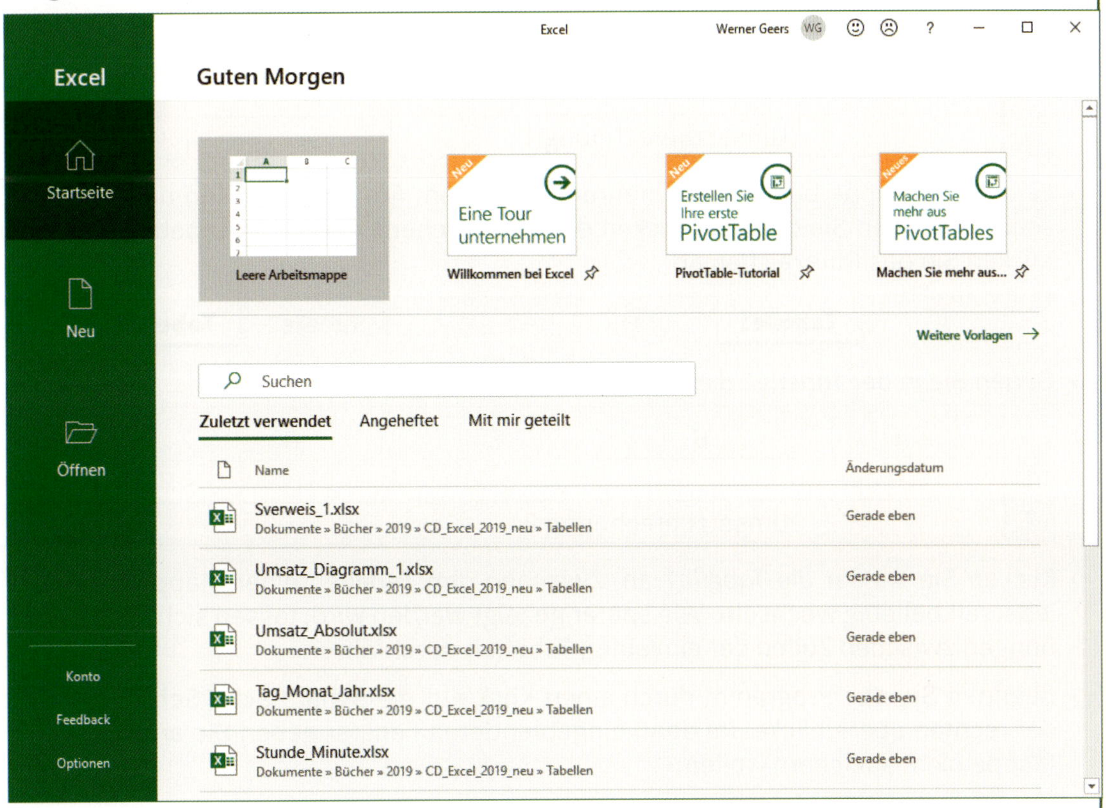

- Wählen Sie den Bereich **Leere Arbeitsmappe** aus. Es wird eine Mappe mit leeren Tabellen eingeblendet. Nachfolgend werden die einzelnen Bereiche näher erklärt.

Der Excel-Bildschirm beinhaltet nachfolgend dargestellte Komponenten. Neben den normalen Komponenten wie der Menüleiste und dem Menüband gibt es bei einer Tabellenkalkulation die Rechenleiste für die Eingabe und Anzeige von Werten, Formeln usw.

Je nach Einstellung ist es möglich, dass das Menüband nicht eingeblendet worden ist. Auf den Sachverhalt wird später noch eingegangen.

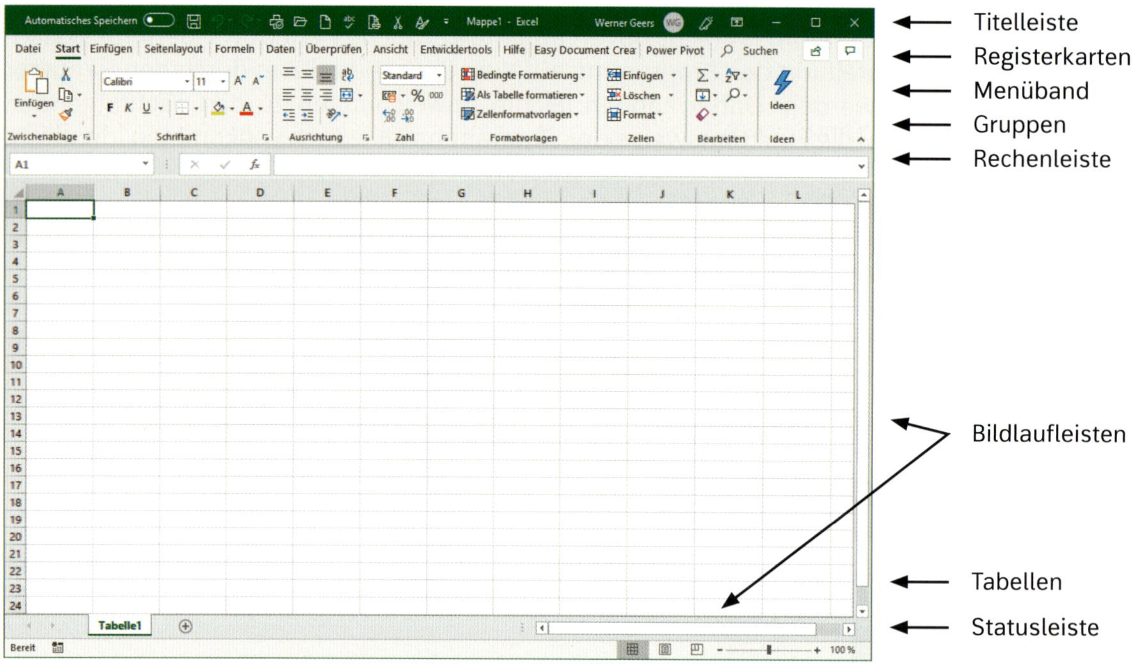

Bearbeitungsschritte

- Geben Sie in der Zelle **B2** die folgende Bezeichnung ein:

	A	B	C	D	E
1					
2		Umsatzberechnung 1			

- Eine Excel-Mappe besteht aus mehreren Tabellen. Am unteren Rand des Excel-Bildschirms können Sie durch Anklicken des Pluszeichens eine neue Tabelle einblenden. Klicken Sie das Pluszeichen an.

- Geben Sie in der *Tabelle2* die folgende Bezeichnung ein:

	A	B	C	D	E
1					
2		Umsatzberechnung 2			

- Klicken Sie wieder die *Tabelle1* an. Zwischen den Tabellen einer Mappe können Sie jederzeit beliebig wechseln. Wie später gezeigt werden wird, lassen sich auch Berechnungen zwischen Zellen der einzelnen Tabellen durchführen.
- Beenden Sie das Programm durch einen Klick auf die Schaltfläche **Schließen** in der rechten oberen Ecke. Im dann eingeblendeten Fenster geben Sie an, dass Sie die Mappe nicht speichern wollen.

1.2 Backstage-Bereich

1.2.1 Aufbau des Backstage-Bereichs

Der Backstage-Bereich stellt neben traditionellen Elementen, wie Fenster zum Abspeichern und Öffnen von Dateien, Bereiche zur Verfügung, die Informationen und spezielle Nutzungsmöglichkeiten beinhalten.

Bearbeitungsschritte

Starten Sie das Programm **Excel**. Öffnen Sie eine **Leere Arbeitsmappe**. Wählen Sie den Menüpunkt **Datei**. Der Backstage-Bereich des Programms wird angezeigt. Über die einzelnen Menüpunkte können Sie benötigte Optionen anwählen.

Die Menüpunkte stellen zur Verfügung:

- Informationen über das Dokument (Eigenschaften wie Seitenzahl usw., Autor usw.),
- ein neues Dokument aufgrund einer Standardvorlage, einer zur Verfügung gestellten oder selbsterstellten Vorlage,
- Öffnen von Dateien,
- Speichern von Dateien in verschiedenen Formaten und auf unterschiedlichen Speichermedien,
- Speichern von Dateien unter einem anderen Namen und auf unterschiedlichen Speichermedien,
- Drucken von Dateien und genaue Einstellungen für das Drucken von Dokumenten,
- Freigabe von Dateien in der Cloud oder als Anhang einer E-Mail,
- Exportieren der Daten in verschiedene Dateiformate, Excel-Formate, Text-Dateien usw.,
- Schließen von Mappen (nicht des Programms),
- Konto-Einstellungen, z. B. des Office-Hintergrunds und Office-Designs,
- Optionen für die Nutzung des Programms.

1.2.2 Aufteilung des Backstage-Bereichs

Bei Aufruf der Menüpunkte, bei denen kein Fenster aufgerufen wird, wird ein dreigeteilter Ausgabenbereich dargestellt. Die einzelnen Elemente sind unterschiedlich. Am Beispiel des Druckens sollen grundsätzliche Möglichkeiten verdeutlicht werden. Einzelne Bereiche werden später intensiv beschrieben.

Menüpunkt	Einstellungen	Darstellung
		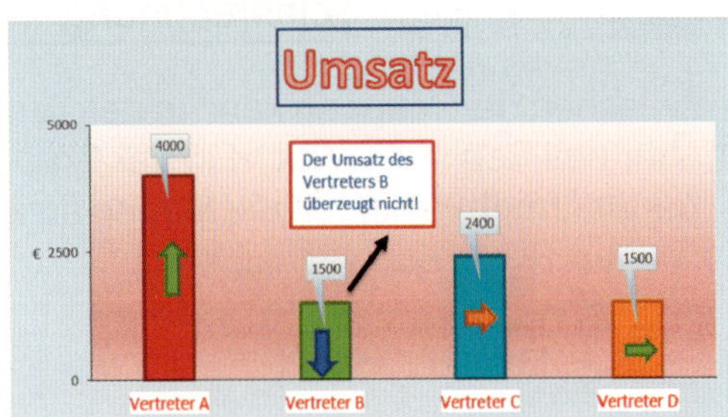

1.2.3 Office-Hintergrund und Office-Design

Über dem Menüpunkt **Konto** werden Darstellungen im Hinblick auf benutzte Hintergründe und Designs vorgenommen. Einstellungsmöglichkeiten werden nachfolgend angegeben. In diesem Buch wird die zweite angegebene Möglichkeit genutzt. Andere Einstellungen sind jedoch nur optischer Art und haben keinen Einfluss auf die praktische Arbeit mit dem Programm und dem Buch.

Menüpunkt	Einstellungen	Darstellung
Drucken	Office-Hintergrund: Ohne Hintergrund Office-Design: Farbig	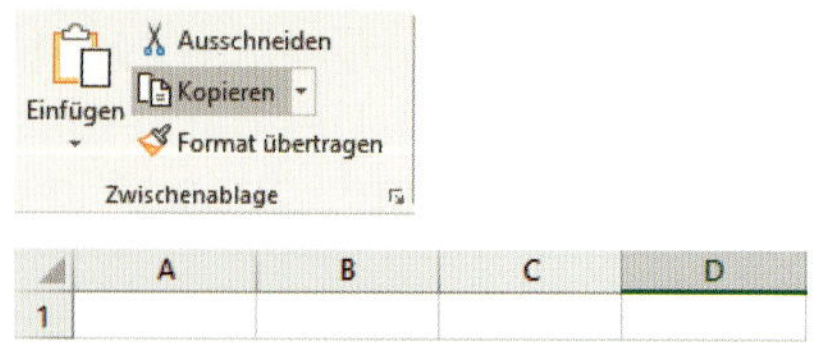
	Office-Hintergrund: Schulmaterial Office-Design: Dunkelgrau	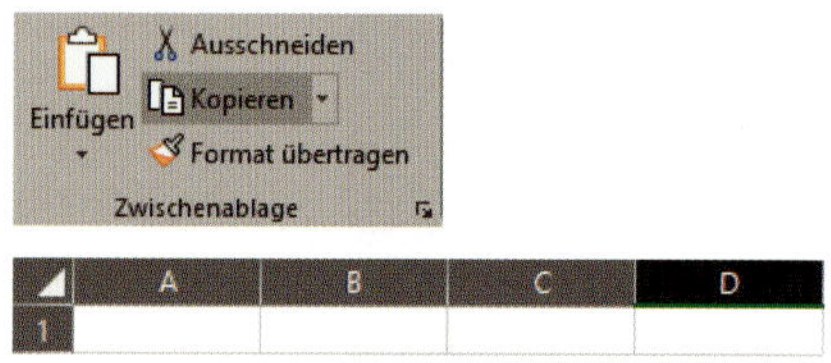
	Office-Hintergrund: Ohne Hintergrund Office-Design: Weiß	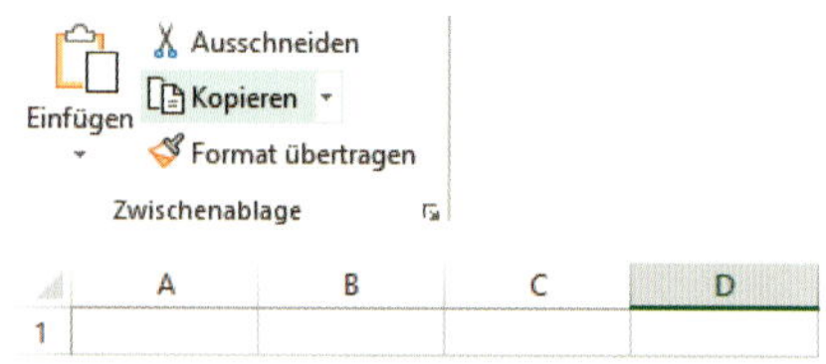

1.3 Erstellen, Speichern und Öffnen einer Arbeitsmappe

1.3.1 Erstellen einer neuen Mappe aufgrund einer Standardvorlage

Eine Mappe in **Excel** beinhaltet mehrere Tabellen. Beim Starten des Programms wird automatisch eine leere Mappe, die auf der Standardvorlage beruht, geöffnet. Zusätzlich können jederzeit weitere Mappen erstellt werden.

Bearbeitungsschritte

- Starten Sie das Programm **Excel** und öffnen Sie eine neue leere Mappe. Geben Sie in der Zelle **B2** die folgende Bezeichnung ein:

	A	B	C	D	E
1					
2		Umsatzberechnung 1			

- Wählen Sie den Menüpunkt **Datei/Neu.** Öffnen Sie nochmals eine leere Mappe. Geben Sie danach in der Zelle **B2** der neuen Mappe folgende Bezeichnung ein:

	A	B	C	D	E
1					
2		Zinsrechnung			

- Zwischen den Mappen kann in der **Taskleiste** gewechselt werden. Außerdem können Sie über das Register **Ansicht** in der Gruppe **Fenster** nach Anklicken der Schaltfläche **Fenster wechseln** jederzeit die Mappe auswählen. Die gewählte Mappe wird gekennzeichnet.

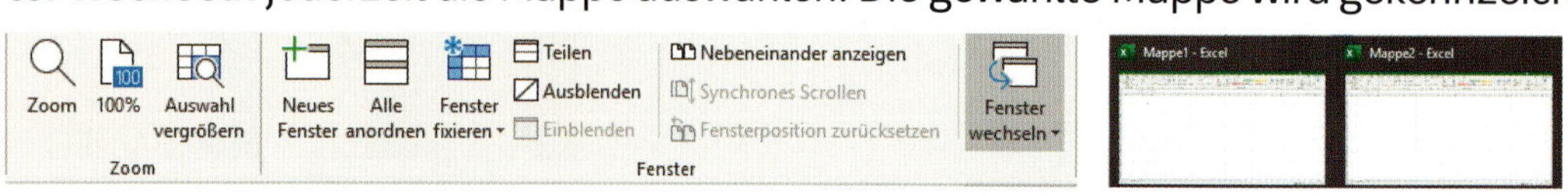

1.3.2 Speichern und Öffnen einer Mappe

Nach der Erstellung einer Tabellenkalkulationsmappe muss die Mappe abgespeichert werden. Dabei müssen im Wesentlichen der Speicherort und der Dateityp festgelegt werden.

Die Daten können in einem von Microsoft zur Verfügung gestellten Speicherort (OneDrive) im Internet gespeichert werden. Das Laden aus dem Netz ist dann möglich. Außerdem können die Daten auf dem eigenen Computer abgelegt werden. Auch Netzwerke und sonstige Internetspeicher (Cloud) bieten sich zum Speichern an.

Excel-Mappen können standardmäßig als **Excel-Mappe** (*xlsx*), aber auch als **Excel-Mappe mit Makros** (*xlsm*) abgespeichert werden, um erstellte Makros und VBA-Programme zu sichern. Um Daten für Excel-Versionen bis Excel 2003 lesbar zu machen, wird das Dateiformat *xls* genutzt. Bei Speicherung als **OpenDocument-Kalkulationstabelle** (*ods*) wird der Austausch mit anderen Kalkulationsprogrammen gewährleistet.

Bearbeitungsschritte

- Wechseln Sie zur ersten Mappe. Wählen Sie den Menüpunkt **Datei/Speichern** oder **Datei/Speichern unter**. Bei der erstmaligen Abspeicherung einer Datei können Sie auch die Schaltfläche **Speichern** in der **Symbolleiste für den Schnellzugriff** 

anklicken. Die Leiste wird später beschrieben.

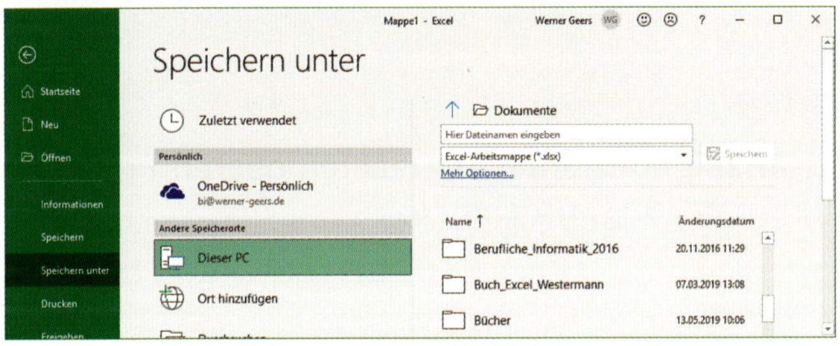

- Wählen Sie das Speichermedium aus, z. B. den Computer. Wählen Sie ein angebotenes Verzeichnis aus oder durchsuchen Sie die Verzeichnisse des Computers.

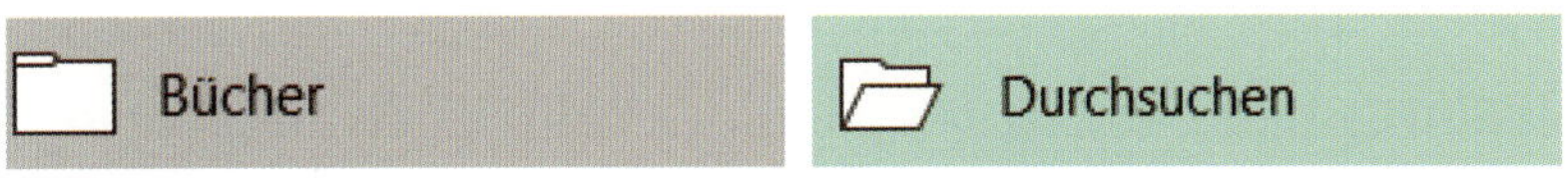

- Im dann eingeblendeten Fenster *Speichern unter* können Sie die Daten sofort abspeichern oder müssen ein Speichermedium und/oder ein Verzeichnis auswählen. Normalerweise werden die Daten als Excel-Arbeitsmappe abgespeichert.

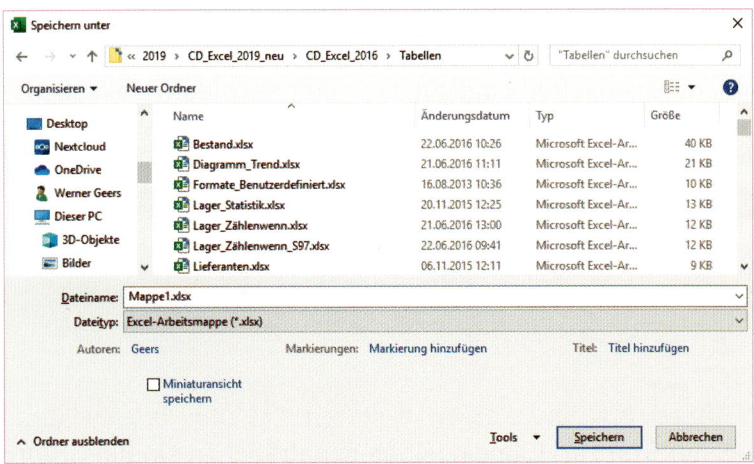

- Klicken Sie danach die Schaltfläche **Speichern** an. Speichern Sie auch die zweite Mappe ab und schließen die Dateien oder beenden Sie das Programm.
- Über dem Menüpunkt **Datei/Öffnen** können Sie die Daten aus dem jeweiligen Verzeichnis usw. bei Bedarf wieder einlesen. Außerdem werden die zuletzt verwendeten Mappen beim Start des Programms **Excel** zum Öffnen bereitgestellt.

1.4 Grundlagen

1.4.1 Vorbemerkungen

Durch eine konsequente Einarbeitung in die Grundlagen des Programms bietet Excel viele Möglichkeiten der Anwendung.

1.4.2 Registerkarten, Menüband, Gruppen und Schaltflächen

Die meisten Befehle werden über das Anklicken von Schaltflächen aufgerufen. Über verschiedene Register lassen sich die Schaltflächen im Menüband auswählen. Beim Start des Programms können die Einstellungen unterschiedlich sein, die sogenannten Gruppen und die Schaltflächen können ein- oder ausgeschaltet sein.

Bearbeitungsschritte

- Beim Start des Programms sind je nach Einstellung lediglich die **Registerkarten** mit den Registerbezeichnungen oder zusätzlich die einzelnen Gruppen eingeblendet.

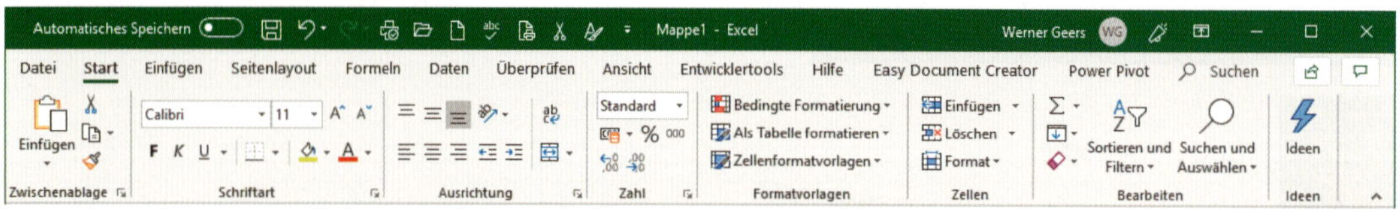

- Über die Schaltfläche **Menüband-Anzeigeoptionen** am rechten oberen Programmfenster können Sie die gewünschte Einstellung vornehmen.

- Klicken Sie das Register **Einfügen** an. Es werden andere Schaltflächen angeboten.

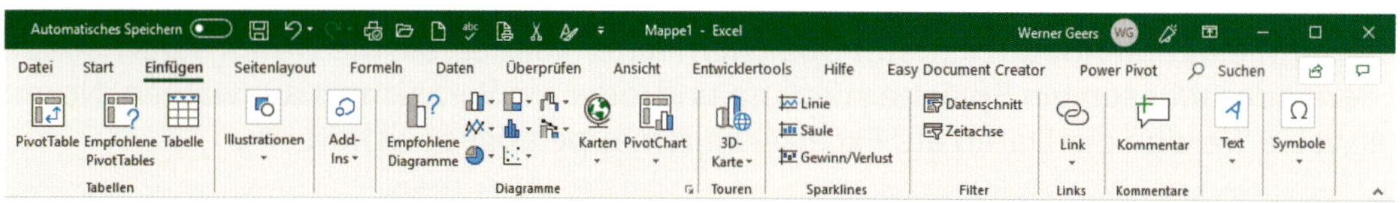

- Die Darstellung ist abhängig von der Bildschirmauflösung und/oder der Fenstergröße. Daher kann es vorkommen, dass einzelne Möglichkeiten erst nach dem Anklicken der Schaltflächen mit Pfeil zur Verfügung gestellt werden. Im dargestellten Beispiel werden Schaltflächen nach Anklicken der Schaltfläche **Text** eingeblendet.

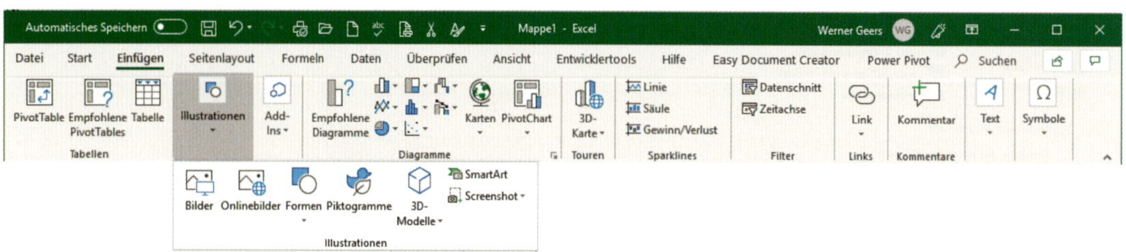

- Klicken Sie wieder das Register **Start** an. Die einzelnen Schaltflächen sind in Gruppen geordnet. Eine Gruppe im Register **Start** ist beispielsweise die Gruppe **Schriftart**. Die Bezeichnung der Gruppe wird am unteren Rand angegeben.

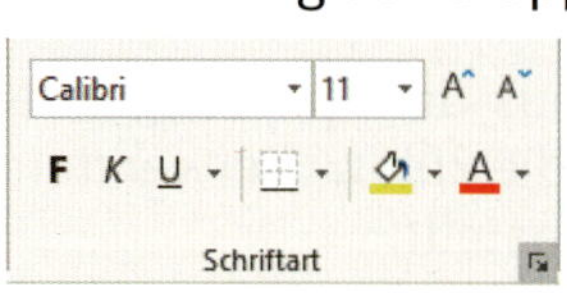

Bearbeitungsschritte (Fortsetzung)

- Über den **Pfeil nach unten** im rechten unteren Eck werden in einzelnen Gruppen Alternativen zur Verfügung gestellt. Nach dem Markieren eines Bereichs kann z. B. die Schriftart ausgewählt werden.

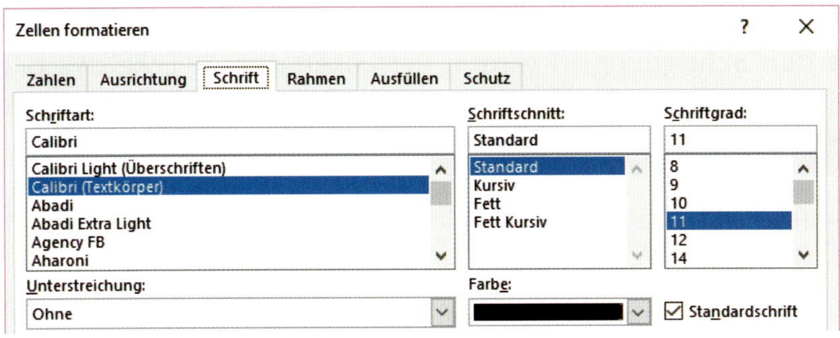

- Über die einzelnen Registerkarten in dem Fenster können Sie weitere Optionen auswählen, z. B. das Format einer Zahl bestimmen. Oftmals stehen damit weitere und verbesserte Optionen zur Verfügung.

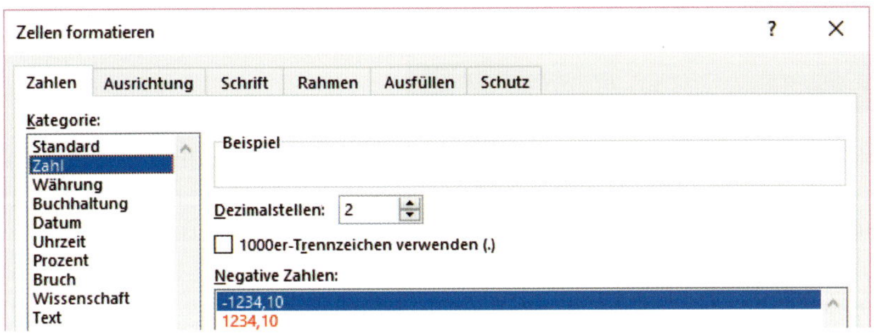

- Belässt man den Mauszeiger eine gewisse Zeit auf einer Schaltfläche, wird ein erklärender Text eingeblendet.

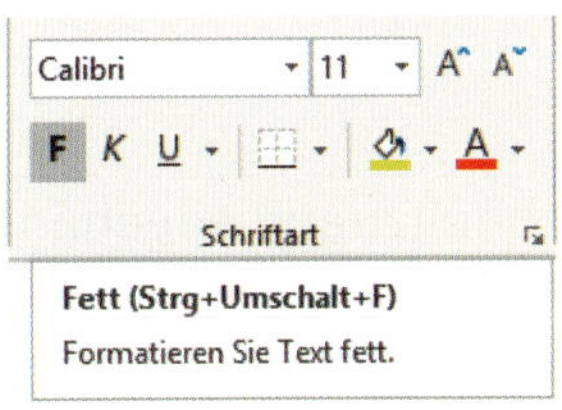

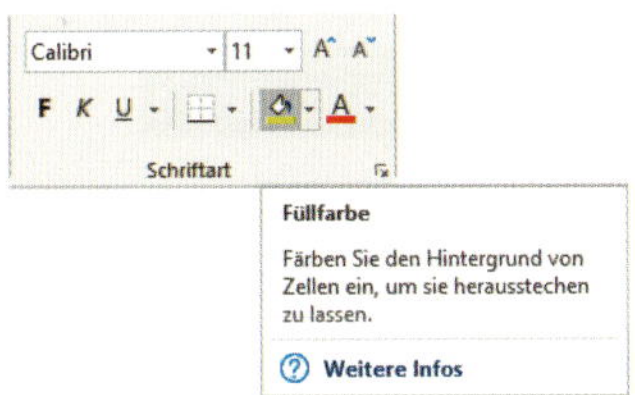

1.4.3 Hilfe-Funktionen

Zum Aufruf der **Excel-Hilfe** muss die Funktionstaste [**F1**] betätigt werden. Danach kann z. B. nach bestimmten Begriffen gesucht werden, beliebte Suchbegriffe können angewählt oder Neuerungen angesehen werden.

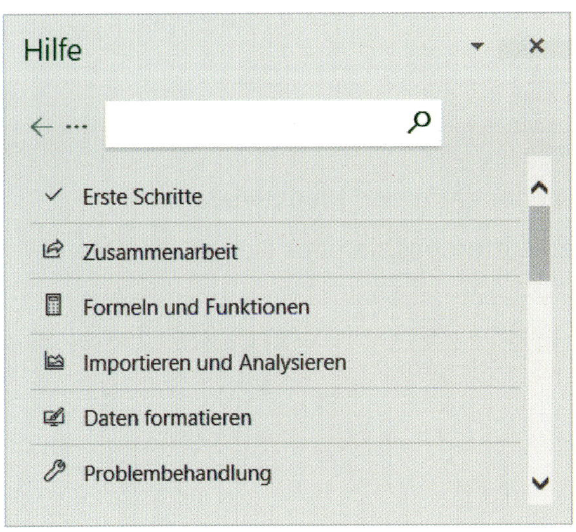

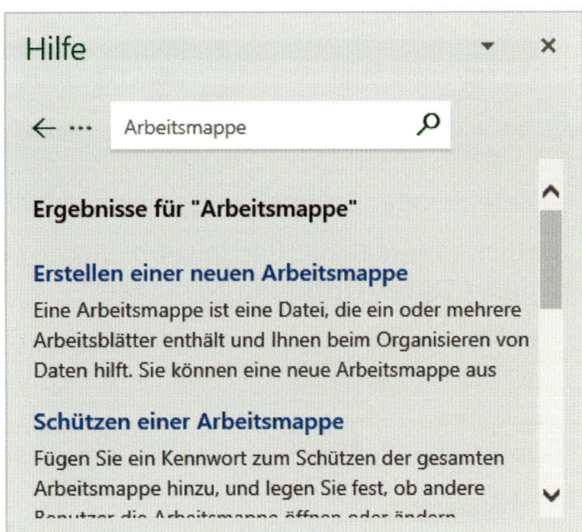

1.4.4 Symbolleiste für den Schnellzugriff

Wichtige Befehle für die Arbeit mit dem Programm lassen sich über die **Symbolleiste für den Schnellzugriff** aufrufen. Die Symbolleiste für den **Schnellzugriff** lässt sich individuell anpassen. Dies wird nachfolgend erklärt.

Bearbeitungsschritte

- Die **Symbolleiste für den Schnellzugriff** wird in der linken oberen Ecke des Bildschirms angezeigt:

- Klicken Sie den **Pfeil nach unten** neben den Schaltflächen an. Eingeblendete Schaltflächen werden mit einem Häkchen gekennzeichnet. Aktivieren Sie die Schaltfläche **Neu**. Fügen Sie auch noch andere Schaltflächen hinzu.

- Die **Symbolleiste für den Schnellzugriff** könnte sich wie folgt verändern:

- Einzelne Schaltflächen können auch auf eine andere sehr einfache Weise in die **Symbolleiste für den Schnellzugriff** eingefügt werden. Klicken Sie mit der rechten Maustaste eine Schaltfläche an. Wählen Sie danach den angegebenen Menüpunkt.

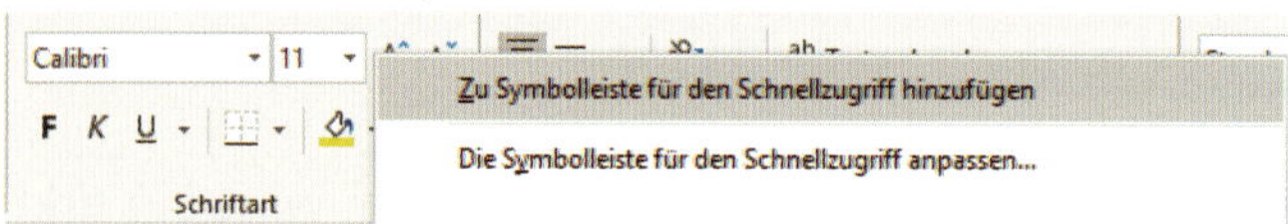

- Das Ergebnis sieht nun folgendermaßen aus:

- Auch eine gesamte Gruppe kann an die Symbolleiste für den Schnellzugriff angehängt werden. Dann stehen die Schaltflächen dieser Gruppe zur Verfügung. Klicken Sie zu diesem Zweck mit der rechten Maustaste in die Gruppe **Formatvorlagen**, nicht jedoch auf eine Schaltfläche. Wählen Sie danach den angezeigten Menüpunkt.

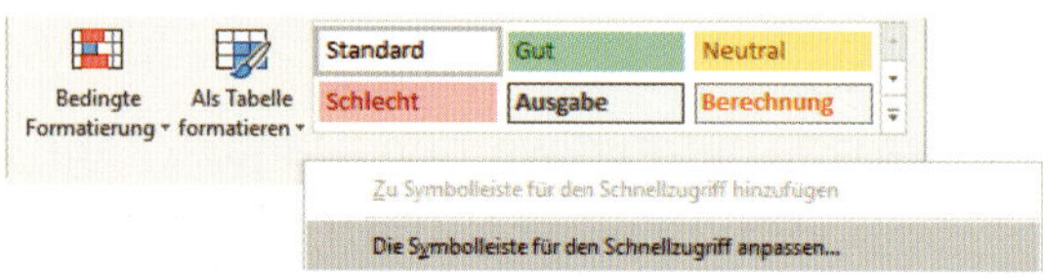

- Nach Anklicken der Schaltfläche wird die Gruppe **Formatvorlagen** angezeigt.

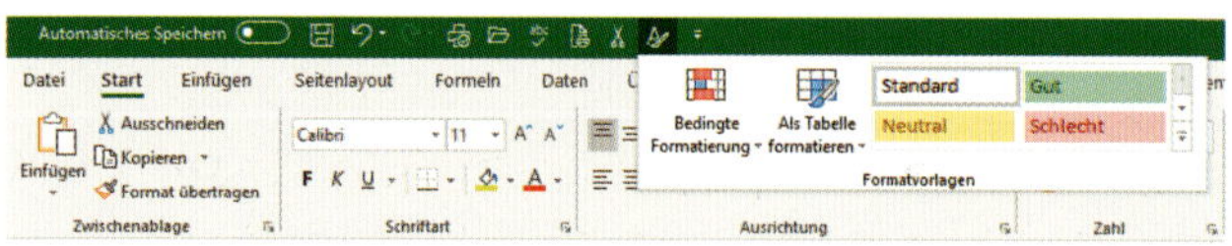

- Befehle oder Gruppen lassen sich jederzeit wieder entfernen (deaktivieren).
- Um mehrere Schaltflächen einzufügen oder zu entfernen, bietet es sich an, den Menüpunkt **Datei/Optionen** zu nutzen.

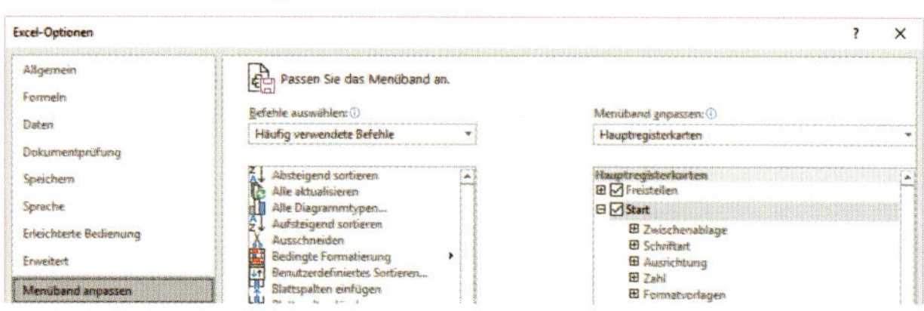

1.4.5 Kontextmenü

Das Kontextmenü stellt die jeweils möglichen Optionen zur Verfügung. Beispielsweise wird angegeben, ob kopiert, eingefügt usw. werden kann. Dadurch bietet das Kontextmenü immer die Möglichkeit, sich bei Bedarf die für die Bearbeitung zur Verfügung stehenden Möglichkeiten anzusehen und gegebenenfalls zu nutzen.

Bearbeitungsschritte

- Klicken Sie mit der rechten Maustaste die Zelle **B2** an. Das Kontextmenü wird eingeblendet. Die zur Verfügung stehenden Befehle werden angegeben.

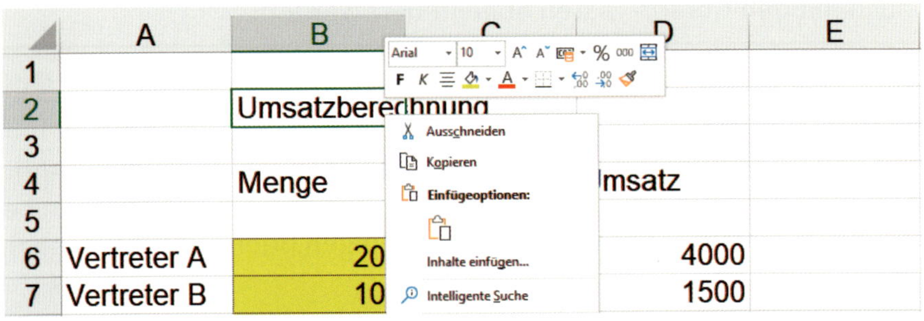

- Sie können nun beispielsweise Formatierungen vornehmen, Menüpunkte im Kontextmenü wählen usw. Damit ist eine schnelle Bearbeitung gegeben.

1.4.6 Smarttags

Smarttags stellen Möglichkeiten z. B. direkt nach dem Einfügen von Inhalten in eine Zelle zur Verfügung. Das Kopieren usw. von Inhalten wird später genauestens erklärt.

Bearbeitungsschritte

Kopieren Sie den Inhalt der Zelle **B2** in eine beliebige Zelle. Anschließend können Sie z. B. Werte einfügen, Formatierungen vornehmen usw.

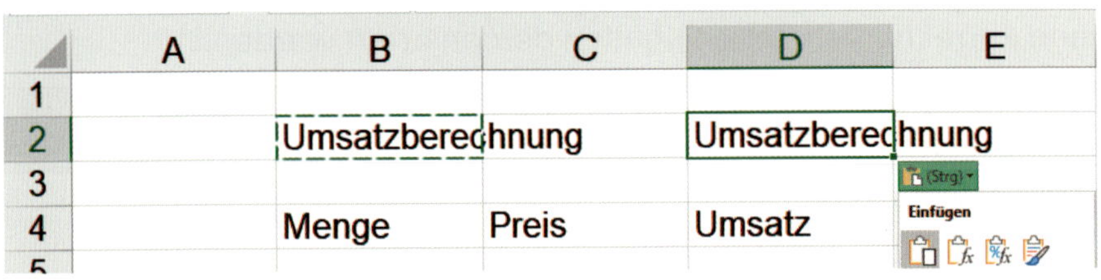

1.4.7 Zoomfunktion

Für die Arbeit mit dem Programm kann individuell die Größe der Bildschirmwiedergabe eingestellt werden. Auf die spätere Druckausgabe hat diese Einstellung keinen Einfluss.

Bearbeitungsschritte

- Klicken Sie im Register **Ansicht** in der Gruppe **Zoom** die Schaltfläche **Zoom** an. Bestimmen Sie den angegebenen Wert. Die Zellen werden größer dargestellt.

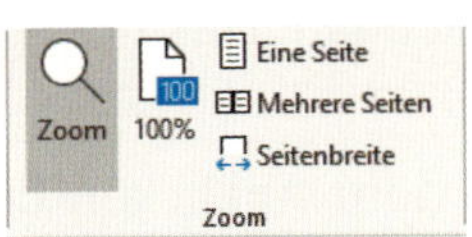

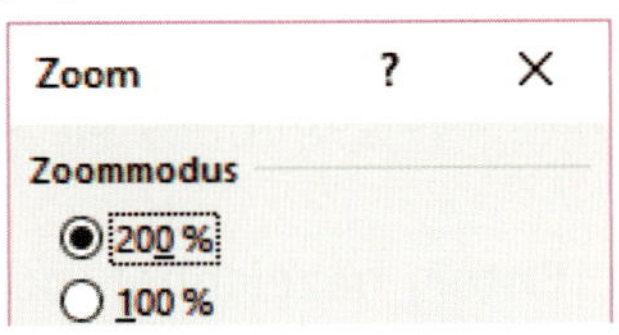

- Außerdem kann unten in der Statusleiste die Darstellungsgröße durch Verziehen des Reglers eingestellt werden.

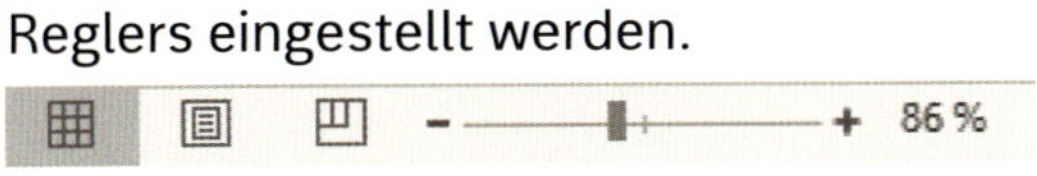

2 Zellen

2.1 Dateneingabe und Datenänderung

2.1.1 Bearbeitungshinweise

Das Eingeben von Buchstaben, Zahlen und Sonderzeichen in eine Zelle erfolgt immer auf die gleiche Art und Weise:

Bearbeitung	Erklärung
Markieren	Eine Zelle wird durch Anklicken mit der Maus markiert. Die Zelle kann auch mit den Cursor-Tasten angesteuert werden.
Bearbeiten	In die gewählte Zelle werden über die Tastatur Buchstaben, Zahlen usw. eingegeben. Außerdem ist es möglich, nach dem Anklicken der entsprechenden Schaltfläche die markierte Zelle zu formatieren, beispielsweise mit einer bestimmten Hintergrundfarbe zu belegen oder einen Rahmen um die Zelle zu legen.
Abschließen	Die Bearbeitung einer Zelle, also das Eingeben von Werten usw., wird mit dem Drücken der **Returntaste** bzw. mit dem Anklicken der Schaltfläche **Eingeben** (✓) in der Bearbeitungszeile abgeschlossen.

Auch einzelne oder mehrere Bereiche werden, vor allem beim Formatieren, nach diesem Schema bearbeitet. Werden über Schaltflächen Fenster aufgerufen, wird eine Bearbeitung meistens durch das Anklicken der Schaltfläche **OK** in dem Fenster beendet.

2.1.2 Eingaben und Korrekturen

Das Eingeben und Korrigieren von Werten in Zellen gehört zu den wesentlichen Arbeiten beim Umgang mit einer Tabellenkalkulation. Am Beispiel der irrtümlichen Eingabe der Bezeichnung *Umsatzberechnung 2119* statt der richtigen Bezeichnung *Umsatzberechnung 2019* soll die Eingabe und Korrektur von Zelleninhalten demonstriert werden.

Bearbeitungsschritte

- Markieren Sie zunächst die Zelle **B2** und geben Sie den folgenden Text ein:

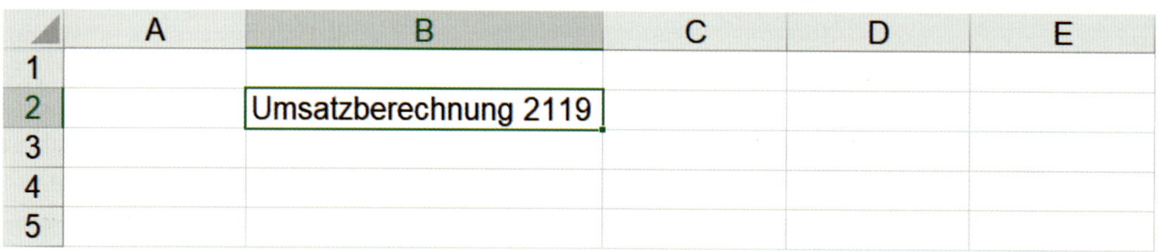

- Markieren Sie eine andere Zelle und danach für die Korrektur nochmals die Zelle **B2**.

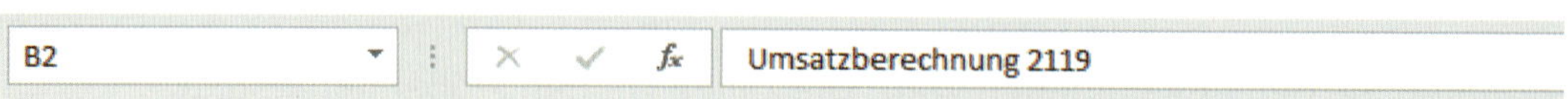

- Klicken Sie mit der Maus in der Bearbeitungszeile zwischen die Zahlen *2* und *1*. Danach drücken Sie die Taste **Entf** (Entfernen) und geben Sie die Zahl *0* ein. Das richtige Ergebnis wird angezeigt.
- Mit der Taste [**Return**], auch als Taste [**Enter**] bezeichnet, oder dem Anklicken der Schaltfläche **Eingeben** (✓) können Sie die Eingabe beenden.

Bearbeitungsschritte (Fortsetzung)

- Alternativ können Sie die Zelle **B2** markieren und danach die Funktionstaste **[F2]** betätigen. Der Cursor befindet sich jetzt am Ende der Zelle hinter der Zahl *9*.

	A	B	C	D	E
1					
2		Umsatzberechnung 2119			

- Mit den Cursor-Tasten oder der Maus gehen Sie zwischen die Zahlen *2* und *1*. Drücken Sie danach die Taste **Entf** (Entfernen) und geben Sie die Zahl *0* ein. Das richtige Ergebnis wird angezeigt.

	A	B	C	D	E
1					
2		Umsatzberechnung 2019			

2.1.3 Dateneingabe und Berechnungen anhand eines einfachen Beispiels

Eine einfache Umsatzberechnung, wie nachstehend im Ergebnis abgebildet, soll zur Grundlage der Erklärungen gemacht werden. Die einzelnen Bearbeitungsschritte werden genau angegeben. Einzugebende Zahlen werden dunkel unterlegt, berechnete Zahlen und einzugebende Texte werden normal dargestellt.

	A	B	C	D	E
1					
2		Umsatzberechnung			
3					
4		Menge	Preis	Umsatz	
5					
6	Vertreter A	200	20	4000	
7	Vertreter B	100	15	1500	
8	Vertreter C	80	30	2400	
9	Vertreter D	150	10	1500	
10					
11	Gesamtumsatz			9400	

Bearbeitungsschritte

- Tragen Sie zunächst in die entsprechenden Zellen die Worte *Umsatzberechnung*, *Menge*, *Preis*, *Umsatz*, *Vertreter A*, *Vertreter B*, *Vertreter C*, *Vertreter D* und *Gesamtumsatz* ein, indem Sie die Zellen anklicken und die Texte eintragen.
- Schreiben Sie die entsprechenden Mengen und Preise in die jeweiligen Zellen.
- Markieren Sie mit der Maus die Zelle **D6**.
- Beginnen Sie die Berechnung des Umsatzes des Vertreters A mit der Eingabe des Gleichheitszeichens =. Markieren Sie mit der Maus die abgesetzte Menge des Vertreters A in der Zelle **B6**. Die Zelle wird in der Formel angezeigt. Geben Sie das Multiplikationszeichen * ein. Markieren Sie mit der Maus den Preis in der Zelle **C6**. Nun ist die Formel für den Umsatz des Vertreters A ***(=B6*C6***) angegeben.
- Schließen Sie die Bearbeitung des Vertreterumsatzes mit der **Returntaste** oder mit dem Anklicken der Schaltfläche **Eingeben** (✓) ab.
- Berechnen Sie die Umsätze der anderen Vertreter auf die gleiche Art.

Bearbeitungsschritte (Fortsetzung)

- Der Gesamtumsatz ergibt sich aus den Einzelumsätzen der vier Vertreter, er ist also die Summe der einzelnen Umsätze. **Excel** kennt Funktionen, u. a. „Summe“.
- Markieren Sie die Zelle **D11**. Klicken Sie im Register **Start** in der Gruppe **Bearbeiten** die Schaltfläche **AutoSumme** an.

- Markieren Sie den Bereich **D6** bis **D9**. Die Formel sieht dann folgendermaßen aus: ***=Summe(D6:D9)***. Schließen Sie die Bearbeitung des Gesamtumsatzes mit der Taste **Return [Enter]** oder mit dem Anklicken der Schaltfläche **Eingeben** (✓) in der Bearbeitungsleiste ab. In den Zellen stehen jetzt die nachstehenden Inhalte:

	A	B	C	D	E
1					
2		Umsatzberechnung			
3					
4		Menge	Preis	Umsatz	
5					
6	Vertreter A	200	20	4000	
7	Vertreter B	100	15	1500	
8	Vertreter C	80	30	2400	
9	Vertreter D	150	10	1500	
10					
11	Gesamtumsatz			9400	

- Nach dem Anklicken einer Zelle wird die Formel in der Bearbeitungszeile angezeigt.

D6 =B6*C6

	A	B	C	D	E
4		Menge	Preis	Umsatz	
5					
6	Vertreter A	200	20	4000	
7	Vertreter B	100	15	1500	

- Über die Schaltfläche **Formeln anzeigen** in der Gruppe **Formelüberwachung** im Register **Formeln** können Sie alle Formeln auf dem Bildschirm sehen. Mit der gleichen Schaltfläche wird zur Anzeige der Ergebnisse zurückgeschaltet.

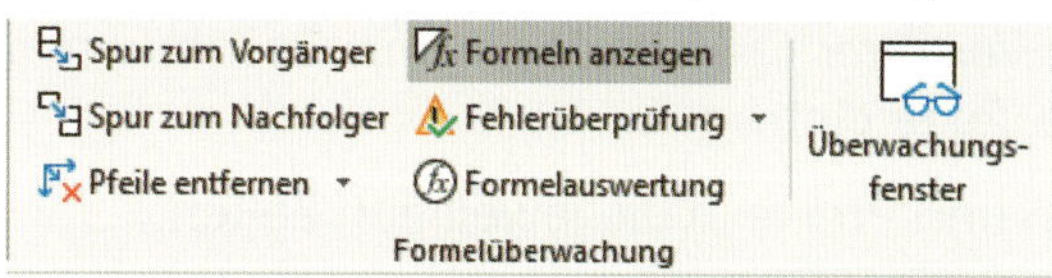

- Das Formelergebnis sieht folgendermaßen aus:

	A	B	C	D	E
4		Menge	Preis	Umsatz	
5					
6	Vertreter A	200	20	=B6*C6	
7	Vertreter B	100	15	=B7*C7	
8	Vertreter C	80	30	=B8*C8	
9	Vertreter D	150	10	=B9*C9	
10					
11	Gesamtumsatz			=SUMME(D6:D9)	

2.2 Kopieren, Verschieben und Löschen von Tabellenteilen (Zellen, Bereiche)

2.2.1 Auswählen (Markierung) von Zellen

Vor allem bei der Formatierung von Zellen, aber auch bei der Erstellung von aussagekräftigen Diagrammen oder beim Kopieren oder Ausschneiden von Zellen, ist die Markierung von einzelnen Zellen und Bereichen wichtig.

Die Handhabung ist dabei nicht besonders schwierig, da Zellen und Bereiche zumeist nur mit der Maus angeklickt werden müssen. Sollen mehrere Bereiche markiert werden, muss die Taste [**Strg**] benutzt werden.

Bearbeitungsschritte

- Wählen Sie den Menüpunkt **Datei/Neu**. Wählen Sie danach eine leere Mappe aus und klicken Sie dann die Schaltfläche **Erstellen** an. Eine leere Mappe wird zur Verfügung gestellt. Fahren Sie mit der Maus in die linke obere Ecke (vor dem Buchstaben ***A*** oberhalb der Zahl ***1***). Der Mauszeiger verändert sich zu einem Kreuz. Drücken Sie die linke Maustaste, die gesamte Tabelle wird markiert, also ausgewählt.

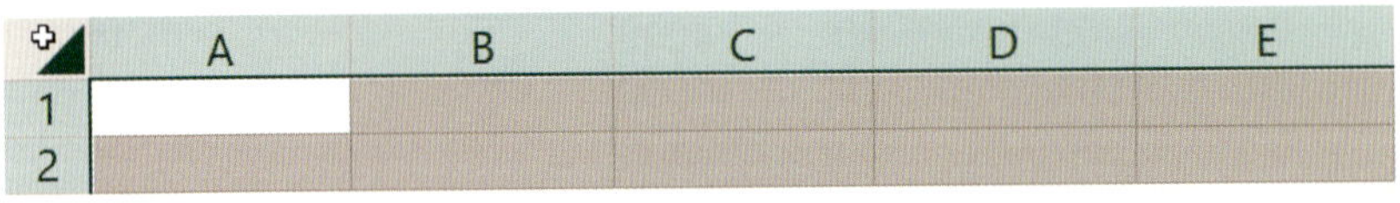

- Um eine Zelle auszuwählen, muss diese nur mit der Maus angeklickt werden. Mehrere benachbarte Zellen werden ausgewählt, indem man mit der Maus eine Zelle anklickt und dann mit gedrückter linker Maustaste nach links, rechts, unten oder oben geht.

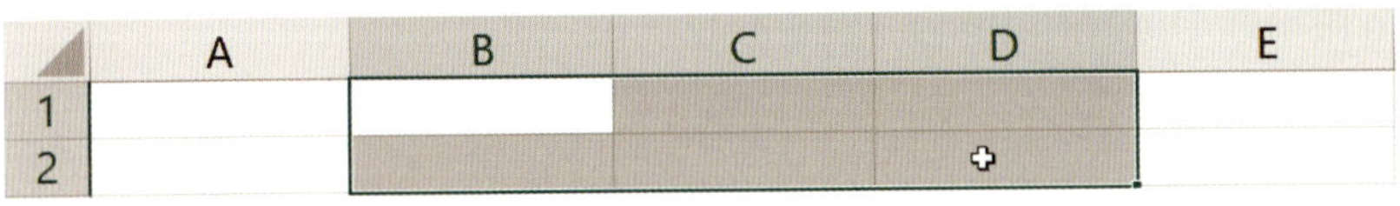

- Eine Zeile wird ausgewählt, indem man auf die Bezeichnung der Zeile klickt.

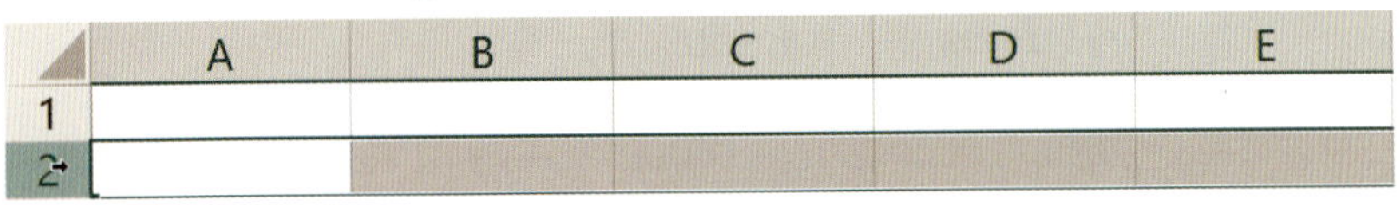

- Sollen mehrere Zeilen markiert werden, muss bei gedrückter linker Maustaste die Maus nach unten bewegt werden.

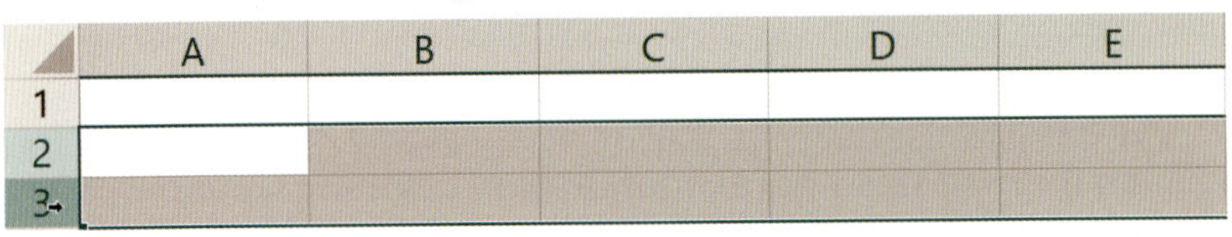

- Die Markierung einer oder mehrerer Spalten wird analog vorgenommen.

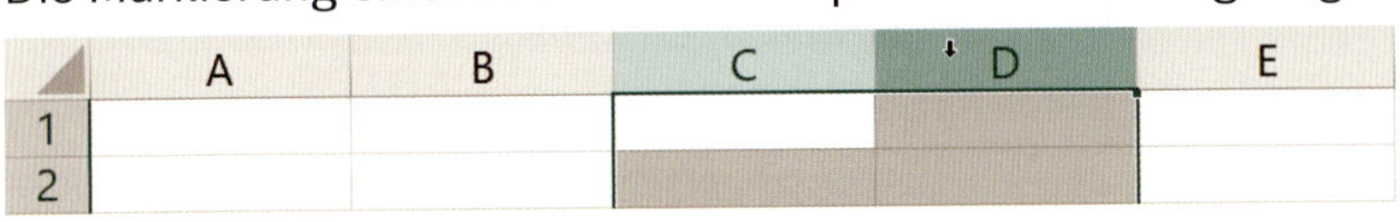

- Problemlos ist es möglich, mehrere Bereiche auf einmal zu markieren. Es wird der erste Bereich wie beschrieben markiert, danach wird die **Strg-Taste** gedrückt und bei gedrückt gehaltener Taste der nächste Bereich markiert.
- Öffnen Sie die Mappe *Umsatz1*. Markieren Sie wie oben beschrieben die grau dargestellten Zellen und Bereiche der Tabelle.

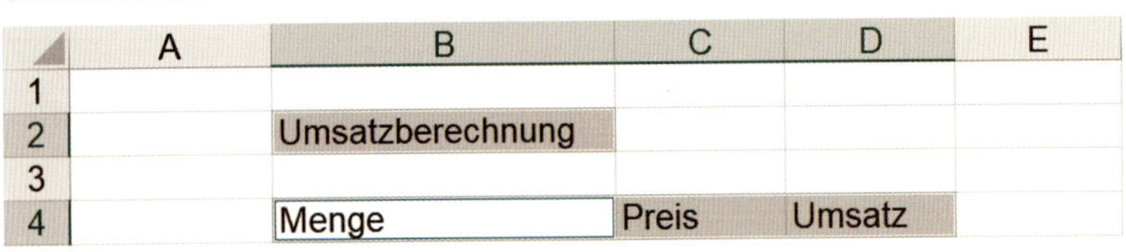

2.2.2 Löschen von Zellen und Bereichen

Das Löschen bestimmter Zellen oder Bereiche ist relativ einfach und soll anhand der Berechnung eines Umsatzes vorgenommen werden.

Dabei sollen die Zellen gelöscht werden, die zunächst mit einer Formel berechnet wurden (die Zellen **D7** bis **D9**), obwohl es sich angeboten hätte, diese Formeln durch Kopieren zu erstellen und damit unnötige Arbeit zu vermeiden.

Bearbeitungsschritte

- Speichern Sie das Dokument *Umsatz1* unter dem Namen *Umsatz2* nochmals ab. Markieren Sie den zu löschenden Bereich, in diesem Fall die Zellen **D7** bis **D9**.

	A	B	C	D	E
1					
2		Umsatzberechnung			
3					
4		Menge	Preis	Umsatz	
5					
6	Vertreter A	200	20	4000	
7	Vertreter B	100	15	1500	
8	Vertreter C	80	30	2400	
9	Vertreter D	150	10	1500	
10					
11	Gesamtumsatz			9400	

- Drücken Sie die Taste [**Entf**]. Die Inhalte werden gelöscht.

	A	B	C	D	E
1					
2		Umsatzberechnung			
3					
4		Menge	Preis	Umsatz	
5					
6	Vertreter A	200	20	4000	
7	Vertreter B	100	15		
8	Vertreter C	80	30		
9	Vertreter D	150	10		
10					
11	Gesamtumsatz			4000	

- Alternativ können Sie auch mithilfe des Kontextmenüs die Löschung über den Menüpunkt **Inhalte löschen** vornehmen.

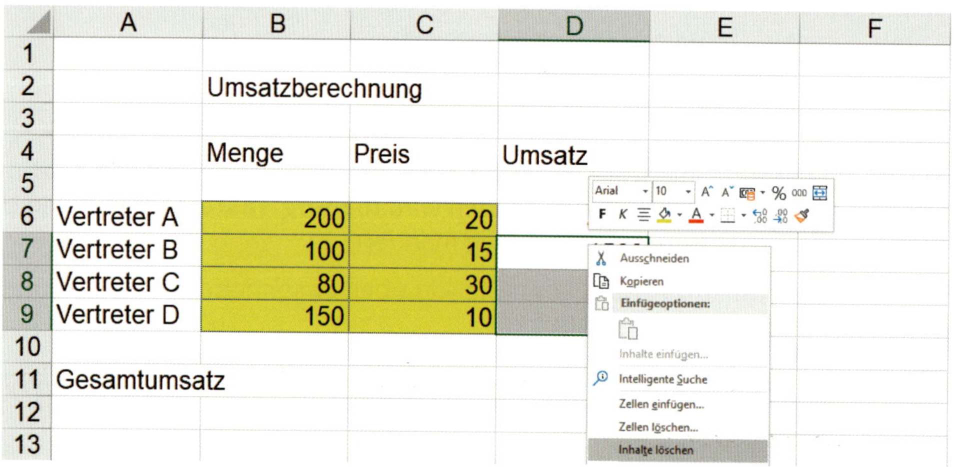

	A	B	C	D	E	F
1						
2		Umsatzberechnung				
3						
4		Menge	Preis	Umsatz		
5						
6	Vertreter A	200	20			
7	Vertreter B	100	15			
8	Vertreter C	80	30			
9	Vertreter D	150	10			
10						
11	Gesamtumsatz					
12						
13						

2.2.3 Kopieren und Einfügen von Zellen und Bereichen

Unter Kopieren versteht man, dass der Inhalt bestimmter Zellen in andere Zellen bzw. der Inhalt von Bereichen in andere Bereiche übertragen wird. Dies hat den großen Vorteil, dass bestimmte Formeln, Texte usw. nicht doppelt und dreifach eingegeben werden müssen, sondern nur einmal, und dann kopiert werden können.

Die vorher gelöschten Formeln sollen nun wieder durch das Kopieren von Inhalten und das Einfügen an anderer Stelle in die entsprechenden Zellen hineingeschrieben werden. In der Zelle **D6** ist die entsprechende Formel (=***B6*****C6***) vorhanden, die zum Berechnen des Umsatzes des Vertreters A führt. Kopiert man nun diese Formel in eine andere Zelle, z. B. in die Zelle **D7**, wird das Programm automatisch die Formel in der neuen Zelle verändern (=***B7*****C7***). Dies wird durch die Adressierungsart bestimmt und später erklärt.

Bearbeitungsschritte

- Markieren Sie zunächst die zu kopierende Zelle **D6**.

	A	B	C	D	E
1					
2		Umsatzberechnung			
3					
4		Menge	Preis	Umsatz	
5					
6	Vertreter A	200	20	4000	
7	Vertreter B	100	15		

- Klicken Sie im Register **Start** in der Gruppe **Zwischenablage** die Schaltfläche **Kopieren** an. Markieren Sie die Zellen **D7** bis **D9**, in die Formeln eingefügt werden sollen. Klicken Sie danach die Schaltfläche **Einfügen** an.

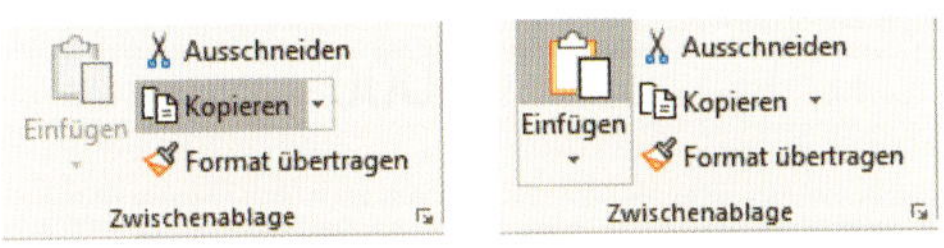

- Das richtige Ergebnis sieht danach folgendermaßen aus:

	A	B	C	D	E
4		Menge	Preis	Umsatz	
5					
6	Vertreter A	200	20	4000	
7	Vertreter B	100	15	1500	
8	Vertreter C	80	30	2400	
9	Vertreter D	150	10	1500	

- Normalerweise wird man auf die beschriebene Weise kopieren und einfügen. Es gibt jedoch noch zusätzliche Möglichkeiten, z. B. Formatierungen oder Werte zu übertragen. Probieren Sie einige Möglichkeiten aus, um die Effekte zu erkennen.

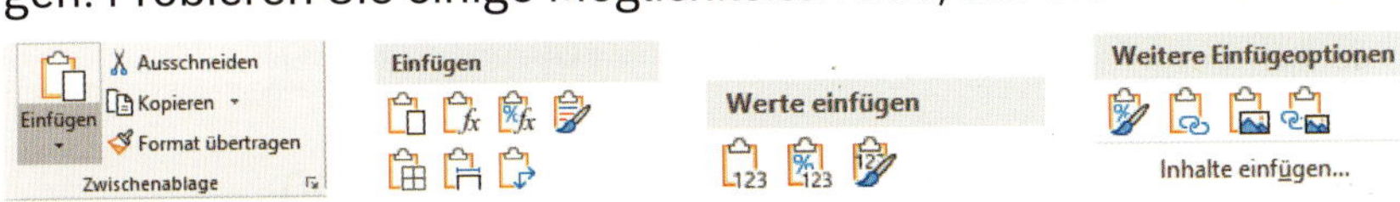

- Um den Inhalt einer gesamten Tabelle in eine andere Tabelle zu kopieren, müssen Sie die gesamte Tabelle markieren, indem Sie die Tabelle links oben anklicken.

- Klicken Sie im Register **Start** in der Gruppe **Zwischenablage** die Schaltfläche **Kopieren** an. Danach klicken Sie am unteren Bildschirmrand die *Tabelle2* an, stellen den Cursor in die Zelle **A1** der *Tabelle2* und klicken die Schaltfläche **Einfügen** in der Gruppe **Zwischenablage** im Register **Start** an. Der Inhalt wird übertragen.

2.2.4 Kopieren und Einfügen durch AutoAusfüllen

Eine u. U. sogar noch einfachere Möglichkeit des Kopierens und Einfügens ist dann gegeben, wenn sich Zellen, die für das Kopieren und Einfügen genutzt werden sollen, unmittelbar übereinander, untereinander oder nebeneinander befinden. Auch hierbei können Optionen in Anspruch genommen werden.

Bearbeitungsschritte

- Löschen Sie zunächst die Inhalte der Zellen **D7** bis **D9**.
- Markieren Sie die Zelle **D6**. Gehen Sie mit der Maus auf den Punkt in der rechten unteren Ecke. Der Mauszeiger verwandelt sich in ein Kreuz 4000. Danach ziehen Sie die Maus bei gedrückter linker Maustaste nach unten in die Zellen **D7** bis **D9**.

	A	B	C	D	E
1					
2		Umsatzberechnung			
3					
4		Menge	Preis	Umsatz	
5					
6	Vertreter A	200	20	4000	
7	Vertreter B	100	15		
8	Vertreter C	80	30		
9	Vertreter D	150	10		
10					
11	Gesamtumsatz			4000	
12					

- Nach dem Loslassen der linken Maustaste ist der Kopiervorgang beendet und das Ergebnis wird wie unten dargestellt angezeigt.

	A	B	C	D	E
1					
2		Umsatzberechnung			
3					
4		Menge	Preis	Umsatz	
5					
6	Vertreter A	200	20	4000	
7	Vertreter B	100	15	1500	
8	Vertreter C	80	30	2400	
9	Vertreter D	150	10	1500	
10					
11	Gesamtumsatz			9400	
12					

- Die eingeblendete Schaltfläche **Auto-Ausfülloptionen** (unterhalb neben der Zelle **D9**) bietet Optionen für das Ausfüllen der Zellen.

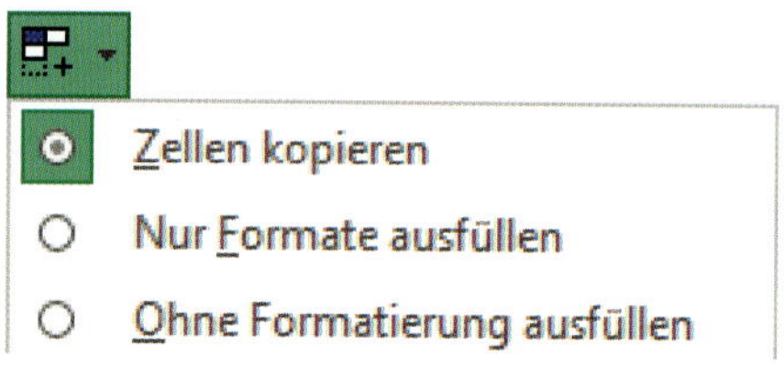

2.2.5 Ausschneiden und Einfügen von Zellen und Bereichen

Das Ausschneiden und Einfügen von Zellen und Bereichen ist bis auf einen wesentlichen Punkt identisch mit dem Kopieren und Einfügen. Während beim Kopieren und Einfügen der ursprüngliche Inhalt einer Zelle oder eines Bereichs erhalten bleibt und entsprechend in andere Bereiche ebenfalls eingefügt wird, wird beim Ausschneiden und Einfügen der ursprüngliche Bereich in einen anderen Bereich verschoben. In den ursprünglichen Zellen stehen die Inhalte nicht mehr zur Verfügung.

Bearbeitungsschritte

- Markieren Sie die zu verschiebenden Zellen **D6** bis **D9**. Klicken Sie im Register **Start** in der Gruppe **Zwischenablage** die Schaltfläche **Ausschneiden** an.

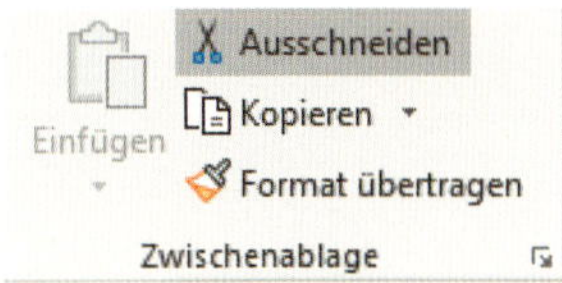

- Damit ist der gewählte Bereich in die Zwischenablage von Windows kopiert worden.
- Markieren Sie die Zelle **E6** als Anfangszelle des Bereichs, in den die zu verschiebenden Zellen eingefügt werden sollen. Klicken Sie die Schaltfläche **Einfügen** an.

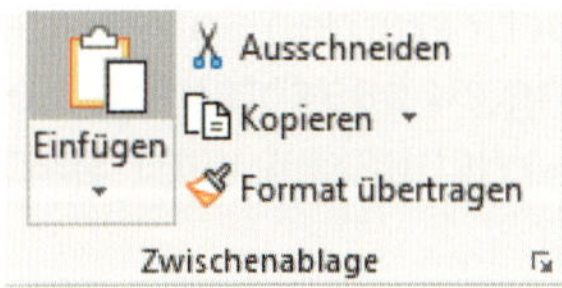

- Die zu verschiebenden Zellen werden an der angegebenen Stelle eingefügt.

	A	B	C	D	E
6	Vertreter A	200	20		4000
7	Vertreter B	100	15		1500

2.2.6 Drag and Drop

Als **Drag and Drop** (Ziehen und Ablegen) bezeichnet man die Möglichkeit, den Inhalt einer Zelle oder eines Bereichs von einer Stelle an eine andere Stelle innerhalb einer Tabelle zu versetzen. Dies ist nicht nur bei Zellen und Bereichen mit Texteingaben möglich, sondern in der Regel auch bei Inhalten wie Zahlen und Rechenoperationen. Allerdings ist hierbei die Adressierungsart (wird später erklärt) von entscheidender Bedeutung.

Bearbeitungsschritte

- Gehen Sie mit der Maus an den Rand der Zelle **B2**. Der Mauszeiger verändert sich in einen Pfeil mit vier Richtungen.

	A	B	C	D	E
1					
2		Umsatzberechnung			
3					

- Drücken Sie die linke Maustaste und ziehen Sie den Inhalt der Zelle **B2** bei gedrückter linker Maustaste in die Zelle **D2**. Nach dem Loslassen der Maustaste steht der Inhalt der Zelle **B2** jetzt in der Zelle **D2**.

	A	B	C	D	E
1					
2				Umsatzberechnung	

2.3 Suchen, Ersetzen und Sortieren

2.3.1 Suchen

In umfangreichen Mappen ist der Einsatz einer Suchfunktion von großem Vorteil. Soll ein bestimmter Begriff gefunden werden, ist dies leicht zu realisieren. Wichtig kann dabei sein, über Optionen die Suchergebnisse einzugrenzen.

Bearbeitungsschritte

- Laden Sie die Mappe *Umsatz1* und speichern Sie diese unter dem Namen *Umsatz_Suchen* wieder ab. Markieren Sie die Zelle **A1**.
- Klicken Sie im Register **Start** in der Gruppe **Bearbeiten** die Schaltfläche **Suchen und Auswählen** an. Wählen Sie danach den Menüpunkt **Suchen**.

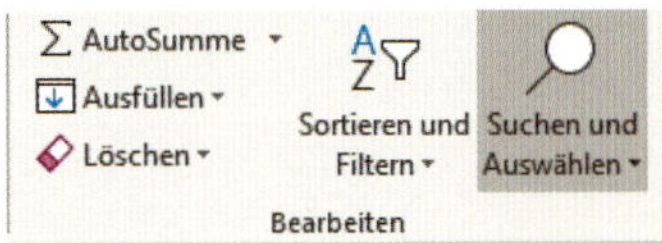

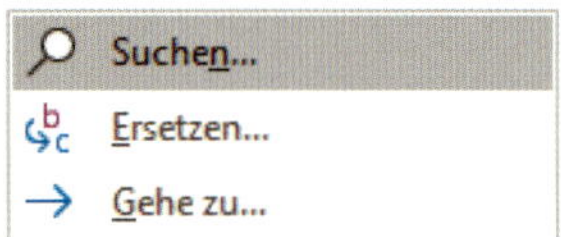

- Geben Sie im nächsten Fenster den Suchbegriff *Vertreter* ein. Klicken Sie die Schaltfläche **Optionen** an. Sie können nun festlegen, ob ein Tabellenblatt oder die gesamte Mappe durchsucht werden soll, ob in der Zeile oder der Spalte, in der der Cursor steht, gesucht werden soll, oder ob nach Werten oder Formeln gesucht werden soll. Außerdem kann bestimmt werden, ob die Groß- und Kleinschreibung zu beachten ist. Sehr wichtig ist, ob der gesamte Zellinhalt zu vergleichen ist. Die Wichtigkeit wird später erklärt. Legen Sie zunächst folgende Einstellungen fest:

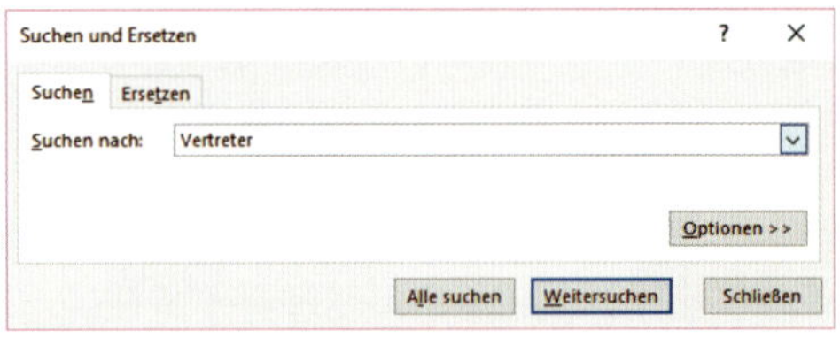

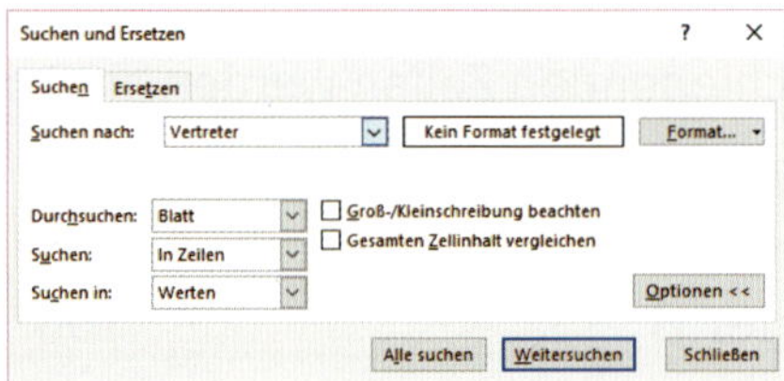

- Klicken Sie die Schaltfläche **Weitersuchen** an. Als Ergebnis wird der erste gefundene Begriff ausgegeben.

- Beim nächsten Anklicken der Schaltfläche **Weitersuchen** wird der nächste gefundene Begriff markiert usw.
- Wird das Kontrollkästchen *Gesamten Zellinhalt vergleichen* aktiviert, wird kein Begriff gefunden. In den Zellen steht *Vertreter A*, *Vertreter B* usw., nicht jedoch der gesuchte Begriff *Vertreter* ohne jeglichen Zusatz. Daher kann nichts gefunden werden.

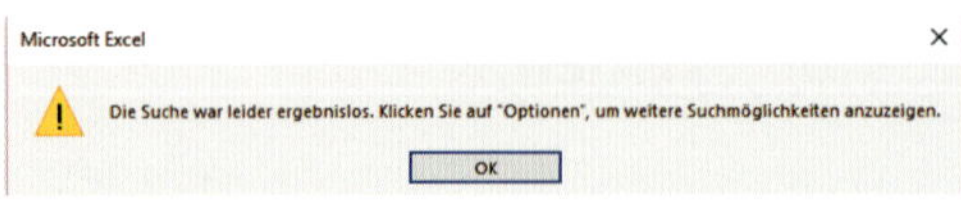

- Unter Umständen soll in einer umfangreichen Tabelle nicht nach einem Wert, sondern nach einer Formel gesucht werden. Zu diesem Zweck wird die Formel eingegeben und im Bereich **Suchen in:** die Option *Formeln* ausgewählt.

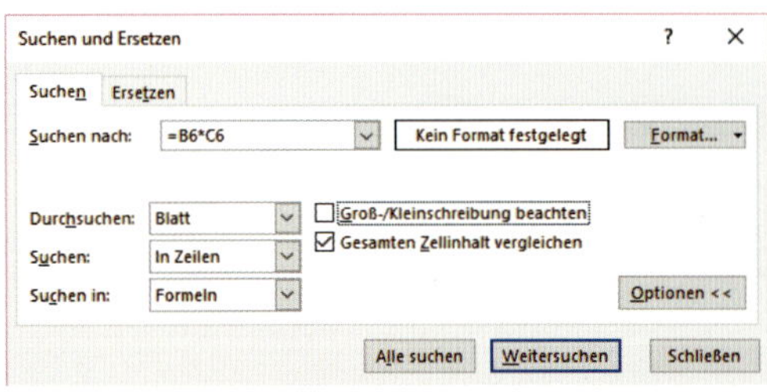

Bearbeitungsschritte (Fortsetzung)

- Deaktivieren Sie das Kontrollkästchen *Gesamten Zellinhalt vergleichen* und suchen Sie wieder nach dem Begriff *Vertreter*. Klicken Sie die Schaltfläche **Alle Suchen** an. Ziehen Sie gegebenenfalls mit der Maus das Fenster nach unten größer, damit alle Ergebnisse angezeigt werden.

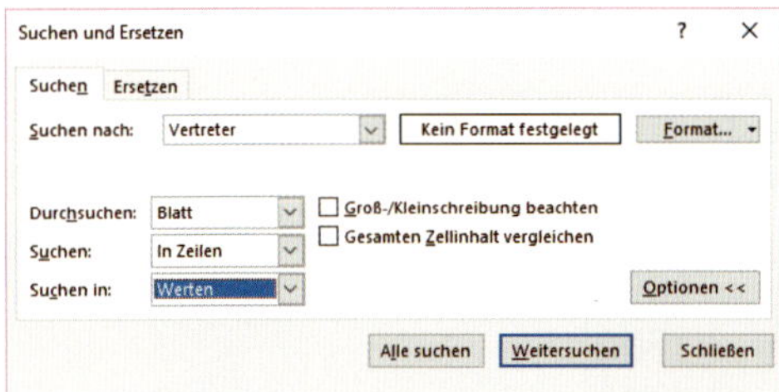

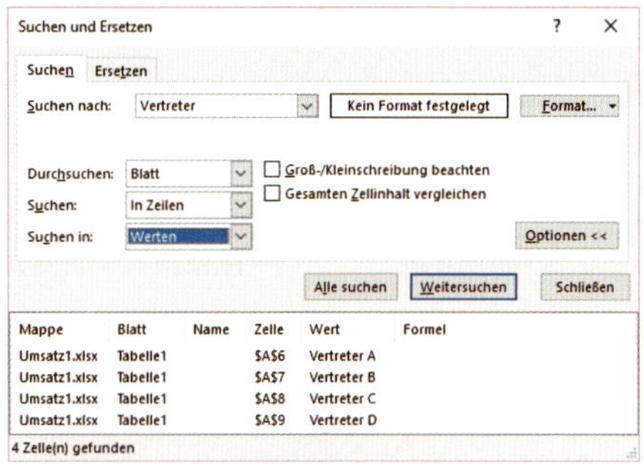

- Der erste gefundene Begriff wird angezeigt. Durch Anklicken können Sie eine gefundene Zelle auswählen. Dies dürfte bei umfangreichen Tabellen hilfreich sein.

Mappe	Blatt	Name	Zelle	Wert	Formel
Umsatz1.xlsx	Tabelle1		$A$6	Vertreter A	
Umsatz1.xlsx	Tabelle1		$A$7	Vertreter B	
Umsatz1.xlsx	Tabelle1		$A$8	Vertreter C	
Umsatz1.xlsx	Tabelle1		$A$9	Vertreter D	

2.3.2 Ersetzen

Soll ein Begriff durch einen anderen ersetzt werden, ist ein entsprechender Befehl hervorragend geeignet, die anfallende Arbeit zu minimieren.

Bearbeitungsschritte

- Laden Sie die Mappe *Umsatz1* und speichern Sie diese unter dem Namen *Umsatz_Ersetzen* wieder ab. Markieren Sie die Zelle **A1**.
- Klicken Sie im Register **Start** in der Gruppe **Bearbeiten** die Schaltfläche **Suchen und Auswählen** an. Wählen Sie danach den Menüpunkt **Ersetzen**.

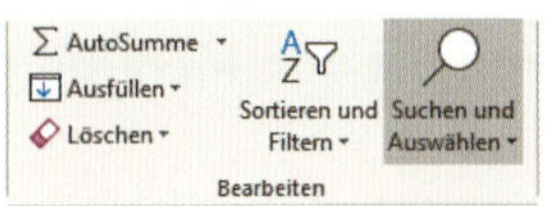

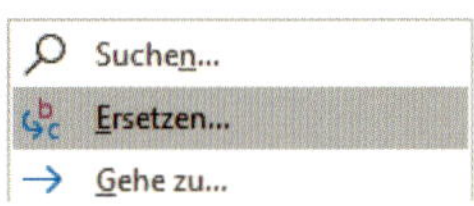

- Füllen Sie das Fenster *Suchen und Ersetzen* wie dargestellt aus:

- Klicken Sie die Schaltfläche **Alle ersetzen** an. In einem Fenster werden die Ersetzungen angegeben.

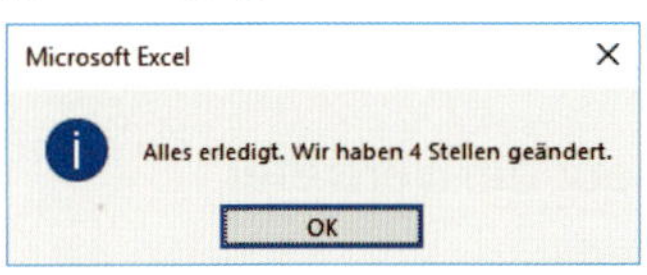

- Das Ergebnis sieht (ausschnittsweise) folgendermaßen aus:

	A	B	C	D	E
6	Handelsvertreter A	200	20	4000	
7	Handelsvertreter B	100	15	1500	

2.3.3 Sortieren

Sortieren nach einem Kriterium

Daten können sortiert ausgegeben werden. Es kann z. B. interessant sein, die Vertreterdaten nach dem erzielten Umsatz auszugeben. Grundsätzlich sollte immer der ganze Bereich, der sortiert werden soll, markiert werden.

Bearbeitungsschritte

- Laden Sie die Mappe *Umsatz1* und speichern Sie diese unter dem Namen *Umsatz_Sortieren* wieder ab. Markieren Sie den Bereich **A6** bis **D9**.

	A	B	C	D	E
4		Menge	Preis	Umsatz	
5					
6	Vertreter A	200	20	4000	
7	Vertreter B	100	15	1500	
8	Vertreter C	80	30	2400	
9	Vertreter D	150	10	1500	

- Klicken Sie im Register **Start** in der Gruppe **Bearbeiten** die Schaltfläche **Sortieren und Filtern** an. Wählen Sie den Menüpunkt **Von Z bis A sortieren**.

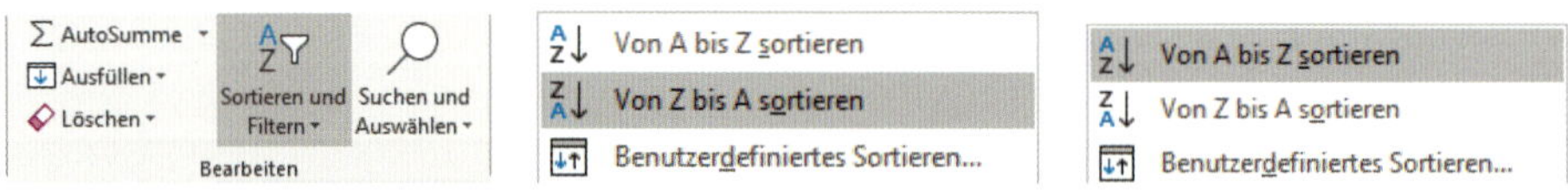

- Das folgende Ergebnis wird ausgegeben. Es wird nach der ersten Spalte sortiert.

	A	B	C	D	E
6	Vertreter D	150	10	1500	
7	Vertreter C	80	30	2400	
8	Vertreter B	100	15	1500	
9	Vertreter A	200	20	4000	

- Machen Sie anschließend die Sortierung wieder rückgängig. Dies sollte dadurch geschehen, dass Sie die Werte nach der Spalte **A** von *A bis Z sortieren*.

- Markieren Sie den Bereich **A6** bis **D9**. Klicken Sie danach im Register **Start** in der Gruppe **Bearbeiten** die Schaltfläche **Sortieren und Filtern** an. Wählen Sie den Menüpunkt **Benutzerdefiniertes Sortieren**.

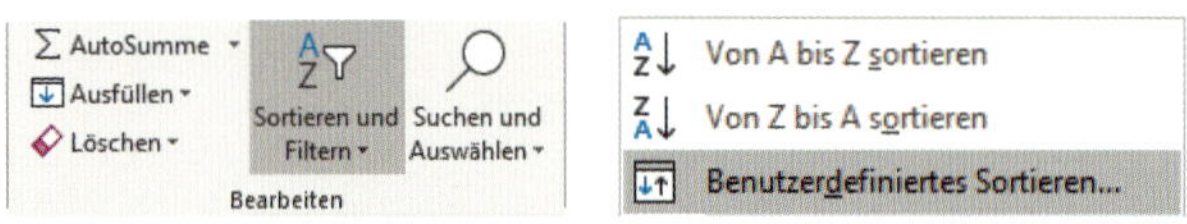

- Geben Sie die Spalte an, nach der zunächst sortiert werden soll, also z. B. die Spalte **D**, in der der Umsatz berechnet worden ist. Wird eine absteigende Sortierung vorgenommen, so wird der Vertreter mit dem höchsten Umsatz als Erster angezeigt.

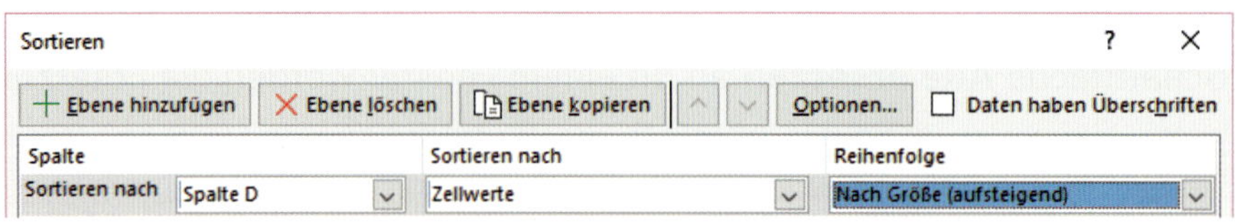

- Das Ergebnis zeigt eine korrekte Sortierung nach dem Umsatz der Vertreter:

	A	B	C	D	E
6	Vertreter A	200	20	4000	
7	Vertreter C	80	30	2400	
8	Vertreter D	150	10	1500	
9	Vertreter B	100	15	1500	

Bearbeitungsschritte (Fortsetzung)

- Machen Sie anschließend die Sortierung wieder rückgängig. Dies sollte dadurch geschehen, dass Sie die Werte nach der Spalte **A** von *A bis Z sortieren*.
- Markieren Sie den Bereich **D6** bis **D9**, also nur die Umsätze.
- Klicken Sie im Register **Start** in der Gruppe **Bearbeiten** die Schaltfläche **Sortieren und Filtern** an. Wählen Sie den Menüpunkt **Nach Größe sortieren (absteigend)**.

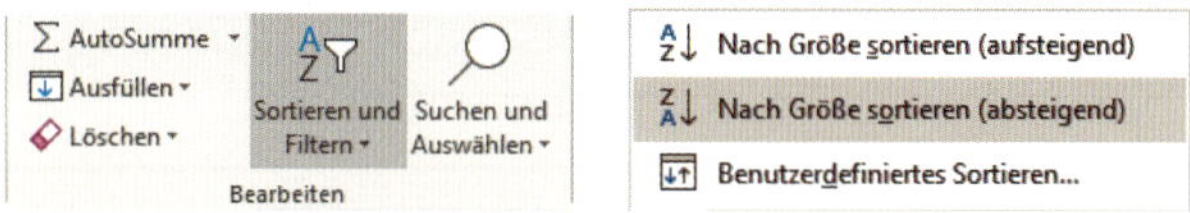

- Das Programm gibt eine Sortierwarnung. Um zu verhindern, dass die Daten nach der Sortierung durcheinander und falsch angeordnet werden, muss man die Markierung erweitern, um das richtige Ergebnis zu erzielen.

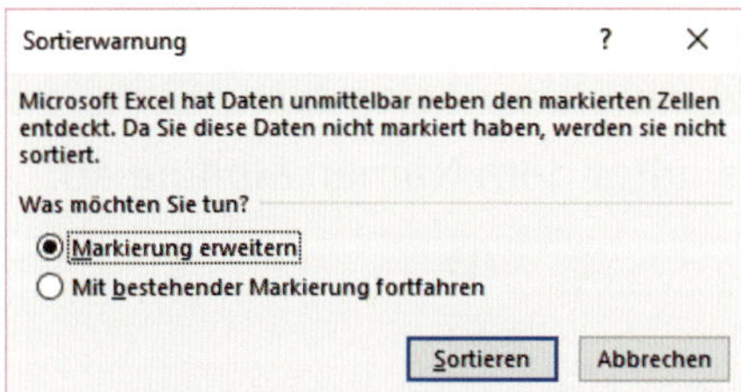

- Grundsätzlich sollte man den gesamten Bereich (**A6** bis **D9**) markieren, wie zuvor beschrieben, um Probleme bei der Sortierung von vornherein auszuschließen.

Sortieren von Daten nach mehreren Kriterien

Oftmals reicht eine normale Sortierung nicht aus. Vielmehr sollen die Daten nach mehreren Kriterien sortiert werden, beispielsweise soll zunächst nach dem Umsatz und wenn dieser gleich ist, nach der umgesetzten Menge sortiert werden.

Bearbeitungsschritte

- Laden Sie die Mappe *Umsatz* und speichern Sie diese unter dem Namen *Umsatz_Sortieren_2* wieder ab.
- Markieren Sie den Bereich **A6** bis **D9**. Klicken Sie danach im Register **Daten** in der Gruppe **Sortieren und Filtern** die Schaltfläche **Benutzerdefiniertes Sortieren**.

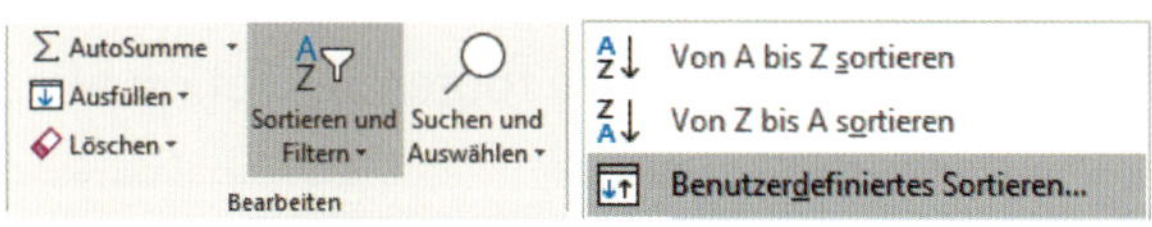

- Legen Sie im Fenster *Sortieren* das erste Sortierkriterium wie angegeben fest.

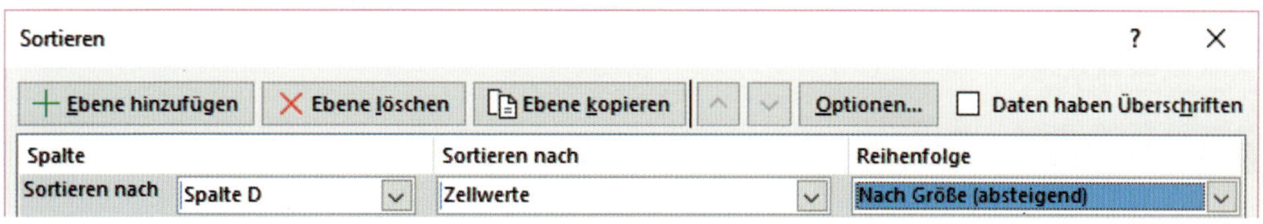

- Klicken Sie danach die Schaltfläche **Ebene hinzufügen** an. Geben Sie das zweite Sortierkriterium an.

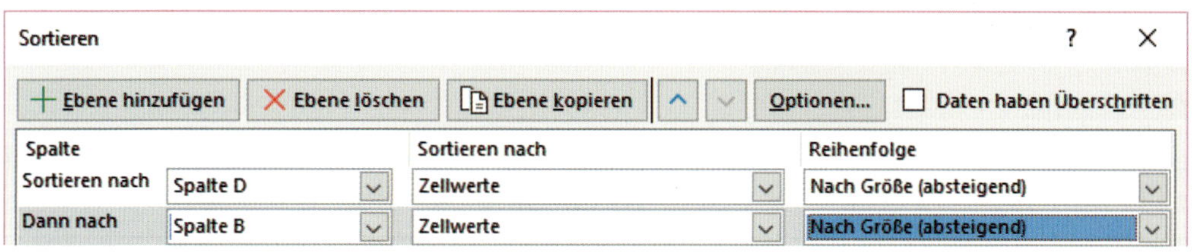

Bearbeitungsschritte (Fortsetzung)

- Das Ergebnis sieht (ausschnittsweise) folgendermaßen aus:

	A	B	C	D	E
6	Vertreter A	200	20	4000	
7	Vertreter C	80	30	2400	

- Über die Schaltflächen **Ebene hinzufügen**, **Ebene löschen**, **Ebene kopieren** und über die Pfeile nach oben und nach unten können Sie das Ergebnis nach Markierung des sortierten Bereichs und Anklicken der Schaltfläche **Sortieren** beeinflussen.

Sortierung nach Sortierlisten
Neben der Standardsortierung ist eine Sortierung mithilfe von Sortierlisten möglich. Diese Listen sind teilweise bereits vorhanden, können jedoch auch problemlos erstellt werden.

Bearbeitungsschritte

- Erstellen Sie die folgende Tabelle. Speichern Sie sie unter dem Namen *Monate* ab.

	A	B	C	D	E
4	April	345			
5	Mai	456			
6	Januar	123			
7	Februar	432			

- Klicken Sie im Register **Start** in der Gruppe **Bearbeiten** die Schaltfläche **Sortieren und Filtern** an. Wählen Sie den Menüpunkt **Benutzerdefiniertes Sortieren**.

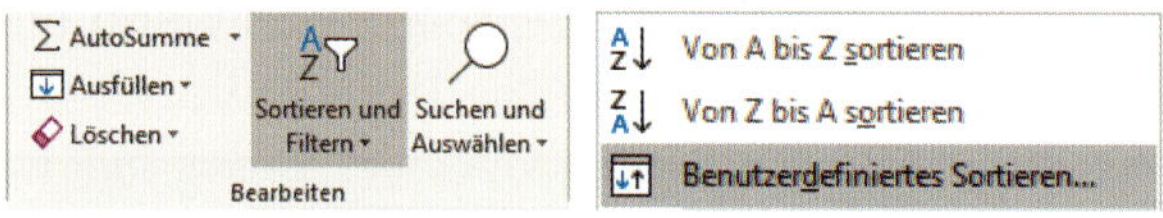

- Sortieren Sie wie angegeben:

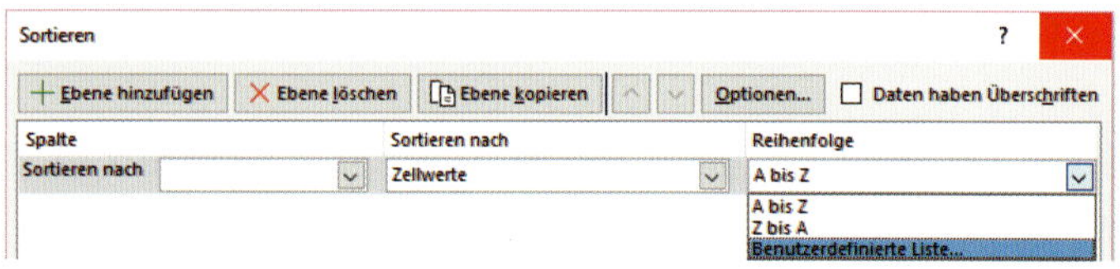

- Automatisch wird das nächste Fenster aufgerufen. Wählen Sie folgende Option aus:

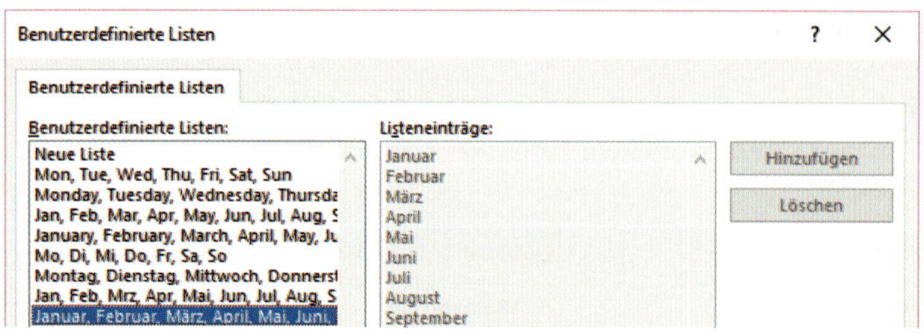

- Nach Anklicken der Schaltfläche **OK** wird die Tabelle wie gewünscht sortiert:

	A	B	C	D	E
4	Januar	123			
5	Februar	432			
6	April	345			
7	Mai	456			

- Neue benutzerdefinierte Sortierreihenfolgen können Sie im Fenster **Benutzerdefinierte Listen** nach Anklicken der Option **Neue Liste** hinzufügen.

3 Adressierung von Zellbereichen

3.1 Begriff

Das Ansprechen von Zellen in Formeln nennt man Adressierung. Wenn man z. B. den Inhalt der Zelle **D6** aus der Tabelle *Umsatz1* betrachtet, so ist in der Zelle die folgende Formel eingetragen: =*B6***C6*. Dies bedeutet, dass das Programm in der Zelle **D6** das Ergebnis der Multiplikation der Zellen **B6** und **C6** eintragen soll. Es wurden also die Adressen (Zellen) angegeben, in denen Werte stehen, die für die entsprechende Formel benötigt werden.

Die Tabellenkalkulation **Excel** stellt mehrere Möglichkeiten der Adressierung zur Verfügung. Die Wahl der richtigen Adressierungsart ist besonders wichtig und wird daher genau beschrieben, da sich bestimmte Ergebnisse nur mit bestimmten Adressierungsarten erreichen lassen und eine sinnvolle Mischung der Adressierungsarten zu dem gewünschten Ergebnis führt.

Grundsätzlich lassen sich alle Probleme mit der relativen und absoluten Adressierung lösen. *Daher sollten Sie unbedingt diese beiden Arten der Adressierung bearbeiten.* Die Verwendung von Namen wird jedoch besonders bei umfangreichen Tabellen die Arbeit erleichtern, da die Formeln in normaler Sprache eingegeben werden können, z. B. wird der Umsatz als *Menge * Preis* eingegeben.

Hinweis: *Die Arbeit mit Namen kann an dieser Stelle eventuell weggelassen werden und später erfolgen. Grundsätzlich lassen sich alle weiteren Inhalte des Buches auch ohne die Verwendung von Namen bearbeiten.*

3.2 Arten der Adressierung

Es stehen die folgenden Adressierungsarten zur Verfügung:

Adressierung	Erklärung	Beispiel
Relative Adressierung	Die anzusprechende Zelle steht in einem gewissen Verhältnis zu der Berechnungszelle, beispielsweise steht ein zur Berechnung benötigter Wert immer in der Zelle links neben der Berechnungszelle. Beim Kopieren der Formel in eine andere Zelle verändert sich die Zelle in der Formel. Aus **B6** in der Ursprungsformel wird z. B. **B7** in der eingefügten Zelle.	Mit der Maus wird die Zelle **B6** markiert.
Absolute Adressierung	Absolute Adressierung bedeutet, dass in einer Formel immer genau auf die angegebene Zelle zugegriffen wird. Wird die Formel kopiert, ändert sich die Zelle in der eingefügten Formel nicht. Die absolute Adressierung wird durch Dollarzeichen vor der Zeilen- und Spaltenbezeichnung gekennzeichnet.	Die Zelle **B6** wird mit der Angabe **$B$6** in eine Formel eingegeben.
Adressierung über Namen (definierte Namen)	Die anzusprechende Zelle bzw. der anzusprechende Bereich wird mit einem Namen belegt. Dieser Name wird in Formeln verwandt.	Die Zelle **E15** wird mit dem Namen **Provisionssatz** belegt und kann unter diesem Namen in Formeln verwandt werden.

3.3 Relative Adressierung

Die relative Adressierung wurde bisher bei der Umsatzberechnung angewandt und soll daher nur kurz angesprochen werden. In der Zelle **D6** ist die Formel eingetragen:

	A	B	C	D	E
4		Menge	Preis	Umsatz	
5					
6	Vertreter A	200	20	=B6*C6	

Diese Formel ist relativ adressiert, das bedeutet, dass die Zelle **B6**, die zwei Spalten vor der Zelle **D6** ist, mit der Zelle **C6** multipliziert werden soll, die eine Spalte vor der Zelle **D6** angeordnet ist. Dieses Prinzip der Anordnung wird nun beim Kopieren der Zelle **D6** in andere Zellen übertragen. Wird die Formel in der Zelle **D6** eine Zeile nach unten in die Zelle **D7** kopiert, wird automatisch die Formel in der Zelle **D7** angepasst: ***=B7*C7***.

	A	B	C	D	E
4		Menge	Preis	Umsatz	
5					
6	Vertreter A	200	20	=B6*C6	
7	Vertreter B	100	15	=B7*C7	

Diese Art der Adressierung eignet sich immer dann ideal, wenn Bezug genommen wird auf Zellen, die entweder links, rechts, oben oder unten immer in einem gleichen Abstand zur Formelzelle angesprochen werden sollen.

3.4 Absolute Adressierung

Anhand der Mappe *Umsatz_Absolut* soll die absolute Adressierung als Nächstes sinnvoll eingesetzt werden. Gleichzeitig soll gezeigt werden, dass sich in einer Tabelle unterschiedliche Adressierungsarten vernünftig verarbeiten lassen. Als Beispiel soll dabei die Berechnung der Provision der einzelnen Vertreter dienen.

Bearbeitungsschritte

- Laden Sie zunächst die Mappe *Umsatz1* und speichern Sie diese unter dem Namen *Umsatz_Absolut* wieder ab.
- Ergänzen Sie die *Tabelle1* um die Worte *Provision*, *Provisionssatz in %* und um die Zahl *15* als Provisionssatz, sodass die Tabelle folgendermaßen aussieht:

	A	B	C	D	E
1					
2		Umsatzberechnung			
3					
4		Menge	Preis	Umsatz	Provision
5					
6	Vertreter A	200	20	4000	
7	Vertreter B	100	15	1500	
8	Vertreter C	80	30	2400	
9	Vertreter D	150	10	1500	
10					
11	Gesamtumsatz			9400	
12					
13	Provisionssatz in %				15

Bearbeitungsschritte (Fortsetzung)

- Die Provision für den Vertreter A berechnet sich nach der folgenden Formel:

  = ***Umsatz*** * ***Provisionssatz*** */ 100*

- Daraus ergibt sich die in die Zelle **E6** einzusetzende Formel:

  *=D6*$E$13/100*

  Hinweis: *Nach der Eingabe der Zellenbezeichnung **E13** wird durch das Drücken der Taste **F4** die für die absolute Adressierung typische Form **$E$13**.*

- Die Zelle **E13** wird in der Formel absolut adressiert, damit sie beim Kopieren nicht verändert wird und somit für die Provisionsberechnung der anderen Vertreter zur Verfügung steht. Die Zelle **D6** wird relativ adressiert, damit sie sich beim Kopieren verändert, z. B. in **D7**.
- Geben Sie die entsprechende Formel wie angegeben in die Zelle **E6** ein. Benutzen Sie dabei die Funktionstaste **[F4]**.
- Kopieren Sie die Zelle **E6** in die Zellen **E7** bis **E9**. Berechnen Sie außerdem die Summe der Provision. Das richtige Ergebnis wird auf dem Bildschirm angezeigt:

	A	B	C	D	E
1					
2		Umsatzberechnung			
3					
4		Menge	Preis	Umsatz	Provision
5					
6	Vertreter A	200	20	4000	600
7	Vertreter B	100	15	1500	225
8	Vertreter C	80	30	2400	360
9	Vertreter D	150	10	1500	225
10					
11	Gesamtumsatz			9400	1410
12					
13	Provisionssatz in %				15

- Durch das Eintragen eines anderen Prozentsatzes werden die Vertreterprovisionen nun automatisch angepasst.
- Das Ergebnis wird formelmäßig nachfolgend dargestellt. Nur durch die Verwendung der relativen und der absoluten Adressierung war es möglich, Formeln zu kopieren. Benutzt man bei der Berechnung der Provision nur die relative Adressierung, muss jede Provision einzeln errechnet werden.

	A	B	C	D	E
4		Menge	Preis	Umsatz	Provision
5					
6	Vertreter A	200	20	=B6*C6	=D6*$E$13/100
7	Vertreter B	100	15	=B7*C7	=D7*$E$13/100
8	Vertreter C	80	30	=B8*C8	=D8*$E$13/100
9	Vertreter D	150	10	=B9*C9	=D9*$E$13/100
10					
11	Gesamtumsatz			=SUMME(D6:D9)	=SUMME(E6:E9)
12					
13	Provisionssatz in				15

Da in der Mappe *Umsatz_Absolut* bereits einige Formeln verwendet werden, soll über die Formelüberwachung gezeigt werden, welche Zellen in einer Formel usw. vorhanden sind. Die Formelüberwachung ist beispielsweise bei der Fehlersuche behilflich.

Bearbeitungsschritte

- Laden Sie gegebenenfalls die Mappe *Umsatz_Absolut*.
- Markieren Sie die Zelle **D6**. Klicken Sie danach im Register **Formeln** in der Gruppe **Formelüberwachung** die Schaltfläche **Spur zum Vorgänger** an.

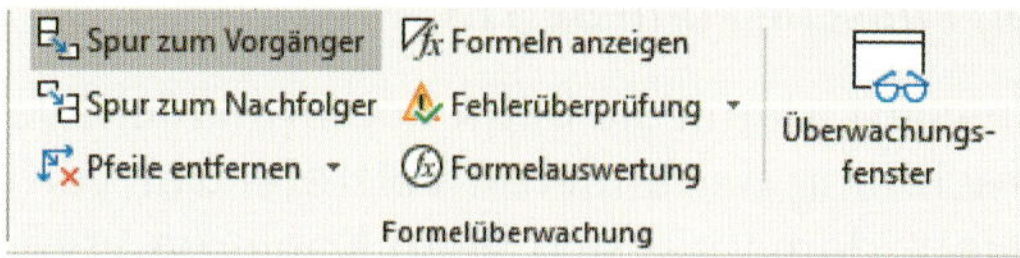

- Die Zellen, die die Berechnungsgrundlage für das Ergebnis in der Zelle **D6** bilden, werden angezeigt.

	A	B	C	D	E
4		Menge	Preis	Umsatz	Provision
5					
6	Vertreter A	200	20	4000	600

- Klicken Sie die Schaltfläche **Spur zum Nachfolger** an. Die Zellen, die als Berechnungsgrundlage das Ergebnis der Zelle **D6** haben, werden angezeigt.

	A	B	C	D	E
4		Menge	Preis	Umsatz	Provision
5					
6	Vertreter A	200	20	4000	600
7	Vertreter B	100	15	1500	225
8	Vertreter C	80	30	2400	360
9	Vertreter D	150	10	1500	225
10					
11	Gesamtumsatz			9400	1410

- Entfernen Sie die Spuren über die Schaltfläche **Pfeile entfernen**. Probieren Sie danach andere Möglichkeiten aus.
- Zur Überprüfung von Werten und Formeln dient das Überwachungsfenster. Nach Anklicken der Schaltfläche **Überwachungsfenster** in der Gruppe **Formelüberwachung** im Register **Formeln** können Zellen, z. B. **D6**, markiert und dem Überwachungsfenster hinzugefügt werden. Bei den Zellen kann es sich z. B. um Zellen handeln, deren Formeln später nachbearbeitet werden sollen.

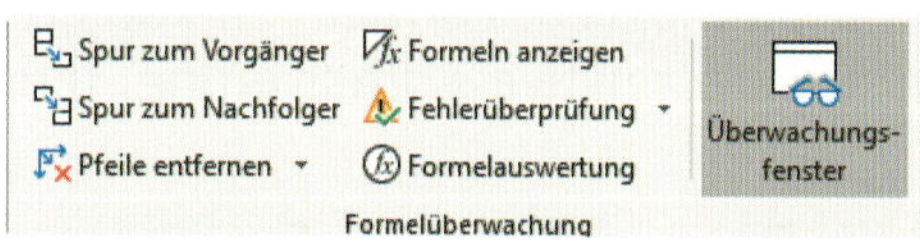

- Im Überwachungsfenster werden Informationen über die markierten Zellen zur Verfügung gestellt.

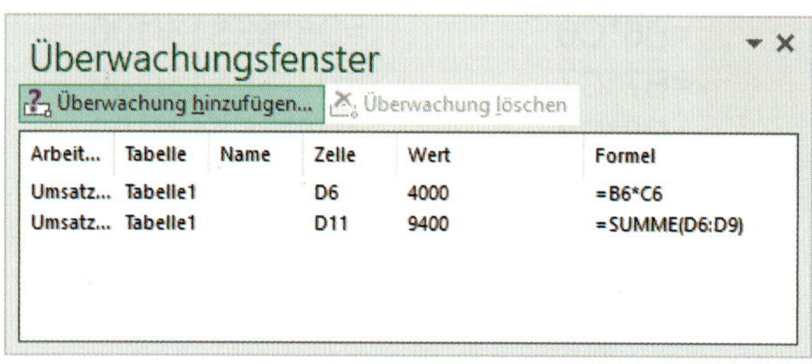

3.5 Adressierung über Namen

Vorbemerkungen

Besonders interessant, gerade bei umfangreichen Tabellen, ist die Möglichkeit, Zellen und/oder Bereiche über Namen in Formeln aufzurufen. In der Formel wird dann nicht eine Zelle mit **E13** (relativ) oder **$E$13** (absolut) angegeben, sondern der Name, z. B. *Provisionssatz*. Bereiche, wie beispielsweise **B6** bis **B9**, werden markiert und dann ebenfalls mit einem Namen versehen, der dann in Formeln verwandt werden kann. Die Namen sollten dem entsprechen, was sie aussagen, beispielsweise *Menge*, *Preis* oder *Umsatz*.

Die folgende Übersicht zeigt die Zellen und die Bereiche, die mit Namen versehen werden sollen:

	A	B	C	D	E	
1						
2		Umsatzberechnung				
3						
4		Menge	Preis	Umsatz	Provision	
5						
6	Vertreter A	200	20	4000	600	
7	Vertreter B	100	15	1500	225	
8	Vertreter C	80	30	2400	360	
9	Vertreter D	150	10	1500	225	
10						
11	Gesamtumsatz			9400	1410	
12						
13	Provisionssatz in %				15	

Name →	Menge	Preis	Umsatz	Provision	Provisionssatz
Zellen/Bereiche	B6:B9	C6:C9	D6:D9	E6:E9	E13

Namen festlegen

Um mit Namen in Formeln arbeiten zu können, müssen die Namen festgelegt werden.

Bearbeitungsschritte

- Laden Sie die Mappe *Umsatz_Absolut* und speichern Sie diese unter dem Namen *Umsatz_Namen1* wieder ab. Löschen Sie alle Inhalte im Bereich **D6** bis **E9**.
- Markieren Sie mit der Maus die Zelle **E13**. Klicken Sie dann im Register **Formeln** in der Gruppe **Definierte Namen** die Schaltfläche **Namen definieren** an.

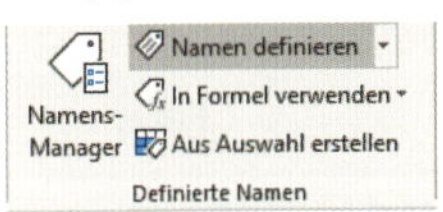

- Geben Sie im **Eingabefeld** des Fensters *Neuer Name* den Namen *Provisionssatz* ein. Sie können auch den Namen, den das Programm eventuell vorschlägt, akzeptieren.

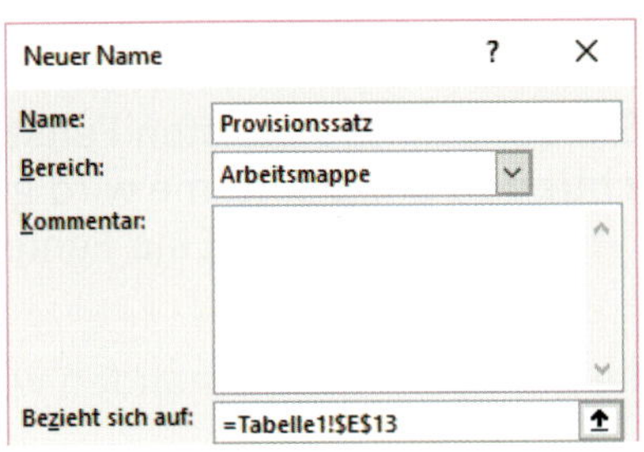

Bearbeitungsschritte (Fortsetzung)

- Wollen Sie überprüfen, ob die richtige Zelle markiert ist, und das Fenster die markierte Zelle verdeckt, so können Sie das Fenster durch Anklicken der Schaltfläche in der rechten Ecke des Fensters verkleinern.

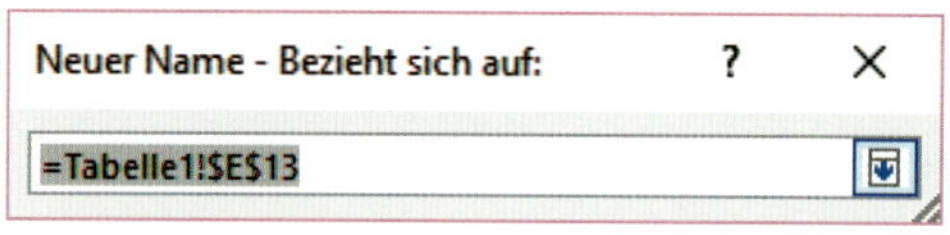

- Durch Anklicken der Schaltfläche wird das Fenster wieder eingeblendet.
- Geben Sie eventuell die benötigte Zelle an. Sie können auch den Zellenbezug, den das Programm aufgrund der Markierung der Zelle vorschlägt, übernehmen.
- Klicken Sie auf die Schaltfläche **OK**. Damit ist der Name für die Zelle festgelegt.
- Alternativ kann nach dem Markieren der Zelle **E13** in der Rechenleiste der Pfeil nach unten angeklickt und die Bezeichnung *Provisionssatz* eingegeben werden.

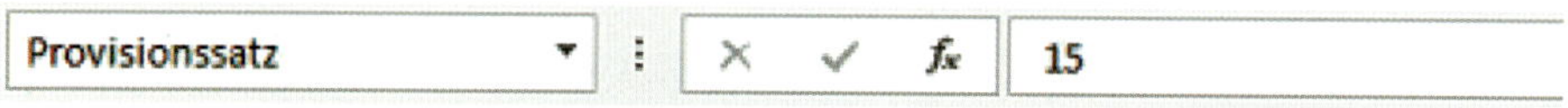

- Markieren Sie die Zellen **B6** bis **B9**. Klicken Sie danach im Register **Formeln** in der Gruppe **Definierte Namen** die Schaltfläche **Namen definieren** an. Definieren Sie auf eine der beschriebenen Arten den Namen *Menge*.
- Definieren Sie danach die Bereiche mit den Namen *Preis*, *Umsatz* und *Provision*.

Überprüfen und Löschen von Namen
Ein Name darf nur einmal in einer Mappe benutzt werden. Ist der Name für eine Zelle oder einen Bereich nicht mehr notwendig oder falsch, kann er gelöscht werden.

Bearbeitungsschritte

- Klicken Sie danach im Register **Formeln** in der Gruppe **Definierte Namen** die Schaltfläche **Namens-Manager** an.

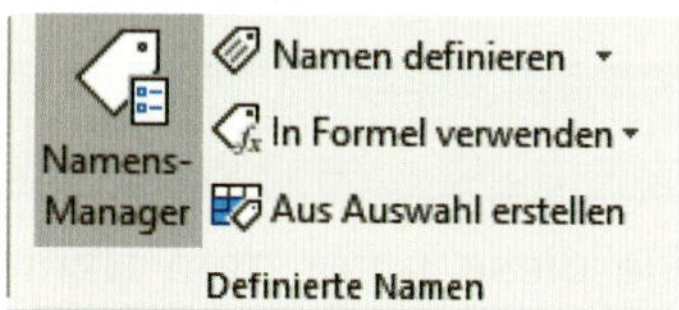

- Klicken Sie den Namen *Menge* an.

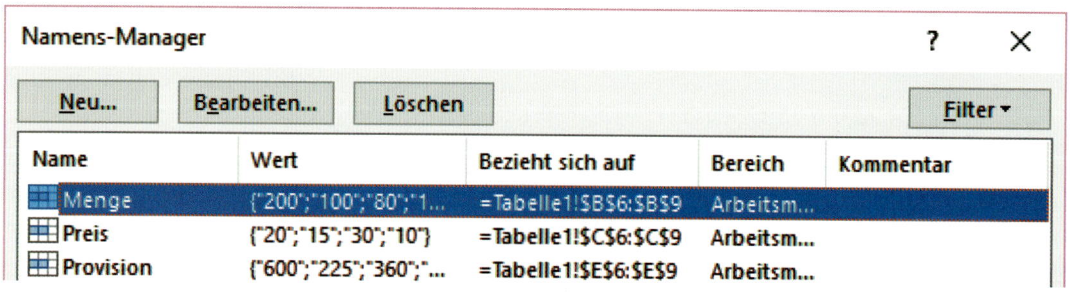

- Klicken Sie die Schaltfläche **Löschen** an, bestätigen Sie danach im nächsten Fenster die Löschung und klicken Sie dann die Schaltfläche **Schließen** an. Der Name wird gelöscht. Eventuelle Berechnungsergebnisse existieren jedoch nicht mehr. Eine Fehlermeldung würde auf den fehlenden Namen hinweisen.
- Definieren Sie den Namen *Menge* wieder. Da eventuelle Formeln noch vorhanden wären, würde das korrekte Ergebnis angezeigt werden.

Namen in Formeln verwenden

Nachdem die Namen für die Zellen und Bereiche festgelegt wurden, kann man in Formeln die Namen verwenden. Es stehen verschiedene Bearbeitungsmöglichkeiten zur Verfügung, die nachfolgend beschrieben werden.

Bearbeitungsschritte

- Klicken Sie mit der Maus die Zelle **D6** an. Geben Sie das Gleichheitszeichen ein: =.
- Markieren Sie mit der Maus die Zellen **B6** bis **B9**. Der Name wird bei richtiger Markierung in die Formel eingefügt:

	A	B	C	D	E
6	Vertreter A	200	20	=Menge	

- Alternativ klicken Sie im Register **Formeln** in der Gruppe **Definierte Namen** die Schaltfläche **In Formel verwenden** und dann den Namen *Menge* an. Der Name wird ebenfalls eingefügt.

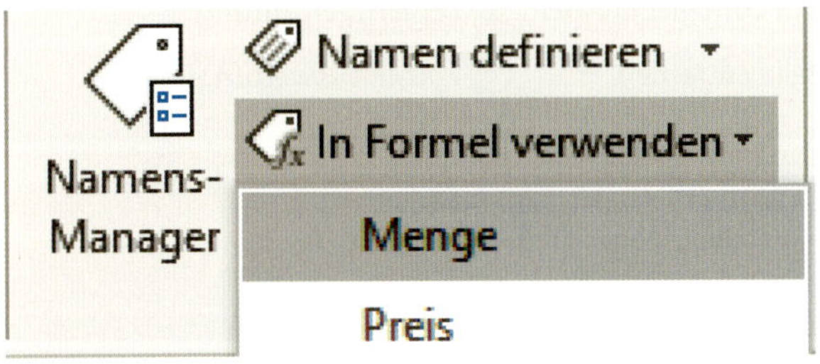

- Vervollständigen Sie die Formel mit einem Multiplikationszeichen * und fügen Sie danach wie vorstehend beschrieben über die Markierung der Zellen **C6:C9** den Namen *Preis* ein.

	A	B	C	D	E
6	Vertreter A	200	20	=Menge*Preis	

- Die Formel lautet nun: =***Menge********Preis***. Mit der Taste [**Return**] bzw. [**Enter**] oder dem Anklicken der Schaltfläche **Eingeben** (✓) beenden Sie die Berechnung.
- Kopieren Sie die Formel in die Zellen **D7** bis **D9**. Das Ergebnis sieht wie folgt aus:

	A	B	C	D	E
4		Menge	Preis	Umsatz	Provision
5					
6	Vertreter A	200	20	4000	
7	Vertreter B	100	15	1500	
8	Vertreter C	80	30	2400	
9	Vertreter D	150	10	1500	

- Formelmäßig kommt folgendes Ergebnis zustande:

	A	B	C	D	E
4		Menge	Preis	Umsatz	Provision
5					
6	Vertreter A	200	20	=Menge*Preis	
7	Vertreter B	100	15	=Menge*Preis	
8	Vertreter C	80	30	=Menge*Preis	
9	Vertreter D	150	10	=Menge*Preis	

- Automatisch nimmt das Programm jeweils für die Berechnung die richtige Menge und den richtigen Preis.

Bearbeitungsschritte (Fortsetzung)

- Klicken Sie mit der Maus die Zelle **E6** an. Geben Sie das Gleichheitszeichen ein: =.
- Markieren Sie mit der Maus die Zellen **D6** bis **D9**. Der Name wird bei richtiger Markierung in die Formel eingefügt:

	A	B	C	D	E
4		Menge	Preis	Umsatz	Provision
5					
6	Vertreter A	200	20	4000	=Umsatz

- Alternativ klicken Sie im Register **Formeln** in der Gruppe **Definierte Namen** die Schaltfläche **In Formel verwenden** und dann den Namen *Umsatz* an. Der Name wird ebenfalls eingefügt.

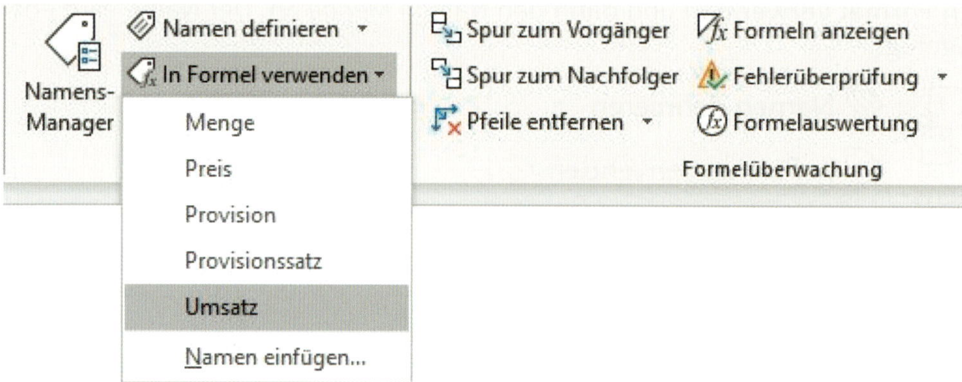

- Vervollständigen Sie die Formel mit einem Multiplikationszeichen * und fügen Sie danach wie vorstehend beschrieben über die Markierung der Zelle **E13** den Namen *Provisionssatz* ein. Vervollständigen Sie die Formel durch die angegebene Division.

	A	B	C	D	E
4		Menge	Preis	Umsatz	Provision
5					
6	Vertreter A	200	20	=Menge*Preis	=Umsatz*Provisionssatz/100

- Die Formel lautet nun: =***Umsatz*Provisionssatz/100***. Mit der Taste [**Return**], auch als Taste (**Enter**] bezeichnet, oder dem Anklicken der Schaltfläche **Eingeben** (✓) beenden Sie die Berechnung.
- Kopieren Sie die Formel in die Zellen **E7** bis **E9**. Das Ergebnis sieht wie folgt aus:

	A	B	C	D	E
4		Menge	Preis	Umsatz	Provision
5					
6	Vertreter A	200	20	4000	600
7	Vertreter B	100	15	1500	225
8	Vertreter C	80	30	2400	360
9	Vertreter D	150	10	1500	225

- Formelmäßig kommt folgendes Ergebnis zustande:

	A	B	C	D	E
4		Menge	Preis	Umsatz	Provision
5					
6	Vertreter A	200	20	=Menge*Preis	=Umsatz*Provisionssatz/100
7	Vertreter B	100	15	=Menge*Preis	=Umsatz*Provisionssatz/100
8	Vertreter C	80	30	=Menge*Preis	=Umsatz*Provisionssatz/100
9	Vertreter D	150	10	=Menge*Preis	=Umsatz*Provisionssatz/100

Namen in Funktionen anwenden

Markierte Zellen oder Bereiche lassen sich unter ihrem Namen in Funktionen eingeben. Dadurch wird die Aussagekraft einer Funktion erhöht. Es wird z. B. in der Funktion angegeben, was summiert werden soll, nämlich bei der Umsatzberechnung der Umsatz.

Für die Nutzung von Funktionen stehen mehrere Möglichkeiten zur Verfügung, drei werden nachfolgend beschrieben.

Bearbeitungsschritte

- Markieren Sie die Zelle **D11**. Klicken Sie die Schaltfläche **AutoSumme** in der Gruppe **Funktionsbibliothek** im Register **Formeln** an.

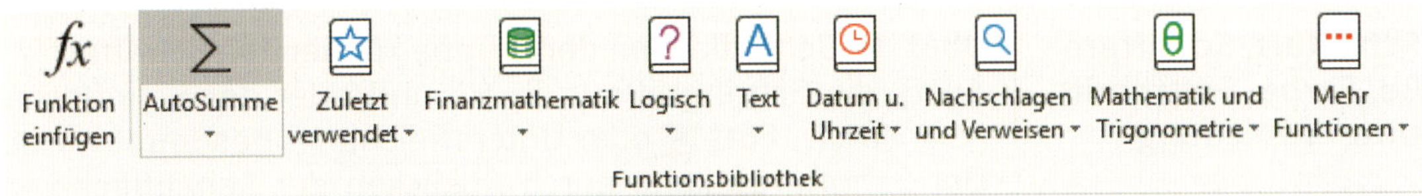

- Klicken Sie danach die Schaltfläche **In Formel verwenden** in der Gruppe **Definierte Namen** im Register **Formeln** an. Wählen Sie den Namen *Umsatz* aus.

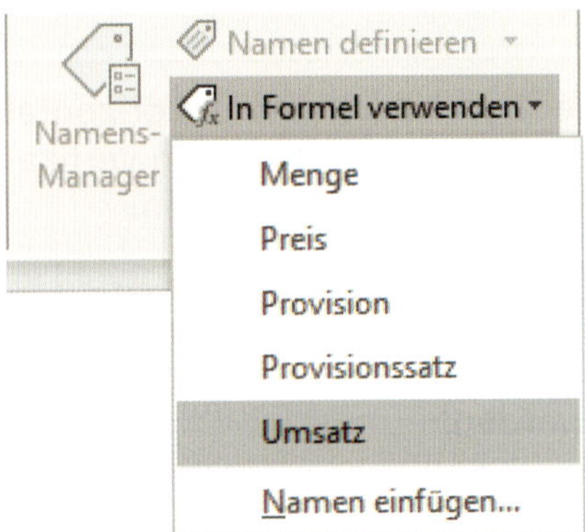

- Das Ergebnis sieht in der Zelle **D11** folgendermaßen aus:

  =Summe(Umsatz)

- Markieren Sie die Zelle **E11**. Klicken Sie danach die Schaltfläche **AutoSumme** in der Gruppe **Funktionsbibliothek** im Register **Formeln** an. Sie mit der Maus die Zellen **E6** bis **E9**.

- Als Ergebnis wird in der Zelle **E11** Folgendes angezeigt:

  =Summe(Provision)

- In den einzelnen Zellen stehen nun nur noch eingegebene Werte und Formeln und Funktionen, die Namen enthalten. Dies kann über die Formelansicht angezeigt werden.

	A	B	C	D	E
6	Vertreter A	200	20	=Menge*Preis	=Umsatz*Provisionssatz/100
7	Vertreter B	100	15	=Menge*Preis	=Umsatz*Provisionssatz/100
8	Vertreter C	80	30	=Menge*Preis	=Umsatz*Provisionssatz/100
9	Vertreter D	150	10	=Menge*Preis	=Umsatz*Provisionssatz/100
10					
11	Gesamtums:			=SUMME(Umsatz)	=SUMME(Provision)

- Alternativ können Sie auch die Zelle **E11** markieren und die folgende Formel eingeben:

  =Summe(Provision)

4 Zeichen- und Absatzformatierung

4.1 Allgemeine Erklärungen

Die Formatierung einzelner Zellen und ganzer Bereiche wird im Wesentlichen über das Register **Start** vorgenommen. Es stehen in den einzelnen Gruppen verschiedene Schaltflächen zur Verfügung, mit denen die Formatierung direkt oder mithilfe von Menüpunkten im Kontextmenü vorgenommen wird. Außerdem kann mithilfe der Schaltfläche  in den Gruppen **Schriftart, Ausrichtung** und **Zahl** das Fenster *Zellen formatieren* aufgerufen werden, welches spezielle Formatierungsmöglichkeiten zur Verfügung stellt.

Gruppe	Erklärungen
Schriftart, Schriftgröße, Farbe, Fettschrift, Unterstreichung 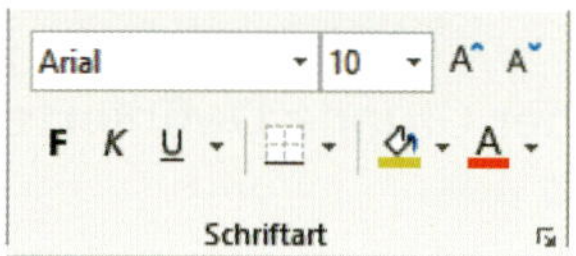	Über die Schaltflächen der Gruppe können die Schriftart (z. B. *Arial*), die Schriftgröße (z. B. *10*) und/oder der Schriftschnitt (z. B. *Kursiv*, **Fett** F oder Unterstreichung) bestimmt werden. Der Schriftgrad kann durch Anklicken der Schaltfläche vergrößert oder verkleinert werden. Außerdem können Rahmen, die Schriftfarbe und die Hintergrundfarbe bestimmt werden.
Ausrichtung 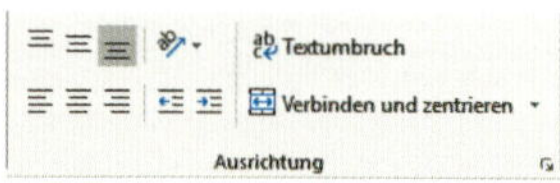	Eine Zelle oder ein markierter Bereich können in horizontaler (Linksbündig, Zentriert, Rechtsbündig) und/oder in vertikaler Weise (Oben, Zentriert, Unten) ausgerichtet werden. Damit der Inhalt einer Zelle oder mehrerer Zellen sowohl vertikal als auch horizontal vernünftig dargestellt werden kann, können Inhalte untereinander dargestellt oder auf mehrere Zellen verteilt ausgegeben werden.
Ausrichtung 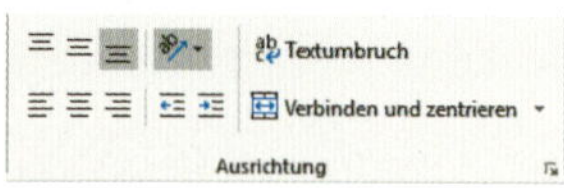	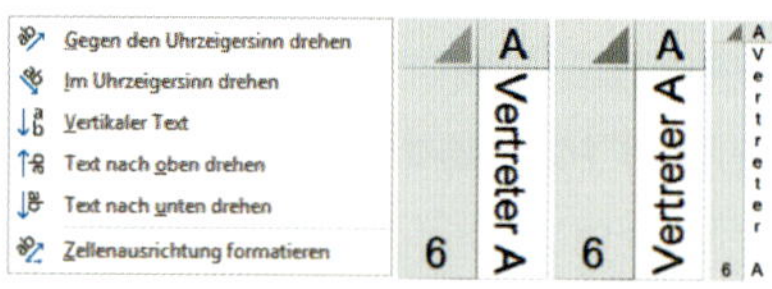 Der Text in einer Zelle kann z. B. vertikal, nach oben oder nach unten gedreht, dargestellt werden.
Zahl 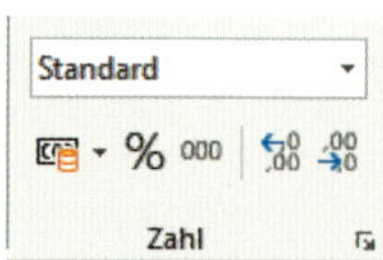	Zellen können sehr unterschiedliche Daten, z. B. ein Datum, einen Währungsbetrag, eine Prozentzahl usw. enthalten. Über die entsprechende Schaltfläche kann die benötigte Formatierung in dieser Gruppe ausgewählt werden. Es können z. B. Nachkommastellen hinzugefügt oder gelöscht werden.
Formatvorlagen 	Automatische Formatierungen von markierten Bereichen, Formatierungen in Zellen aufgrund des Ergebnisses, Formatierungen als Tabellen, die danach ausgewertet werden können, werden in dieser Gruppe zur Verfügung gestellt.
Schriftart, Ausrichtung, Zahl usw. 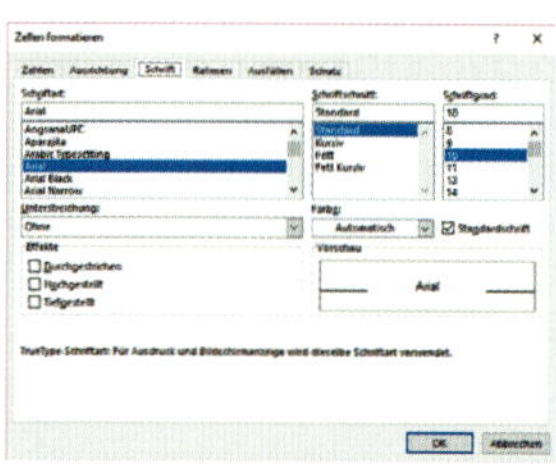	Über die Schaltfläche **Zellen formatieren**, die in den Gruppen **Schriftart**, **Ausrichtung** und **Zahl** zur Verfügung steht, wird das Fenster *Zellen formatieren* aufgerufen. Über die einzelnen Registerkarten können umfangreiche Einstellungen vorgenommen werden. 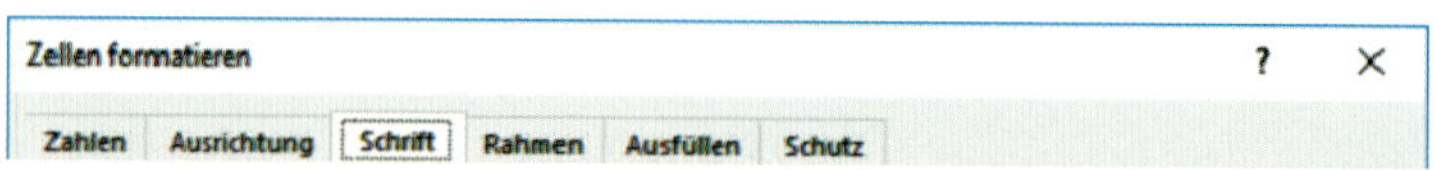 Die Nutzung dieses Fensters ist zu empfehlen, wenn alle zur Verfügung stehenden Möglichkeiten auf ihre Nutzung geprüft werden sollen.

4.2 Format Zellen – Formatierungen über das Fenster Zellen formatieren

Die Formatierung kann auch durch das Anklicken der Schaltflächen **Schriftarteinstellungen**, **Ausrichtungseinstellungen** oder **Zahlenformat** erfolgen. Die Schaltflächen befinden sich rechts unten in den Gruppen **Schriftart**, **Ausrichtung** und **Zahl** und rufen jeweils das Fenster *Zellen formatieren* auf. Durch das Anklicken der Registerkarten *Zahlen*, *Ausrichtung*, *Schrift*, *Rahmen* oder *Ausfüllen* wird der jeweilige Bereich der Formatierung gewählt. Zu Übungszwecken sollten Sie anhand der Tabelle *Umsatz_Format1* umfangreiche Formatierungen ausprobieren.

Formatierung von Zahlen

Zur Formatierung von Zahlen muss lediglich das entsprechende Zahlenformat angeklickt werden. Dabei kann man zunächst eine Kategorie und danach innerhalb dieser Kategorie ein bestimmtes Format wählen. Mit dem Währungsformat lassen sich beispielsweise Preise mit einer Währungsbezeichnung versehen.

	A	B	C	D
4		Menge	Preis	Umsatz
5				
6	Vertreter A	200	20	4.000,00 €
7	Vertreter B	100	15	1.500,00 €
8	Vertreter C	80	30	2.400,00 €
9	Vertreter D	150	10	1.500,00 €

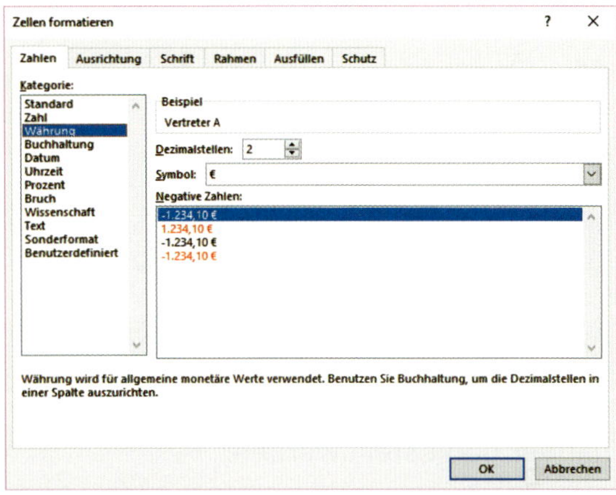

Formatierung eines Datums

Zu den wichtigsten Anwendungen eines Tabellenkalkulationsprogramms gehört es, Zeitabstände zu berechnen. Interessant ist daher die Möglichkeit, Zellen das Zahlenformat **Datum** zuzuweisen.

Soll das Datumsformat in Zellen und Bereichen gelöscht werden, weil es nicht mehr benötigt wird, so ist nach der Markierung der Zellen und Bereiche die Formatierung **Standard** zu wählen. Diese Formatierungsmöglichkeit befindet sich ebenfalls im Bereich **Zahlen**.

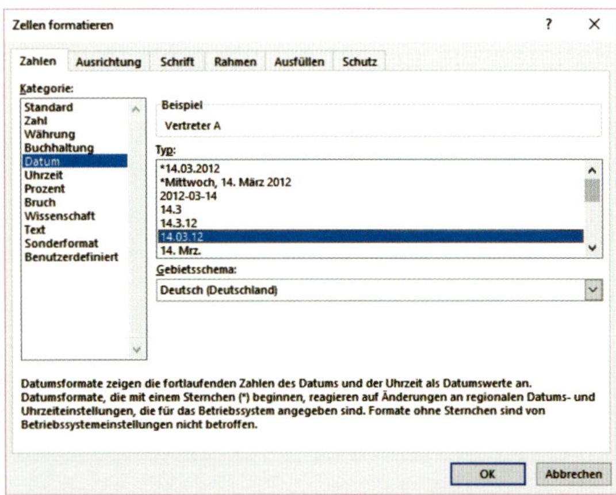

Ausrichtung von Zellen

Markierte Zellen können ausgerichtet werden. Außerdem können Zellen markiert und danach verbunden werden (siehe Umsatzberechnung). Außerdem kann ein Zeilenumbruch in einer Zelle vorgenommen und ein Text an die Zellengröße angepasst werden.

	A	B	C	D
1				
2		Umsatzberechnung		
3				
4		Menge	Preis	Umsatz
5				
6	Vertreter A	200	20,00 €	4.000,00 €

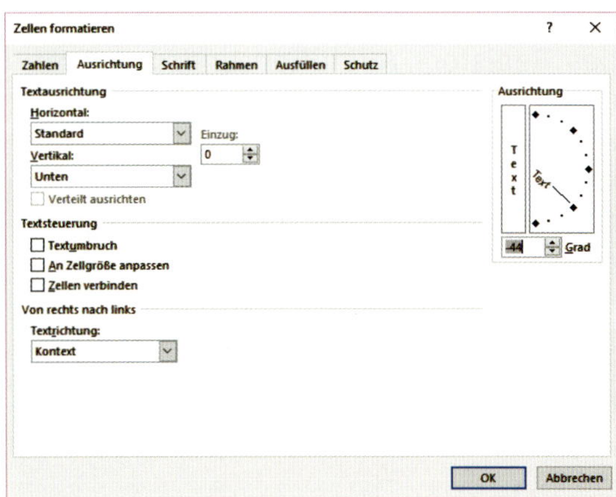

Schriftart, Schriftschnitt, Schriftgrad, Unterstreichung, Farbe

Umfangreiche Einstellungsmöglichkeiten bietet die Dialogbox **Schrift**. So kann die Schriftart, der Schriftstil (z. B. *Kursiv*, **Fett**), der Schriftgrad usw. frei gewählt werden.

Durch die vorgenommene Einstellung wird die Überschrift folgendermaßen formatiert:

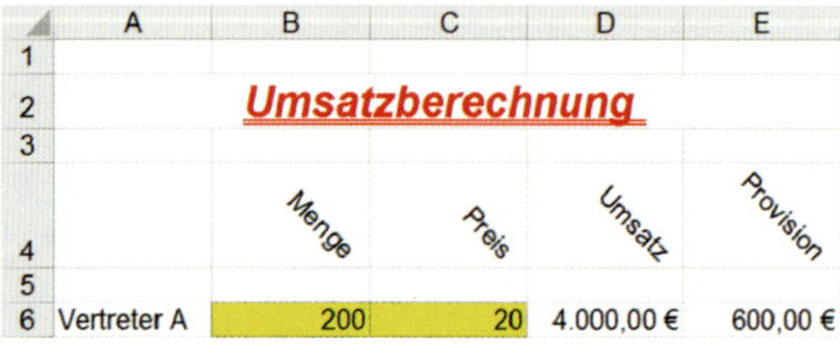

Außerdem können Einstellungen zum Zeilenumbruch usw. vorgenommen , und damit z. B. Textinhalte in einer Zelle untereinander dargestellt werden.

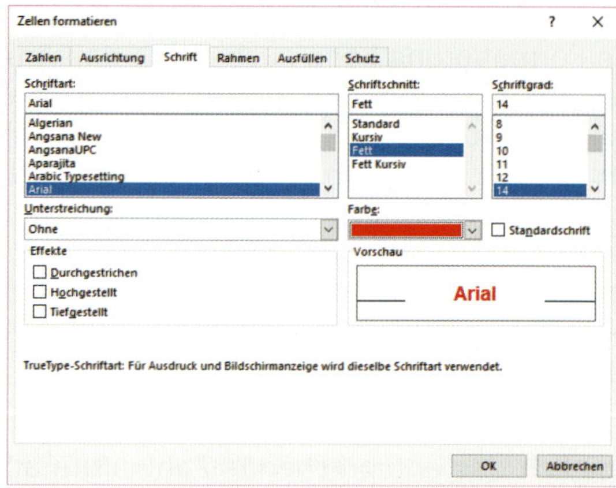

Rahmen

Durch Anklicken der angezeigten Linienarten wird die Rahmenart festgelegt. Ebenfalls kann bestimmt werden, ob der Rahmen die gesamte Zelle oder den gesamten Bereich umschließen oder beispielsweise nur links, rechts, oben oder unten eine Umrandung angezeigt werden soll. Auch Kombinationen, z. B. oben und rechts, sind möglich. Außerdem kann die Rahmenfarbe bestimmt werden.

Der Bereich **B4** bis **E4** könnte beispielsweise wie rechts dargestellt formatiert werden.

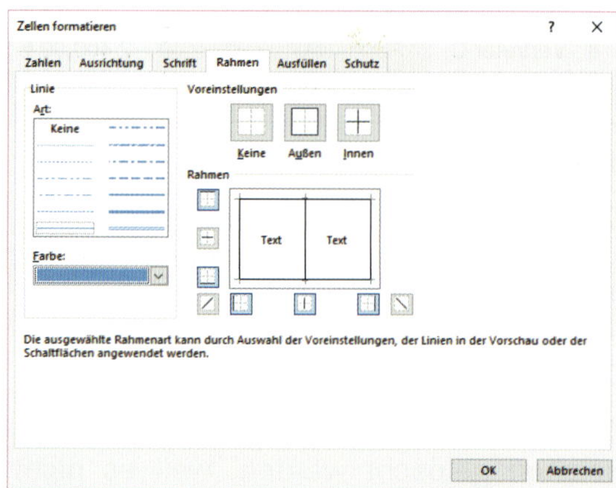

Ausfüllen

Die Hintergrundfarbe für eine Zelle wird über die Schaltfläche, das Auswählen des Registers **Ausfüllen** und das Anklicken einer Farbe festgelegt. Außerdem können Muster und Hintergründe festgelegt werden.

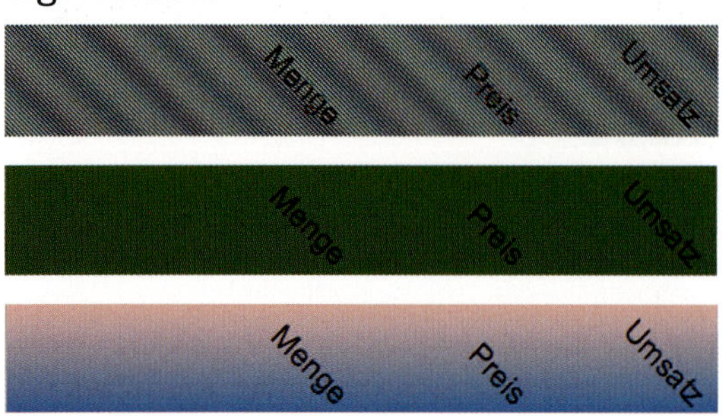

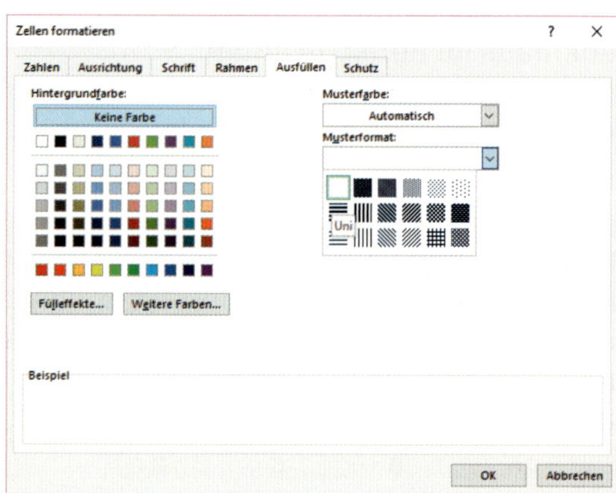

4.3 Erstellung und Übertragung einer Formatierung

Anhand eines einfachen Beispiels wird zunächst eine Zelle formatiert. In diesem Beispiel soll die Schrift fett und kursiv dargestellt werden.

Diese Formatierung kann dann problemlos auf andere Zellen und Bereiche übertragen werden. Auch die Übertragung des Formats auf nicht zusammenhängende Bereiche ist problemlos möglich.

Bearbeitungsschritte

- Laden Sie die Mappe *Umsatz1* und speichern Sie diese unter dem Namen *Umsatz_Format2* wieder ab. Markieren Sie die Zelle **B4**. Klicken Sie im Register **Start** in der Gruppe **Schriftart** nacheinander die Schaltflächen **Fett** und **Kursiv** an.

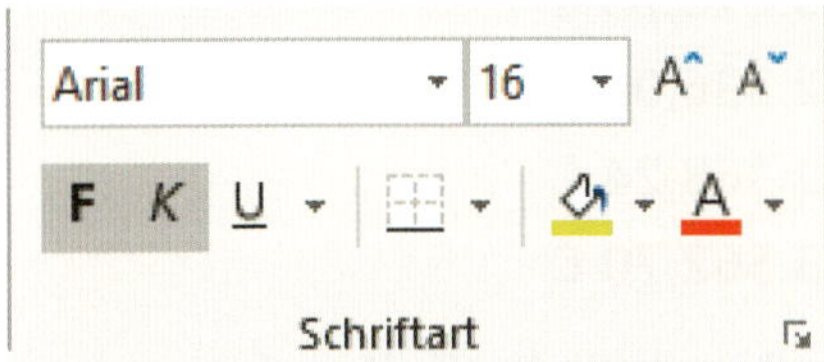

- Die Zelle **B4** wird entsprechend den Vorgaben formatiert.

	A	B	C	D	E
1					
2		Umsatzberechnung			
3					
4		***Menge***	Preis	Umsatz	

- Zur Übertragung des Formats auf andere Zellen klicken Sie die Schaltfläche **Format übertragen** in der Gruppe **Zwischenablage** im Register **Start** an.

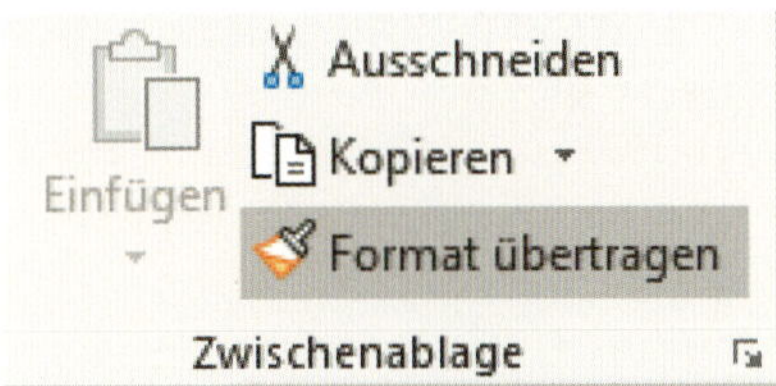

- Gehen Sie mit der Maus in den Bereich der Zellen. Der Mauszeiger verändert sich folgendermaßen:
- Markieren Sie die Zellen **C4** und **D4**. Das Zellenformat wurde übertragen:

	A	B	C	D	E
4		***Menge***	***Preis***	***Umsatz***	

- Soll das Format auf mehrere nicht zusammenhängende Bereiche übertragen werden, muss ein Doppelklick auf die Schaltfläche **Format übertragen** ausgeführt werden. Danach kann das Format auf die einzelnen Bereiche wie beschrieben übertragen werden, also beispielsweise auf die Zellen **A6** und **A8**. Als Letztes müssen Sie dann die Schaltfläche **Format übertragen** nochmals anklicken, damit die Formatübertragung wieder ausgeschaltet wird.

	A	B	C	D	E
4		***Menge***	***Preis***	***Umsatz***	
5					
6	***Vertreter A***	200	20	4000	
7	Vertreter B	100	15	1500	
8	***Vertreter C***	80	30	2400	
9	Vertreter D	150	10	1500	

4.4 Benutzerdefiniertes Format

Neben einer Reihe von vorgegebenen Formaten gibt es die Möglichkeit, nach eigenen Vorstellungen Formate zu definieren. Unter Umständen ist es jedoch möglich, dass eine bestimmte benutzerdefinierte Formatierung nicht verwendet werden kann. Dann erfolgt eine entsprechende Meldung.

Bearbeitungsschritte

- Erstellen Sie die folgende Tabelle. Speichern Sie die Mappe unter dem Namen *Formate_Benutzerdefiniert*. Markieren Sie den angezeigten Bereich **B3** bis **B6**.

	A	B	C	D	E
2		Gewicht	Preis	Kosten	
3	Lieferung I	234	22,30 €	5.218,20 €	
4	Lieferung II	98,987	23,60 €	2.336,09 €	
5	Lieferung III	564,76	21,90 €	12.368,24 €	
6	Lieferung IV	154,9	23,00 €	3.562,70 €	

- Klicken Sie im Register **Start** in der Gruppe **Zahl** die Schaltfläche **Zellen formatieren** in der rechten Ecke an.

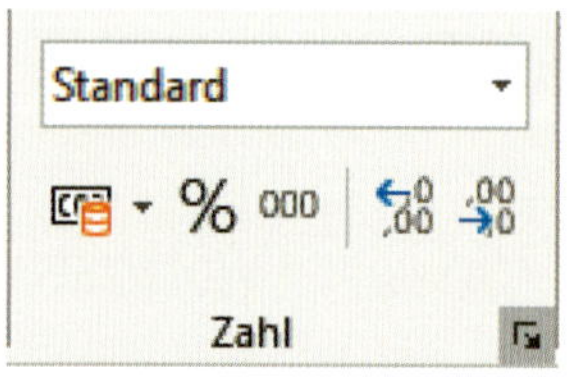

- Im Fenster *Zellen formatieren* klicken Sie zunächst die Kategorie **Benutzerdefiniert** und danach den Typ *0,00* an. Der Typ wird danach direkt unter dem Wort *Typ:* angezeigt und sollte wie nachfolgend gezeigt vervollständigt werden (*0,000 Kilo*):

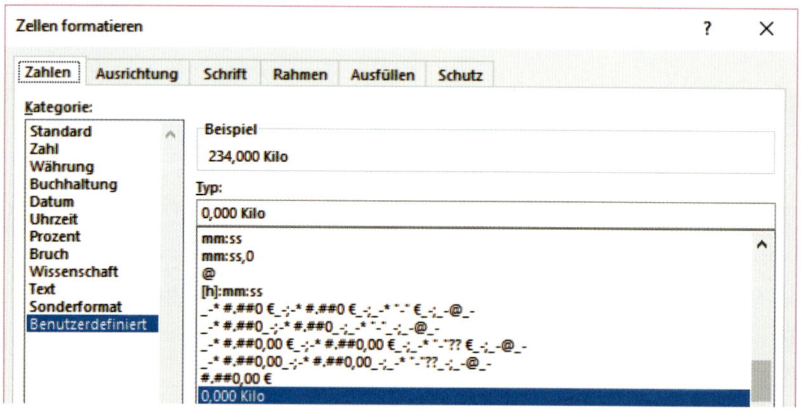

- Klicken Sie die Schaltfläche **OK** an. Das Ergebnis sieht folgendermaßen aus:

	A	B	C	D	E
2		Gewicht	Preis	Kosten	
3	Lieferung I	234,000 Kilo	22,30 €	5.218,20 €	
4	Lieferung II	98,987 Kilo	23,60 €	2.336,09 €	
5	Lieferung III	564,760 Kilo	21,90 €	12.368,24 €	
6	Lieferung IV	154,900 Kilo	23,00 €	3.562,70 €	

- Das Format steht nun in der Tabelle im Bereich **Benutzerdefiniert** zur Verfügung und kann zum Formatieren anderer Zellen und Bereiche genutzt werden.

5 Tabellen

5.1 Spaltenbreite und Zeilenhöhe

Vor allem die Spaltenbreite muss des Öfteren den Gegebenheiten der Inhalte einer Zelle oder eines Bereichs angepasst werden. Insbesondere ist dies notwendig, wenn Zahlenwerte nicht mehr in eine Zelle passen und dies folgendermaßen angezeigt wird: ##.

Bearbeitungsschritte

- Laden Sie die Mappe *Umsatz1*. Speichern Sie sie unter dem Namen *Umsatz_Spalten_Zeilen* nochmals ab.
- Markieren Sie die Spalte **A** und Zeile **1**, indem Sie die Zelle **A1** anklicken.
- Klicken Sie im Register **Start** in der Gruppe **Zellen** die Schaltfläche **Format** an.

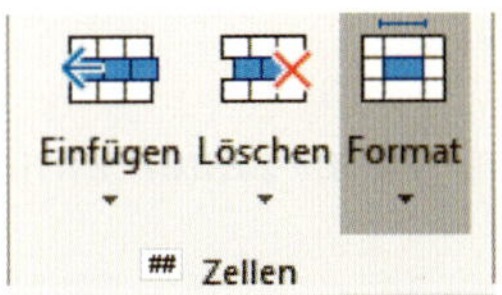

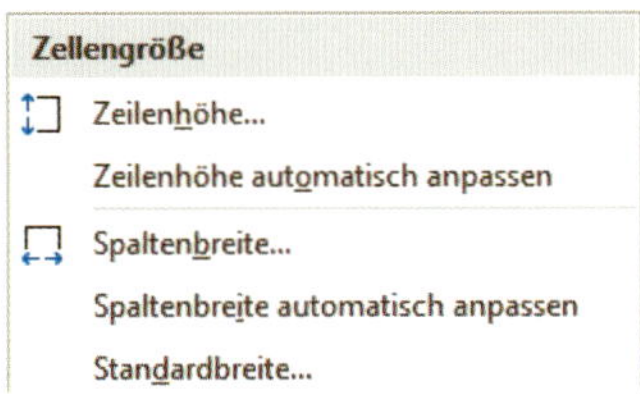

- Über die eingeblendeten Menüpunkte **Zeilenhöhe** bzw. **Spaltenbreite** können Sie nun im Fenster *Spaltenbreite* die Spaltenbreite bzw. die Zeilenhöhe einstellen:

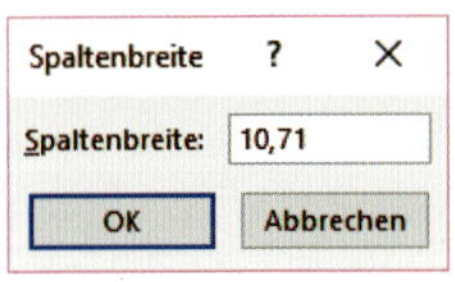

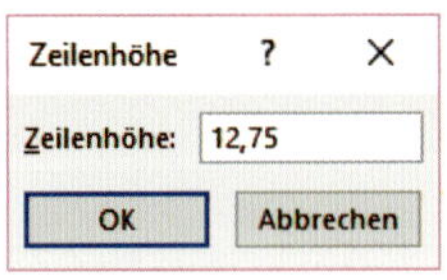

- Mehrere Spalten können durch das vorherige Markieren der Spalten in ihrer Breite wie zuvor beschrieben verändert werden. Dasselbe Prinzip gilt für Zeilen.
- Alle Spalten bzw. Zeilen können wie beschrieben verändert werden, wenn die gesamte Tabelle durch Anklicken der oberen linken Ecke der Tabelle markiert wird.

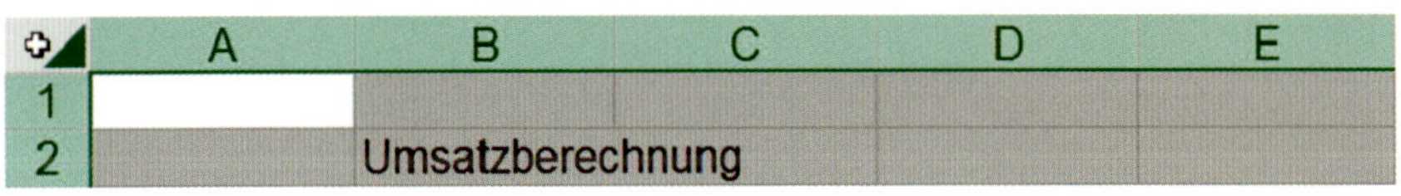

- Alternativ können Sie die Spaltenbreite ändern, indem Sie mit der Maus auf die Spaltenbeschriftung gehen und dabei genau auf die Spaltenbegrenzung. Der Mauspfeil verändert sich. Bei gedrückter linker Maustaste können Sie die Spaltenbreite vergrößern oder verkleinern, indem Sie mit der Maus nach rechts oder links gehen. Auch die Zeilenbreite lässt sich auf diese Weise ändern.

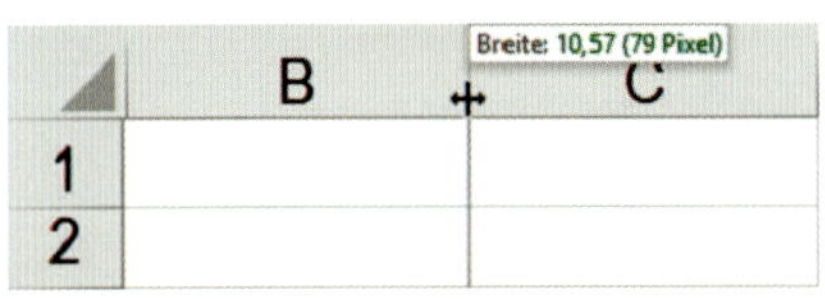

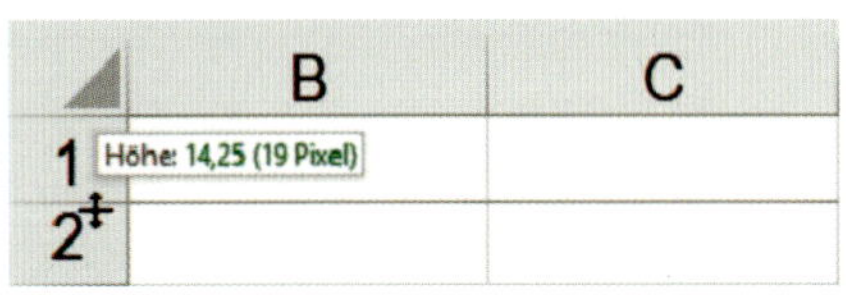

- Die optimale Breite können Sie nach Anklicken der Schaltfläche **Format** über die Option **Spaltenbreite automatisch anpassen** vom Programm einstellen lassen. Es empfiehlt sich jedoch, auch dann mit der Maus gewünschte Änderungen vorzunehmen, um die Darstellung auf dem Bildschirm zu optimieren.
- Die Zeilenhöhe kann analog dazu eingestellt werden. Sie dürfte grundsätzlich jedoch nicht die Bedeutung der Spaltenbreite haben und wird deshalb nicht so oft verändert werden müssen.
- Das Ein- und Ausblenden von markierten Zeilen oder Spalten kann über das Anklicken der Schaltfläche **Format** über die Option **Sichtbarkeit** vorgenommen werden. Dies kann im Zusammenhang mit dem Ausdruck von Daten interessant sein. Probieren Sie die Möglichkeiten aus.

5.2 Tabellenstruktur

5.2.1 Zellen, Zeilen und Spalten einfügen, löschen und ausblenden usw.

Auf einfache Weise lassen sich zusätzliche Spalten und Zeilen in Tabellen einfügen und entfernen. Außerdem kann die Größe von Zellen beeinflusst werden.

Bearbeitungsschritte

- Laden Sie die Mappe *Umsatz1* und speichern Sie diese unter dem Namen *Umsatz_Format3* wieder ab. Markieren Sie die Zelle **D1**.
- Klicken Sie im Register **Start** in der Gruppe **Zellen** den Pfeil in der Schaltfläche **Einfügen** an.

- Wählen Sie den Menüpunkt **Zellen einfügen**. Bestimmen Sie im Fenster *Zellen einfügen*, dass die Zellen nach unten verschoben werden sollen.

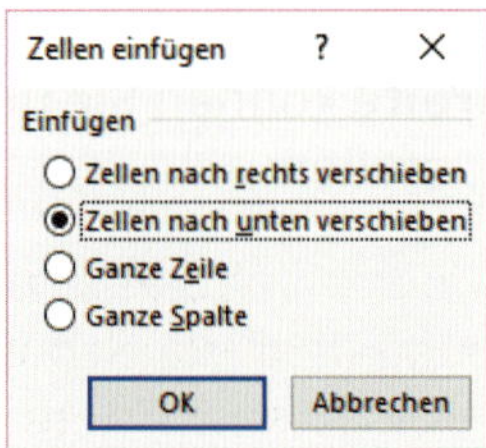

- Das Ergebnis sieht folgendermaßen aus:

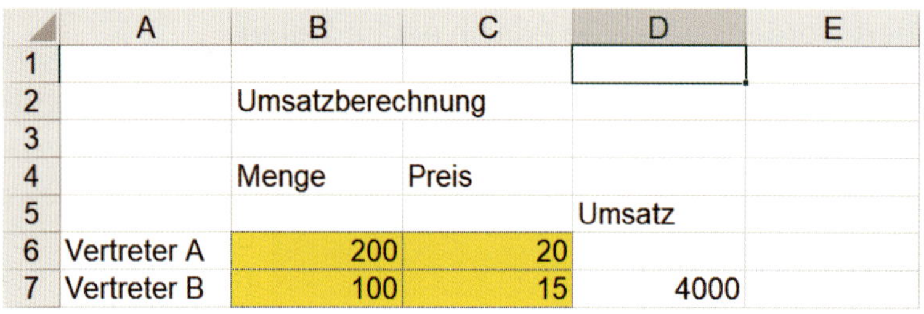

	A	B	C	D	E
1					
2		Umsatzberechnung			
3					
4		Menge	Preis		
5				Umsatz	
6	Vertreter A	200	20		
7	Vertreter B	100	15	4000	

- Auf die gleiche Weise können Sie Zellen markieren und *Blattzeilen* oder *Blattspalten* einfügen.
- Klicken Sie im Register **Start** in der Gruppe **Zellen** den Pfeil in der Schaltfläche **Löschen** an. Löschen Sie Zellen, Spalten, Zeilen usw.

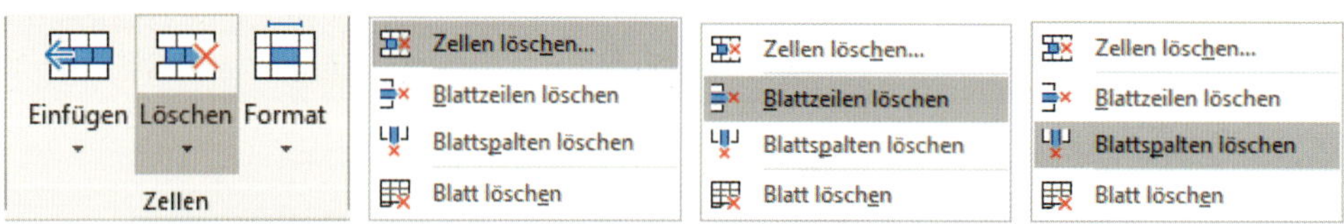

5.2.2 Tabellen(blatt) einfügen, kopieren und benennen

Tabellen bzw. Tabellenblätter können in Mappen eingefügt, umbenannt oder gelöscht werden. Außerdem können Tabellen bzw. Tabellenblätter kopiert oder verschoben und in dieselbe oder eine andere Mappe eingefügt werden. Mehrere Möglichkeiten der Bearbeitung stehen zur Verfügung.

Bearbeitungsschritte

- Laden Sie die Mappe *Umsatz1* und speichern Sie diese unter dem Namen *Umsatz_Benennen* wieder ab.

Bearbeitungsschritte (Fortsetzung)

- Markieren Sie die *Tabelle1* am unteren linken Fensterrand durch einen Doppelklick mit der Maus. Geben Sie danach die gewünschte Bezeichnung ein.

- Klicken Sie die *Tabelle2* am unteren linken Fensterrand an. Klicken Sie danach im Register **Start** in der Gruppe **Zellen** die Schaltfläche **Format** an. Über den Menüpunkt **Blatt umbenennen** können Sie dann die Tabelle wie beschrieben umbenennen. Auch über das Anklicken der *Tabelle2* mit der rechten Maustaste kann im Kontextmenü die Umbenennung vorgenommen werden.

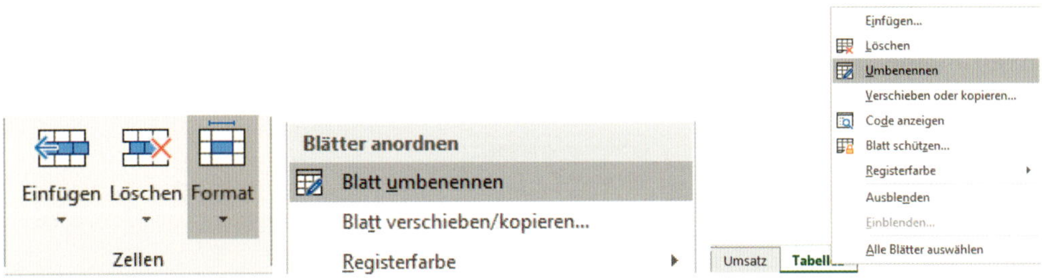

- Bezeichnen Sie auf unterschiedliche Weise die Tabellen folgendermaßen:

- Klicken Sie das Pluszeichen  hinter der Bezeichnung der Tabelle a, um eine neue Tabelle hinzuzufügen. Fügen Sie danach noch eine Tabelle über die Schaltfläche **Einfügen** in der Gruppe **Zellen** im Register **Start** ein. Über das Kontextmenü können Sie ebenfalls eine Tabelle (und andere Elemente) einfügen.

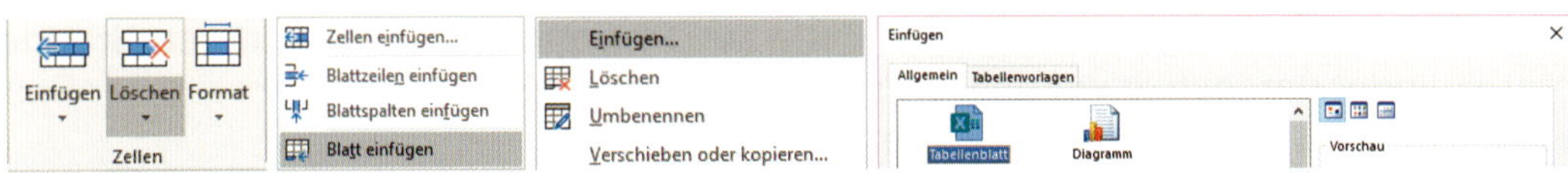

- Wählen Sie durch Anklicken die Tabelle *Werteingabe* aus. Klicken Sie im Register **Start** in der Gruppe **Zellen** die Schaltfläche **Format** an. Wählen Sie den Menüpunkt **Blatt verschieben/kopieren**. Alternativ können Sie die rechte Maustaste drücken. Das Kontextmenü wird eingeblendet. Es ist danach über den Menüpunkt **Verschieben oder kopieren** möglich, Tabellen in eine andere geöffnete Mappe zu kopieren.

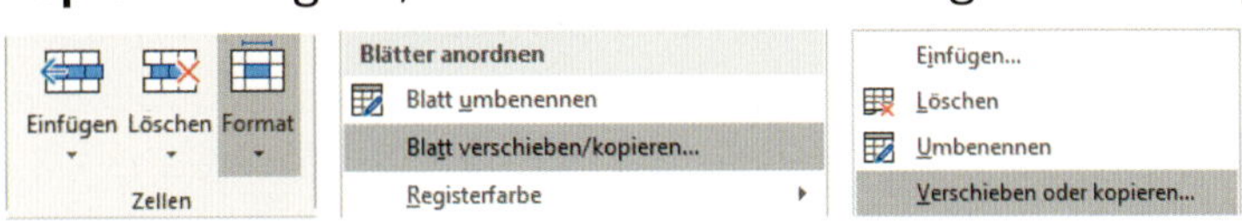

- Durch Anklicken des Kontrollkästchens *Kopie erstellen* und Auswählen der Option *(ans Ende stellen)* wird eine Kopie erstellt, die als letzte Tabelle angezeigt wird. Soll die Tabelle verschoben werden, ist das Kästchen nicht zu aktivieren. Die Tabelle kann auch in eine andere geöffnete Tabelle kopiert oder verschoben werden.

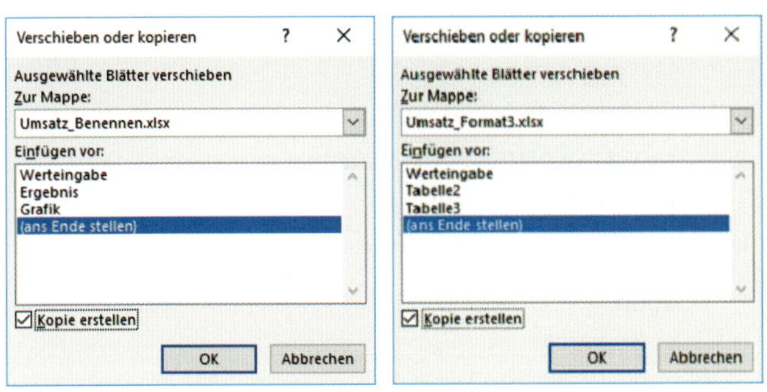

- Das Ergebnis sieht beispielsweise so aus:

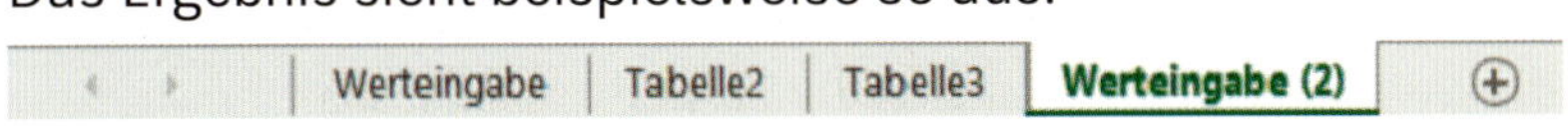

5.3 Zellen verbinden

Überschriften sollten in der Regel über den Bereich der Tabelle zentriert werden, der Inhalte enthält. Darüber hinaus kann eine Bezeichnung in einer Zelle so viele Zeichen enthalten, dass es sich anbietet, den Inhalt untereinander darzustellen.

Bearbeitungsschritte

- Laden Sie die Mappe *Umsatz1* und speichern Sie diese unter dem Namen *Umsatz_Format7* wieder ab. Markieren Sie mit der Maus die Zellen **A2** bis **D2**.

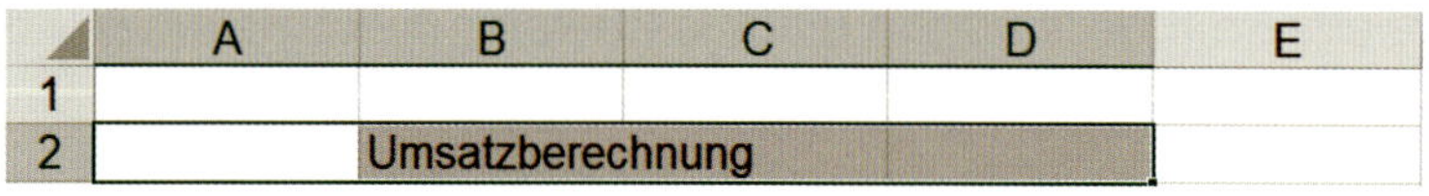

- Klicken Sie im Register **Start** in der Gruppe **Ausrichtung** den Pfeil in der Schaltfläche **Verbinden und zentrieren** an. Wählen Sie danach die Option **Verbinden und zentrieren**.

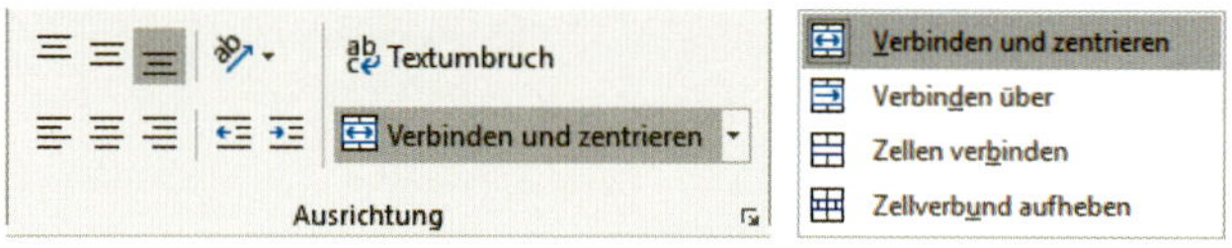

- Das Ergebnis könnte so aussehen:

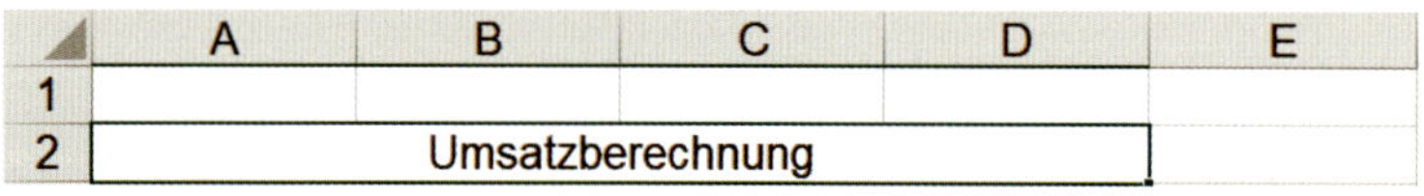

- Über die Option **Zellverbund aufheben** können Sie nach Anklicken der Schaltfläche **Verbinden und zentrieren** die verbundenen Zellen wieder trennen. Eventuell müssen Sie jedoch den Inhalt per **Drag and Drop** an die richtige Stelle ziehen.
- Unter Umständen soll der Inhalt einer Zelle aus Platzgründen oder anderen Gründen untereinander dargestellt werden. Verändern Sie zunächst die Spaltenbreite der Spalte **A** wie dargestellt. Markieren Sie danach die Spalte **A**.

- Klicken Sie im Register **Start** in der Gruppe **Ausrichtung** die Schaltflächen **Zentriert** und **Textumbruch** an.

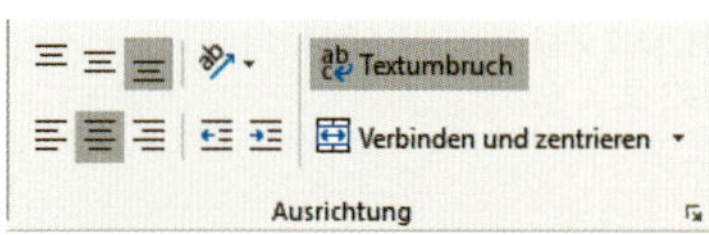

- Das Ergebnis könnte so aussehen:

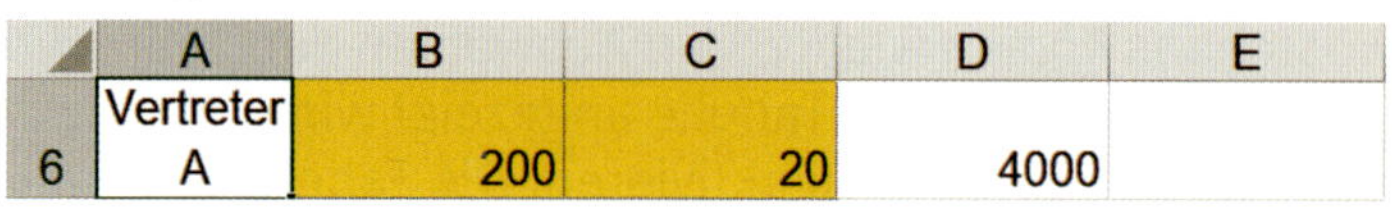

- Markieren Sie die Zellen **B6** bis **B8**. Klicken Sie danach im Register **Start** in der Gruppe **Ausrichtung** die Schaltfläche **Oben ausrichten** an.

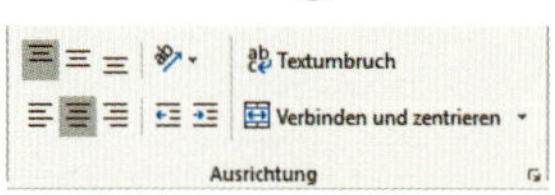

- Das Ergebnis könnte so aussehen:

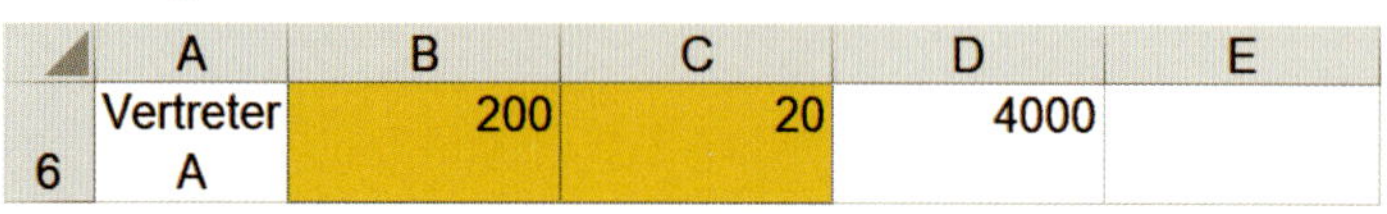

6 Textfeld, Hyperlink, Symbol, Grafik und ClipArt (Onlinegrafik)

6.1 Vorbemerkungen

Die Aussagekraft von Tabellen, aber auch von Texten usw., kann durch grafische Elemente erhöht werden. Grundsätzlich stehen verschiedene Möglichkeiten zur Verfügung. Einige davon werden nachfolgend genauer erklärt, andere werden später, beispielsweise in Diagrammen, genutzt oder wie bei den Objekten im Bereich der Programmübergreifenden Anwendungen erklärt.

Textfeld 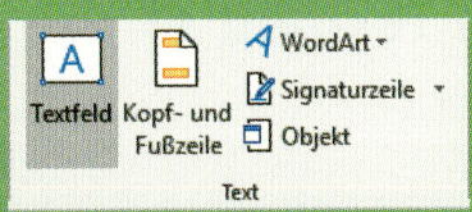	In einem Textfeld kann ein Sachverhalt erläutert werden. Danach kann das Textfeld beliebig formatiert werden. Textfelder werden sowohl in einer normalen Tabelle als auch in Diagrammen zur Erklärung von Sachverhalten eingesetzt.	
Onlinebilder 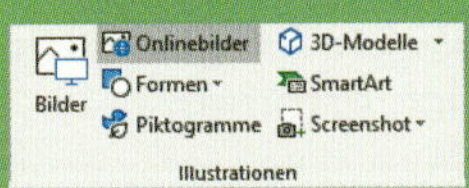	Onlinebilder sind grafische Darstellungen, die von Programmherstellern (z. B. Microsoft) mit ihren Programmen geliefert werden. Außerdem können sie z. B. aus dem Internet geladen werden.	
Bilder 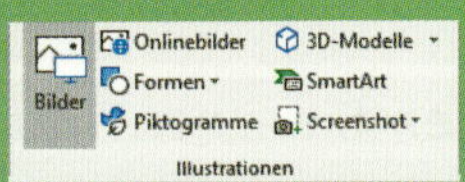	Eigene Grafiken, Bilder usw. lassen sich an einer beliebigen Stelle in ein Dokument einfügen. Damit können individuelle Aspekte in Dokumente eingearbeitet oder Erklärungen gegeben werden.	
WordArt 	Durch das Einfügen von WordArt-Objekten werden z. B. Überschriften usw. zur besonderen Betonung eines Sachverhalts eingesetzt. Vor allem in Diagrammen können auf diese Weise Elemente besonders herausgestellt werden.	
Objekt 	Objekte sind Elemente eines Dokuments, die mit einem anderen auf dem Computer vorhandenen Programm erstellt wurden. Sie werden z. B. in Dateien eingelesen.	
Formen 	Formen weisen beispielsweise (durch einen Pfeil) auf einen Sachverhalt hin. Sie eignen sich jedoch auch dazu, einen Sachverhalt darzustellen, z. B. durch Kennzeichnungen in Diagrammen.	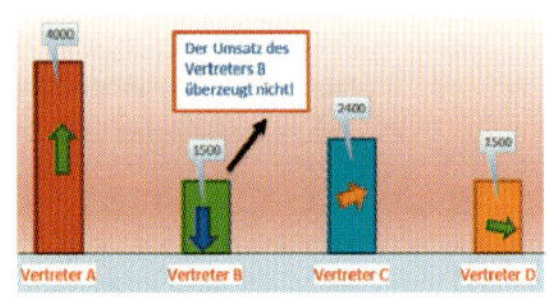
Screenshot 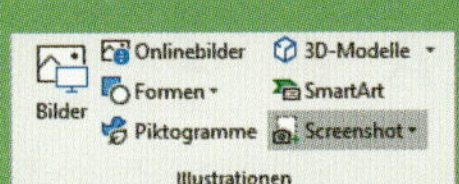	Ein Bildschirmausschnitt wird in ein Dokument eingefügt, z. B. um einen Sachverhalt zu erklären. Außerdem können Dokumente u. U. durch einen Bildschirmausdruck besser gestaltet werden.	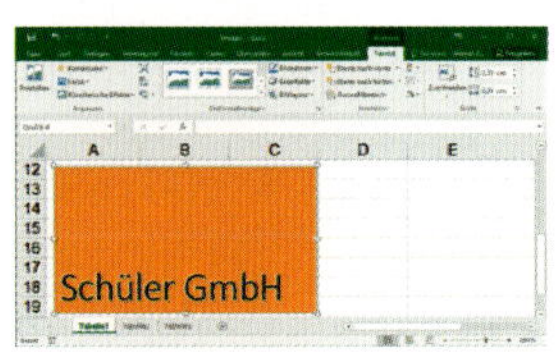
Symbole 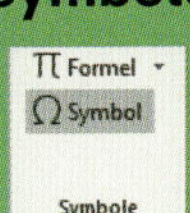	Verschiedene Symbolsätze stehen zur Verfügung, um z. B. Sonderzeichen, Brüche, Darstellungen usw. in ein Dokument zu integrieren.	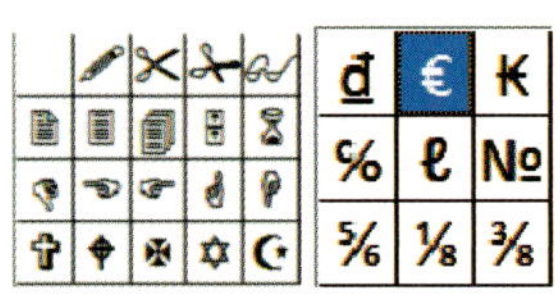

Nachfolgend sollen die Elemente in Dokumente eingefügt werden. Dabei sollten Sie leere Excel-Dokumente verwenden und die Gitternetzlinien ausblenden.

6.2 Textfeld

In einem Textfeld können die Ergebnisse einer Berechnung, ein Diagramm usw. kommentiert, beschrieben usw. werden. Zur Formatierung stehen die Möglichkeiten der Register **Start** und **Zeichentools/Format** zur Verfügung.

Bearbeitungsschritte

- Laden Sie die Mappe *Umsatz1*. Speichern Sie diese unter dem Namen *Umsatz_Textfeld* wieder ab.
- Klicken Sie im Register **Einfügen** in der Gruppe **Text** die Schaltfläche **Textfeld** an.

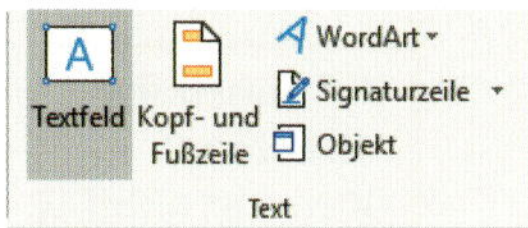

- Gehen Sie mit dem Mauszeiger in den Tabellenbereich. Der Mauszeiger verwandelt sich in einen dünnes Kreuz +. Klicken Sie die linke Maustaste an. Das Textfeld wird angezeigt. Sie können das Textfeld nun bei gedrückter linker Maustaste vergrößern, drehen oder die Position ändern. Dies kann jederzeit auch nachträglich erfolgen.

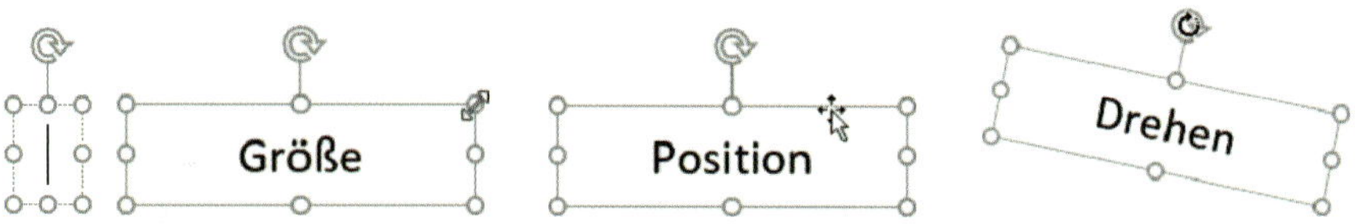

- Ziehen Sie mit gedrückter linker Maustaste einen Bereich auf, in den Sie einen Text eingeben können. Kommentieren Sie danach das Ergebnis.

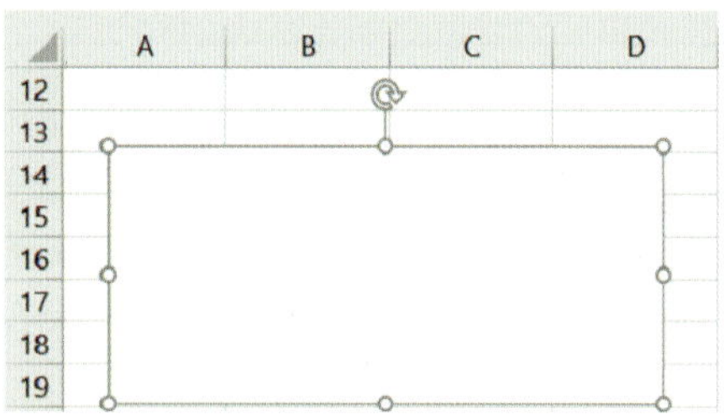

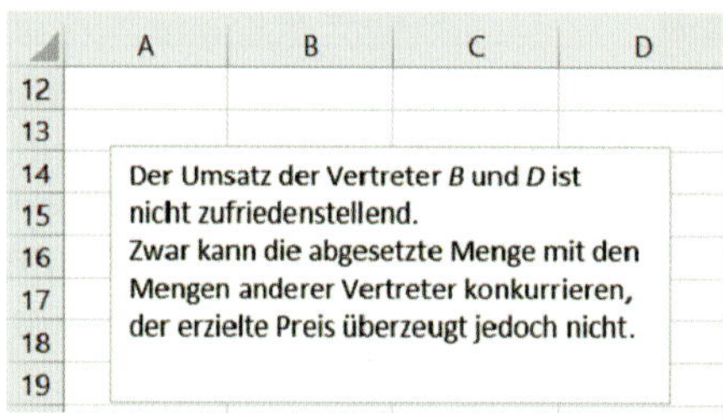

- Formatieren Sie den Text mithilfe der Schaltflächen des Registers **Start**.

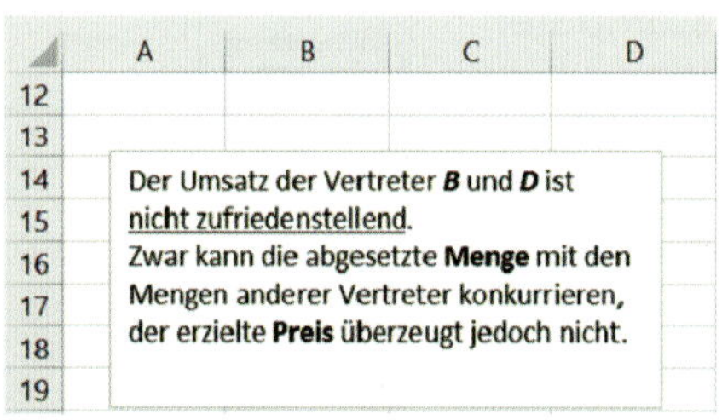

- Über die Schaltflächen des Registers **Zeichentools/Format** können Sie beispielsweise Formenarten oder sogenannte **WordArt-Formate** nutzen.

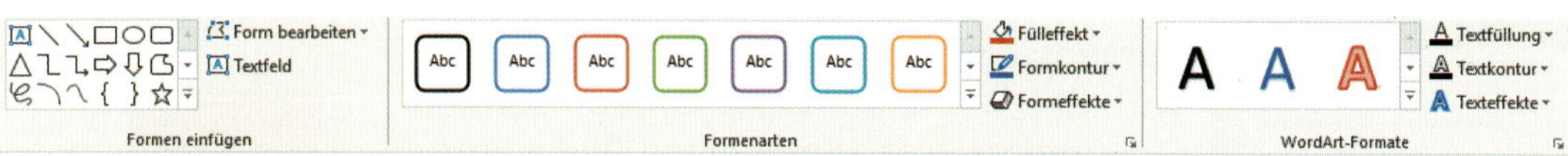

- Ergebnisse könnten beispielsweise so aussehen:

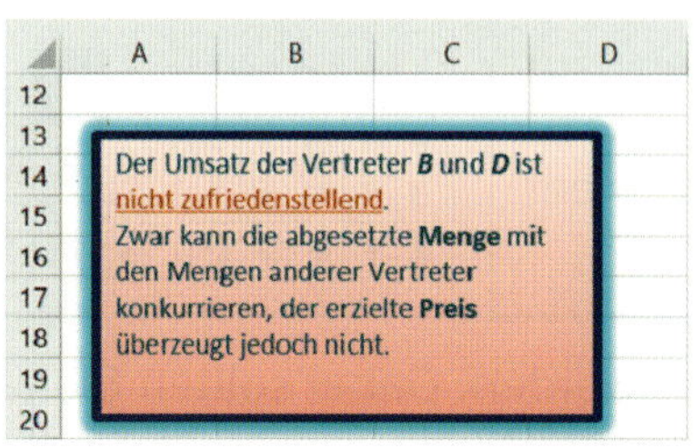

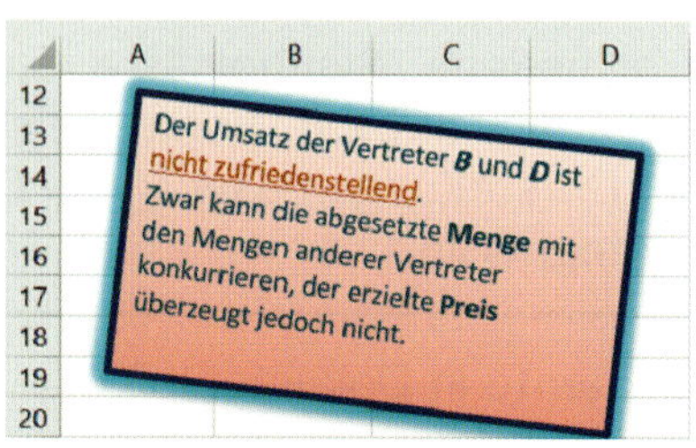

6.3 Hyperlink

Mithilfe eines Hyperlinks (Links) können Sie aus einer Tabelle z. B. eine andere Tabelle in derselben oder einer anderen Mappe, eine Web- oder E-Mail-Adresse oder ein anderes Dokument aufrufen.

Bearbeitungsschritte

- Laden Sie die Mappe *Umsatz_Benennen*. Speichern Sie diese unter dem Namen *Umsatz_Hyperlink* wieder ab.
- Geben Sie die Texte in die Spalte **A** ein und fügen Sie wie nachfolgend beschrieben die einzelnen Links in die Spalte **B** ein. Mithilfe der Links können Sie dann einzelne Mappen, Webseiten und Tabellen in der aktuellen Mappe aufrufen.

	A	B	C	D	E
13	Mappe	Umsatz1			
14	Webseite	http://www.berufliche-informatik.de			
15	Tabelle	Ergebnis			

- Markieren Sie die Zelle **B13**. Klicken Sie danach im Register **Einfügen** in der Gruppe **Links** die Schaltfläche **Link** an.

- Wählen Sie die Tabelle *Umsatz1* im gezeigten Bereich aus. Eventuell müssen Sie den Ordner den Gegebenheiten auf Ihrem Computer anpassen. Geben Sie als anzuzeigenden Text *Umsatz1* an.

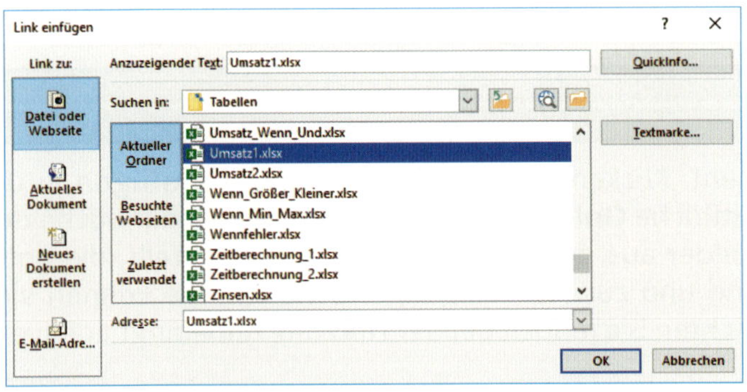

- Wählen Sie als Nächstes eine Webadresse aus.

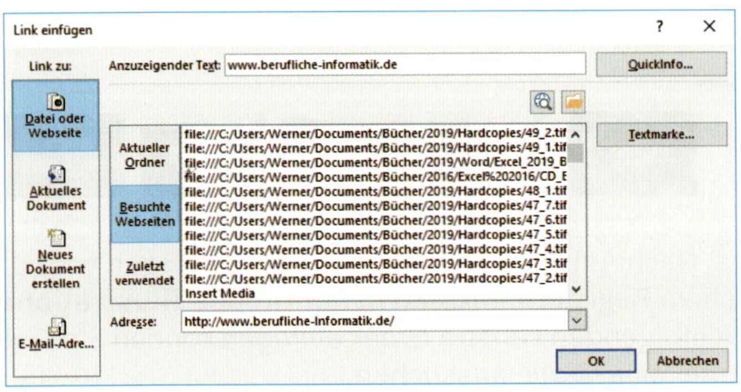

- Als Letztes wählen Sie eine Tabelle in der aktuellen Mappe aus.

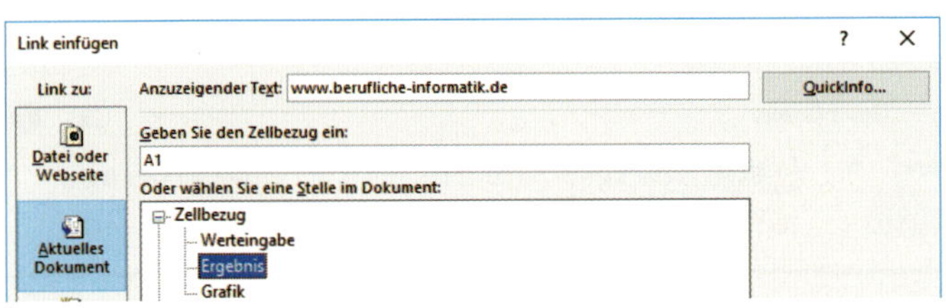

6.4 Symbole

Von den Office-Programmen zur Verfügung gestellte Symbole können beliebig in ein Dokument eingefügt werden.

Bearbeitungsschritte

- Erstellen Sie ein neues Dokument. Klicken Sie danach im Register **Einfügen** in der Gruppe **Symbole** die Schaltfläche **Symbol** an. Es werden Symbole aus unterschiedlichen Bereichen wie z. B. lateinische Zeichensätze, mathematische Zeichen, Währungssymbole usw. zur Verfügung gestellt, die Sie über eine Bildlaufleiste oder durch Auswahl eines bestimmten Bereichs in ein Dokument einfügen können.

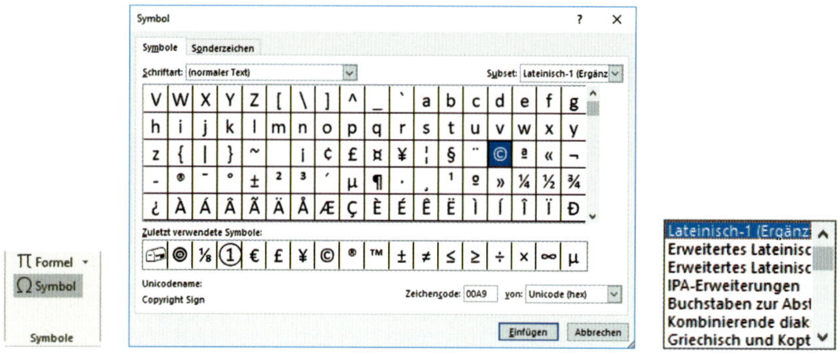

- Fügen Sie einige Symbole in das Dokument ein.

6.5 ClipArt, Onlinegrafiken und Grafiken (Bilder)

In Office-Dokumente können Onlinegrafiken und eigene Grafiken integriert werden.

Bearbeitungsschritte

- Erstellen Sie ein neues Dokument. Klicken Sie danach im Register **Einfügen** in der Gruppe **Illustrationen** die Schaltfläche **Onlinebilder** an. Geben Sie bei der Suche den Begriff *Drucker* an. Es werden Bilder aus dem Netz zur Verfügung gestellt, die unter *Creative Commons* lizenziert sind und zur freien Verfügung stehen. Sie können sich auch alle Bilder zeigen lassen. Achten Sie jedoch bei der Nutzung unbedingt auf eventuelle Lizenzbestimmungen.

- Wählen Sie eine Onlinegrafik aus. Nach Anklicken der Schaltfläche **Einfügen** wird das Bild eingefügt. Klicken Sie danach im Register **Einfügen** in der Gruppe **Illustrationen** die Schaltfläche **Bilder** an. Im nachfolgenden Fenster *Grafik einfügen* können Sie einen Ordner mit Grafiken bestimmen und eine Grafik aussuchen.

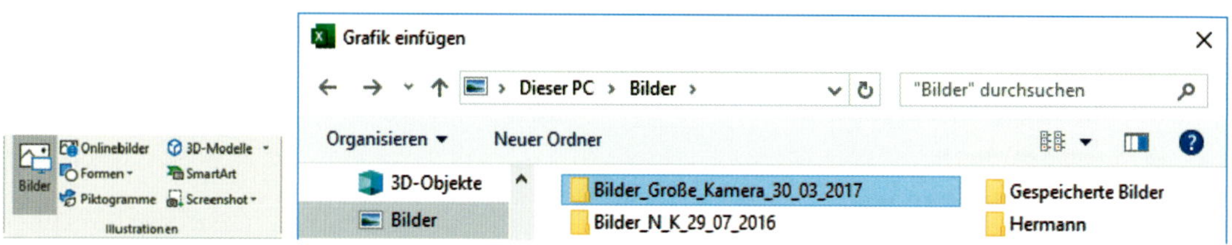

6.6 WordArt-Objekte

Mit einem WordArt-Objekt können Sie z. B. Überschriften usw. gestalten.

Bearbeitungsschritte

- Öffnen Sie ein neues Dokument. Klicken Sie im Register **Einfügen** in der Gruppe **Text** die Schaltfläche **WordArt** an. Wählen Sie eine Form aus.

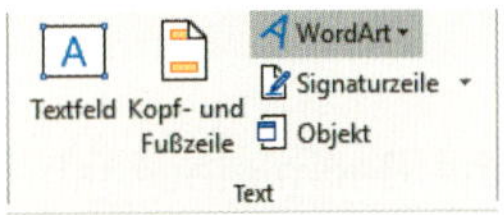

- Verändern Sie den vorgegebenen Text. Das Ergebnis könnte wie folgt aussehen:

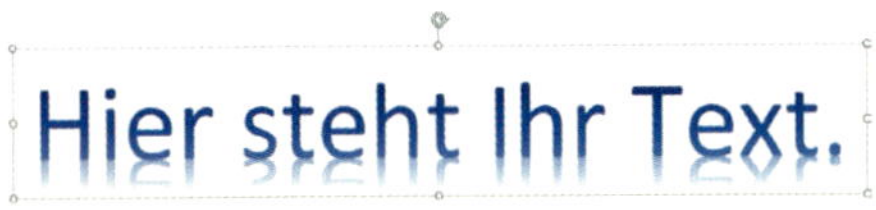

- Außerdem können Sie den Text wie bei einem Textfeld drehen, verschieben usw.
- Das Register **Zeichentools/Format** wird eingeblendet. Über die Schaltflächen der Gruppe **Formenarten** können verschiedene Darstellungen realisiert werden.

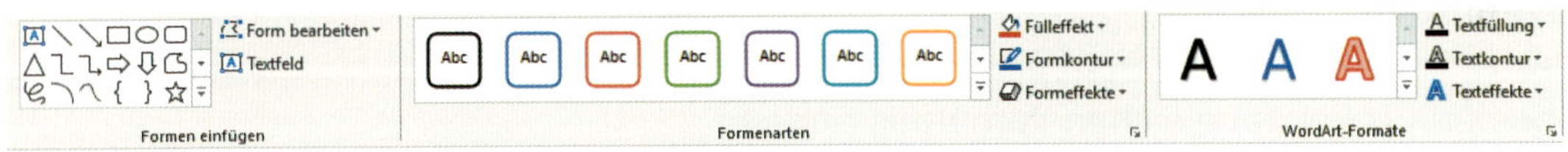

- Folgende Textformen können beispielsweise realisiert werden:

6.7 AutoFormen – Formen

Formen wie Linien, Blockpfeile, Symbole für Flussdiagramme usw. können Dokumente interessanter gestalten.

Bearbeitungsschritte

- Öffnen Sie ein neues Dokument. Klicken Sie im Register **Einfügen** in der Gruppe **Illustrationen** die Schaltfläche **Formen** an. Es werden Formen für verschiedene Anwendungen angeboten:

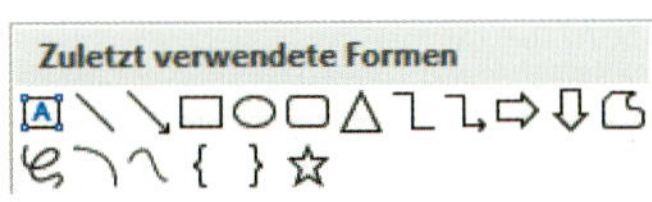

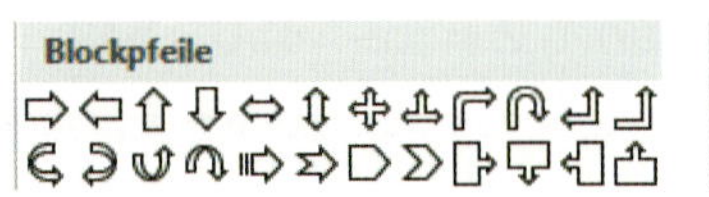

- Ziehen Sie eine Form in das Dokument. Über das gleichzeitig eingeblendete Register **Zeichentools/Format** können Sie die Darstellung z. B. farblich gestalten.

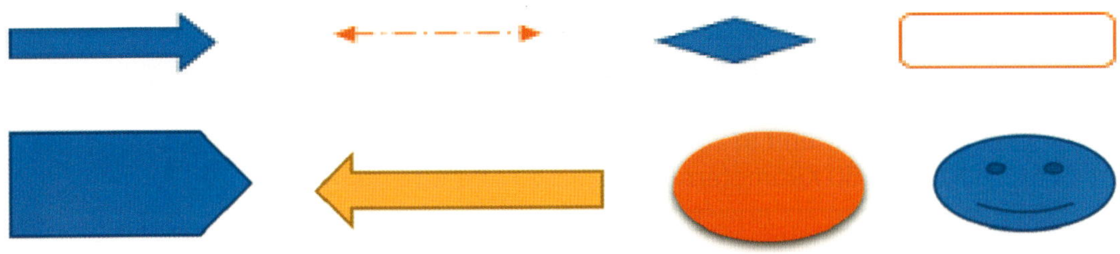

7 Allgemeine Rechenoperationen – Formeln

7.1 Vorbemerkungen

Die meisten Berechnungen im Alltag und im Betrieb werden mithilfe der Berechnungsmethoden *Dreisatz*, *Durchschnitt* und *Prozent* vorgenommen. Die Tabellenkalkulation bietet die Möglichkeit, entsprechende Berechnungen schnell und effektiv vorzunehmen und liefert bei veränderten Werten sofort das neue Berechnungsergebnis.

7.2 Dreisatz

7.2.1 Vorbemerkungen

Nachfolgend wird zu jeder der möglichen Berechnungsmethoden eine Beispielaufgabe erklärt. Anschließend können Sie anhand von Übungsaufgaben Ihr Wissen anwenden und überprüfen. Vermischte Aufgaben, bei denen Sie erkennen müssen, ob es sich z. B. beim Dreisatz um ein gerades oder ungerades Verhältnis handelt, runden die Bearbeitungsmöglichkeiten ab.

7.2.2 Dreisatz (gerades, direktes, proportionales Verhältnis)

Dreisatz – gerades, direktes, proportionales Verhältnis

Definition:
Beim Dreisatz spricht man von einem direkten (geraden) Verhältnis, wenn sich die beiden Größen im gleichen Verhältnis ändern.

Grundsatz:
- je **mehr** x, desto **mehr** y
- je **weniger** x, desto **weniger** y

Aufgabenstellung

Ein Lkw für die Auslieferung von Waren benötigt für eine Strecke von 240 Kilometern 200 Minuten. Wie viele Minuten benötigt er, wenn er bei gleichem Tempo 450 Kilometer fährt?

Lösungsschritte

- Berechnung einer Einheit
  - Kilometer_pro_Minute = Fahrt_1_Kilometer / Fahrt_1_Minuten
  - Kilometer_pro_Minute = 240 / 200 = **1,2**
- Berechnung der gesuchten Größe
  - Fahrt_2 = Kilometer_pro_Minute * Fahrt_2_Kilometer
  - Fahrt_2 = 1,2 * 450 = **540**

Lösungsschritte (Alternative)

- Berechnung der gesuchten Größe
  - Fahrt_2 = (Fahrt_1_Kilometer / Fahrt_1_Minuten) * Fahrt_2_Kilometer
  - Fahrt_2 = (240 / 200) * 450 = **540**

Lösung

Der Lkw fährt 240 Kilometer in 200 Minuten, also fährt er einen Kilometer in 1,2 Minuten. Bei einer Fahrt von 450 Kilometern beträgt die Fahrzeit 540 Minuten.

Bearbeitungsschritte

- Erstellen Sie die folgende Tabelle. Speichern Sie die Mappe unter dem Namen *Dreisatz_proportional_1*.

	A	B	C	D	E
1	Berechnung der Fahrzeit				
2					
3	Fahrt 1 (Kilometer)	240,000			
4	Fahrt 1 (Minuten)	200,000			
5	Fahrt 2 (Kilometer)	450,000			
6					
7	Kilometer pro Minute				
8	Fahrt 2 (Minuten)				

- Berechnen Sie in der Zelle **B7** die Kilometer pro Minute und in der Zelle **B8** die Dauer der Fahrt 2. Es ergeben sich folgende Formeln:

	A	B	C	D	E
1	Berechnung der Fahrzeit				
2					
3	Fahrt 1 (Kilometer)	240			
4	Fahrt 1 (Minuten)	200			
5	Fahrt 2 (Kilometer)	450			
6					
7	Kilometer pro Minute	=B3/B4			
8	Fahrt 2 (Minuten)	=B5*B7			

- Das folgende Ergebnis wird angezeigt:

	A	B	C	D	E
1	Berechnung der Fahrzeit				
2					
3	Fahrt 1 (Kilometer)	240,000			
4	Fahrt 1 (Minuten)	200,000			
5	Fahrt 2 (Kilometer)	450,000			
6					
7	Kilometer pro Minute	1,2			
8	Fahrt 2 (Minuten)	540			

- Erstellen Sie die nachfolgende Tabelle und speichern Sie die Mappe unter dem Namen *Dreisatz_proportional_2*. Die Vorgehenswiese beruht ebenfalls auf der Berechnung zunächst einer Einheit (B4/C4) durch Division und der anschließenden Berechnung der gesuchten Einheit (*B5) durch Multiplikation.
- Ergebnis und Formeln sehen folgendermaßen aus:

	A	B	C	D	E
1	Berechnung der Fahrzeit				
2					
3	Fahrt 1 (Kilometer)	240,000			
4	Fahrt 1 (Minuten)	200,000			
5	Fahrt 2 (Kilometer)	450,000			
6					
7	Kilometer pro Minute	1,2			
8	Fahrt 2 (Minuten)	540			

	A	B	C
1	Berechnung der Fahrzeit		
2			
3		Kilometer	Minuten
4	Fahrt 1	200	450
5	Fahrt 2	240	540

Zusätzliche Aufgaben

1. Die Transportkosten für eine Ware mit einem Gewicht von 630 Kilogramm betragen 90,00 €. Welche Transportkosten entfallen auf
   a) 339 Kilogramm,
   b) 34 Kilogramm,
   c) 542 Kilogramm?
2. Für den Besuch eines Fußballspiels zahlen 77 Personen 1.540,00 € (gleicher Eintrittspreis für alle Personen). Berechnen Sie die Kosten für 32 Personen.
3. 20 Produkte kosten 12.440,00 €. Wie viel kosten 672 Produkte?
4. In einem Unternehmen wurden in einem Jahr 63 000 Kubikmeter Gas verbraucht. Dafür wurden 20.316,45 € gezahlt. Aufgrund der Anschaffung einer neuen Heizungsanlage wird erwartet, dass der Verbrauch um 17 000 Kubikmeter reduziert werden kann. Wie hoch sind die nun anfallenden Kosten?

7.2.3 Dreisatz (ungerades, indirektes, antiproportionales Verhältnis)

Dreisatz – ungerades, indirektes, antiproportionales Verhältnis

Definition:

Beim Dreisatz spricht man von einem indirekten (ungeraden) Verhältnis, wenn sich die beiden Größen im gegengesetzten Verhältnis ändern.

Grundsatz:

- je **mehr** x, desto **weniger** y
- je **weniger** x, desto **mehr** y

Aufgabenstellung

In einem Betrieb werden täglich 540 Einheiten einer Ware versandt. Der Vorrat reicht für 20 Tage. Aufgrund einer erhöhten Nachfrage wird davon ausgegangen, dass in Zukunft 600 Einheiten geliefert werden müssen. Wie viele Tage wird der Bestand bei dieser Menge ausreichen?

Lösungsschritte

- Berechnung des gesamten Vorrats
  - Versand_gesamt = Versand_pro_Tag_1 * Tage_1
  - Versand_gesamt = 540 * 20 = **10.800**
- Berechnung der gesuchten Größe
  - Tage_2 = Versand_gesamt / Versand_pro_Tag_2
  - Tage_2 = 10.800 / 600 = **12**

Lösungsschritte (Alternative)

- Berechnung der gesuchten Größe
  - Tage_2 = (Versand_pro_Tag_1 * Tage_1) / Versand_pro_Tag_2
  - Tage_2 = (540 * 20) / 600 = **12**

Lösung

Der Vorrat reicht für 18 Tage.

Bearbeitungsschritte

- Erstellen Sie die folgende Tabelle. Speichern Sie die Mappe unter dem Namen *Dreisatz_antiproportional_1*.

	A	B	C	D	E
1	Berechnung der Tage				
2					
3	Einheiten pro Tag	540			
4	Vorrat (Tage)	20			
5	Einheiten pro Tag_neu	600			
6					
7	Einheiten (gesamt)				
8	Vorrat_neu (Tage)				

- Berechnen Sie in der Zelle **B7** den gesamten Versand und in der Zelle **B8** die Tage, die der Bestand noch ausreicht. Es ergeben sich folgende Formeln:

	A	B	C	D	E
1	Berechnung der Tage				
2					
3	Einheiten pro Tag	540			
4	Vorrat (Tage)	20			
5	Einheiten pro Tag_neu	600			
6					
7	Einheiten (gesamt)	=B3*B4			
8	Vorrat_neu (Tage)	=B7/B5			

- Das folgende Ergebnis wird angezeigt:

	A	B	C	D	E
1	Berechnung der Tage				
2					
3	Einheiten pro Tag	540			
4	Vorrat (Tage)	20			
5	Einheiten pro Tag_neu	600			
6					
7	Einheiten (gesamt)	10800			
8	Vorrat_neu (Tage)	18			

- Erstellen Sie die nachfolgende Tabelle und speichern Sie die Mappe unter dem Namen *Dreisatz_antiproportional_2*. Die Vorgehensweise beruht ebenfalls auf der Berechnung aller verfügbaren Einheiten (B4*C4) durch Multiplikation und der anschließenden Berechnung der gesuchten Einheit (/B5) durch Division.
- Ergebnis und Formeln sehen folgendermaßen aus:

	A	B	C
1	Berechnung der Tage		
2			
3		Einheiten	Tage
4	Gegenwart	540	20
5	Zukunft	600	18

	A	B	C
1	Berechnung der Tage		
2			
3		Einheiten	Tage
4	Gegenwart	540	20
5	Zukunft	600	=(B4*C4)/B5

Zusätzliche Aufgaben

1. Für den Urlaub plant eine Familie 90,00 € pro Tag ein. Insgesamt dauert der Urlaub 10 Tage. Wie lange kann die Familie in Urlaub fahren, wenn pro Tag nur 75,00 € ausgegeben werden?
2. Für die Erstellung einer Produktionshalle benötigen 15 Arbeitskräfte 80 Tage. Wie viele Arbeitskräfte müssen eingesetzt werden, wenn die Produktionshalle in 60 Tagen fertig werden soll?
3. Bei einem Betriebsausflug sollen 9 Busse mit je 60 Plätzen eingesetzt werden. Es stellt sich jedoch heraus, dass der Busunternehmer nur Busse mit 45 Plätzen anbieten kann. Wie viele Busse werden benötigt?
4. Bei einem Zaun um das Betriebsgelände sollten ursprünglich 84 Elemente mit einer Breite von 2,50 Meter genutzt werden. Wie viele Elemente werden benötigt, wenn ein Element 3,00 Meter breit ist.
5. Der Bodenbelag einer Produktionshalle soll erneuert werden. Bisher lagen 500 Fliesen mit 0,60 Meter Länge und 0,60 Meter Breite in der Halle. Bei der Neuverlegung sollen Fliesen mit 0,90 Meter Länge und 0,80 Meter Breite genutzt werden. Wie viele Fliesen werden benötigt?

7.2.4 Dreisatz (zusammengesetzter Dreisatz)

Dreisatz (zusammengesetzter Dreisatz)

Definition:
Ein zusammengesetzter Dreisatz besteht aus mindestens zwei Dreisätzen. Bei den einzelnen Dreisätzen kann es sich sowohl um ein gerades als auch ungerades Verhältnis handeln.

Aufgabenstellung

8 Maschinen produzieren bei einer täglichen Laufzeit von 16 Stunden in 20 Tagen jeweils 5 Produkte pro Stunde. Wie viele Maschinen müssen eingesetzt werden, wenn an 10 Tagen je 24 Stunden produziert werden soll und aufgrund von technischen Verbesserungen 6 Produkte pro Maschine erstellt werden können?

Lösungsschritte

- Berechnung der gesamten Produktionsmenge
  - Produkte_1 = Maschinen_1 * Tage1 * Stunden_1 * Produkt_Stunde_1
  - Produkte_1 = 8 * 16 * 20 * 5 = **12800**
- Berechnung der gesuchten Größe
  - Maschinen_2 = Produkt_1 / (Tage2 * Stunden_2 * Produkt_Stunde_2)
  - Maschinen_2 = 12800 / 10 * 24 * 6 = **8,888**

Lösungsschritte (Alternative)

- Berechnung der gesuchten Größe
  - Maschinen_2 = Maschinen_1 * Tage1 * Stunden_1 * Produkt_Stunde_1/ (Tage2 * Stunden_2 * Produkt_Stunde_2)
  - Maschinen_2 = 8 * 16 * 20 * 5 / 10 * 24 * 6 = **8,888**

Lösung

Es müssen – rein mathematisch – 8,888 Maschinen eingesetzt werden.

Bearbeitungsschritte

- Erstellen Sie die folgende Tabelle. Speichern Sie die Mappe unter dem Namen *Dreisatz_zusammengesetzt_1*.

	A	B	C	D	E
1	**Maschineneinsatz**				
2					
3		**alt**	**neu**		
4	**Maschinen**	8			
5	**Tage**	20	10		
6	**Stunden**	16	24		
7	**Produkte pro Stunde**	5	6		
8	**Produkte**	12800	12800		

- Berechnen Sie in der Zelle **B8** zunächst die Produkte, die erstellt werden. Übertragen Sie danach das Ergebnis von **B8** in die Zelle **C8**. Dividieren Sie dann die Anzahl der Produkte durch die neue Anzahl der Tage und Stunden. Es ergeben sich folgende Formeln:

	A	B	C	D	E
1	**Maschineneinsatz**				
2					
3		**alt**	**neu**		
4	**Maschinen**	8			
5	**Tage**	20	10		
6	**Stunden**	16	24		
7	**Produkte pro Stunde**	5	6		
8	**Produkte**	=B4*B5*B6*B7	=B8		

- Das Ergebnis sieht folgendermaßen aus:

	A	B	C	D	E
1	**Maschineneinsatz**				
2					
3		**alt**	**neu**		
4	**Maschinen**	8	8,888888889		
5	**Tage**	20	10		
6	**Stunden**	16	24		
7	**Produkte pro Stunde**	5	6		
8	**Produkte**	12800	12800		

- Erstellen Sie die nachfolgende Tabelle. Speichern Sie die Mappe unter dem Namen *Dreisatz_zusammengesetzt_2*. Ergebnis und Formeln sehen folgendermaßen aus:

	A	B	C
1	**Maschineneinsatz**		
2			
3		**alt**	**neu**
4	**Maschinen**	8	8,8888889
5	**Tage**	20	10
6	**Stunden**	16	24
7	**Produkte pro Stunde**	5	6

	A	B	C
1	**Maschineneinsatz**		
2			
3		**alt**	**neu**
4	**Maschinen**	8	=(B4*B5*B6*B7)/(C5*C6*C7)
5	**Tage**	20	10
6	**Stunden**	16	24
7	**Produkte pro Stunde**	5	6

Zusätzliche Aufgaben

1. Für 32 Gäste eines Hotels werden für 6 Tage 120 kg Gemüse und Obst eingekauft. Wie viel kg müssen für 42 Gäste eingekauft werden, die 5 Tage bleiben?
2. Eine Gruppe von 25 Schüler/-innen fährt mit dem Fahrrad an 5 Tagen jeweils 6 Stunden und legt pro Stunde 12 Kilometer zurück. Wie viele Tage benötigen 15 Schüler/-innen, die täglich 8 Stunden fahren und pro Stunde 18 Kilometer zurücklegen, wenn sie die gleiche Strecke zurücklegen möchten?
3. Eine Produktionshalle wird mithilfe vier identischer Maschinen von 12 Arbeitnehmern, die täglich 8 Stunden arbeiten, in 25 Tagen erstellt. Wie viele Tage dauert die Erstellung der Halle, wenn 15 Arbeitnehmer täglich 10 Stunden arbeiten und 5 identische Maschinen eingesetzt werden?
4. Von der zuständigen Kommune wird für eine 4-tägige Klassenfahrt von 81 Schülern ein Zuschuss in Höhe von 1.296,00 € gewährt. Wie viel Zuschuss erhalten 69 Schüler für eine 5-tägige Klassenfahrt?
5. Nach Abschluss des Baus einer Straße wurde festgestellt, dass 45 Arbeitnehmer bei einer täglichen Arbeitszeit von 8 Stunden 67 Tage für die Fertigstellung benötigt haben. Wie lange wäre gebaut worden, wenn die Arbeitnehmer täglich 9 Stunden gearbeitet hätten?

Dreisatz - vermischte Aufgaben

1. Ein Zug der Deutschen Bahn durchfährt eine Strecke von 459 Kilometern fahrplanmäßig in 187 Minuten. Mit welcher Geschwindigkeit muss er fahren, um eine Verspätung von 20 Minuten aufzuholen?
2. Zwei Maschinen liefern pro Stunde 1 600 Produkte. Wie viele Produkte produzieren 5 Maschinen in 8 Stunden?
3. Ein Zug fährt in einer Stunde 150 Kilometer. Wie viele Minuten benötigt der Zug, wenn er 180 Kilometer pro Stunde fährt?
4. Ein Wald kann von 22 Arbeitnehmern in 22 Arbeitsstunden gerodet werden. Wie lange dauert die Arbeit, wenn nur 15 Arbeitnehmer die Arbeit ausführen?
5. Der zur Verfügung stehende Kaffee eines Betriebs wird normalerweise in 80 Tüten mit 500 Gramm verpackt. Wie viele Tüten können gefüllt werden, wenn in eine Tüte 375 Gramm enthalten sein sollen?
6. Drei Pumpen fördern in 24 Stunden 7 200 Liter Wasser. Wie viele Liter fördern 10 Pumpen in 10 Stunden?
7. Drei Zeitungsboten können in 5 Stunden 1 000 Zeitungen zustellen.
   a) Wie viele Stunden benötigen 6 Zusteller, um insgesamt 2 500 Zeitungen zu verteilen?
   b) Wie viele Zeitungszusteller müssen beschäftigt werden, um 6 000 Zeitungen in 3 Stunden zu verteilen?
   c) Wie viele Zeitungen können von 4 Zustellern in 8 Stunden verteilt werden?
8. Eine Firma zahlt an 3 Arbeiter für 5 Arbeitstage insgesamt 1.800,00 € Lohn. Wie viel muss die Firma dann für 4 Arbeitstage an 6 Arbeiter zahlen?
9. Eine Beleuchtung mit 12 Glühlampen zu je 60 Watt verursacht monatlich Stromkosten in Höhe von 2,36 €. Wie hoch sind die Kosten, wenn 20 Sparglühlampen zu je 12 Watt installiert würden, die die gleiche Leuchtkraft haben?
10. Ein Kunde tauscht eine Ware um. Er hatte 12 Stück zu je 75,00 € gekauft. Dafür nimmt er nun eine Ware zu je 45,00 €. Wie viele Produkte erhält er?

7.3 Durchschnittsrechnung

Der einfache Durchschnitt wird ermittelt, indem die Summe aller Werte durch die Anzahl der Werte dividiert wird. Dazu steht in der Tabellenkalkulation die Funktion MITTELWERT zur Verfügung, die später erklärt wird.

Beim gewogenen Durchschnitt wird der Gesamtwert durch die Gesamtanzahl der Werte dividiert. Ein Beispiel wird nachfolgend gezeigt, wobei die Möglichkeiten in unterschiedlicher Art demonstriert werden. Um den Unterschied zu dem einfachen Durchschnitt zu zeigen, wird auch dieser Wert in verschiedenen Berechnungsarten gezeigt.

Begriff	Formel/Funktion
Einfacher Durchschnitt	$\textit{Einfacher Durchschnitt} = \frac{\textit{Summe der Werte}}{\textit{Anzahl der Werte}}$
Gewogener Durchschnitt	$\textit{Gewogener Durchschnitt} = \frac{\textit{Gesamtwert}}{\textit{Gesamtzahl der Werte}}$

Bearbeitungsschritte

- Geben Sie die nachfolgenden Werte ein und berechnen Sie diese. Formatieren Sie wie angezeigt. Speichern Sie die Mappe unter dem Namen *Durchschnitt* ab.

	A	B	C	D
1	Umsatz			
2		Menge	Preis	Umsatz
3	Januar	140	23,00 €	3.220,00 €
4	Februar	145	26,00 €	3.770,00 €
5	März	129	28,00 €	3.612,00 €
6	April	113	29,00 €	3.277,00 €
7	Mai	134	24,00 €	3.216,00 €
8	Juni	167	22,00 €	3.674,00 €

- Führen Sie in den Zellen **B10** bis **B13** die folgenden Berechnungen durch. In den Zellen **C10** und **C12** werden die Werte mithilfe der in einer Tabellenkalkulation zur Verfügung stehenden Funktionen, die später intensiver erklärt werden, ermittelt. Dies ist der vernünftigere Weg. Folgt man den Definitionen der Berechnungen von Durchschnitten, ist der andere, sehr viel umständlichere Weg zu wählen. Diese Berechnungsart ist jedoch normalerweise nicht anzuwenden.

	A	B	C
10	Gewogener Durchschnitt		=SUMME(D3:D8)/SUMME(B3:B8)
11	Gewogener Durchschnitt		=(D3+D4+D5+D6+D7+D8)/(B3+B4+B5+B6+B7+B8)
12	Einfacher Durchschnitt		=MITTELWERT(C3:C8)
13	Einfacher Durchschnitt		=(C3+C4+C5+C6+C7+C8)/6

- Das Ergebnis sieht formatiert folgendermaßen aus:

	A	B	C	D	E
10	Gewogener Durchschnitt		25,08 €		
11	Gewogener Durchschnitt		25,08 €		
12	Einfacher Durchschnitt		25,33 €		
13	Einfacher Durchschnitt		25,33 €		

Gewogener Durchschnitt

$$\textit{Gewogener Durchschnitt} = \frac{\textit{Gesamtwert}}{\textit{Gesamtmenge}}$$

Aufgabenstellung

In einem Betrieb werden unterschiedliche Mengen eines Produkts zu unterschiedlichen Preisen eingekauft. Die Werte können Sie der nachstehenden Tabelle entnehmen. Stellen Sie fest, wie hoch der durchschnittliche Preis für ein Produkt ist.

Lösung

Der durchschnittliche Preis für ein Produkt beträgt 3,98 €.

	A	B	C	D
1	**Produkte**			
2				
3		Gewicht	Wert	Wert (g.)
4	Produkt A	170	4,00 €	680,00 €
5	Produkt B	130	4,50 €	585,00 €
6	Produkt C	160	5,00 €	800,00 €
7	Produkt D	240	3,00 €	720,00 €
8		700	**3,98 €**	2.785,00 €

	A	B	C	D
1	**Produkte**			
2				
3		Gewicht	Wert	Wert (g.)
4	Produkt A	170	4	=B4*C4
5	Produkt B	130	4,5	=B5*C5
6	Produkt C	160	5	=B6*C6
7	Produkt D	240	3	=B7*C7
8		=SUMME(B4:B7)	**=D8/B8**	=SUMME(D4:D7)

Zusätzliche Aufgaben

1. Zugunsten einer Spendenaktion wird an sieben verschiedenen Tagen eine Fahrradtour durchgeführt. Für jeden gefahrenen Kilometer werden 0,12 € von einem Sponsor zur Verfügung gestellt. Mitfahren kann jeder, der es möchte. Aus den Unterlagen ergeben sich folgende Daten:

	A	B	C
5		Kilometer	Teilnehmer
6	Strecke A	36,100	37
7	Strecke B	45,170	59
8	Strecke C	32,876	34
9	Strecke D	45,200	67

a) Tragen Sie in der Zelle **A1** *Spende pro Kilometer* und in der Zelle **D1** *0,10* ein. Die Tabelle mit den Eingabedaten umfasst die Zellen **A3** bis **C8**.

b) Fügen Sie über der Zeile **1** zwei Zeilen ein, damit die Überschrift *Fahrradtour* in die Zelle **A1** eingetragen werden kann. Verbinden und zentrieren Sie die Zellen **A1** bis **A4** und formatieren Sie den Bereich.

c) Formatieren Sie alle Zellen, die Angaben über Kilometer enthalten, benutzerdefiniert folgendermaßen: *0,000*.

d) Ermitteln Sie die von den Teilnehmern an jedem Tag und insgesamt gefahrene Strecke.

e) Berechnen Sie die von den Teilnehmern insgesamt durchschnittlich gefahrene Strecke.

f) Formatieren Sie die Kilometerangabe benutzerdefiniert um.

	A	B	C
6	Strecke A	36,100 Kilometer	37

Gewogener Durchschnitt

Zusätzliche Aufgaben – Fortsetzung

2. Ein Vertreter tankt grundsätzlich morgens das ihm zur Verfügung stehende Firmenauto auf. Am Ende einer Woche sollen die nachfolgend dargestellten Daten ausgewertet werden:

	Benzinpreis	Liter
Montag	1,45	55
Dienstag	1,48	32
Mittwoch	1,52	65
Donnerstag	1,43	75
Freitag	1,38	46

g) Berechnen Sie den Benzinpreis, der durchschnittlich pro Liter gezahlt wurde.

h) Formatieren Sie die Literangaben zunächst benutzerdefiniert folgendermaßen:

	Benzinpreis	Liter
Montag	1,45	55,000
Dienstag	1,48	32,000
Mittwoch	1,52	65,000

i) Formatieren Sie die Literangaben danach benutzerdefiniert wie nachfolgend dargestellt:

	Benzinpreis	Liter
Montag	1,45	55,000 Liter
Dienstag	1,48	32,000 Liter
Mittwoch	1,52	65,000 Liter

3. Für die Produktion eines Autos wird u. a. Stahl benötigt. Für eine vernünftige Kostenkalkulation erscheint es notwendig, mit Durchschnittskosten zu arbeiten. Der Einkauf wird in der nachfolgenden Tabelle dargestellt:

Datum	Menge (in Tsd. Tonnen)	Preis pro Tonne
02.03.2019	5000,300	760,00 €
15.04.2019	4500,890	780,00 €
16.06.2019	8700,000	657,00 €
18.10.2019	3487,090	809,00 €
20.12.2019	2987,543	765,00 €

a) Formatieren Sie die Zellen mit der Stahlmenge benutzerdefiniert mit drei Nachkommastellen, wie in der vorstehenden Tabelle angezeigt.

b) Berechnen Sie den durchschnittlichen Preis für eine Tonne Stahl. Formatieren Sie das Ergebnis auf zwei Nachkommastellen.

c) Formatieren Sie benutzerdefiniert den Preis pro Tonne.

Datum	Menge (in Tsd. Tonnen)	Preis pro Tonne
02.03.2019	5000,300	760,00 Euro
15.04.2019	4500,890	780,00 Euro
16.06.2019	8700,000	657,00 Euro

d) Erhöhen Sie den Preis der Tonne um jeweils 30,00 €. Berechnen Sie den Wert in einer neuen Spalte. Führen Sie danach eine weitere Durchschnittsberechnung mit den neuen Werten durch. Formatieren Sie das Ergebnis auf zwei Nachkommastellen.

7.4 Prozentrechnung

7.4.1 Formeln – Prozentrechnung

Mit der Prozentrechnung können anteilige Werte eines Ganzen usw. errechnet werden. Die Prozentrechnung bildet die Grundlage für viele Berechnungen.

Auf den nächsten Seiten werden daher umfangreiche Erklärungen gegeben. Außerdem gibt es viele Übungen aus allen Bereichen der Prozentrechnung.

Begriff	Formel	Erklärung
Prozentwert	$W = \frac{G * p}{100}$	Der Prozentwert ist der absolute Anteil vom Ganzen.
Prozentsatz	$p = \frac{W * 100}{G}$	Der Prozentsatz ist der relative Anteil vom Ganzen.
Grundwert	$G = \frac{W * 100}{p}$	Der Grundwert ist der Ausgangswert (das Ganze).

Zeichenerklärung:

G = Grundwert W = Prozentwert p = Prozentsatz

Bearbeitungsschritte

- Erstellen Sie die Tabelle. Speichern Sie die Mappe unter dem Namen *Prozent*.

	A	B	C	D	E
1					
2	Prozentrechnung				
3					
4	Prozentwert	50			
5	Prozentsatz	5			
6					
7	Grundwert				

- Erstellen Sie die folgende Formel in der Zelle **B7**: ***=B4*B5/100***
- Das Ergebnis wird formelmäßig folgendermaßen aussehen:

	A	B	C	D	E
7	Prozentwert	=B4*B5/100			

- Formatieren Sie die Tabelle wie unten angegeben.

	A	B	C	D	E
1					
2	Prozentrechnung				
3					
4	Prozentwert	50,00 €			
5	Prozentsatz	5			
6					
7	Grundwert	1.000,00 €			

- Berechnen Sie danach in den Tabellen *2* und *3* den Prozentsatz und den Grundwert bei Verwendung der selben Zahlen.
- Die Lösungen können Sie mit den Werten der Berechnung des Prozentwertes vergleichen.

7.4.2 Prozentrechnung – Anwendung in Tabellenform

Mithilfe der Prozentrechnung kann ermittelt werden, wie ein Wert bei gleichbleibendem Prozentsatz im Laufe von Perioden anwächst. Nachfolgend wird erwartet, dass der Umsatz eines Unternehmens jedes Jahr um 15 % steigt, bezogen auf das jeweilige Vorjahr. Diese Berechnung könnte auch mithilfe der Zinseszinsformel durchgeführt werden. Die Formel finden Sie im Internet, falls Sie das nachfolgende Ergebnis überprüfen möchten.

Durch geschicktes Anwenden von Formeln und durch das Kopieren dieser Formeln in andere Zellen lässt sich das Arbeiten sehr vereinfachen.

Bearbeitungsschritte

- Geben Sie die Tabelle zunächst in der nachfolgend dargestellten Form ein. In den Zellen **C4** bis **C6** sollen die Eingaben erfolgen. Werden später Alternativrechnungen benötigt, so sollen nur die Angaben in diesen Zellen geändert werden.

	A	B	C	D
1				
2	Zinseszinsrechnung			
3				
4	Umsatz	100.000,00 €		
5	Umsatzplus	15		
6	Jahre	4		
7	Jahr	1		
8				
9	Jahr	Umsatz am Jahresanfang	Umsatzplus	Umsatzplus am Jahresende

- Tragen Sie in die Zelle **B7** die Zahl **1** für das erste Jahr ein. Diese Zahl soll die Grundlage für die Berechnung der weiteren Jahre darstellen. Es könnte auch eine Jahreszahl, z. B. **2016**, eingetragen werden. Übertragen Sie die Zahl durch eine Berechnung in die Zelle **A10**.
- Die weiteren Jahreszahlen sollen nun mit einer sehr einfachen Formel berechnet werden. Tragen Sie in die Zelle **A11** die folgende Formel ein: ***=A10+1***. Es soll also zum Inhalt der Zelle **A10** (**1**) die Zahl **1** addiert werden. Kopieren Sie nun diese Formel zwecks Berechnung der weiteren Jahre in die Zellen **A12** und **A13**.

	A	B	C	D
9	Jahr	Umsatz am Jahresanfang	Umsatzplus	Umsatzplus am Jahresende
10	=B7	=B4		
11	=A10+1	=D10		
12	=A11+1	=D11		
13	=A12+1	=D12		

- Übernehmen Sie den Umsatz aus der Zelle **C4** in die Zelle **B10**, indem Sie in die Zelle **B10** die folgende Formel eintragen: ***=C4***.
- In die Zelle **B11** soll als Umsatz am Jahresanfang des Jahres **2** der Umsatz am Jahresende des ersten Jahres eingetragen werden. Daher lautet die Formel: ***=D10***. Ein Ergebnis wird noch nicht angezeigt, da das Kapital am Jahresende noch nicht berechnet wurde. Kopieren Sie die Formel in die Zellen **B12** und **B13**.

	A	B	C	D
9	Jahr	Umsatz am Jahresanfang	Umsatzplus	Umsatzplus am Jahresende
10	=B7	=B4		
11	=A10+1	=D10		
12	=A11+1	=D11		
13	=A12+1	=D12		

Bearbeitungsschritte (Fortsetzung)

- Berechnen Sie das Umsatzplus in der Zelle **C10** mit der Prozentformel:
  =B10*$C$5/100 (***Umsatz * Prozentsatz/100***)
- Der Prozentsatz muss in absoluter Adressierung angegeben werden, da er sich jeweils in der angegebenen Zelle **C5** befindet. Der Umsatz muss relativ adressiert werden, da er sich durch das Kopieren ändern soll, also aus der Zelle **B10** in der nächsten Zeile die Zelle **B11** usw. werden soll.
- Kopieren Sie die Formel der Zelle **C10** in die Zellen **C11** bis **C13**.

	A	B	C	D
9	Jahr	Umsatz am Jahresanfang	Umsatzplus	Umsatzplus am Jahresende
10	=B7	=B4	=B10*$B$5/100	
11	=A10+1	=D10	=B11*$B$5/100	
12	=A11+1	=D11	=B12*$B$5/100	
13	=A12+1	=D12	=B13*$B$5/100	

- Es wird noch kein Ergebnis angezeigt, da der Umsatz am Jahresende noch nicht ermittelt wurde und daher ein Wert in der Formel noch nicht zur Verfügung steht.

	A	B	C	D
9	Jahr	Umsatz am Jahresanfang	Umsatzplus	Umsatzplus am Jahresende
10	1	100.000,00 €	15.000,00 €	
11	2	- €	- €	

- Berechnen Sie den Umsatz am Jahresende in der Zelle **D10**, indem Sie den Umsatz am Jahresbeginn und das Umsatzplus addieren: ***=B10+C10***. Kopieren Sie die Formel in die Zellen **D11** bis **D13**.

	A	B	C	D
9	Jahr	Umsatz am Jahresanfang	Umsatzplus	Umsatzplus am Jahresende
10	=B7	=B4	=B10*$B$5/100	=B10+C10
11	=A10+1	=D10	=B11*$B$5/100	=B11+C11
12	=A11+1	=D11	=B12*$B$5/100	=B12+C12
13	=A12+1	=D12	=B13*$B$5/100	=B13+C13

- Das Ergebnis sieht formatiert folgendermaßen aus:

	A	B	C	D
1				
2	Zinseszinsrechnung			
3				
4	Umsatz	100.000,00 €		
5	Umsatzplus	15		
6	Jahre	4		
7	Jahr	1		
8				
9	Jahr	Umsatz am Jahresanfang	Umsatzplus	Umsatzplus am Jahresende
10	1	100.000,00 €	15.000,00 €	115.000,00 €
11	2	115.000,00 €	17.250,00 €	132.250,00 €
12	3	132.250,00 €	19.837,50 €	152.087,50 €
13	4	152.087,50 €	22.813,13 €	174.900,63 €

- Speichern Sie die Tabelle unter der Bezeichnung *Prozentrechnung_tabellarisch* ab.

7.4.3 Prozentwert

Prozentrechnung – Prozentwert

$$\textit{Prozentwert} = \frac{\textit{Grundwert} * \textit{Prozentsatz}}{100} \qquad W = \frac{G * p}{100}$$

Aufgabenstellung

Der Preis einer Ware beträgt 1.875,00 €. Berechnen Sie die Mehrwertsteuer in Höhe von 19 %.

Lösung

$$\textit{Mehrwertsteuer} = \frac{\textit{Preis der Ware} * \textit{Mehrwertsteuer in \%}}{100}$$

$$\textit{Mehrwertsteuer} = \frac{1\,875{,}00 * 19}{100} = 356{,}25$$

	A	B
1	Berechnung des Prozentwerts	
2		
3	Warenwert	1875
4	MWSt in %	19
5		
6	Rabatt	356,25

	A	B
1	Berechnung des Prozentwerts	
2		
3	Warenwert	1875
4	MWSt in %	19
5		
6	Rabatt	=(B3*B4)/100

Zusätzliche Aufgaben

1. Die Kosten für den Versand vom 450 kg Papier betrugen bisher 675,00 €. Der Fuhrunternehmer erhöht den Preis aufgrund von Kostensteigerungen um 3,6 %.
   a) Berechnen Sie die Preiserhöhung und die neuen Transportkosten.
   b) Berechnen Sie, wie viel der Transport von 33 % der Papiermenge ursprünglich kostete.
2. Der Preis eines Computers musste aufgrund der Marktlage mehrfach angepasst werden und beträgt nun 1.254,78 €. Zunächst konnte der Preis um 5 % erhöht werden, danach musste er jedoch wieder um 3 % gesenkt werden.
   a) Berechnen Sie den ursprünglichen Preis.
   b) Stellen Sie die Preisentwicklung in einem Balkendiagramm dar.
3. Ein Unternehmen bezieht 180 Kilogramm eines Klebstoffs. Das Verpackungsgewicht (Tara) beträgt 8 %. Wie viel Kilogramm beträgt das Bruttogewicht?
4. Das Bruttogehalt eines Angestellten von 1.895,00 € soll in zwei Schritten erhöht werden. Zum 1. April sollen 3 %, zum 1. Oktober weitere 2 % hinzukommen.
   a) Wie hoch sind die einzelnen Gehaltserhöhungen?
   b) Welches Bruttogehalt bekommt der Angestellte am Ende des Jahres?
5. Die Miete für ein Gewerbeobjekt wurde aufgrund der Marksituation zunächst um 5 % gesenkt und anschließend bei anziehender Konjunktur um 8 % erhöht. Die ursprüngliche Miete betrug 17.000,00 €.
   a) Berechnen Sie die Miete nach der Mietsenkung.
   b) Wie hoch ist die Miete nach der anschließenden Mieterhöhung?

7.4.4 Prozentsatz

Prozentrechnung – Prozentsatz

$$Prozentsatz = \frac{Prozentwert * 100}{Grundwert} \qquad p = \frac{W * 100}{G}$$

Aufgabenstellung

Der Preis für eine Ware wurde von 1.400,00 € um 49,00 € auf 1.449,00 € erhöht. Berechnen Sie den Prozentsatz der Erhöhung.

Lösung

$$Preiserhöhung\ in\ Prozent = \frac{Preiserhöhung\ in\ € * 100}{Alter\ Preis}$$

$$Preiserhöhung\ in\ \% = \frac{49{,}00 * 100}{1400{,}00} = 3{,}5$$

	A	B
1	Berechnung des Prozentsatzes	
2		
3	Alter Preis	1.400,00 €
4	Preiserhöhung	49,00 €
5		
6	Preiserhöhung in %	3,5

	A	B
1	Berechnung des Prozentsatzes	
2		
3	Alter Preis	1400
4	Preiserhöhung	49
5		
6	Preiserhöhung in %	= (B4*100)/B3

Zusätzliche Aufgaben

1. Die Rechnungssumme beim Kauf von Rohmaterial beträgt einschließlich der Transportkosten 9.800,00 €. An Transportkosten fallen 490,00 € an. Wie viel Prozent der Rechnungssumme entfallen auf die Transportkosten?
2. Die Leasinggebühr für die Nutzung eines Lastkraftwagens wurde von 2.300,00 € auf 2.390,00 € erhöht. Um wie viel Prozent wurde die Gebühr angehoben?
3. Die Vergütung für einen Auszubildenden in einem Teehandelshaus beträgt im ersten Jahr 650,00 €, im zweiten Jahr 710,00 € und im dritten Jahr 780,00 €.
   a) Um wie viel Prozent wird die Vergütung nach dem ersten Jahr erhöht?
   b) Berechnen Sie die prozentuale Erhöhung nach dem zweiten Jahr.
4. Aus dem Geschäftsbericht eines Unternehmens sind die folgenden Zahlen entnommen:

Jahr	Absatz (Stückzahl)	Umsatz (€)
2017	5675	1.243.589,00 €
2018	6876	1.476.892,00 €
2019	6435	1.345.233,99 €

   a) Um wie viel Prozent ist der Absatz von 2017 auf 2018 gestiegen?
   b) Wie viel Prozent betrug der Umsatzrückgang von 2019 zu 2018?
   c) Um wie viel Prozent ist der Umsatz im Laufe der Jahre gestiegen?
5. Die Einwohnerzahl einer Stadt ist im Laufe eines Jahres von 20 370 auf 20 120 gesunken. Wie viel Prozent betrug der Bevölkerungsrückgang?

7.4.5 Grundwert

Prozentrechnung – Grundwert

$$Grundwert = \frac{Prozentwert * 100}{Prozentsatz} \qquad G = \frac{W * 100}{p}$$

Aufgabenstellung

Der Unternehmensgewinn wird unter den Gesellschaftern aufgeteilt. Gesellschafter A erhält 16,5 %, das entspricht 23.000,00 €. Ermitteln Sie den gesamten Gewinn.

Lösung

$$Gewinn = \frac{Gewinn\ Gesellschafter\ A * 100}{Anteil\ Gesellschafter\ A\ in\ \%}$$

$$Gewinn = \frac{23.000,00 * 100}{16,5} = 139.393,93$$

	A	B
1	Berechnung des Grundwerts	
2		
3	Gewinn Ges. A in €	23000
4	Gewinn Ges. A in %	16,5
5		
6	Gesamtgewinn	139393,94

	A	B
1	Berechnung des Grundwerts	
2		
3	Gewinn Ges. A in €	23000
4	Gewinn Ges. A in %	16,5
5		
6	Gesamtgewinn	=B3*100/B4

Zusätzliche Aufgaben

1. Aufgrund einer großen Bestellsumme können Sie 2 % Skonto abziehen. Dies entspricht einem Betrag von 376,23 €. Wie hoch ist die Rechnungssumme? Kontrollieren Sie Ihre Rechnung mithilfe der normalen Prozentrechnung.
2. Die Miete für ein Gewerbeobjekt wurde um 2 % erhöht. Dies entspricht einer Erhöhung um 450,00 €.
   a) Wie hoch war die Miete ursprünglich?
   b) Wie viel Miete muss nach der Erhöhung gezahlt werden?
3. Beim Kauf einer Maschine wurde ein Rabatt von 15 % gewährt. Dies entsprach einer Summe von 32.000,00 €. Wie viel sollte die Maschine ursprünglich kosten und zu welchem Preis wurde sie verkauft?
4. Der Skonto für rechtzeitiges Bezahlen einer Ware beträgt 34,67 €. Dies sind 3 % der Rechnungssumme. Über welchen Betrag lautete die Rechnung?
5. Beim Neubau eines Verwaltungsgebäudes werden für die Verkabelung zur Nutzung des Internets usw. insgesamt 23.000,00 € ausgegeben. Dies sind 5 % der Bausumme. Berechnen Sie die Kosten des Gebäudes.
6. Der Umsatz eines Unternehmens ist im letzten Jahr um 4 % gesunken. Dies entspricht einem Wert von 3.478.098,00 €. Berechnen Sie den ursprünglichen und den jetzigen Umsatz.
7. Bei einer Abschlussprüfung für Bürokaufleute schließen 23 % der Schüler mit der Note *gut* ab. Dies sind 92 Schülerinnen bzw. Schüler. Wie viele Schülerinnen bzw. Schüler haben an der Prüfung teilgenommen?

7.4.6 Vermehrter Grundwert

Prozentrechnung - vermehrter Grundwert

$$Grundwert = \frac{Vermehrter\ Grundwert * 100}{(100 + Mehrung)} \qquad G = \frac{(W * 100)}{(100 + Mehrung)}$$

Aufgabenstellung

Der Gewinn eines Unternehmens ist im Jahr 2020 um 4 % gestiegen und beträgt jetzt 314.000,00 €. Ermitteln Sie den Gewinn des Vorjahres.

Lösung

$$Gewinn\_2019 = \frac{Gewinn\_2020 * 100}{(100 + Gewinnsteigerung\_in\_\%)}$$

$$Gewinn\_2019 = \frac{314.000 * 100}{(100 + 4)} = 301.923,08$$

	A	B
1	Vermehrter Grundwert	
2		
3	Gewinn 2020	314.000,00 €
4	Gewinnsteigerung in %	4
5		
6	Gewinn 2019	301.923,08 €

	A	B
1	Vermehrter Grundwert	
2		
3	Gewinn 2020	314000
4	Gewinnsteigerung in %	4
5		
6	Gewinn 2019	=(B3*100)/(100+B4)

Zusätzliche Aufgaben

1. Der Preis einer Ware beträgt einschließlich der Mehrwertsteuer (19 %) 952,00 €. Berechnen Sie den Warenwert und die Mehrwertsteuer.
2. Das Fassungsvermögen eines Bundesligastadions wurde um 15 % auf 43000 Zuschauer erhöht. Wie hoch war es vorher?
3. Das Gehalt eines Angestellten wurde in den letzten beiden Jahren um zunächst 3 % und dann um 5 % erhöht und beträgt nun 2.100,00 €. Wie hoch ist das ursprüngliche Gehalt? Runden Sie das Ergebnis auf zwei Stellen.
4. Das Bruttoinlandsprodukt (BIP) eines Staates beträgt im Jahr 2019 3.100 Mrd. €. Es stieg in den Vorjahren um 2,5 %, 3,6 % und 0,8 %. Wie hoch war das ursprüngliche Bruttoinlandsprodukt (BIP)?
5. Ein Anleger bekommt nach Ablauf der Festlegungsfrist von 3 Jahren 5.785,00 € ausgezahlt. Wie hoch war das ursprüngliche Kapital bei einem Zinssatz von 5 %. Kontrollieren Sie die Berechnung mithilfe der normalen Prozentrechnung.
6. Ein Radfahrer fuhr im letzten Monat insgesamt 876 Kilometer. Damit hatte er sich gegenüber dem Vormonat um 7 % gesteigert. Wie viele Kilometer fuhr er im Vormonat? Runden Sie das Ergebnis auf volle Kilometer.
7. Um sich in der Weltelite zu etablieren, steigert ein Skiläufer seine wöchentliche Trainingsbelastung zunächst um 7,5 % und dann nochmals um 6 %. Er trainiert nun 32 Stunden in der Woche. Wie viele Stunden hat der Athlet ursprünglich trainiert? Runden Sie das Ergebnis.
8. Die Zahl der Besucher eines Freizeitparks ist in den letzten beiden Jahren jeweils um 2,5 % gestiegen und beträgt nun 1,23 Millionen. Berechnen Sie die Zahl aus den beiden Jahren zuvor.

7.4.7 Verminderter Grundwert

Prozentrechnung – verminderter Grundwert

$$Grundwert = \frac{Verminderter\ Grundwert * 100}{(100 - Minderung)} \qquad G = \frac{(W * 100)}{(100 - Minderung)}$$

Aufgabenstellung

Der Umsatz eines Unternehmens ist aufgrund einer veränderten Konkurrenzsituation im Jahr 2020 um 3 % gefallen. Er beträgt nun 480.000,00 €.

Ermitteln Sie den Umsatz des Vorjahres.

Lösung

$$Umsatz\_2019 = \frac{Umsatz\_2020 * 100}{(100 - Umsatzrückgang\ in\ \%)}$$

$$Umsatz\_2019 = \frac{480.000 * 100}{(100 - 3)} = 494.845,36$$

	A	B
1	Verminderter Grundwert	
2		
3	Umsatz 2011	480000
4	Umsatzrückgang in %	3
5		
6	Umsatz 2010	494845,3608

	A	B
1	Verminderter Grundwert	
2		
3	Umsatz 2011	480000
4	Umsatzrückgang in %	3
5		
6	Umsatz 2010	=(B3*100)/(100-B4)

Zusätzliche Aufgaben

1. Nach Auswertung aller Daten wird festgestellt, dass die Anzahl der Vertreterbesuche im Vergleich zum letzten Monat um 7 % zurückgegangen ist und nun 372 beträgt. Wie viele Vertreterbesuche gab es im Vormonat?
2. Der Gewinn eines Unternehmens ist seit Jahren rückläufig. Im Jahr 2017 ging er um 12 %, im Jahr 2018 um 8 %, jeweils bezogen auf das jeweilige Vorjahr, zurück. Im Jahr 2019 betrug der Gewinn 345.876,98 €. Wie hoch war der Gewinn im Jahr 2017?
3. Aufgrund umfangreicher Sanierungsarbeiten ist der Energieverbrauch innerhalb eines Jahres um 27 % zurückgegangen. Er beträgt nun 76 987 Kilowattstunden (kWh). Wie hoch war der Energieverbrauch zuvor?
4. Der Preis für eine Maschine ist vor einem Jahr um 6 % gesenkt worden. Nach einer weiteren Preissenkung um 5 % beträgt der Verkaufspreis nun 5.676,00 €.
   a) Wie viel kostete die Maschine vor den beiden Preissenkungen?
   b) Wie viel Euro betrugen die jeweiligen Preissenkungen?
   c) Der Preis der Ware wurde vor zwei Jahren schon einmal um 7 % gesenkt. Wie hoch war er vor dieser Preissenkung?
5. Ein Arbeitnehmer verdient in diesem Jahr pro Monat 2.343,00 €. Da ein Teil seines Gehalts Prämien sind, ist sein Gehalt im Verhältnis zum Vorjahr um 3,5 % geschrumpft. Wie viel verdiente der Arbeitnehmer im vorigen Jahr?

7.4.8 Prozentrechnung – vermischte Übungen

Prozentrechnung – vermischte Übungen

1. Die Personalkosten eines Unternehmens konnten aufgrund verschärfter Rationalisierungsmaßnahmen um 4,5 % gesenkt werden. Aufgrund von Lohnerhöhungen stiegen sie danach wieder um 3 % an und betragen nun 245.765,98 €.
   a) Wie hoch waren die Personalkosten ursprünglich?
   b) Wie viel Euro betrug die Reduzierung der Personalkosten aufgrund der Rationalisierungsmaßnahmen?
   c) Wie viel Euro mussten aufgrund der Erhöhung zusätzlich gezahlt werden?

2. Die Kosten für den Verbrauch von Wasser betrugen in vorigen Jahr 1.657,00 €. In der Verkaufsabteilung wurden 55 678 Liter, in der Einkaufsabteilung 43 987 Liter und im Lager 66 987 Liter verbraucht.
   a) Ermitteln Sie den jeweiligen prozentualen und geldmäßigen Anteil am Verbrauch.
   b) Bei nahezu identischem Verbrauch sind die Preise in diesem Jahr um 5,7 % gestiegen. Ermitteln Sie den Anteil an den Kosten für die einzelnen Abteilungen.

3. Der Preis einer Ware beträgt einschließlich der gesetzlichen Umsatzsteuer (MwSt.) 564,98 €.
   a) Wie viel Euro beträgt die Umsatzsteuer?
   b) Wie hoch ist der Preis ohne Umsatzsteuer?
   c) Der Preis der Ware wurde im Vorjahr um 12,00 € erhöht. Wie hoch war die prozentuale Preiserhöhung?
   d) Im nächsten Jahr soll nach den bisherigen Planungen der Preis der Ware auf 598,00 € angehoben werden. Um wie viel Prozent steigt der Preis?

4. Das Kapital eines Unternehmens ist im letzten Jahr um 5 % gestiegen und beträgt nun 2.456.000,00 €. Wie hoch war das Kapital im Vorjahr?

5. 36 % der Einwohner einer Stadt sind unter 25 Jahre alt. Dies sind genau 143 000 Einwohner. 52 % der jungen Menschen sind weiblich.
   a) Wie viele Einwohner hat die Stadt?
   b) Wie viele junge Menschen unter 25 Jahre sind weiblich?

6. Aus internen Unterlagen eines Unternehmens lässt sich entnehmen, dass der Gesellschafteranteil des Gesellschafters A 129.000,00 € beträgt. Außerdem stehen grafische Auswertungen zur Verfügung.

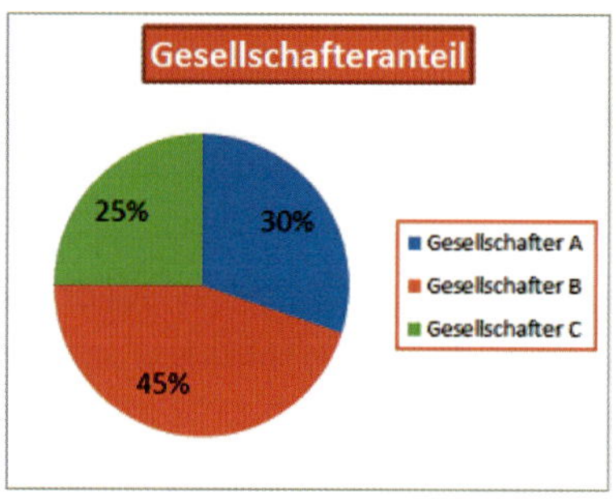

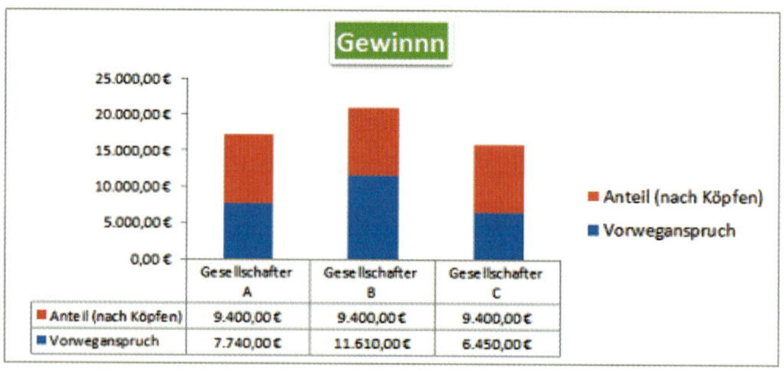

   a) Wie hoch ist das Gesellschaftsvermögen insgesamt?
   b) Wie hoch sind die Gesellschaftsanteile der Gesellschafter B und C in Euro?
   c) Wie hoch ist der Prozentsatz vom Gesellschafteranteil, der als Vorweganspruch vom Gewinn an jeden Gesellschafter verteilt wird?
   d) Wie viel Prozent des Gewinns bekommen die einzelnen Gesellschafter?

7.5 Zins- und Zinseszinsrechnung

7.5.1 Vorbemerkungen

Die Berechnung von Zinsen und Zinseszinsen gehört sicherlich nicht zu den täglichen Aufgaben in einem Betrieb, kann jedoch von Bedeutung sein, wenn z. B. geklärt werden soll, ob eine Zahlung mit oder Skontoabzug erfolgen soll. Der eingesparte Betrag des Skontoabzugs muss verglichen werden mit den zu zahlenden Zinsen, wenn der Betrag nicht als Guthaben auf dem Konto des Unternehmens vorhanden ist. Daher soll eine kurze Einführung in die Zinsrechnung und die Zinseszinsrechnung gegeben werden.

7.5.2 Zinsrechnung

Am Beispiel der Berechnung von Zinsen soll das Anwenden von Formeln in der Tabellenkalkulation demonstriert werden. Die Tageszinsformeln lauten:

Begriff	Formel	Erklärung
Zinsen	$Z = \frac{K * p * t}{100 * 360}$	Die Zinsen für ein eingesetztes Kapital werden berechnet. Es wird die Tageszinsformel zugrunde gelegt.
Kapital	$K = \frac{Z * 100 * 360}{p * t}$	Das Kapital, welches bei Anlage zu einem bestimmten Zinssatz für eine bestimmte Zeit eine genau bestimmte Zinssumme ergibt, wird ermittelt.
Zinssatz	$p = \frac{Z * 100 * 360}{K * t}$	Der Zinssatz für ein für einen bestimmten Zeitraum angelegtes Kapital wird ermittelt.
Tage	$t = \frac{Z * 100 * 360}{K * p}$	Die Anlagedauer wird bei gegebenen Zinsen, gegebenem Zinssatz und Kapital ermittelt.

Zeichenerklärung:

Z = Zinsen K = Kapital p = Zinssatz t = Tage

Bearbeitungsschritte

- Erstellen Sie die Tabelle. Speichern Sie die Mappe unter dem Namen *Zinsen*.

	A	B	C	D	E
1					
2	Zinsberechnung				
3					
4	Kapital	10000			
5	Zinssatz	5			
6	Tage	180			
7					
8	Zinsen				

- Erstellen Sie die folgende Formel in der Zelle **B8**: ***=B4*B5*B6/(100*360)***
- Das Ergebnis wird formelmäßig folgendermaßen aussehen:

	A	B	C	D	E
8	Zinsen	=B4*B5*B6/(100*360)			

- Formatieren Sie die Tabelle wie unten angegeben.

	A	B	C	D	E
8	Zinsen	250			

- Berechnen Sie in den Tabellen *2* bis *4* das Kapital, den Zinssatz und die Tage.

7.5.3 Zinseszinsrechnung

Die Zinseszinsrechnung wird mit der Zinseszinsformel erstellt. Diese Formel soll als Beispiel für die Anwendung einer etwas komplexeren mathematischen Formel dienen.

Bei der Zinseszinsrechnung werden nach einer Periode zum Kapital die angefallenen Zinsen addiert. Der neue, höhere Betrag wird dann in der nächsten Periode verzinst usw. Ohne den Zinseszinseffekt würden in dem nachfolgenden Beispiel in den vier Perioden (Jahren) jeweils 500,00 € Zinsen, also insgesamt 2.000,00 € Zinsen, anfallen. Da die anfallenden Zinsen jedoch wieder mitverzinst werden, sind es insgesamt 2.155,06 €.

Selbstverständlich könnte man die Zinseszinsen auch mit der normalen Zinsrechnung durch mehrere Berechnungen ermitteln. Dies ist jedoch arbeitsaufwendiger und durch die Zinseszinsformel nicht notwendig.

Begriff	Formel/Funktion	Erklärung
Zinseszins	$K_n = K_0 * \left(1 + \frac{p}{100}\right)^n$ $K_n = K_0 * q^n$	Das Kapital einschließlich Zinsen und Zinseszinsen wird ermittelt. Die beiden dargestellten Formeln zeigen denselben Sachverhalt.

Zeichenerklärung:

$q = 1 + \frac{p}{100}$

K_n = Endkapital K_0 = Anfangskapital

Bearbeitungsschritte

- Geben Sie die nachfolgende Tabelle ein. Speichern Sie die Mappe unter dem Namen *Zinseszins* ab.

	A	B	C	D	E
1					
2	Zinseszinsrechnung				
3					
4	Kapital	10000			
5	Zinssatz	5			
6	Jahre	4			
7					
8	Kapitalendwert				

- Erstellen Sie in der Zelle **B8** die Formel in der folgenden Form:

  =B4*(1+(B5/100))^B6

- In der Zelle **B8** steht daher die folgende Formel:

	A	B	C	D	E
8	Kapitalendwert	=B4*(1+(B5/100))^B6			

- Das Ergebnis sieht folgendermaßen aus:

	A	B	C	D	E
8	Kapitalendwert	12155,0625			

8 Wirtschaftliche Anwendungen 1

8.1 Vorbemerkungen

Auf den nächsten Seiten werden wirtschaftliche Sachverhalte dargestellt. Erwartete Ergebnisse werden teilweise dargestellt, manchmal jedoch auch nicht. Die Bearbeitungen müssen jedoch ganz bewusst Sie vornehmen. Sind jedoch Besonderheiten zu bedenken, werden diese auch erklärt. Man merkt sich Sachverhalte besonders gut, wenn man sie sich selbst erarbeitet hat. Das notwendige Wissen, die Aufgaben mithilfe einer Tabellenkalkulation zu lösen, wurde auf den vorherigen Seiten bereitgestellt.

Die Tabellen werden u. U. später, wenn z. B. Funktionen und Diagramme erklärt worden sind, vervollständigt. Dies wird dann entsprechend bei den wirtschaftlichen Anwendungen 2 und 3 angegeben.

Die Tabellen können ohne Berechnungen (blau) als **BuchPlusWeb** aus dem Netz geladen werden. Den entsprechenden Zugangscode finden Sie auf der ersten Umschlagseite.

8.2 Artikel 1

In der Mappe *Artikel* werden in der Tabelle *Ausgangsdaten* Daten erfasst. Diese Tabelle bildet die Grundlage für verschiedene Berechnungen, die in anderen Tabellen der Mappe vorgenommen werden. Es soll sichergestellt werden, dass sich die Daten in allen Tabellen ändern, wenn die Daten in der Tabelle *Ausgangsdaten* geändert werden. Daher müssen die Ausgangsdaten in die anderen Tabellen nicht kopiert, sondern durch eine einfache Formel übertragen werden. Folgende Tabellen sollen später zur Verfügung stehen:

Ausgangsdaten | **Anteile** | Auswertungen | Bestellung | Auswahl mit SVerweis | ABC-Analyse | ...

Aufgabenstellung

In der Tabelle *Ausgangsdaten* in der Mappe *Artikel* sollen neben der Artikelnummer, der Artikelart, der Marke und dem Typ, der Anfangsbestand (AB), die Einkaufsmenge (Ek), die Verkaufsmenge (Vk), der Meldebestand (MB), der Höchstbestand (HB), der durchschnittliche Einkaufspreis (EP (d)) und der Verkaufspreis (VP) erfasst werden. Web

Tabelle	Artikel	Ausgangsdaten

	A	B	C	D	E	F	G	H	I	J	K
1	Artikel										
2											
3	Art_Nr	Artikelart	Marke	Typ	AB	Einkauf	Verkauf	MB	HB	EKP (d)	VP
4	100	Fernsehgerät	Samsu	T108	47	45	36	50	80	165,00 €	210,00 €
5	101	Fernsehgerät	Samsu	TX112	125	123	180	100	200	670,00 €	980,00 €
6	102	Fernsehgerät	Samsu	SV110	117	47	56	70	120	980,00 €	1.399,00 €
7	103	Fernsehgerät	Phipe	V54	65	123	148	80	120	98,00 €	145,00 €
8	104	Fernsehgerät	Phipe	V120	112	134	197	80	150	256,00 €	398,00 €
9	105	Fernsehgerät	LGOO	IR13	230	256	276	200	300	786,00 €	998,00 €
10	200	DVD-Player	LGOO	IR15	120	345	300	100	150	65,00 €	98,00 €
11	201	DVD-Player	Samsu	T1081	100	234	230	70	120	99,00 €	132,00 €
12	202	DVD-Player	Samsu	TX1121	170	120	240	60	180	198,00 €	267,00 €
13	203	DVD-Player	Phipe	D54	220	156	200	150	157	54,00 €	75,00 €
14	204	Internet-Radio	Samsu	T1082	245	198	203	200	280	345,00 €	456,00 €
15	300	Internet-Radio	Phipe	V541	150	170	140	180	260	78,00 €	122,00 €
16	301	Stereo-Anlage	LGOO	IR15AD	180	150	210	160	240	560,00 €	697,00 €
17	400	Stereo-Anlage	Samsu	T540	250	145	230	200	300	256,00 €	298,00 €
18	405	Stereo-Anlage	Phipe	S54	187	70	40	50	100	50,00 €	198,00 €

Übertragung von Daten in eine andere Tabelle

Bearbeitungsschritte

1. Benennen Sie zunächst die *Tabelle1* in *Ausgangsdaten* um und fügen Sie eine neue Tabelle hinzu, die *Anteile* heißen soll.
2. Stellen Sie danach den Cursor in die Zelle **A3** der Tabelle *Anteile*.

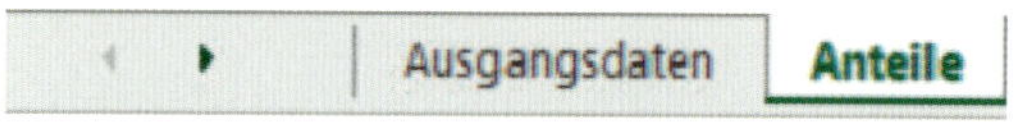

3. Geben Sie ein Gleichheitszeichen ein: =.
4. Klicken Sie in der Tabelle *Ausgangsdaten* die Zelle **A3** und danach die Schaltfläche **Eingeben** (✓) an. Der Inhalt der Zelle ist in die Zelle **A3** in der Tabelle *Überschuss* übertragen.
5. Gehen Sie mit dem Cursor an den unteren rechten Rand und kopieren Sie die Formel mit gedrückter linker Maustaste nach rechts.

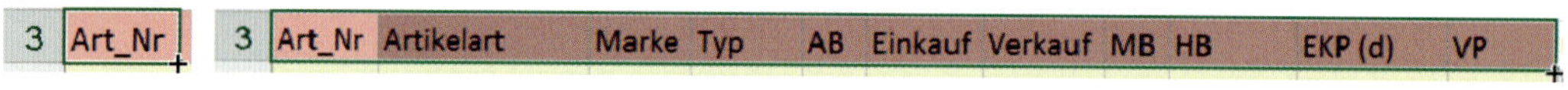

6. Ziehen Sie dann die Formeln mit gedrückter linker Maustaste nach unten, bis alle Inhalte übertragen sind.
7. Ergänzen Sie später die Überschrift, wenn die Anzahl der dafür benötigten Zellen feststeht.

Aufgabenstellung

Berechnen Sie den Umsatz, die Kosten (durchschnittlicher Einkaufspreis * Verkaufsmenge) und den Überschuss. Ermitteln Sie außerdem den Gesamtumsatz, die gesamten Kosten und den gesamten Überschuss. Stellen Sie anschließend die entsprechenden Prozentwerte, die einzelne Artikel vom Gesamtwert ausmachen, fest. Berechnen Sie außerdem den jeweiligen Anteil der Kosten und des Überschusses am Umsatz. Formatieren Sie diese Werte auf zwei Stellen.

Tabelle (Ausschnitt)	Artikel	Anteile

	A	L	M	N	O	P	Q
3	Art_Nr	Umsatz	Kosten	Überschuss	Umsatz %	Kosten %	Überschuss %
4	100	7.560,00 €	5.940,00 €	1.620,00 €	0,68	0,72	0,57
5	101	176.400,00 €	120.600,00 €	55.800,00 €	15,91	14,65	19,54
6	102	78.344,00 €	54.880,00 €	23.464,00 €	7,06	6,67	8,22
7	103	21.460,00 €	14.504,00 €	6.956,00 €	1,94	1,76	2,44
20	Summe	1.108.936,00 €	823.317,00 €	285.619,00 €	100	100	100

	A	L	M	N	Q	R	S
3	Art_Nr	Umsatz	Kosten	Überschuss	Überschuss %	Kostenanteil %	Überschussanteil %
4	100	7.560,00 €	5.940,00 €	1.620,00 €	0,57	78,57	21,43
5	101	176.400,00 €	120.600,00 €	55.800,00 €	19,54	68,37	31,63
6	102	78.344,00 €	54.880,00 €	23.464,00 €	8,22	70,05	29,95
7	103	21.460,00 €	14.504,00 €	6.956,00 €	2,44	67,59	32,41

8.3 Kunden 1

In der Mappe *Kunden* sind die Quartalsumsätze der Kunden erfasst.

Aufgabenstellung

Web

Laden Sie die Mappe *Kunden* mit den Daten der Kunden mit den jeweiligen Verkaufsgebieten und Quartalen. Übertragen Sie die Werte in die Tabelle *Umsatzauswertungen* und berechnen Sie Gesamtsummen und Prozentanteile.

Tabelle	Kunden	Ausgangsdaten (Ausschnitt)/Umsatzauswertungen

	A	B	C	D	E	F	G	H
1	Kunden							
2								
3					Umsatz			
4	Kunden_Nr	Name1	Ort	Verkaufsgebiet	Quartal 1	Quartal 2	Quartal 3	Quartal 4
5	200	Otto Artig e. Kfm.	Leer	Nord	20.234,00 €	24.987,00 €	39.876,00 €	16.745,00 €
6	201	Hans Kassens KG	Lingen	Nord	7.987,00 €	3.452,00 €	7.654,00 €	6.742,00 €
7	202	Bürohandlung KG	Meppen	Nord	89.087,00 €	56.009,00 €	123.876,00 €	78.098,00 €
8	203	Büro Hinze KG	Berlin	Ost	122.098,00 €	144.987,00 €	182.765,00 €	102.790,00 €

	A	B	C	D	E	F	G	H
24					Quartal 1	Quartal 2	Quartal 3	Quartal 4
25	Umsatz				979.528,00 €	955.826,00 €	947.702,00 €	936.961,00 €

	A	B	I	J	K	L	M	N
2								
3				Anteil am Gesamtumsatz des Jahres				
4	Kunden_Nr	Name1	Gesamt	Quartal 1	Quartal 2	Quartal 3	Quartal 4	Gesamt
5	200	Otto Artig e. Kfm.	101.842,00 €	2,07	2,61	4,21	1,79	2,67

	A	B	I	O	P	Q	R	S
2								
3				Anteil am Unternehmensumsatz des Jahres				
4	Kunden_Nr	Name1	Gesamt	Quartal 1	Quartal 2	Quartal 3	Quartal 4	Gesamt
5	200	Otto Artig e. Kfm.	101.842,00 €	19,87	24,54	39,15	16,44	100,00

8.4 Nutzwertanalyse

Die Nutzwertanalyse ist ein nichtmonetäres Bewertungsverfahren. Mithilfe von Kriterien werden z. B. Angebote ausgewertet und nachfolgend ein Angebot ausgewählt. Im Wesentlichen ist folgende Vorgehensweise üblich und vernünftig:

- Ziel der Nutzwertanalyse
  Angebote werden nicht nur preislich, sondern auch nach anderen Kriterien, wie z. B. Qualität, Lieferbedingungen usw., verglichen.
- Ausschluss- und Auswahlkriterien
  Ist ein Ausschlusskriterium nicht erfüllt, ist das Produkt nicht auswählbar. Über Auswahlkriterien wird festgelegt, welche Gesichtspunkte bei der Auswahl eines Produkts zu berücksichtigen sind.
- Gewichtung der Ziele
  Einzelne Ziele werden in ihrer Bedeutung unterschiedlich gewichtet. So kann beispielsweise festgelegt werden, dass die Qualität eines Produkts eine höhere Bedeutung als der Preis des Produkts hat.

Aufgabenstellung

Web

In einem Betrieb sollen Angebote verglichen werden. Neben Ausschlusskriterien, wie z. B. die Zuverlässigkeit der Lieferanten, spielen bewertete Auswahlkriterien aus den Bereichen Ware, Preis und Liefer- und Zahlungsbedingungen eine Rolle. Die Gewichtung soll jederzeit angepasst werden können. Auch die einzelnen Bewertungen sollen eingegeben werden können. Das Produkt mit der höchsten Punktzahl soll ausgewählt werden.

Hinweis: *Die Festlegung der Rangfolge soll erst dann erfolgen, wenn die entsprechende Funktion RANG bzw. RANG.GLEICH im weiteren Verlauf des Buchs besprochen wurde. Auch das Problem, wenn ein Ausschlusskriterium nicht erfüllt ist, einschließlich der sich daraus ergebenden Konsequenzen, soll später mithilfe der WENN-Funktion bearbeitet werden. Die restlichen Werte sind mithilfe von Additionen und Prozentrechnungen zu berechnen.*

Tabelle

	A	B	C	D	E	F	G	H	I
1	**Nutzwertanalyse**								
2									
3	Anforderungskriterien			Wagner GmbH		Büromöbel AG		Tranel GmbH	
4									
5	Bewertung auf einer Skala von 1 bis 10			Bewertung		Bewertung		Bewertung	
6									
7	M	Musskriterien							
8	M1	Lieferfähigkeit		Ja		Ja		Ja	
9	M2	Lieferbereitschaft		Ja		Ja		Ja	
10	M3	Zuverlässigkeit		Ja		nein		ja	
11									
12	Sollkriteriums 1		**Ware**						
13	S1		Gewichtung in %	Bew.	Punkte	Bew.	Punkte	Bew.	Punkte
14	1.1	Qualität	25	7	1,75	8	2,00	9	2,25
15	1.2	Hersteller	5	3	0,15	8	0,40	6	0,30
16	1.3	Markenname	5	4	0,20	8	0,40	4	0,20
17		**Summe**	35	14	2,10	24	2,80	19	2,75
18									
19	Sollkriteriums 2		**Preis**						
20			Gewichtung in %	Bew.	Punkte	Bew.	Punkte	Bew.	Punkte
21	2.1	Bezugspreis	40	9	3,60	8	3,20	10	4,00
22	2.2	Skonto	5	7	0,35	7	0,35	9	0,45
23		Summe	45	16	3,95	15	3,55	19	4,45
24									
25	Sollkriteriums 3		**Liefer- und Zahlungsbedingungen**						
26			Gewichtung in %	Bew.	Punkte	Bew.	Punkte	Bew.	Punkte
27	3.1	Zahlungsbedingungen	5	8	0,40	8	0,40	7	0,35
28	3.2	Lieferbedingungen	5	8	0,40	9	0,45	9	0,45
29	3.3	Freizeichnungsklauseln	5	8	0,40	6	0,30	10	0,50
30	3.4	AGB	5	8	0,40	5	0,25	9	0,45
31		**Summe**	20		1,60		1,40		1,75
32									
33	**Summe Sollkriterien**		100						
34									
35	**Gesamtsumme der Punktwerte**				7,65		7,75		8,95
36									
37	**Rangfolge**				3		2		1

9 Funktionen

9.1 Vorbemerkungen

Die Tabellenkalkulation **Excel** kennt über 200 definierte Funktionen aus verschiedenen Bereichen. Die Funktionen sollen komplizierte Berechnungen vereinfachen.

Auf den folgenden Seiten werden zunächst die Arten von Funktionen kurz beschrieben. Danach wird die Anwendung einfacher Funktionen erklärt. Anschließend wird an einem Beispiel die Arbeit mit dem Funktionsassistenten (Funktion einfügen) demonstriert.

Abschließend wird aus den einzelnen Arten der Funktionen jeweils zumindest ein Beispiel bearbeitet. Diese Beispiele können hintereinander nachvollzogen werden, es können jedoch auch einzelne Funktionen später bearbeitet werden.

9.2 Arten von Funktionen

Die folgende Übersicht stellt die einzelnen Bereiche, aus denen die Tabellenkalkulation **Excel** Funktionen zur Verfügung stellt, kurz vor.

Funktion	Erklärungen
Mathematik	Komplizierte aber auch relativ einfache mathematische Berechnungen wie Wurzelberechnungen oder das Runden von Zahlen werden mithilfe dieser Funktionen durchgeführt. Gerade durch diese Funktionen werden komplizierte Formeln überflüssig.
Finanzmathematik	Finanzwirtschaftliche Funktionen erlauben z. B. Zins-, Renten- und Abschreibungsberechnungen. Sie sind daher vor allem im kaufmännischen Bereich hervorragend einsetzbar.
Datum & Zeit	Mithilfe dieser Funktionen kann der Zeitabstand zwischen verschiedenen Tagen, die Ermittlung des augenblicklichen Datums usw. vorgenommen werden. Die ermittelten Daten können dann z. B. für Zinsberechnungen weiterverwendet werden.
Logik	Logikfunktionen ermöglichen Alternativberechnungen, stellen fest, überprüfen Sachverhalte usw. Ohne diese Funktionen würde sich eine Tabellenkalkulation nur für das Berechnen von Werten eignen.
Text	Textfunktionen ermöglichen unter anderem, Texte aus verschiedenen Zellen zusammenzuführen. Damit kann z. B. ein berechnetes Ergebnis in einer Zelle sofort interpretiert werden.
Statistik	Der Statistik fällt die Aufgabe zu, Daten zu erfassen, aufzubereiten und auszuwerten. Aufgrund statistischer Daten können z. B. Voraussagen gemacht werden.
Information	Informationen über den Inhalt von Zellen werden zur Verfügung gestellt. Aufgrund der gewonnenen Informationen können Fehler abgefangen, Aussagen gemacht werden usw.
Matrix	Durch Matrixfunktionen werden z. B. bestimmte Datensätze aus einer Liste ausgefiltert. Steht ein Datenbankprogramm zur Verfügung, ist das Ergebnis damit u. U. einfacher zu erzielen.
Datenbank	Datenbankfunktionen nehmen Auswertungen in einem Datenbestand vor, z. B. kann der durchschnittliche Bestand von Waren ermittelt werden.

9.3 Bearbeitungshinweise

Die Arbeitsschritte zum Einfügen einer Funktion in eine Zelle sind identisch, die Funktionen können aber auf unterschiedliche Weise aufgerufen werden. In der Übersicht werden die Bearbeitungsmöglichkeiten beschrieben, Anwendungsbeispiele für verschiedene Funktionen – besonders im Hinblick auf das Auswählen von Zellen und Bereichen oder das Eingeben von Bedingungen usw. – werden auf den nächsten Seiten beschrieben.

<table>
<tr><th>Bearbeitung</th><th>Erklärung</th></tr>
<tr><td>Markieren</td><td>Zunächst wird die Zelle, in der die Funktion stehen soll, mit der Maus bzw. durch Ansteuern der Zelle mit den Cursor-Tasten, markiert.</td></tr>
<tr><td>Auswählen, Bearbeiten und Abschließen

Auswahl der Funktion</td><td>

Alternative 1: Schaltfläche Summe (mathematische Funktionen)

Einfache mathematische Funktionen werden durch das Anklicken des Pfeils in der Schaltfläche AutoSumme in der Gruppe Bearbeiten im Register Start aufgerufen.

Die Zellen, die summiert usw. werden sollen, werden mit der Maus ausgewählt. Die Berechnung wird mit der Returntaste bzw. mit dem Anklicken der Schaltfläche Eingeben (✓) in der Bearbeitungszeile abgeschlossen.

Alternative 2: Schaltfläche Funktion einfügen

Die Berechnung mithilfe von Funktionen wird durch das Anklicken der Schaltfläche Funktion einfügen in der Gruppe Funktionsbibliothek im Register Formeln bzw. durch das Anklicken der Schaltfläche Funktion einfügen in der Bearbeitungszeile eingeleitet.

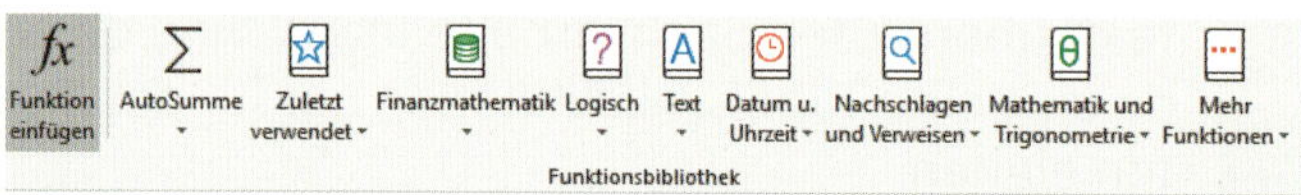

Danach kann im Fenster Funktion einfügen die gewünschte Funktion ausgewählt werden. Dabei können alle Funktionen angezeigt, die Funktionen nach bestimmten Kategorien (z. B. Logik, Datum und Zeit usw.) ausgewählt oder die zuletzt genutzten Funktionen angezeigt werden. Im nächsten Fenster Funktionsargumente werden in Abhängigkeit von der gewählten Funktion Zellen ausgewählt, Bedingungen eingegeben usw.

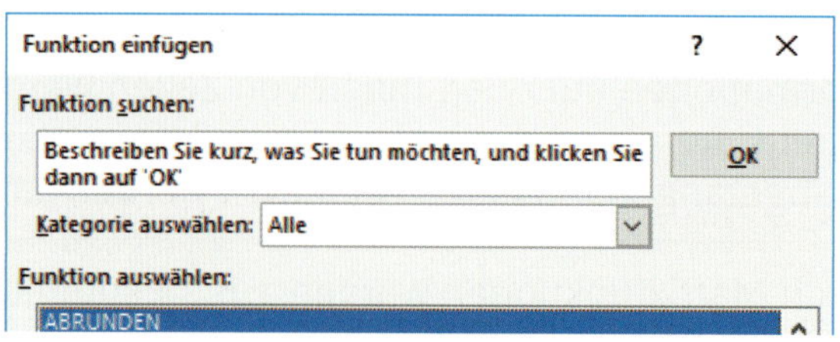

Die Berechnung mithilfe einer Funktion wird durch das Anklicken der Schaltfläche OK im Fenster Funktionsargumente abgeschlossen.

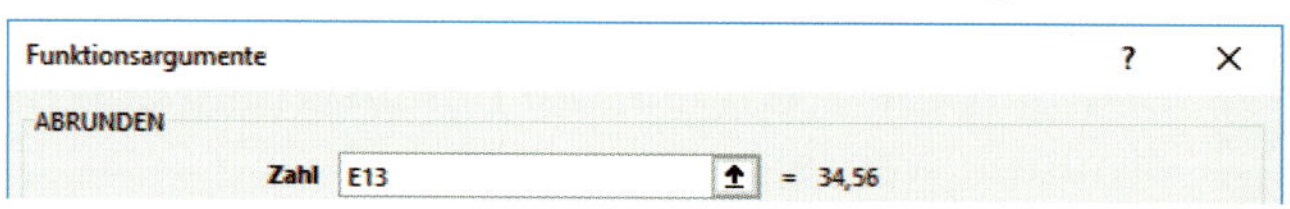

</td></tr>
</table>

Bearbeitung	Erklärung
Auswählen, Bearbeiten und Abschließen	**Alternative 3: Schaltflächen der Gruppe Funktionsbibliothek** Zunächst wird eine bestimmte Schaltfläche (z. B. Finanzmathematik, Text usw.) in der Gruppe **Funktionsbibliothek** im Register **Formeln** angeklickt und danach eine Funktion ausgewählt. Im nächsten Fenster *Funktionsargumente* werden in Abhängigkeit von der gewählten Funktion Zellen ausgewählt, Bedingungen eingegeben usw. 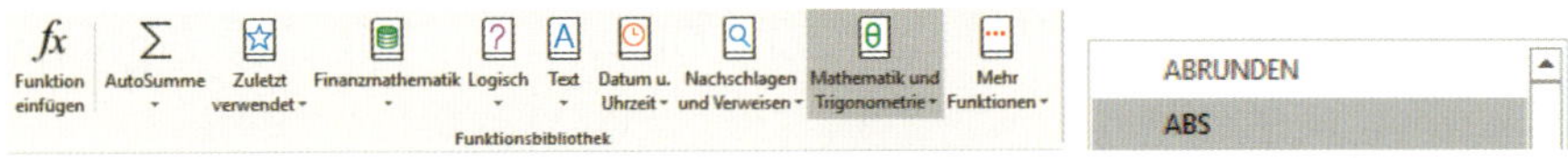 Die Berechnung mithilfe einer Funktion wird durch das Anklicken der Schaltfläche **OK** im Fenster *Funktionsargumente* abgeschlossen.

9.4 Funktions-Assistent – Schaltflächen der Funktionsbibliothek

Die Benutzung des Funktions-Assistenten erleichtert die Arbeit mit den vom Programm zur Verfügung gestellten Funktionen. Grundsätzlich lassen sich zwar alle Funktionen über die Tastatur eingeben. Dies ist jedoch umständlich und fehlerbehaftet. Der Funktions-Assistent wird im Register **Formeln** über die Schaltflächen der Gruppe **Funktionsbibliothek** oder durch das Anklicken der Schaltfläche **Funktion einfügen** *fx* in der Bearbeitungsleiste aufgerufen. Dies wurde auf der vorherigen Seite dargestellt.

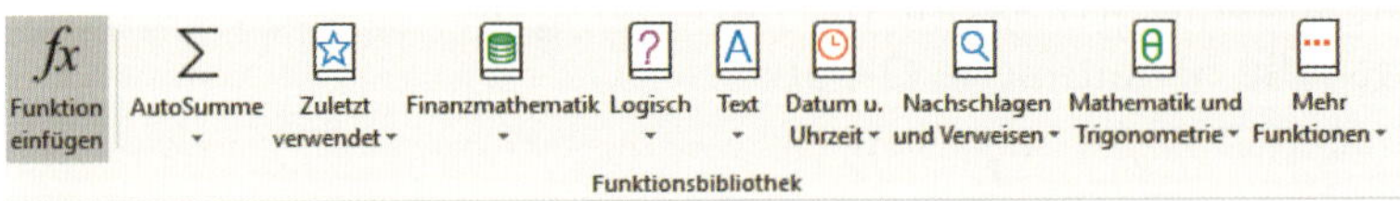

Über die Schaltflächen oder im Fenster *Funktion einfügen* kann man die gewünschte Funktion auswählen. Dabei kann bestimmt werden, ob alle Funktionen oder nur bestimmte, wie etwa mathematische, finanzmathematische Funktionen oder die zuletzt benutzten Funktionen, angezeigt werden sollen. Anhand von zwei mathematischen Funktionen wird der Funktions-Assistent erklärt.

Am Beispiel der Rundungsfunktionen soll die Nutzung des Funktions-Assistenten erklärt werden. Die Funktion GANZZAHL liefert immer eine Zahl ohne Nachkommastellen.

Wichtig: Bei einer **Formatierung** wird mit der ungerundeten Zahl, z. B. *45,7865*, weitergerechnet, obwohl durch die Formatierung *45,79* angezeigt wird. Bei einer **Rundung** wird mit der gerundeten Zahl, z. B. *45,79*, weitergerechnet. Daher ist zu überlegen, wann und ob ein Ergebnis gerundet werden soll, ob beispielsweise bei Zwischenergebnissen oder erst beim Endergebnis.

Syntax			
=RUNDEN()	**=AUFRUNDEN()**	**=ABRUNDEN()**	**=GANZZAHL()**
=RUNDEN(C8)	***=AUFRUNDEN(C8)***	***=ABRUNDEN(C8)***	***=GANZZAHL(A15)***

Bearbeitungsschritte

- Laden Sie die Mappe *Zinseszins* (siehe Seite 74). Löschen Sie in der Zelle **B8** ein eventuell vorhandenes Währungsformat, das nicht mehr benötigt wird. Vervollständigen Sie die Tabelle folgendermaßen:

	A	B	C	D	E
10	Kapitalendwert (gerundet)				

- Markieren Sie die Zelle **B10.** Klicken Sie die Schaltfläche **Mathematik und Trigonometrie** an. Wählen Sie die Funktion RUNDEN aus.

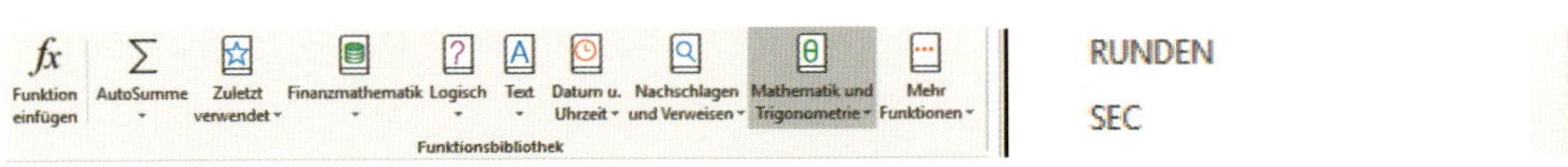

Bearbeitungsschritte (Fortsetzung)

- Das folgende Fenster wird auf dem Bildschirm angezeigt. Markieren Sie die Zelle **B8**, deren Wert gerundet werden soll. Geben Sie danach die Anzahl der Nachkommastellen an.

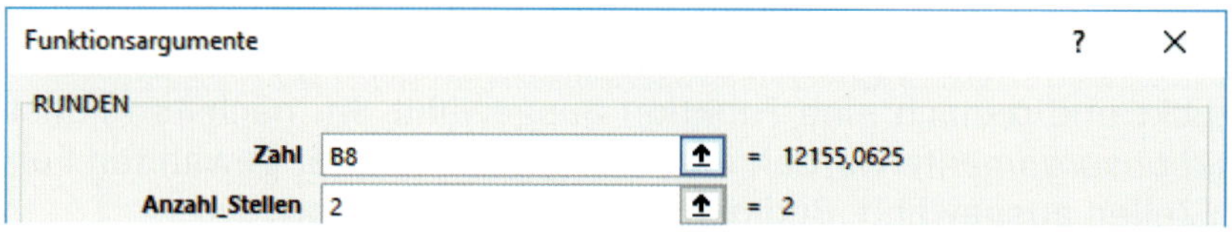

- Nach dem Anklicken der Schaltfläche **OK** wird das folgende Ergebnis ausgegeben:

	A	B	C	D	E
8	Kapitalendwert	12155,0625			
9					
10	Kapitalendwert (gerundet)	12155,06			

- Löschen Sie den Wert in der Zelle **B10**, um eine weitere Möglichkeit der Berechnung auszuprobieren. Klicken Sie danach die Schaltfläche **Funktion einfügen** in der Gruppe **Funktionsbibliothek** oder in der **Rechenleiste** an.

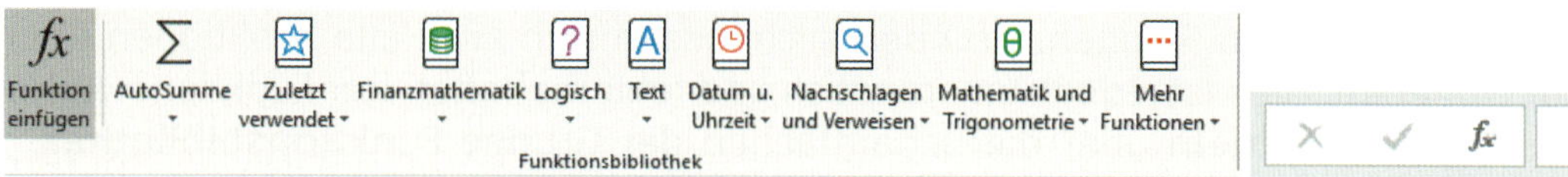

- Wählen Sie im Fenster *Funktion einfügen* aus der Kategorie **Math. & Trigonom.** die Funktion RUNDEN aus. Die allgemeine Syntax und die Bedeutung der Funktion werden angegeben. Klicken Sie danach die Schaltfläche **OK** an.

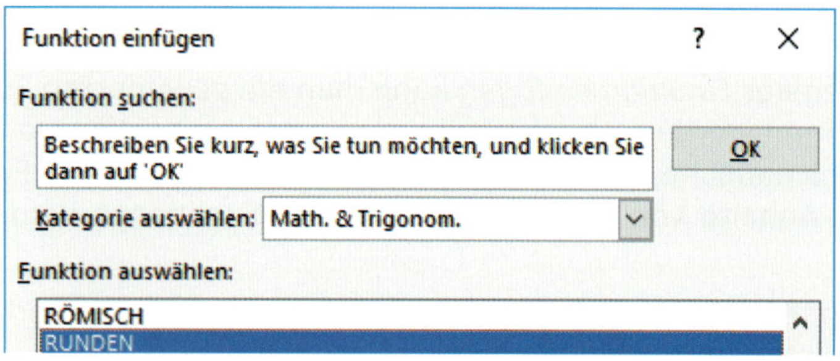

- Danach können Sie die Berechnung wie bereits gezeigt vornehmen. Eleganter wäre sicherlich gewesen, direkt in der Zelle **C8** den Kapitalendwert mit Abrundung zu berechnen. Die in die Zelle **C8** einzugebende Formel lautet:

=RUNDEN(B4*(1+(B5/100))^B6;2)

- Auch über den **Funktions-Assistenten** ist das Ergebnis zu realisieren:

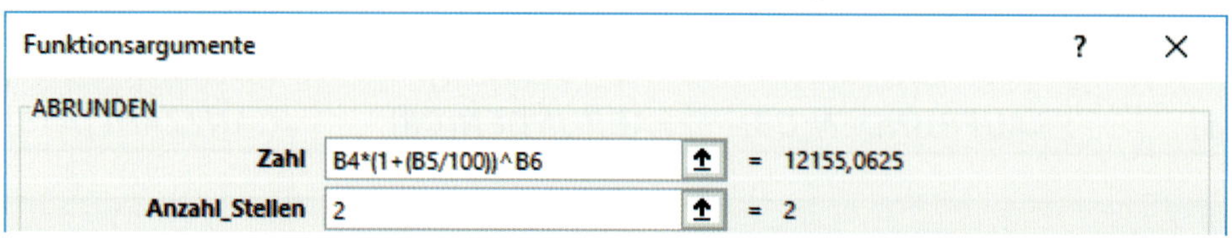

- Berechnen Sie anschließend in verschiedenen Zellen mithilfe der Funktionen RUNDEN, AUFRUNDEN und ABRUNDEN die Zinsen auf die nachfolgend angegebenen Nachkommastellen. Die Werte werden mathematisch korrekt ermittelt.

	A	B	C	D	E
12	Stellen	0	1	2	3
13	RUNDEN	12155	12155,1	12155,06	12155,063
14	AUFRUNDEN	12156	12155,1	12155,07	12155,063
15	ABRUNDEN	12155	12155,0	12155,06	12155,062

9.5 Mathematische Funktionen

9.5.1 SUMMEWENN

Mit der Funktion SUMMEWENN können Zahlen addiert werden. Ein Bereich wird bestimmt, der ausgewertet werden soll. Danach wird ein Suchkriterium eingegeben und ein Bereich bestimmt, der addiert werden soll. Dieser Bereich kann mit dem Bereich übereinstimmen, der ausgewertet werden soll. Aber auch andere ausgewählte Bereiche können addiert werden. Das Suchkriterium kann in den Funktions-Assistenten eingegeben, aber auch aus einer separaten Zelle ausgelesen werden. Anhand verschiedener Beispiele sollen die vielfältigen Möglichkeiten dieser Funktion demonstriert werden.

Syntax

= SUMMEWENN(Bereich;Suchkriterien;Summe_Bereich)

= SUMMEWENN(F2:F6;“<0”;F2:F6)

= SUMMEWENN(F2:F6;“>=0”;E2:E6)

= SUMMEWENN(F2:F6;E12;E2:E6)

= SUMMEWENN(F2:F6;“Schreibtisch”;E2:E6)

Bearbeitungsschritte

- Erstellen Sie die nachfolgende Tabelle. Speichern Sie sie unter dem Namen *Summe_Wenn_1* ab. Berechnen Sie in den Zellen **F2** bis **F6** die jeweiligen Differenzen und in der Zelle **F8** die Summe der Differenzen.

	A	B	C	D	E	F
1	Artikel_Nr	Artikelart	Artikel_Bez	Verkauf_1	Verkauf_2	Differenz
2	1000	Schreibtisch	Gabriele	130	150	-20
3	1001	Schreibtisch	Modern	200	190	10
4	1002	Schreibtisch	Exklusiv	150	170	-20
5	1003	Büroschrank	Elegant	200	160	40
6	1004	Büroschrank	Aktuell	80	70	10
7						
8	Summe					20
9	Summierte Minuswerte					
10	Summierte Pluswerte					

- Markieren Sie die Zelle **F9**. Rufen Sie die Funktion SUMMEWENN auf. Bestimmen Sie den Bereich, den Sie nach Kriterien auswerten wollen. Geben Sie danach das Suchkriterium ein und bestimmen Sie dann den Bereich, der summiert werden soll.

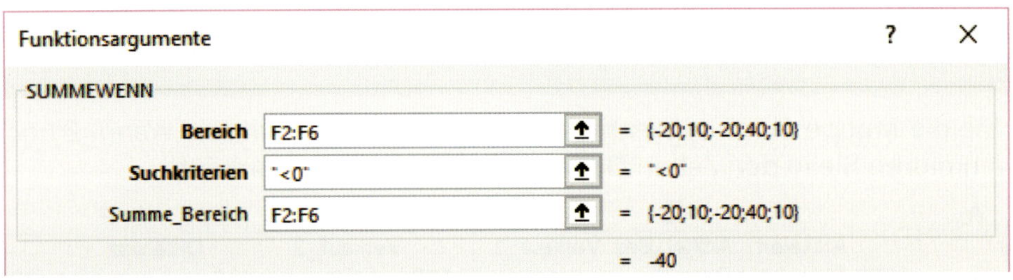

- Als Ergebnis wird die Summe der Minuswerte ausgegeben. Berechnen Sie danach in der Zelle **F10** die Summe der Pluswerte (>=0).

	A	B	C	D	E	F
8	Summe					20
9	Summierte Minuswerte					-40
10	Summierte Pluswerte					60

Bearbeitungsschritte (Fortsetzung)

- Formelmäßig sieht das Ergebnis folgendermaßen aus:

	A	B	C	D	E	F
1	Artikel_Nr	Artikelart	Artikel_Bez	Verkauf_1	Verkauf_2	Differenz
2	1000	Schreibtisch	Gabriele	130	150	=D2-E2
3	1001	Schreibtisch	Modern	200	190	=D3-E3
4	1002	Schreibtisch	Exklusiv	150	170	=D4-E4
5	1003	Büroschrank	Elegant	200	160	=D5-E5
6	1004	Büroschrank	Aktuell	80	70	=D6-E6
7						
8	Summe					=SUMME(F2:F6)
9	Summierte Minuswerte					=SUMMEWENN(F2:F6;"<0";F2:F6)
10	Summierte Pluswerte					=SUMMEWENN(F2:F6;">=0";F2:F6)

- Alternativ können Sie auch das Suchkriterium in eine Zelle schreiben und dann in die Formel einbauen. Tragen Sie die Suchkriterien in die Zellen **E12** und **E13** ein.
- Markieren Sie die Zelle **F12**. Rufen Sie die Funktion SUMMEWENN auf. Bestimmen Sie den Bereich, den Sie nach Kriterien auswerten wollen. Wählen Sie die Zelle mit dem Suchkriterium aus und bestimmen Sie den Bereich, der summiert werden soll.

Funktionsargumente ? ×

SUMMEWENN

Bereich	F2:F6	= {-20;10;-20;40;10}
Suchkriterien	E12	= "<0"
Summe_Bereich	F2:F6	= {-20;10;-20;40;10}

= -40

- Berechnen Sie danach in der Zelle **F13** die Alternative. Das Ergebnis entspricht dem Ergebnis, welches auf der vorherigen Seite dargestellt wurde. Formelmäßig sieht das Ergebnis folgendermaßen aus:

	A	B	C	D	E	F
12	Summierte Minuswerte				<0	=SUMMEWENN(F2:F6;E12;F2:F6)
13	Summierte Pluswerte				>=0	=SUMMEWENN(F2:F6;E13;F2:F6)

In einem zweiten Beispiel sind *Bereich* und *Summe_Bereich* unterschiedlich. Dies bedeutet, dass in einem Bereich ein Suchkriterium angewandt wird, jedoch dann Zahlen aus einem anderen Bereich ausgewertet werden. Im konkreten Fall sollen die Verkäufe, jeweils nach Kriterien ausgewählt, summiert werden.

Bearbeitungsschritte

- Speichern Sie die Mappe *Summe_Wenn_1* unter dem Namen *Summe_Wenn_2* nochmals ab. Summieren Sie in den Zellen **D8** und **E8** die jeweiligen Verkäufe.

	A	B	C	D	E	F
1	Artikel_Nr	Artikelart	Artikel_Bez	Verkauf_1	Verkauf_2	Differenz
2	1000	Schreibtis	Gabriele	130	150	-20
3	1001	Schreibtis	Modern	200	190	10
4	1002	Büroschr	Elegant	150	170	-20
5	1003	Schreibtis	Exklusiv	200	160	40
6	1004	Büroschra	Aktuell	80	70	10
7						
8	Summe			760	740	20

Bearbeitungsschritte (Fortsetzung)

- Markieren Sie die Zelle **D9**. Rufen Sie die Funktion SUMMEWENN auf. Wählen Sie den Bereich **D2** bis **D6** als den zu summierenden Bereich aus. Die beiden anderen Eingaben unterscheiden sich nicht, da Bereich und Suchkriterien dem vorherigen Beispiel entsprechen müssen.

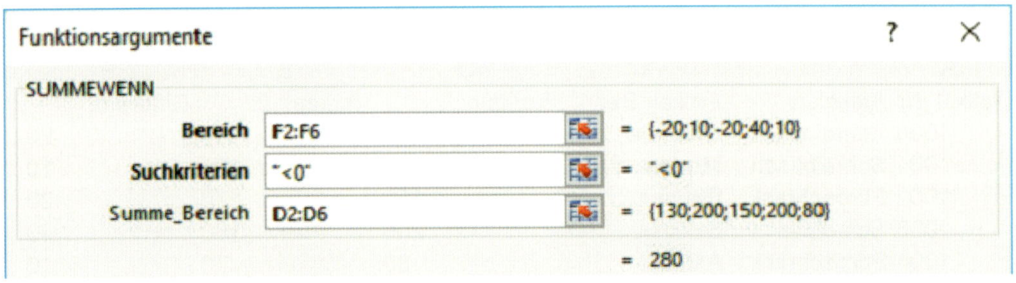

- Summieren Sie danach auch alle anderen nachstehend angezeigten Bereiche. Achten Sie dabei besonders auf das jeweilige Suchkriterium und die dann zu summierenden Bereiche.

	A	B	C	D	E	F
8	Summe			760	740	20
9	Summierte Minuswerte			280	320	-40
10	Summierte Pluswerte			480	420	60

- Das Ergebnis in der Zelle **D9** setzt sich aus den Werten der Zellen **D2** und **D4** zusammen. In den Zellen **F2** und **F4** sind diese Zellen mit negativen Werten gekennzeichnet.
- Nachfolgend werden die Formeln der wichtigen Spalten angezeigt. Wie beschrieben, unterscheidet sich jeweils der Bereich, der summiert werden soll.

	D	E	F
5	200	160	=D5-E5
6	80	70	=D6-E6
7			
8	=SUMME(D2:D6)	=SUMME(E2:E6)	=SUMME(F2:F6)
9	=SUMMEWENN(F2:F6;"<0";D2:D6)	=SUMMEWENN(F2:F6;"<0";E2:E6)	=SUMMEWENN(F2:F6;"<0";F2:F6)
10	=SUMMEWENN(F2:F6;">0";D2:D6)	=SUMMEWENN(F2:F6;">0";E2:E6)	=SUMMEWENN(F2:F6;">=0";F2:F6)

- Berechnen Sie die Werte anschließend in den Zellen **D12** bis **F13** noch einmal. Nutzen Sie jedoch diesmal die Möglichkeit, das Suchkriterium in eine Zelle auszulagern. Dadurch können die Suchkriterien leichter geändert und müssen nicht in jeder Formel verändert werden. Die Ergebnisse sind selbstverständlich identisch.

	A	B	C	D	E	F
12	Summierte Minuswerte		<0	280	320	-40
13	Summierte Pluswerte		>=0	480	420	60

- Formelmäßig sieht das Ergebnis folgendermaßen aus:

	D	E	F
12	=SUMMEWENN(F2:F6;C12;D2:D6)	=SUMMEWENN(F2:F6;C12;E2:E6)	=SUMMEWENN(F2:F6;C12;F2:F6)
13	=SUMMEWENN(F2:F6;C13;D2:D6)	=SUMMEWENN(F2:F6;C13;E2:E6)	=SUMMEWENN(F2:F6;C13;F2:F6)

Das dritte Beispiel soll zeigen, dass mithilfe dieser Funktion betriebswirtschaftlich sinnvolle Erkenntnisse gewonnen werden können. Die Verkäufe der einzelnen Artikelarten sowie die jeweiligen Differenzen sollen ermittelt werden.

Bearbeitungsschritte

- Speichern Sie die Mappe *Summe_Wenn_1* unter dem Namen *Summe_Wenn_3* nochmals ab. Verändern Sie die Tabelle folgendermaßen:

	A	B	C	D	E	F
1	Artikel_Nr	Artikelart	Artikel_Bez	Verkauf_1	Verkauf_2	Differenz
2	1000	Schreibtisch	Gabriele	130	150	-20
3	1001	Schreibtisch	Modern	200	190	10
4	1002	Büroschrank	Elegant	150	170	-20
5	1003	Schreibtisch	Exklusiv	200	160	40
6	1004	Büroschrank	Aktuell	80	70	10
7						
8		Schreibtisch				

- Markieren Sie die Zelle **D8**. Rufen Sie die Funktion SUMMEWENN auf. Bestimmen Sie als Kriterium den Begriff *"Schreibtisch"*.

Funktionsargumente ? X

SUMMEWENN

Bereich	B2:B6	= {"Schreibtisch";"Schreibtisch";"Büroscł
Suchkriterien	"Schreibtisch"	= "Schreibtisch"
Summe_Bereich	D2:D6	= {130;200;150;200;80}

= 530

- Ermitteln Sie die weiteren Werte in den angezeigten Zellen:

	A	B	C	D	E	F
1	Artikel_Nr	Artikelart	Artikel_Bez	Verkauf_1	Verkauf_2	Differenz
2	1000	Schreibtisch	Gabriele	130	150	-20
3	1001	Schreibtisch	Modern	200	190	10
4	1002	Büroschrank	Elegant	150	170	-20
5	1003	Schreibtisch	Exklusiv	200	160	40
6	1004	Büroschrank	Aktuell	80	70	10
7						
8		Schreibtisch		530	500	30
9		Büroschrank		230	240	-10

- In den Zellen ergeben sich die folgenden Formeln:

	D	E	F
8	=SUMMEWENN(B2:B6;"Schreibtisch";D2:D6)	=SUMMEWENN(B2:B6;"Schreibtisch";E2:E6)	=SUMMEWENN(B2:B6;"Schreibtisch";F2:F6)
9	=SUMMEWENN(B2:B6;"Büroschrank";D2:D6)	=SUMMEWENN(B2:B6;"Büroschrank";E2:E6)	=SUMMEWENN(B2:B6;"Büroschrank";F2:F6)

- Bei Auslagerung der Suchkriterien ergeben sich folgende Werte und Formeln:

	A	B	C	D	E	F
11		Schreibtisch		530	500	30
12		Büroschrank		230	240	-10

	D	E	F
11	=SUMMEWENN(B2:B6;B11;D2:D6)	=SUMMEWENN(B2:B6;B11;E2:E6)	=SUMMEWENN(B2:B6;B11;F2:F6)
12	=SUMMEWENN(B2:B6;B12;D2:D6)	=SUMMEWENN(B2:B6;B12;E2:E6)	=SUMMEWENN(B2:B6;B12;F2:F6)

9.6 Logik-Funktionen

9.6.1 WENN

Die Tabellenkalkulation **Excel** bietet verschiedene Logik-Funktionen, unter anderem die WENN-Funktion, mit der man Fallunterscheidungen ausführen kann.

Am Beispiel der Umsatzberechnung soll durch Hinzufügen der Provisionsberechnung für die einzelnen Vertreter diese Funktion erklärt werden.

Syntax
= WENN(Wahrheitstest;Dann_Wert;Sonst_Wert)
= WENN(D6>2000;D6*15/100;D6*10/100)

Bearbeitungsschritte

- Laden Sie die Mappe *Umsatz_Absolut* und speichern Sie die Mappe unter dem Namen *Umsatz_WENN_1* wieder ab.
- Löschen Sie den Inhalt des Bereichs **E6** bis **E9**. Der Betrag, ab dem der Provisionssatz_1 gewährt werden soll, soll eingegeben werden können. Ermöglichen Sie zusätzlich die Eingabe eines zweiten Provisionssatzes.
- Bei einem Umsatz von über 2.000,00 € soll eine Provision von 15 % gezahlt werden, ansonsten eine Provision von 10 %.

	A	B	C	D	E
4		Menge	Preis	Umsatz	Provision
5					
6	Vertreter A	200	20	4000	
7	Vertreter B	100	15	1500	
8	Vertreter C	80	30	2400	
9	Vertreter D	150	10	1500	
10					
11	Gesamtumsatz			9400	
12					
13	Provisionssatz_1 in %				15
14	Provisionssatz_1 ab €				2000
15					
16	Provisionssatz_2 in %				10

- Markieren Sie die Zelle **E6**. Wählen Sie die Funktionskategorie **Logisch** und dann die **WENN-Funktion**.

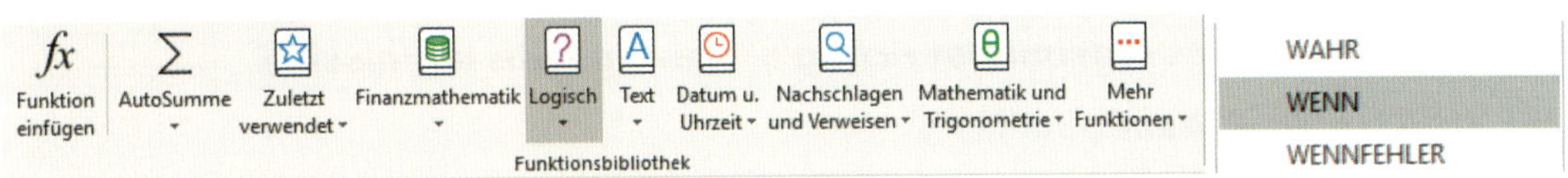

- Füllen Sie im zweiten Schritt die Maske so aus, dass zunächst die Bedingung (D6>$E$14) eingegeben wird, die geprüft werden muss. Danach werden die beiden Alternativen eingetragen.

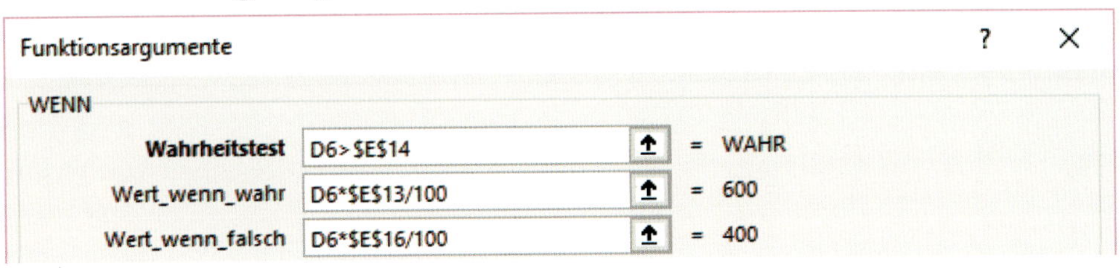

Bearbeitungsschritte (Fortsetzung)

- Unten wird der korrekt berechnete Wert angegeben. Nach Anklicken der Schaltfläche **OK** wird das Ergebnis in der Zelle **E6** angezeigt.
- Kopieren Sie die Berechnung in die Zellen **E7** bis **E9**. Das Ergebnis sieht folgendermaßen aus und gibt die korrekte Berechnung der Provisionen wieder:

	A	B	C	D	E
6	Vertreter A	200	20	4000	600
7	Vertreter B	100	15	1500	225
8	Vertreter C	80	30	2400	360
9	Vertreter D	150	10	1500	225

- Es ergeben sich die folgenden Formeln:

	D	E
6	=Menge*Preis	=WENN(D6>E14;D6*$E$13/100;E6*$E$16/100)
7	=Menge*Preis	=WENN(D7>E15;D7*$E$13/100;E7*$E$16/100)
8	=Menge*Preis	=WENN(D8>E16;D8*$E$13/100;E8*$E$16/100)
9	=Menge*Preis	=WENN(D9>E17;D9*$E$13/100;E9*$E$16/100)

- Darüber hinaus können in den Formeln Namen verwandt werden, wenn diese definiert wurden. Die Formeln sehen dann folgendermaßen aus:

	D	E
4	Umsatz	Provision
5		
6	=Menge*Preis	=WENN(Umsatz>Provisionssatz_1_Betrag;Umsatz*Provisionssatz_1/100;Umsatz*Provisionssatz_2/100)
7	=Menge*Preis	=WENN(Umsatz>Provisionssatz_1_Betrag;Umsatz*Provisionssatz_1/100;Umsatz*Provisionssatz_2/100)
8	=Menge*Preis	=WENN(Umsatz>Provisionssatz_1_Betrag;Umsatz*Provisionssatz_1/100;Umsatz*Provisionssatz_2/100)
9	=Menge*Preis	=WENN(Umsatz>Provisionssatz_1_Betrag;Umsatz*Provisionssatz_1/100;Umsatz*Provisionssatz_2/100)

- Speichern Sie die Mappe unter dem Namen *Umsatz_WENN_2* ab.

9.6.2 WENN – Anwendungsmöglichkeiten

Werden bei der Verwendung der WENN-Funktion und anderer Funktionen Texte ausgelesen, müssen diese in der Funktion in Anführungszeichen geschrieben werden. Auch bei der Ausgabe von Texten sind diese in Anführungszeichen zu schreiben. Nachfolgend werden einige Beispiele für unterschiedliche Einsätze angegeben.

Syntax

= WENN (Wahrheitstest;Dann_Wert;Sonst_Wert)

= WENN(A1<1000;“Unbefriedigender Umsatz“;“Zufriedenstellender Umsatz“)

= WENN(A1=“Nein“;A2*$A$4/100;A2*$A$5/100)

= WENN(A1=“Ja“;“Das Ergebnis ist richtig“;“Das Ergebnis ist falsch“)

= WENN(A1<>“Ja“;“ Nein“;“Ja“)

= WENN(A1=““;““;E4-D4)

= WENN(A1<>““;E4-D4;““)

= WENN(A1=““;0;E4-D4)

= WENN(A1=0;““;E4-D4)

Bearbeitungsschritte

- Laden Sie die Mappe *Umsatz_WENN_1* und speichern Sie diese unter dem Namen *Umsatz_WENN_3* wieder ab.
- Markieren Sie die Zelle **F6**. Wählen Sie die Funktionskategorie **Logisch** und dann die **WENN-Funktion**.
- Füllen Sie im zweiten Schritt die Maske so aus, dass zunächst die Bedingung (D6>2000) eingegeben wird, die geprüft werden muss. Danach werden die beiden Alternativen (mit Anführungszeichen) eingetragen.

Funktionsargumente ? ×

WENN

Wahrheitstest	D6>2000	= WAHR
Wert_wenn_wahr	"Zufriedenstellend"	= "Zufriedenstellend"
Wert_wenn_falsch	"Nicht zufriedenstellend"	= "Nicht zufriedenstellend"

- Kopieren Sie die Berechnung in die Zellen **F7** bis **F9**. Das Ergebnis sieht folgendermaßen aus und gibt die korrekte Auswertung wieder:

	A	B	C	D	E	F
4		Menge	Preis	Umsatz	Provision	Bewertung
5						
6	Vertreter A	200	20	4000	600	Zufriedenstellend
7	Vertreter B	100	15	1500	150	Nicht zufriedenstellend
8	Vertreter C	80	30	2400	360	Zufriedenstellend
9	Vertreter D	150	10	1500	150	Nicht zufriedenstellend

- Markieren Sie die Zelle **G6**. Wählen Sie die Funktionskategorie **Logisch** und dann die **WENN-Funktion**. Geben Sie die folgenden Werte ein, wobei als Sonst-Wert keine Ausgabe erfolgen soll:

Funktionsargumente ? ×

WENN

Wahrheitstest	F6="Zufriedenstellend"	= WAHR
Wert_wenn_wahr	"Zusatzprämie"	= "Zusatzprämie"
Wert_wenn_falsch	""	= ""

- Markieren Sie die Zelle **H6**. Wählen Sie die Funktionskategorie **Logisch** und dann die **WENN-Funktion**. Geben Sie die folgenden Werte ein:

Funktionsargumente ? ×

WENN

Wahrheitstest	F6="Zufriedenstellend"	= WAHR
Wert_wenn_wahr	E6*$H$18/100	= 60
Wert_wenn_falsch	""	= ""

- Ergänzen Sie die Tabelle folgendermaßen:

	A	D	E	F	G	H
18	Zusatzprämie					10

- Das Ergebnis sieht ausschnittsweise so aus:

	A	D	E	F	G	H
4		Umsatz	Provision	Bewertung	Zusatzprämie	Prämie
5						
6	Vertreter A	4000	600	Zufriedenstellend	Zusatzprämie	60
7	Vertreter B	1500	150	Nicht zufriedenstellend		
8	Vertreter C	2400	360	Zufriedenstellend	Zusatzprämie	36
9	Vertreter D	1500	150	Nicht zufriedenstellend		

9.6.3 UND

Will man überprüfen, ob bestimmte Bedingungen wahr oder falsch sind, benutzt man die **UND-Funktion**. Will man z. B. feststellen, ob alle Vertreter einen Umsatz von mindestens 2.000,00 € erreicht haben, lauten Syntax und Formel in der Zelle **E6** folgendermaßen:

Syntax
= **UND(Wahrheitswert1;Wahrheitswert2;...)**
= ***UND(D6>2000;D7>2000;D8>2000;D9>2000)***

Bearbeitungsschritte

- Laden Sie die Mappe *Umsatz1*. Speichern Sie die Mappe unter dem Namen *Umsatz_UND* ab. Ergänzen Sie das Dokument folgendermaßen:

	A	B	C	D	E
4		Menge	Preis	Umsatz	Bedingung
5					
6	Vertreter A	200	20	4000	
7	Vertreter B	100	15	1500	
8	Vertreter C	80	30	2400	
9	Vertreter D	150	10	1500	

- Markieren Sie die Zelle **E6**. Wählen Sie nach Aufruf des **Funktions-Assistenten** die Funktionskategorie **Logisch** und dann die **UND-Funktion**.

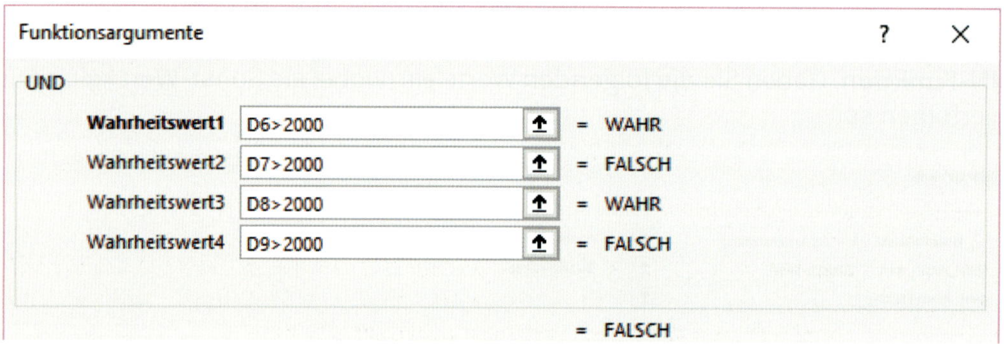

- Das Ergebnis lautet FALSCH, da nur zwei Vertreter den Umsatz erreicht haben.

	A	B	C	D	E
4		Menge	Preis	Umsatz	Bedingung
5					
6	Vertreter A	200	20	4000	FALSCH
7	Vertreter B	100	15	1500	
8	Vertreter C	80	30	2400	
9	Vertreter D	150	10	1500	

9.6.4 ODER

Die **ODER-Funktion** ist identisch aufgebaut. Das Ergebnis lautet WAHR, da zwei Vertreter eine höhere Provision erreicht haben.

Syntax
= **ODER (Wahrheitswert1;Wahrheitswert2;...)**
= ***ODER(D6>2000;D7>2000;D8>2000;D9>2000)***

9.6.5 Verschachtelte Funktionen – WENN_WENN

Mithilfe des Funktions-Assistenten können Funktionen mit mehreren Alternativen erstellt werden. Beispielsweise soll bis zu einem Umsatz von 2.000,00 € 10 %, bis zu einem Umsatz von 3.000,00 € 15 % und bei einem Umsatz von mehr als 3.000,00 € 20 % Provision gewährt werden. Die manuelle Eingabe ist allerdings eine zu überlegende Alternative, wenn mehr als zwei Alternativen benötigt werden.

Syntax

= WENN(Wahrheitstest;Dann_Wert;WENN(Wahrheitstest;Dann_Wert;Sonst_Wert))

= WENN(D6<=2000;D6*10/100;WENN(D6<=3000;D6*15/100;D6*20/100))

Bearbeitungsschritte

- Laden Sie die Mappe *Umsatz_WENN_1* und speichern Sie diese unter dem Namen *Umsatz_WENN_4* wieder ab. Löschen Sie die Zellen **E6** bis **E9**. Ergänzen Sie die Zeilen *13* bis *19* wie nachfolgend dargestellt:

	A	B	C	D	E
13	Provisionssatz_1 in %				10
14	Provisionssatz_1 ab €				2000
15					
16	Provisionssatz_2 in %				15
17	Provisionssatz_2 ab €				3000
18					
19	Provisionssatz_3 in %				20

- Markieren Sie die Zelle **E6**. Rufen Sie die Funktion WENN auf. Geben Sie die erste Prüfbedingung und den **Dann_Wert** ein.

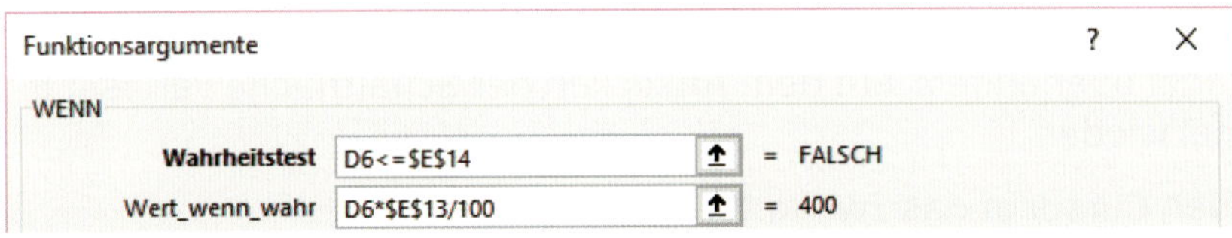

- Klicken Sie mit der Maus in das Feld **Sonst_Wert**. Klicken Sie auf das Wort *WENN* in der Rechenleiste. Wird das Wort nicht in der Liste der auszuwählenden Befehle aufgeführt, müssen Sie den Punkt *Weitere Funktionen* wählen.

- Danach kann die nächste Bedingung eingegeben werden.

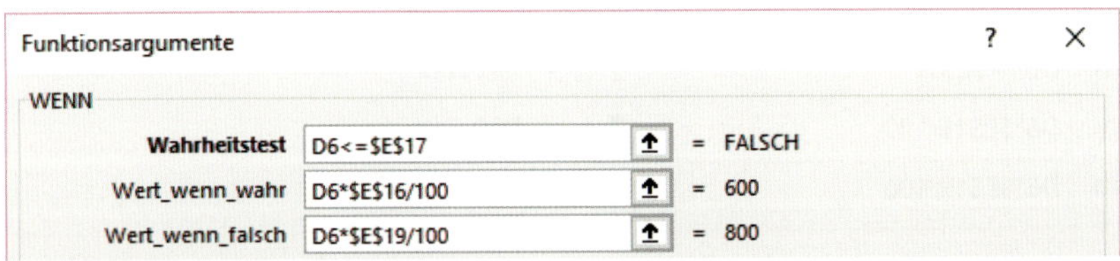

- Klicken Sie die Schaltfläche **OK** an. Das Ergebnis wird richtig angezeigt und die Formel in der Bearbeitungszeile angegeben. Kopieren Sie die Formel in die Zellen **E7** bis **E9**. Formelmäßig sieht das Ergebnis in der Spalte **E** folgendermaßen aus:

	E
6	=WENN(D6<=$E$14;D6*$E$13/100;WENN(D6<=$E$17;D6*$E$16/100;D6*$E$19/100))
7	=WENN(D7<=$E$14;D7*$E$13/100;WENN(D7<=$E$17;D7*$E$16/100;D7*$E$19/100))
8	=WENN(D8<=$E$14;D8*$E$13/100;WENN(D8<=$E$17;D8*$E$16/100;D8*$E$19/100))
9	=WENN(D9<=$E$14;D9*$E$13/100;WENN(D9<=$E$17;D9*$E$16/100;D9*$E$19/100))

9.6.6 Verschachtelte Funktionen – Fehlerkorrekturen

Gerade bei verschachtelten Funktionen kann es sehr schnell vorkommen, dass die Formel und/oder das Ergebnis nicht den Erwartungen entspricht. Daher soll nachfolgend kurz dargestellt werden, wie die einzelnen Elemente nachbearbeitet werden können.

Bearbeitungsschritte

- Laden Sie die Mappe *Umsatz_WENN_4*. Markieren Sie die Zelle **E6**. In der Bearbeitungsleiste wird die Formel angezeigt:

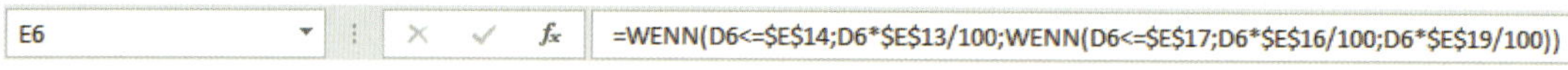

- Klicken Sie die Schaltfläche **Funktion einfügen** f_x in der Bearbeitungsleiste an. Sie können auch den Cursor zunächst in das erste *WENN* stellen und danach die Schaltfläche **Funktion einfügen** f_x in der Bearbeitungsleiste anklicken.

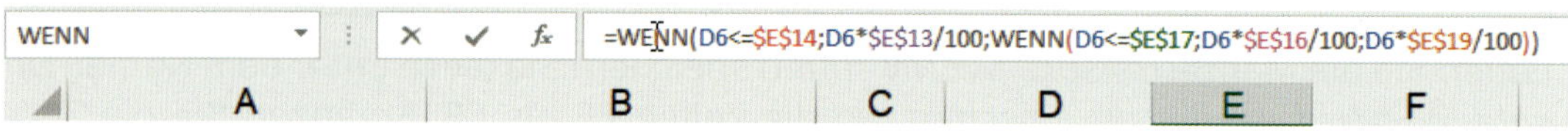

- Das Fenster *Funktionsargumente* wird eingeblendet:

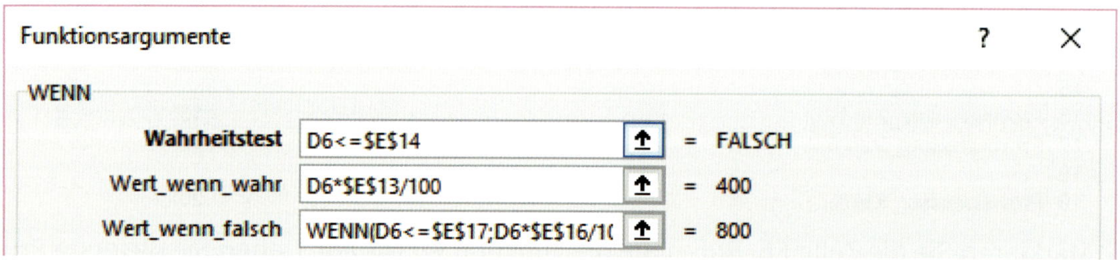

- Sollten Korrekturen in den Bereichen **Wahrheitstest** und/oder **Dann_Wert** notwendig sein, kann man sie vornehmen, indem man beispielsweise andere Zellen auswählt oder die Formel ergänzt oder ändert. Mit dem Anklicken der Schaltfläche verlässt man diesen Teil der Formel wieder.
- Stellen Sie danach den Cursor in das zweite *WENN* in der Formel.

- Klicken Sie die Schaltfläche **Funktion einfügen** f_x in der Bearbeitungsleiste an. Danach kann der zweite Teil der Formel in dem Fenster *Funktionsargumente* bearbeitet werden.

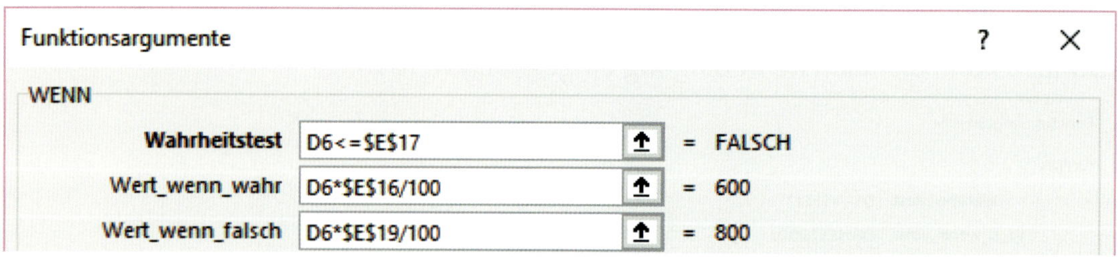

- Selbstverständlich können Sie auch in der Bearbeitungsleiste in der Formel Änderungen vornehmen, also beispielsweise eine Zelle oder einen Bereich absolut adressieren oder Zellen ändern. Stellen Sie jeweils den Cursor dabei an die zu ändernde Stelle und führen Sie die Bearbeitung aus.

9.6.7 Verschachtelte Funktionen – WENN_WENN – Größer – Kleiner

Immer wieder gibt es Probleme bei verschachtelten WENN-Funktionen, den richtigen Ansatz zu finden. Außerdem führen falsch gesetzte oder fehlende Gleichheitszeichen zu Fehlern. Die richtige Vorgehensweise soll anhand der folgenden Aufgabe erklärt werden.

Der Umsatz eines Unternehmens in einem Monat soll mit *gut* bewertet werden, wenn er *20.000,00 € oder mehr* beträgt, wenn er *10.000,00 € oder mehr* beträgt mit *mittelmäßig*, ansonsten mit *schlecht*.

Das Problem lässt sich in diesem Fall entweder mit der Verwendung von Größer-Gleich (>=) oder Kleiner (<) lösen, nicht jedoch mit anderen Kombinationen. Auch die hier jeweils angegebene Reihenfolge ist unbedingt einzuhalten, wie die nachfolgende Erklärung zeigt.

Der Umsatz beträgt 20.000,00 €. Wird anstatt des Vergleichszeichens *Größer-Gleich* (>=) das Vergleichszeichen *Größer* (>) genutzt, wird bei einem Umsatz von 20.000,00 € statt dem richtigen Ergebnis *gut* als Ergebnis *mittelmäßig* ausgegeben.

Ein Wert von 25.000,00 € ist sowohl größer als 10.000,00 € als auch größer als 20.000,00 €. Lautet nun die erste Bedingung >= *10000*, ist die Bedingung erfüllt und das Programm gibt als Ergebnis *mittelmäßig* aus. Eine Beachtung der anderen Bedingungen ist nicht mehr notwendig, weil die Bedingung erfüllt ist.

Lautet die Bedingung *mehr als 20.000,00 €* bzw. *mehr als 10.000,00 €*, ergeben sich andere Formeln und Ergebnisse. Diese werden im blauen Bereich der Tabelle dargestellt.

	Reihenfolge	Wert	Ergebnis		Reihenfolge	Wert	Ergebnis
>=	>= >= ansonsten	20.000,00 € 10.000,00 €	gut mittelmäßig schlecht	**>**	> > ansonsten	20.000,00 € 10.000,00 €	gut mittelmäßig schlecht
<	< < ansonsten	10.000,00 € 20.000,00 €	schlecht mittelmäßig gut	**<=**	<= <= ansonsten	10.000,00 € 20.000,00 €	schlecht mittelmäßig gut

Bearbeitungsschritte

- Erstellen Sie die folgende Tabelle. Speichern Sie die Mappe unter dem Namen *Wenn_Größer_Kleiner*. Ermitteln Sie danach wie zuvor beschrieben die Werte in den Zellen **C7** bis **D13** mithilfe des Funktions-Assistenten.

	A	B	C	D	E	F
1	Umsatz					
2						
3	Größer gleich	20.000,00 €				
4	Kleiner	10.000,00 €				
5			Richtige Lösung		Andere Bedingungen	
6		Umsatz	>=	<	>	<=
7	Januar	23.000,00 €	gut	gut	gut	gut
8	Februar	20.000,00 €	gut	gut	mittelmäßig	gut
9	März	15.000,00 €	mittelmäßig	mittelmäßig	mittelmäßig	mittelmäßig
10	April	7.000,00 €	schlecht	schlecht	schlecht	schlecht
11	Mai	10.000,00 €	mittelmäßig	mittelmäßig	schlecht	schlecht

- In den Zellen **C7** und **D7** ergeben sich die folgenden Werte:

	C
7	=WENN(B7>=$B$3;"gut";WENN(B7>=$B$4;"mittelmäßig";"schlecht"))

	D
7	=WENN(B7<$B$4;"schlecht";WENN(B7<$B$3;"mittelmäßig";"gut"))

- Entwickeln Sie in der *Tabelle 2* eine Tabelle mit den alternativen Bedingungen.

9.6.8 Verschachtelte Funktionen – WENN_UND

Logik-Funktionen lassen sich verbinden. So kann beispielsweise eine Abfrage konstruiert werden, die sowohl die **WENN-Funktion** als auch die **UND-Funktion** enthält. Am Beispiel der Berechnung des Umsatzes soll dies gezeigt werden. Ein Vertreter soll nur dann 10 % Provision erhalten, wenn er mindestens 100 Produkte abgesetzt und mindestens 1.000,00 € Umsatz erzielt hat.

Syntax

= **WENN(UND(Wahrheitstest;Prüfung);Dann_Wert;Sonst_Wert)**

= ***WENN(UND(D6>=1000;B6>=100);D6*10/100;0)***

Bearbeitungsschritte

- Laden Sie die Mappe *Umsatz_WENN_1* und speichern Sie diese unter dem Namen *Umsatz_Wenn_Und* wieder ab. Löschen Sie die Inhalte des Bereichs **A13** bis **A16** und des Bereichs **E6** bis **E16**. Entfernen Sie die Formatierungen mithilfe der Schaltfläche **Format übertragen**. Ergänzen Sie die Tabelle folgendermaßen:

	A	B	C	D	E
13	Provisionssatz in %				10
14					
15	Menge >				100
16					
17	Umsatz >				1000

- Tragen Sie in der Zelle **E6** die folgende Formel ein bzw. erstellen Sie die Formel mithilfe des Funktions-Assistenten:

=WENN(UND(D6>=$E$17;B6>=$E$15);D6*$E$13/100;0)

- Das Ergebnis sieht nach dem Kopieren in die Zellen **E7** bis **E9** folgendermaßen aus:

	A	B	C	D	E
6	Vertreter A	200	20	4000	400
7	Vertreter B	100	15	1500	150
8	Vertreter C	80	30	2400	0
9	Vertreter D	150	10	1500	150

- Formelmäßig ergeben sich die folgenden Werte:

	D	E
6	=Menge*Preis	=WENN(UND(D6>=$E$17;B6>=$E$15);D6*$E$13/100;0)
7	=Menge*Preis	=WENN(UND(D7>=$E$17;B7>=$E$15);D7*$E$13/100;0)
8	=Menge*Preis	=WENN(UND(D8>=$E$17;B8>=$E$15);D8*$E$13/100;0)
9	=Menge*Preis	=WENN(UND(D9>=$E$17;B9>=$E$15);D9*$E$13/100;0)

9.6.9 Verschachtelte Funktionen – WENN_MIN_MAX

Verschachtelte Funktionen können sehr flexibel eingesetzt werden. Die gesamte Funktion kann dabei über die Tastatur, aber auch über den Funktions-Assistenten eingegeben werden. Letzteres dürfte oftmals leichter und sicherer sein. Auf die Funktionen MIN und MAX wird später noch intensiver eingegangen.

Syntax

= **WENN (Wahrheitstest;Dann_Wert;Sonst_Wert)**

= ***WENN(B4=1;MIN(A4:A8);MAX(A4:A8))***

Bearbeitungsschritte

- Erstellen Sie die Tabelle. Speichern Sie sie unter dem Namen *WENN_Min_Max*.

	A	B	C	D	E
3	Betrag	Eingabe	Ergebnis		
4	3.451,87 €	2			
5	876,00 €				
6	5.467,89 €				

- Markieren Sie die Zelle **C4**. Rufen Sie über den Funktions-Assistenten die Funktion WENN auf. Überprüft werden soll, ob in der Zelle **B4** eine *1* steht.

- Stellen Sie den Cursor in den Bereich des **Dann_Werts**. Klicken Sie danach den Pfeil nach unten neben der Bezeichnung *WENN* in der Bearbeitungsleiste an. Wählen Sie den Menüpunkt **Weitere Funktionen** aus.

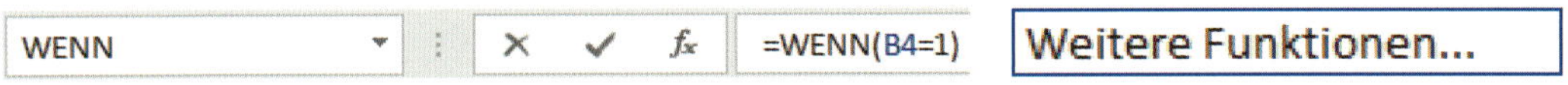

- Wählen Sie im nächsten Fenster die Funktion MIN aus. Bestimmen Sie danach im nächsten Fenster den Bereich, aus dem der Wert ausgewählt werden soll.

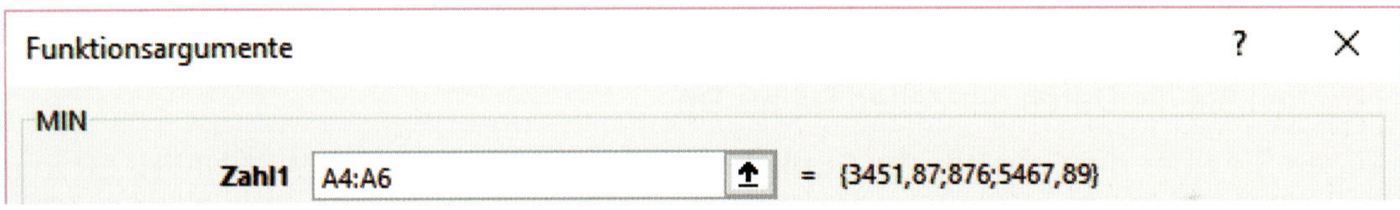

- Nach dem Anklicken der Schaltfläche **OK** wird in der Bearbeitungsleiste die bisher bestimmte Formel angezeigt, es fehlt jedoch noch die Alternative.

- Klicken Sie in der Bearbeitungsleiste die Schaltfläche **Funktion einfügen** an. Sie können nun im Bereich **Sonst_Wert** wie beschrieben die Funktion MAX auswählen. Nach dem nochmaligen Anklicken der Schaltfläche **Funktion einfügen** werden die folgenden Funktionsargumente angezeigt:

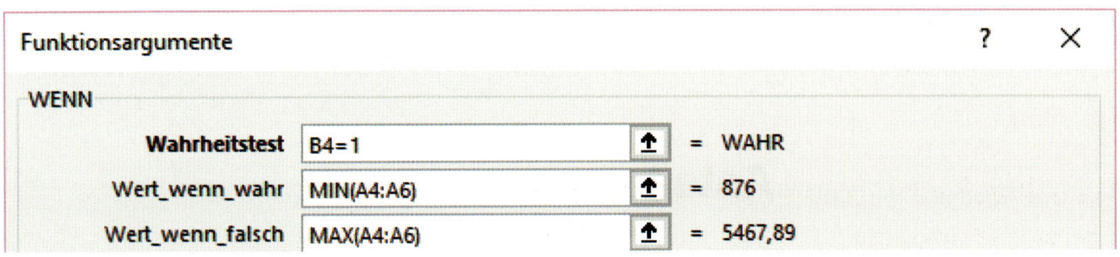

- Das Ergebnis sieht nun folgendermaßen aus:

	A	B	C
3	Betrag	Eingabe	Ergebnis
4	3.451,87 €	1	876,00 €
5	876,00 €		
6	5.467,89 €		

	A	B	C
3	Betrag	Eingabe	Ergebnis
4	3.451,87 €	2	5.467,89 €
5	876,00 €		
6	5.467,89 €		

9.6.10 WENNFEHLER

Fehler sollten möglichst durch entsprechende Vorkehrungen abgefangen werden. Dies ist z. B. durch den Einsatz von Logik-Funktionen möglich, die Alternativen zur Verfügung stellen. Dabei kann es sich um Meldungen handeln, die auf das Problem hinweisen. Es kann jedoch auch ein Alternativwert eingegeben oder eine Leerzelle produziert werden.

Syntax

= WENNFEHLER(Wert;Wert_falls_Fehler)

= WENNFEHLER(E11)

Bearbeitungsschritte

- Erstellen Sie die folgende Tabelle. Ermitteln Sie den Erlös pro Anteil durch eine Division. Speichern Sie die Mappe unter dem Namen *Wennfehler* ab.

	A	B	C	D
1	**Anteile**			
2				
3	Monat	Erlös	Anteile	Erlös pro Anteil
4	Januar	244	4	61,00
5	Februar	233	0	#DIV/0!
6	März	217	3	72,33
7				
8	Summe			#DIV/0!

- Löschen Sie die Daten der Zellen **D4** bis **D6**.
- Fügen Sie über die Schaltfläche **Funktion einfügen** die Funktion WENNFEHLER in die Zelle **D4** ein. Im Bereich **Wert** wird die Berechnung eingetragen, im Bereich **Wert_falls_Fehler** ein alternativer Text für die Fehlermeldung. Hier könnte beispielsweise auch eine Zahl stehen, mit der weitergerechnet werden soll.

Funktionsargumente ? ×

WENNFEHLER

Wert B5/C5 = #DIV/0!

Wert_falls_Fehler "Unzulässige Division" = "Unzulässige Division"

- Kopieren Sie die Formel in die Zellen **D5** und **D6**. Bilden Sie eine Gesamtsumme. Das Ergebnis zeigt, dass mit den Werten weitergerechnet werden kann. Dies wäre nicht möglich, wenn die ursprüngliche Fehlermeldung noch in der Zelle **D5** stehen würde.

	A	B	C	D
1	**Anteile**			
2				
3	Monat	Erlös	Anteile	Erlös pro Anteil
4	Januar	244	4	61,00
5	Februar	233	0	Unzulässige Division
6	März	217	3	72,33
7				
8	Summe			133,33

9.7 Statistik-Funktionen

9.7.1 ANZAHL, ANZAHL2, MIN, MAX, MITTELWERT

Die Funktionen MAXIMUM (MAX) und MINIMUM (MIN) geben den höchsten sowie den niedrigsten Wert einer Zahlenreihe an. Der Durchschnittswert einer Zahlenreihe wird mit der Funktion MITTELWERT errechnet.

Der Unterschied zwischen den beiden Funktionen ANZAHL und ANZAHL2 liegt darin, dass die Funktion ANZAHL2 alle Zellen mit Inhalt zählt, während die Funktion ANZAHL nur die Zellen mit Zahlen zählt.

Syntax

= ANZAHL([Wert1];[Wert2];...) ***= ANZAHL(D2:D14)***	**= ANZAHL2([Wert1];[Wert2];...)** ***= ANZAHL2(D2:D14)***

= MIN(Zahl1;[Zahl2];...) ***= MIN(D2:D14)***	**= MAX(Zahl1;[Zahl2];...)** ***= MAX(D2:D14)***	**=MITTELWERT(Zahl1;[Zahl2];...)** ***= MITTELWERT(D2:D14)***

Bearbeitungsschritte

- Geben Sie die Daten ein. Speichern Sie die Mappe unter dem Namen *Lager* und nochmals unter dem Namen *Lager_Statistik* ab. Nutzen Sie für die nachfolgenden Funktionen die Mappe *Lager_Statistik*.

	A	B	C	D	E	F
1	Artikel_Nr	Artikelart	Artikel_Bez	Bestand	Einkaufspreis	Verkaufspreis
2	1000	Schreibtisch	Gabriele	5	800,00 €	1.365,00 €
3	1001	Schreibtisch	Modern	10	456,00 €	735,00 €
4	1002	Schreibtisch	Exklusiv	20	1.250,00 €	1.848,00 €
5	1003	Büroschrank	Elegant		2.400,00 €	3.190,00 €
6	1004	Büroschrank	Aktuell	17	897,00 €	1.345,00 €
7	1005	Büroschrank	Elegant	12	2.400,00 €	3.724,50 €
8	1006	Drucker	Stil	8	1.300,00 €	1.972,95 €
9	1007	Drucker	Klassic	12	2.900,00 €	4.305,00 €
10	2000	Scanner	Swift	8	1.578,00 €	2.198,00 €
11	2001	Scanner	Akura		2.790,00 €	3.700,00 €
12	3000	Computer	AGIB HS	10	3.322,93 €	3.980,00 €
13	3001	Computer	Trup AK	5	3.576,00 €	4.190,00 €
14	3002	Computer	Super	21	3.454,98 €	nicht festgelegt!

- Berechnen Sie die Werte mithilfe der jeweiligen Funktionen: ANZAHL, ANZAHL2, MITTELWERT, MAX, MIN.

	A	B	C	D	E	F
16	Anzahl		0	11	13	12
17	Anzahl2		13	11	13	13
18	Mittelwert			11,64	2.086,53 €	2.712,79 €
19	Maximum			21	3.576,00 €	4.305,00 €
20	Minimum			5	456,00 €	735,00 €

- Einige statistische Funktionen können über die Schaltfläche **AutoSumme** in der Gruppe **Bearbeiten** im Register **Start** aufgerufen werden.

9.7.2 ZÄHLENWENN

Die Funktion ZÄHLENWENN stellt fest, ob in einem Bereich ein bestimmtes Kriterium erfüllt ist, z. B. ein bestimmter Lagerbestand nicht vorhanden ist. Wichtig ist in diesem Zusammenhang, dass leere Zellen nicht mitgezählt werden, Zellen mit einem Wert von *0* jedoch. Dies ist nicht unlogisch. Eine leere Zelle könnte z. B. darauf hindeuten, dass das Produkt nicht oder in absehbarer Zeit nicht mehr im Sortiment geführt wird, eine *0* hingegen könnte lediglich bedeuten, dass das Produkt im Augenblick ausverkauft ist.

Syntax

= ZÄHLENWENN(Bereich;Kriterien)
= ZÄHLENWENN(D2:D14;"<11")
= ZÄHLENWENN(D2:D14;C27)
= ZÄHLENWENN(D2:D14;"")
= ZÄHLENWENN(D2:D14;0)
= ZÄHLENWENN(D2:D14;"nicht festgelegt!")

Bearbeitungsschritte

- Laden Sie die Mappe *Lager*. Speichern Sie die Mappe unter dem Namen *Lager_Zählenwenn* nochmals ab. Geben Sie folgenden Text ein:

	A	B	C	D
16	Anzahl der Artikel mit einem Bestand unter 11			

- Markieren Sie die Zelle **D16**. Rufen Sie die Funktion ZÄHLENWENN auf. Bestimmen Sie die folgenden Werte.

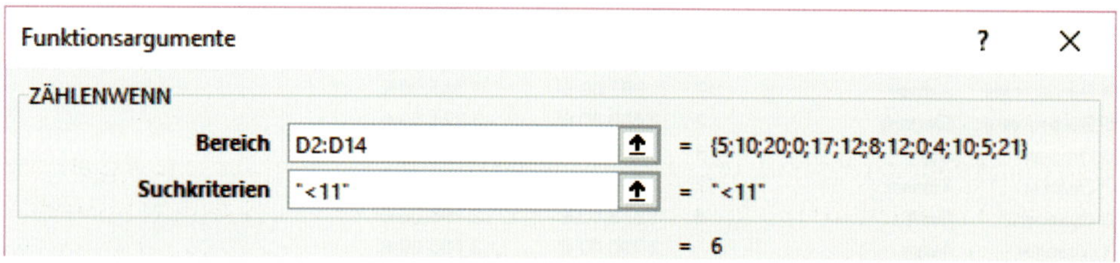

- Das Ergebnis gibt alle Bestandswerte aus, die unter *11* liegen. Leere Zellen werden nicht mitgezählt.

	A	B	C	D
16	Anzahl der Artikel mit einem Bestand unter 11			6

- Das Kriterium kann auch in eine andere Zelle ausgelagert werden, was vom Prinzip her die bessere Lösung ist. Bei einer Änderung des Suchkriteriums muss nicht die Formel, sondern nur der Inhalt einer Zelle geändert werden.
- Geben Sie in der Zelle **C18** folgenden Wert ein: *<11*. Stellen Sie den Cursor in die Zelle **D18**. Rufen Sie die Funktion ZÄHLENWENN auf. Bestimmen Sie die Werte.

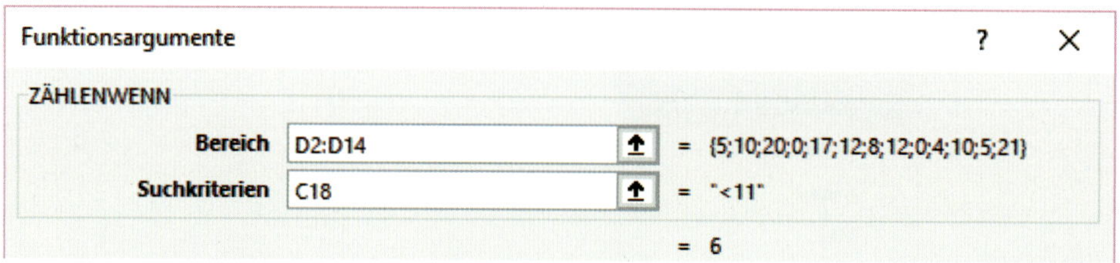

- Das Ergebnis ist mit dem ersten identisch.

	A	B	C	D
18	Anzahl der Artikel mit einem Bestand		<11	6

Bearbeitungsschritte (Fortsetzung)

- Eigentlich haben die leeren Zellen ebenfalls einen Bestand unterhalb der Zahl *11* und müssten u. U. mitgezählt werden. Bestimmen Sie in der Zelle **D20** die Anzahl der leeren Zellen des Bereichs **D2:D14**.

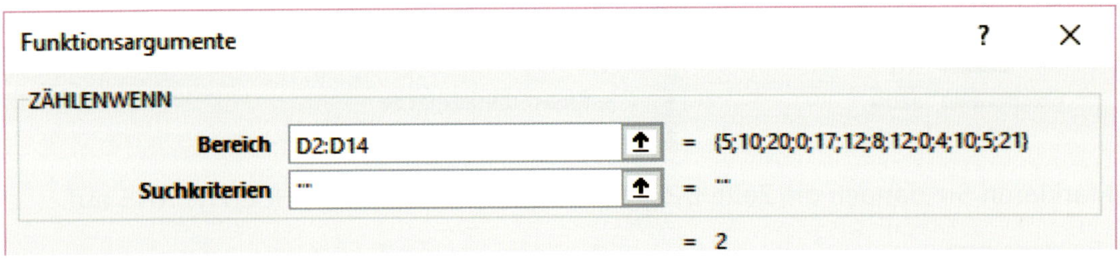

- Als Ergebnis wird die richtige Zahl *2* ausgegeben. Durch eine Addition der Zellen **D18** und **D20** könnte dann ein eventuell benötigtes Endergebnis ermittelt werden.

	A	B	C	D
20	Anzahl der Artikel mit leeren Zellen			2
21				
22	Gesamtergebnis			8

- Zusammengefasst ergeben sich die folgenden Formeln:

	A	B	C	D
16	Anzahl der Artikel mit einem Bestand unter 11			=ZÄHLENWENN(D2:D14;"<11")
17				
18	Anzahl der Artikel mit einem Bestand		<11	=ZÄHLENWENN(D2:D14;C18)
19				
20	Anzahl der Artikel mit leeren Zellen			=ZÄHLENWENN(D2:D14;"")
21				
22	Gesamtergebnis			=D18+D20

9.7.3 ZÄHLENWENNS

Mit der Funktion ZÄHLENWENN ist es nur möglich, ein Kriterium zu nutzen. Oftmals ist es jedoch notwendig, mehrere Kriterien abzuprüfen, so z. B. dann, wenn man feststellen will, wie viele Produkte es mit einem Bestand größer gleich 10 und kleiner 15 gibt. Für diesen Zweck steht die Funktion ZÄHLENWENNS zur Verfügung.

Syntax

= ZÄHLENWENNS(Bereich;Kriterien;Bereich;Kriterien;...)
= ZÄHLENWENNS(D2:D14;"<15";D2:D14;">=10")
= ZÄHLENWENNS(D2:D14;C24;D2:D14;C25)

Bearbeitungsschritte

- Öffnen Sie gegebenenfalls die Mappe *Lager_Zählenwenn*.
- Geben Sie folgende Texte und Werte ein:

	A	B	C	D
24	Anzahl der Artikel mit einem Bestand <15 und >=10			
25				
26	Anzahl der Artikel mit einem Bestand		<15	
27			>=10	

Bearbeitungsschritte (Fortsetzung)

- Markieren Sie die Zelle **D24**. Rufen Sie die Funktion ZÄHLENWENNS auf.

Funktionsargumente ? ×

ZÄHLENWENNS

Kriterienbereich1	D2:D14	= {5;10;20;0;17;12;8;12;0;4;10;5;21}
Kriterien1	"<15"	= "<15"
Kriterienbereich2	D2:D14	= {5;10;20;0;17;12;8;12;0;4;10;5;21}
Kriterien2	">=10"	= ">=10"

- Markieren Sie danach die Zelle **D26**. Rufen Sie die Funktion ZÄHLENWENNS auf.

Funktionsargumente ? ×

ZÄHLENWENNS

Kriterienbereich1	D2:D14	= {5;10;20;0;17;12;8;12;0;4;10;5;21}
Kriterien1	C26	= "<15"
Kriterienbereich2	D2:D14	= {5;10;20;0;17;12;8;12;0;4;10;5;21}
Kriterien2	C27	= ">=10"

- Das Ergebnis sieht dann folgendermaßen aus:

	A	B	C	D
24	Anzahl der Artikel mit einem Bestand <15 und >=10			4
25				
26	Anzahl der Artikel mit einem Bestand		<15	4
27			>=10	

9.7.4 RANG

Die Rangfolge von Daten kann aufsteigend und absteigend festgestellt werden. Zu diesem Zweck stehen die Funktionen RANG und RANG.GLEICH zur Verfügung, die gleiche Ergebnisse liefern. Die Funktion RANG soll die Kompatibilität zu früheren Excel-Versionen gewährleisten. Die Funktion RANG.MITTELWERT gibt bei gleichen Werten einen durchschnittlichen Rang, gekennzeichnet z. B. durch *1,5*, *3,5* usw., an.

Syntax

= RANG(Zahl;Bezug;Reihenfolge) ***= RANG(F16;A2:F14;0)***	**= RANG.GLEICH(Zahl;Bezug;Reihenfolge)** ***= RANG.GLEICH(F16;A2:F14;0)***
= RANG.MITTELW(Zahl;Bezug;Reihenfolge) ***= RANG.MITTELW(F16;A2:F14;0)***	

Bearbeitungsschritte

- Geben Sie folgende Texte und Werte (Arbeitnehmer, Lohn pro Stunde und Arbeitsstunden) ein und berechnen Sie den sich daraus ergebenden Lohn. Speichern Sie die Mappe unter dem Namen *Lohn_Rang*.

	A	B	C	D	E	F	G	H	I	J
1	AN	L. ST.	AST	Lohn	Rang	RANG. GLEICH	RANG. MITTELW	RANG	RANG. GLEICH	RANG. MITTELW
2						absteigend			aufsteigend	
3	A	18,50 €	160	2.960,00 €						
4	B	23,70 €	140	3.318,00 €						
5	C	31,50 €	155	4.882,50 €						
6	D	22,70 €	147	3.336,90 €						
7	E	32,55 €	150	4.882,50 €						

Bearbeitungsschritte (Fortsetzung)

- Markieren Sie die Zelle **E3**. Rufen Sie danach die Funktion RANG auf.

Funktion einfügen ? ×

Funktion suchen:

Beschreiben Sie kurz, was Sie tun möchten, und klicken Sie dann auf 'OK' | OK

Kategorie auswählen: Alle

Funktion auswählen:

RANG
RANG.GLEICH
RANG.MITTELW

- Bestimmen Sie im nächsten Fenster die Zelle, in der die Zahl steht, deren Rang ermittelt werden soll. Als Bezug gelten alle Werte eines Bereichs, die miteinander verglichen werden sollen. Benutzen Sie unbedingt die absolute Adressierung, damit die sich ergebende Funktion kopiert wird und der richtige Bezug erhalten bleibt. Geben Sie bei der Reihenfolge eine *0* ein, damit absteigend sortiert wird. In diesem Fall könnten Sie auch die Eingabe unterlassen, da auch dann absteigend sortiert wird. Eine aufsteigende Sortierung erfordert die Eingabe einer beliebigen anderen Zahl.

Funktionsargumente ? ×

RANG

Zahl	D3	= 2960
Bezug	$D$3:$D$7	= {2960;3318;4882,5;3336,9;4882,5}
Reihenfolge	0	= FALSCH

- Kopieren Sie danach das Ergebnis in die Zellen **E4** bis **E7**. Führen Sie nachfolgend alle anderen Berechnungen mithilfe der Funktionen und der Bestimmung der Reihenfolge durch.

	A	B	C	D	E	F	G	H	I	J
1	AN	L. ST.	AST	Lohn	Rang	RANG. GLEICH	RANG. MITTELW	RANG	RANG. GLEICH	RANG. MITTELW
2						absteigend			aufsteigend	
3	A	18,50 €	160	2.960,00 €	5	5	5	1	1	1
4	B	23,70 €	140	3.318,00 €	4	4	4	2	2	2
5	C	31,50 €	155	4.882,50 €	1	1	1,5	4	4	4,5
6	D	22,70 €	147	3.336,90 €	3	3	3	3	3	3
7	E	32,55 €	150	4.882,50 €	1	1	1,5	4	4	4,5

- Formelmäßig sieht das Ergebnis folgendermaßen aus:

	E	F
3	=RANG(D3;$D$3:$D$7;0)	=RANG.GLEICH(D3;$D$3:$D$7;0)
4	=RANG(D4;$D$3:$D$7;0)	=RANG.GLEICH(D4;$D$3:$D$7;0)

	G	H
3	=RANG.MITTELW(D3;$D$3:$D$7;0)	=RANG(D3;$D$3:$D$7;1)
4	=RANG.MITTELW(D4;$D$3:$D$7;0)	=RANG(D4;$D$3:$D$7;1)

	I	J
3	=RANG.GLEICH(D3;$D$3:$D$7;1)	=RANG.MITTELW(D3;$D$3:$D$7;1)
4	=RANG.GLEICH(D4;$D$3:$D$7;1)	=RANG.MITTELW(D4;$D$3:$D$7;1)

- Bestimmen Sie in den nächsten Spalten Rangfolgen der Stundenlöhne und der geleisteten Arbeitsstunden.

9.8 Matrix-Funktionen

9.8.1 Vorbemerkungen

Durch Matrix-Funktionen werden Auswertungen in Datenbanken, Listen usw. vorgenommen. Datensätze können z. B. aus einer Liste aussortiert und weiterverarbeitet werden.

9.8.2 SVERWEIS

Mit der Funktion SVERWEIS werden bestimmte Daten aus einer Tabelle ausgewählt. Mithilfe der Funktion SPALTE kann u. U. die Arbeit vereinfacht werden.

Syntax

= SVERWEIS(Suchkriterium;Matrix;Spaltenindex;Bereich_Verweis)

= SVERWEIS(F16;A2:F14;1)

Bearbeitungsschritte

- Laden Sie die Mappe *Lager*. Speichern Sie diese mit den unten dargestellten Änderungen unter dem Namen *Sverweis_1* ab.

	A	B	C	D	E	F
14	3002	Computer	Ambro Super	21	3.454,98 €	4.050,00 €
15						
16	Geben Sie die Artikelnummer des Produkts an:					1007

- In der Zelle **F16** soll durch Angabe der Artikelnummer festgelegt werden, welche Daten aus der Liste ausgewählt werden sollen.
- Markieren Sie danach die Zelle **A18**. Wählen Sie die Funktion SVERWEIS aus. Als Suchkriterium geben Sie die Zelle **$F$16** (absolute Adressierung) ein. In diese Zelle soll der Anwender die Artikelnummer des gewünschten Datensatzes eingeben. Im Bereich **Matrix** wird der gesamte Bereich angegeben, in dem die Daten stehen, also der Bereich **$A$2** bis **$F$14**. Die absolute Adressierung sorgt dafür, dass sich beim Kopieren der Formel das Suchkriterium und die Matrix nicht verschieben.
- Im **Spaltenindex** wird die Spalte eingetragen, in der die Artikelnummer gesucht werden soll. Der Spaltenindex *1* besagt also, dass die Daten aus der Spalte **A** entnommen werden sollen.

Funktionsargumente ? ×

SVERWEIS

Suchkriterium	$F$16	= 1007
Matrix	$A$2:$F$14	= {1000."Schreibtisch"."Gabriele".5.80...
Spaltenindex	1	= 1
Bereich_Verweis		= Wahrheitswert

- Als Ergebnis wird in der Zelle **A18** die ausgesuchte Artikelnummer ausgegeben.

	A	B	C	D	E	F
18	1007					

- Geben Sie in den Zellen **B18** bis **F18** die entsprechenden Formeln ein. Als Suchkriterium ist jeweils die Zelle **F16** anzugeben Der Bereich der Matrix verändert sich nicht. Lediglich der Spaltenindex muss angepasst werden.

	A	B
18	=SVERWEIS($F$16;$A$2:D14;1)	=SVERWEIS($F$16;$A$2:E14;2)

- Das Ergebnis sieht folgendermaßen aus:

	A	B	C	D	E	F
16	Geben Sie die Artikelnummer des Produkts an:					1007
17						
18	1007	Drucker	Klassic	12	2.900,00 €	4.305,00 €

9.8.3 SVERWEIS – WAHR/FALSCH

Wird in dem Suchkriterium ein Wert angegeben, der nicht in der Spalte, in der gesucht wird, vorhanden ist, wird bei einer sortierten Liste der Wert angegeben, der am dichtesten beim Wert des Suchkriteriums vorhanden ist. Dies kann durchaus sinnvoll sein, werden dadurch z. B. ähnliche Artikel angezeigt.

Meistens jedoch handelt es sich um Fehleingaben oder um ein nicht erwünschtes Ergebnis. Daher kann man eine Fehlermeldung anzeigen lassen, welche durch die Nutzung der Funktion WENNFEHLER auch kommentiert werden kann.

Bearbeitungsschritte

- Laden Sie die Mappe *Sverweis_1*. Speichern Sie diese mit den unten dargestellten Änderungen unter dem Namen *Sverweis_2* ab.
- Geben Sie in der Zelle **F16** den Wert *1008* ein. Ein Datensatz mit dieser Artikelnummer existiert nicht, es wird daher der am dichtesten gelegene Datensatz *1007* angezeigt.

	A	B	C	D	E	F
16	Geben Sie die Artikelnummer des Produkts an:					1008
17						
18	1007	Drucker	Klassic	12	2.900,00 €	4.305,00 €

- Markieren Sie die Zelle **A18**. Klicken Sie die Schaltfläche **Funktion einfügen** f_x in der Bearbeitungsleiste an. Das Fenster *Funktionsargumente* wird eingeblendet. Geben Sie als *Bereich_Verweis* das Argument *FALSCH* ein. Damit wird gewährleistet, dass nach genau diesem Datensatz gesucht wird.

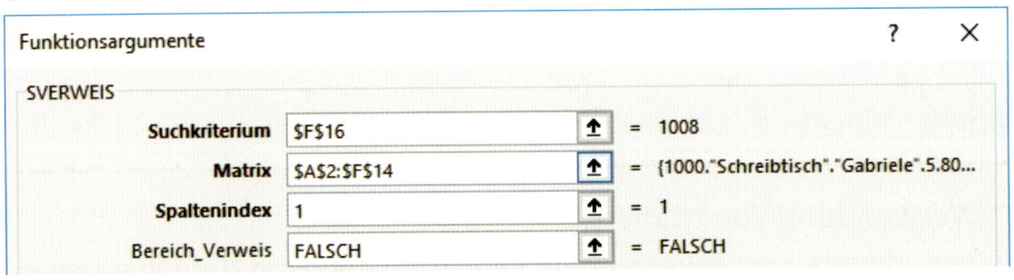

- Als Ergebnis wird durch die Fehlermeldung angegeben, dass ein Wert für diese Formel oder Funktion nicht zur Verfügung steht.

	A	B	C	D	E	F
18	#NV	Drucker	Klassic	12	2.900,00 €	4.305,00 €

- Löschen Sie die Zelle **A18**. Wählen Sie die Funktion WENNFEHLER aus. Geben Sie zunächst den Text “Kein Ergebnis!“ im Bereich **Wert_falls_Fehler** ein. Stellen Sie danach den Cursor in den Wertbereich.

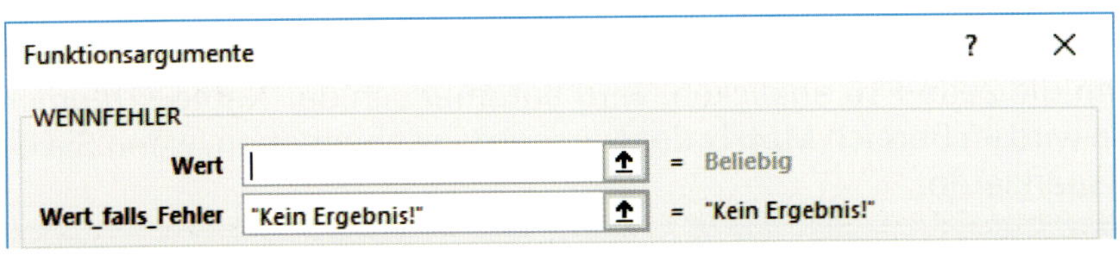

- Klicken Sie auf das Wort *SVERWEIS* in der Bearbeitungsleiste. Wird das Wort nicht in der Liste der auszuwählenden Befehle aufgeführt, müssen Sie den Punkt *Weitere Funktionen* wählen.

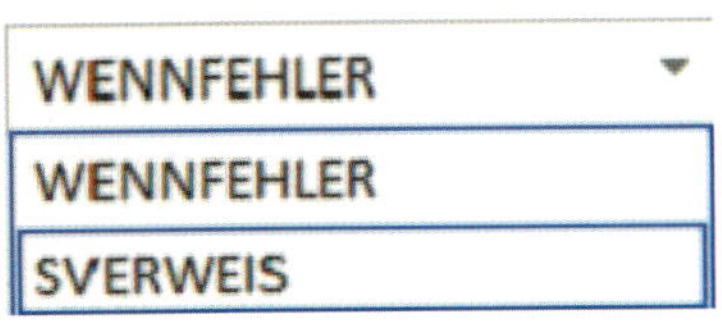

Bearbeitungsschritte (Fortsetzung)

- Wählen Sie die Werte wie schon vorher beschrieben wieder aus.

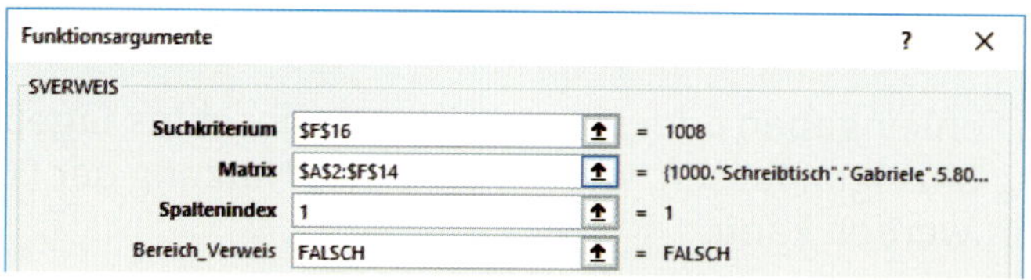

- Das Ergebnis sieht nun folgendermaßen aus:

	A	B	C	D	E	F
18	Kein Ergebnis!	Drucker	Klassic	12	2.900,00 €	4.305,00 €

- Störend wirkt, dass in den Zellen **B18** bis **F18** weiterhin falsche Ergebnisse stehen.
- Löschen Sie die Zelle **B18**. Wählen Sie die Funktion WENNFEHLER aus. Geben Sie zunächst den leeren Text " " im Bereich **Wert_falls_Fehler** ein. Stellen Sie danach den Cursor in den Wertbereich. Fügen Sie dann wie beschrieben die Funktion WENN in den Wert-Bereich ein.

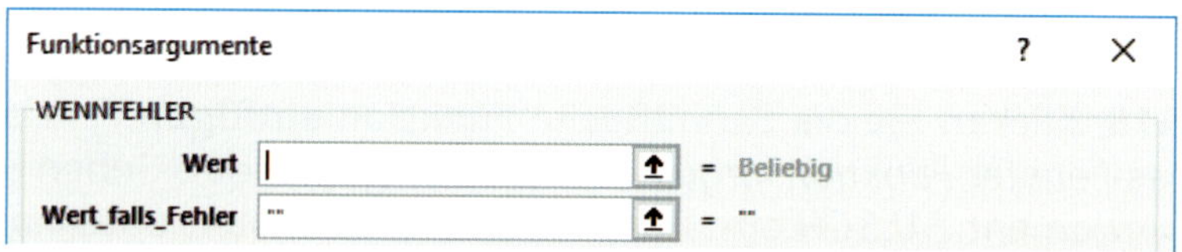

- Bearbeiten Sie anschließend die Zellen **C18** bis **F18** entsprechend. Das Ergebnis sieht nun folgendermaßen aus und dürfte vollkommen zufriedenstellend sein:

	A	B	C	D	E	F
18	Kein Ergebnis!					

9.8.4 SVERWEIS – Verwendung von Namen

Statt mit der absoluten und relativen Adressierung kann man auch mit Namen arbeiten.

Bearbeitungsschritte

- Öffnen Sie die Mappe *Sverweis_1*. Speichern Sie danach das Ergebnis unter dem Namen *Sverweis_3* nochmals ab. Löschen Sie die Daten der Zellen **A18** bis **F18**.
- Stellen Sie den Cursor in die Zelle **F16**. Legen Sie für diese Zelle den Namen *Artnummer* fest. Markieren Sie den Bereich **A2** bis **F14**. Legen Sie für diesen Bereich den Namen *Artikel* fest.
- Markieren Sie die Zelle **A18**. Rufen Sie die Funktion SVERWEIS auf. Wenn Sie im Bereich **Suchkriterium** die Zelle **F16** anklicken, wird automatisch der Name *Artnummer* angegeben. Ebenso wird im Bereich **Matrix** der Name *Artikel* angegeben, wenn Sie den Bereich **A2** bis **F14** markieren.

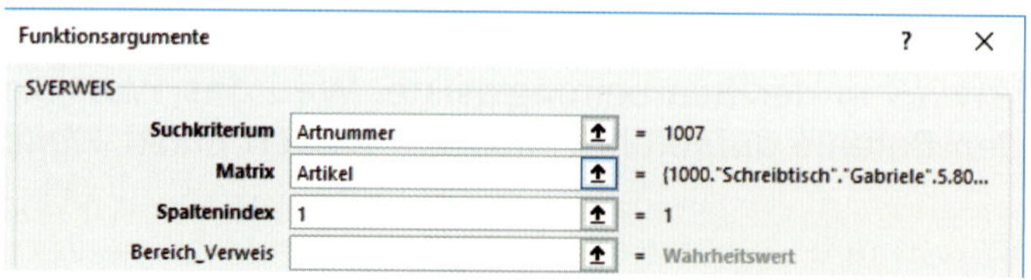

- Führen Sie die Berechnungen für die Zellen **B18** bis **F18** durch. Die Formeln sehen folgendermaßen aus:

	A	B
18	=SVERWEIS(Artnummer;Artikel;1)	=SVERWEIS(Artnummer;Artikel;2)

9.8.5 SVERWEIS – Nutzung der Funktion SPALTE

Obige Daten können dann in weiteren Berechnungen genutzt werden. Mithilfe der Funktion SPALTE kann die Arbeit sehr vereinfacht werden. Die Nutzung der Funktion SPALTE wird aber immer dann schwierig bis unmöglich, wenn die Matrix nicht in der Spalte **A** beginnt. In solchen Fällen sollten Sie die einzelnen Spalten in der Funktion SVERWEIS wie zuvor gezeigt mit *1*, *2*, *3* usw. angeben.

Syntax		
= Spalte	***= SPALTE()***	***= SPALTE(A1:F18)***

Bearbeitungsschritte

- Laden Sie die Mappe *Sverweis_1*. Speichern Sie diese mit den unten dargestellten Änderungen unter dem Namen *Sverweis_4* ab. Löschen Sie die Daten der Zellen **A18** bis **F18**.
- Erstellen Sie in der Zelle **A18** die folgende Funktion. Geben Sie im Bereich Spaltenindex **SPALTE()** ein bzw. stellen Sie den Cursor in den Bereich **Spaltenindex** und wählen Sie die Funktion SPALTE über die Bearbeitungsleiste aus.

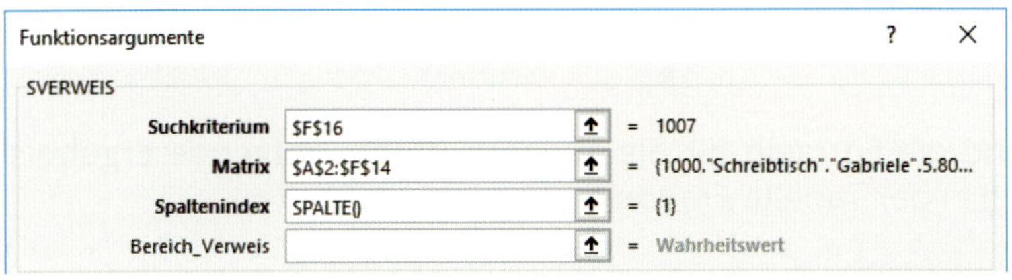

- Kopieren Sie die Daten nach rechts. Folgende Formeln ergeben sich:

	A	B
18	=SVERWEIS($F$16;$A$2:$F$14;SPALTE())	=SVERWEIS($F$16;$A$2:$F$14;SPALTE())

- Das Ergebnis entspricht den zuvor gezeigten Ergebnissen. Durch die Funktion SPALTE() ohne das Eingeben eines Spaltenindexes wird die jeweilige Spaltennummer ausgelesen. Der Wert des Spaltenindexes verändert sich daher und wird den Erfordernissen angepasst.

	A	B	C	D	E	F
16	Geben Sie die Artikelnummer des Produkts an:					1007
17						
18	1007	Drucker	Klassic	12	2.900,00 €	4.305,00 €

- Selbstverständlich kann bei der Nutzung der Funktionen SVERWEIS und SPALTE auch mit Namen gearbeitet werden. Laden Sie die Mappe *Sverweis_3*. Speichern Sie diese mit den unten dargestellten Änderungen unter dem Namen *Sverweis_5* ab. Das Ergebnis ist wiederum identisch.

	A	B
18	=SVERWEIS(Artnummer;Artikel;SPALTE())	=SVERWEIS(Artnummer;Artikel;SPALTE())

Nutzung der Funktionen SVERWEIS und SPALTE zur Darstellung von Daten

Mithilfe der Funktionen SVERWEIS und SPALTE lassen sich verschiedene Darstellungen zur Auswertung von Daten realisieren. Auch die Eingabe von Daten in einer und die Ausgabe von Daten in einer anderen Tabelle sind möglich. Allerdings ist die Erstellung recht schwierig, sodass nur der erfahrene Nutzer dieses Beispiel nachvollziehen sollte.

Bearbeitungsschritte

- Laden Sie die Mappe *Sverweis_1*. Speichern Sie diese mit den unten dargestellten Änderungen unter dem Namen *Sverweis_6* ab.

Bearbeitungsschritte (Fortsetzung)

- Benennen Sie die *Tabelle1* in *Ergebnis* und die *Tabelle2* in *Daten* um.
- Löschen Sie die Daten der Zellen **A18** bis **F18** in der Tabelle *Ergebnis*. Schneiden Sie danach den Bereich **A1** bis **F14** aus. Fügen Sie diesen Bereich an gleicher Stelle in die Tabelle *Daten* ein.
- Geben Sie zunächst in der Tabelle *Daten* die Überschrift und in der Spalte **A** die Bezeichnungen ein. Tragen Sie in der Zelle **B3** das Suchkriterium ein.
- Erstellen Sie in der Zelle **B5** die folgende Funktion. Bestimmen Sie die Zelle des Suchkriteriums und die Zellen des Datenbereichs (Matrix). Wählen Sie einen größeren Bereich aus, sodass Sie bei Bedarf zusätzliche Daten eingeben können. Bestimmen Sie im Bereich **Spaltenindex** den nachfolgend dargestellten Bereich.

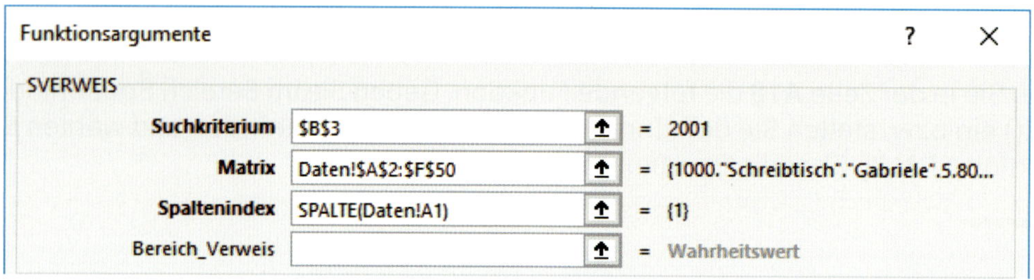

- Erstellen Sie anschließend die Formeln für die anderen Werte. Folgende Ergebnisse und Formeln ergeben sich in der Tabelle *Ergebnis*:

	A	B
1	Ausgabe von Daten	
2		
3	Artikel_Nr	1007
4		
5	Artikel_Nr	1007
6	Artikelart	Drucker
7	Artikel_Bez	Klassic
8	Bestand	12
9	Einkaufspr.	2.900,00 €
10	Verkaufspr.	4.305,00 €

	B
1	
2	
3	1007
4	
5	=SVERWEIS($B$3;Daten!$A$2:$F$50;SPALTE(Daten!A1))
6	=SVERWEIS($B$3;Daten!$A$2:$F$50;SPALTE(Daten!B1))
7	=SVERWEIS($B$3;Daten!$A$2:$F$50;SPALTE(Daten!C1))
8	=SVERWEIS($B$3;Daten!$A$2:$F$50;SPALTE(Daten!D1))
9	=SVERWEIS($B$3;Daten!$A$2:$F$50;SPALTE(Daten!E1))
10	=SVERWEIS($B$3;Daten!$A$2:$F$50;SPALTE(Daten!F1))

- Die Formeln in der Spalte **B** können auch folgendermaßen aussehen:

	B
5	=SVERWEIS($B$3;Daten!$A$2:$F$50;SPALTE(Daten!$A$2:$A$50))
6	=SVERWEIS($B$3;Daten!$A$2:$F$50;SPALTE(Daten!$B$2:$B$50))

- Speichern Sie das Ergebnis ab. Speichern Sie anschließend die Mappe unter dem Namen *Sverweis_7* nochmals ab.
- Die Bearbeitung soll nun unter der Nutzung von Namen erfolgen. Da Namen in einer gesamten Mappe gelten, sind die Formeln leichter zu verstehen.
- Belegen Sie die Zelle **B3** in der Tabelle *Ergebnis* mit dem Namen *Artnummer* und anschließend den Bereich **A1** bis **F50** in der Tabelle *Daten* mit dem Namen *Artikel*.
- Werten Sie anschließend die Daten unter Nutzung von Namen aus.

	A	B
1	Ausgabe von Daten	
2		
3	Artikel_Nr	1007
4		
5	Artikel_Nr	1007
6	Artikelart	Drucker

	B
1	
2	
3	1007
4	
5	=SVERWEIS(Artikelnummer;Artikel;SPALTE(Daten!A1))
6	=SVERWEIS(Artikelnummer;Artikel;SPALTE(Daten!B1))

9.8.6 SVERWEIS – Anwendungsbeispiel

Anhand eines Beispiels sollen die Möglichkeiten der Funktion SVERWEIS demonstriert werden. Ein Kunde möchte wissen, wie viel 3 Drucker *Klassic*, 4 Scanner *Swift* und 2 Computer *AGIB HS* plus 19 % MwSt. zusammen kosten. Mithilfe der Funktion SVERWEIS werden die Daten aus einer Datenliste ausgelesen und dann weiterverarbeitet.

In dem Beispiel werden Zellen und Bereiche mit Namen versehen und angesprochen. Nachfolgend werden das Ergebnis und der Inhalt der Zellen wiedergegeben:

Bearbeitungsschritte

- Erstellen Sie die folgende Tabelle. Speichern Sie die Mappe unter dem Namen *Sverweis_8* wieder ab.
- Der Aufbau und das Ergebnis sollen folgendermaßen aussehen:

	A	B	C	D	E	F
14	3002	Computer	Ambro Super	21	3.454,98 €	4.050,00 €
15						
16	Geben Sie die Artikelnummer des 1. Produktes ein:					1007
17	Geben Sie die Artikelnummer des 2. Produktes ein:					2000
18	Geben Sie die Artikelnummer des 3. Produktes ein:					3000
19						
20						
21	Menge	Art-Nummer	Artikelart	Artikel_Bez	Einzelpreis	Gesamtpreis
22	3	1007	Drucker	Klassic	4.305,00 €	12.915,00 €
23	4	2000	Scanner	Swift	2.198,00 €	8.792,00 €
24	2	3000	Computer	AGIB HS	3.980,00 €	7.960,00 €
25						
26	Rechnungspreis					29.667,00 €
27	+ 19 % Mehrwertsteuer				19	5.636,73 €
28	Rechnungspreis + Mehrwertsteuer					35.303,73 €

- Die Zellen **F16** bis **F18** werden mit den Namen *Artnummer*, *Artnummer2* und *Artnummer3* versehen. In diese Zellen werden die Artikelnummern der Artikel eingegeben. Der Bereich **A2** bis **F14** wird als Artikel definiert.
- Die Mengen werden in die Zellen **A22** bis **A24** eingetragen. Folgende Formeln für die Übernahme der Daten und die Berechnung ergeben sich:

	B	C
22	=SVERWEIS(Artnummer;Artikel;1)	=SVERWEIS(Artnummer;Artikel;2)
23	=SVERWEIS(Artnummer2;Artikel;1)	=SVERWEIS(Artnummer2;Artikel;2)
24	=SVERWEIS(Artnummer3;Artikel;1)	=SVERWEIS(Artnummer3;Artikel;2)

	D	E	F
22	=SVERWEIS(Artnummer;Artikel;3)	=SVERWEIS(Artnummer;Artikel;6)	=A22*E22
23	=SVERWEIS(Artnummer2;Artikel;3)	=SVERWEIS(Artnummer2;Artikel;6)	=A23*E23
24	=SVERWEIS(Artnummer3;Artikel;3)	=SVERWEIS(Artnummer3;Artikel;6)	=A24*E24
25			
26			=SUMME(F22:F24)
27		19	=F26*E27/100
28			=SUMME(F26:F27)

- Nutzen Sie in weiteren Tabellen die Möglichkeiten, die auf den vorherigen Seiten dargestellt wurden. Insbesondere die Funktion SPALTE sollte in den erstellten Tabellen genutzt werden, besonders im Zusammenhang mit den sich ergebenden Möglichkeiten der Gestaltung.

9.9 Datums- und Zeitfunktionen

9.9.1 Formatierung von Zellen zur Aufnahme eines Datums

Eine Zelle kann so formatiert werden, dass sie ein Datum darstellt. Sind mehrere Zellen als Datum formatiert, können Berechnungen mit den entsprechenden Zellen erfolgen.

Bearbeitungsschritte

- Erstellen Sie die folgende Tabelle und markieren Sie die Zellen **B4** und **B5**, in denen jeweils ein Datum eingetragen werden soll:

	A	B	C	D
1				
2	Zeitberechnung			
3				
4	Einzahlungstag			
5	Auszahlungstag			
6				
7	Tage			

- Klicken Sie den Pfeil nach unten in der Gruppe **Zahl** im Register **Start** und wählen Sie das angegebene Zahlenformat aus.

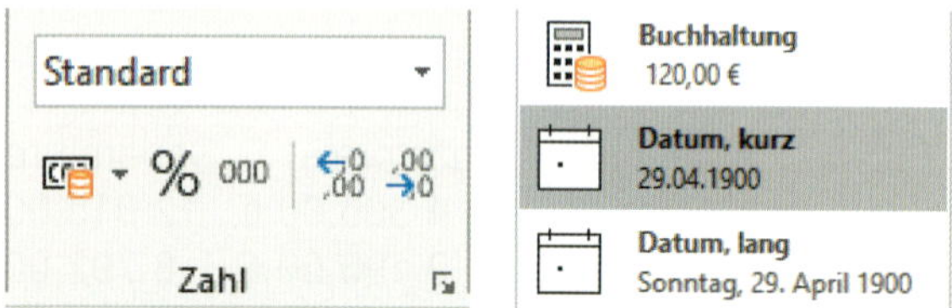

- Das Datumsformat für eine Zelle kann auch über die Schaltfläche **Zahlenformat** in der Gruppe **Zahl** im Register **Start**, über das Auswählen des Registers **Zahlen**, das Anklicken der Kategorie und das Auswählen eines Datumsformats festgelegt werden.

- Beenden Sie mit Anklicken der Schaltfläche **OK** die Formatierung der Zellen. Geben Sie die folgenden Daten ein:

	A	B	C	D
1				
2	Zeitberechnung			
3				
4	Einzahlungstag	02.03.2019		
5	Auszahlungstag	30.06.2019		
6				
7	Tage			

9.9.2 Berechnung des Zeitabstandes mithilfe der Subtraktion von Zellen

Auch ohne die Nutzung einer Funktion lassen sich mithilfe der Subtraktion von Zellen Zeitabstände berechnen. Die Zellen müssen als Datumszellen formatiert werden.

Bearbeitungsschritte

- Führen Sie die folgende Berechnung durch. Speichern Sie die Mappe unter dem Namen *Zeitberechnung_1*.

	A	B	C	D
1				
2	Zeitberechnung			
3				
4	Einzahlungstag	02.03.2019		
5	Auszahlungstag	30.06.2019		
6				
7	Tage	=B5-B4		

- Die Berechnungsmethode berechnet die tatsächlichen Tage. Es wird also beispielsweise berücksichtigt, dass der Januar 31 Tage und der April 30 Tage hat. Auch wird die Anzahl der Tage in einem Jahr korrekt mit 365 bzw. 366 berechnet.

	A	B	C	D
7	Tage	120		

- Sollte das Ergebnis nicht korrekt angezeigt werden, müssen Sie in der Gruppe **Zahl** im Register **Start** die Kategorie *Standard* auswählen.

9.9.3 TAGE360

Mithilfe der Funktion TAGE360 lassen sich ebenfalls Zeitabstände berechnen. Erforderlich ist wiederum, dass vorher die Zellen als Datumszellen formatiert wurden.

Syntax

= TAGE360 (Ausgangsdatum;Enddatum;Methode)

Bearbeitungsschritte

- Speichern Sie die Mappe *Zeitberechnung_1* unter dem Namen *Zeitberechnung_2*. Löschen Sie die Inhalte der Zelle **B7**. Markieren Sie danach die Zelle.
- Wählen Sie über die Funktion TAGE360 den Funktions-Assistenten aus.

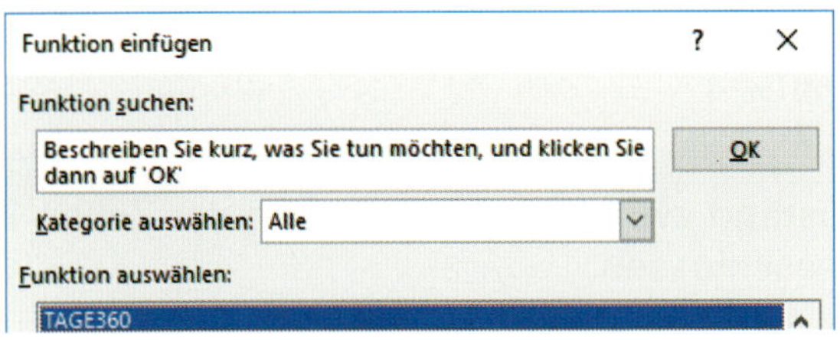

- Im zweiten Schritt des Funktions-Assistenten müssen die Zellen des Ausgangs- und des Enddatums durch Anklicken der Zellen eingetragen werden:

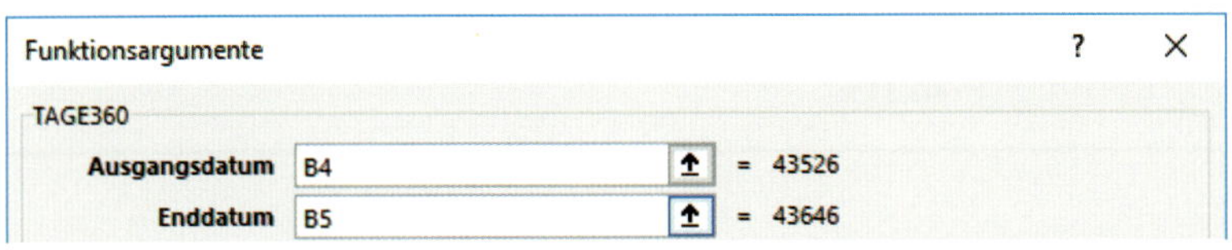

- Als Ergebnis wird 118 Tage angegeben, da der Monat mit 30 Tagen berechnet wird.

9.9.4 HEUTE

Um den augenblicklichen Wert einer Investition usw. zu ermitteln, benötigt man die Funktion HEUTE. Die Funktion JETZT liefert ähnliche Ergebnisse. Bei der Funktion JETZT wird je nach Formatierung die Uhrzeit mit angegeben, bei der Funktion HEUTE nicht.

Syntax
= HEUTE()

Bearbeitungsschritte

- Laden Sie die Mappe *Zinsen*. Speichern Sie sie unter dem Namen *Zinsen_Zeitberechnung*. Verändern Sie den Aufbau der *Tabelle1* wie dargestellt:

	A	B	C	D
2	Zinsberechnung			
3				
4	Kapital	10000		
5	Zinssatz	2		
6	Tage			
7	Datum der Einzahlung			
8	Aktuelles Datum			
9				
10	Zinsen			

- Formatieren Sie die Zellen **B7** und **B8** als Datum.

- Tragen Sie das Datum der Einzahlung ein.

	A	B	C	D
7	Datum der Einzahlung	02.03.2019		

- Fügen Sie über den Funktions-Assistenten in der Zelle **B8** die Funktion JETZT ein. Das aktuelle Datum wird ausgegeben. Es ist natürlich nicht das hier angezeigte.

	A	B	C	D
7	Datum der Einzahlung	02.03.2019		
8	Aktuelles Datum	25.05.2019		

- Berechnen Sie in der Zelle **B6** den Zeitabstand zwischen den Inhalten der Zellen **B7** und **B8**. Die Zinsberechnung ist damit abgeschlossen.

	A	B	C	D
6	Tage	83		
7	Datum der Einzahlung	02.03.2019		
8	Aktuelles Datum	25.05.2019		
9				
10	Zinsen	46,11 €		

9.9.5 JAHR, MONAT, TAG

Eventuell soll festgestellt werden, wie viele Tage, Monate oder Jahre zwischen zwei Terminen liegen. Ein Datum kann mithilfe von Funktionen in seine Bestandteile zerlegt werden.

Syntax		
= JAHR()	= MONAT()	= TAG()
= JAHR(B6)	*= MONAT(B6)*	*= TAG(B6)*

Bearbeitungsschritte

- Erstellen Sie die folgende Tabelle. Speichern Sie die Mappe unter dem Namen *Tag-Monat-Jahr*.

	A	B	C	D	E
1					
2	Tag - Monat - Jahr				
3					
4		Datum	Tag	Monat	Jahr
5					
6	1. Datum	30.06.1961			
7	2. Datum	25.11.2005			

- Fügen Sie über den Funktions-Assistenten in der Zelle **C6** die Funktion TAG ein. Der Tag muss aus der Zelle **B6** ausgelesen werden.

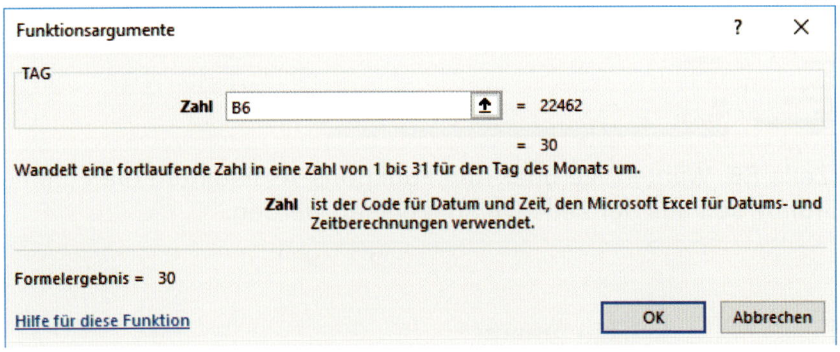

- Auf die gleiche Weise können Sie danach den Monat und das Jahr auslesen und die Funktionen nach unten kopieren. Das Ergebnis sieht folgendermaßen aus:

	A	B	C	D	E
1					
2	Tag - Monat - Jahr				
3					
4		Datum	Tag	Monat	Jahr
5					
6	1. Datum	30.06.1961	30	6	1961
7	2. Datum	25.11.2005	25	11	2005

- Formelmäßig sieht das Ergebnis folgendermaßen aus:

	A	B	C	D	E
6	1. Datum	22462	=TAG(B6)	=MONAT(B6)	=JAHR(B6)
7	2. Datum	38681	=TAG(B7)	=MONAT(B7)	=JAHR(B7)

- Aufgrund der Einzeldaten können nun Zeitberechnungen vorgenommen werden.

9.9.6 STUNDE, MINUTE

Für die Berechnung von Löhnen usw. ist es notwendig, die geleisteten Stunden, Minuten und Sekunden zu berechnen. Entsprechende Funktionen stehen in **Excel** zur Verfügung. Im nachfolgenden Beispiel wird die Funktion SEKUNDE nicht genutzt.

Syntax	
= STUNDE()	**= MINUTE()**
= STUNDE(D6)	***= MINUTE(D6)***

Bearbeitungsschritte

- Erstellen Sie die folgende Tabelle. Speichern Sie die Mappe unter dem Namen *Stunde_ Minute*.
- Geben Sie die Werte in die Zellen **A6** bis **C6** ein und ermitteln Sie die Stunden durch Subtraktion. Markieren Sie den angegebenen Bereich.

	A	B	C	D	E	F	G	H
4	Datum	Anfangszeit	Endzeit	Stunden	Stunde	Minuten	Stundenlohn	Bruttolohn
5								
6	01.03.2019	8:10	15:20	7:10				

- Klicken Sie im Register **Start** in der Gruppe **Zahl** die Schaltfläche **Zahlenformat** an. Wählen Sie die angezeigte Option, um die Zellen als Uhrzeit zu definieren.

- Markieren Sie die Zelle **E6**. Wählen Sie über den Funktions-Assistenten die Funktion STUNDE aus. Die Stunde soll aus der Zelle **D6** ausgelesen werden.

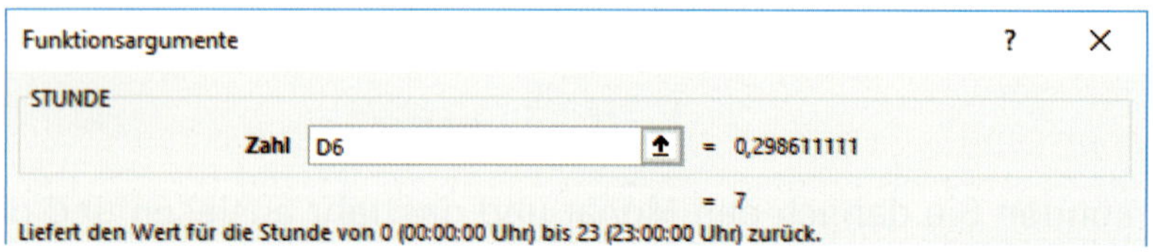

- Markieren Sie die Zelle **F6**. Wählen Sie über den Funktions-Assistenten die Funktion MINUTE aus. Die Stunde soll aus der Zelle **D6** ausgelesen werden.

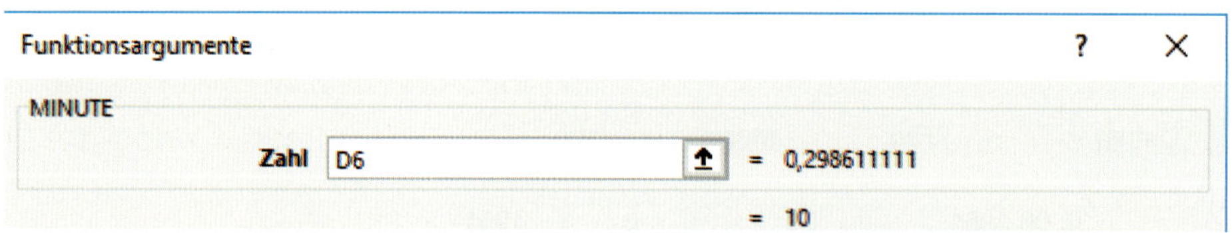

- Geben Sie danach den Stundenlohn in die Zelle **G6** ein und berechnen Sie den Bruttolohn in der Zelle **H6**. Das Ergebnis sieht folgendermaßen aus:

	A	B	C	D	E	F	G	H
4	Datum	Anfangszeit	Endzeit	Stunden	Stunde	Minuten	Stundenlohn	Bruttolohn
5								
6	01.03.2019	8:10	15:20	7:10	7	10	22,50 €	161,25 €

- Die Formeln sehen wie folgt aus und lassen sich sicherlich leicht nachvollziehen:

	D	E	F	G	H
6	=C6-B6	=STUNDE(D6)	=MINUTE(D6)	22,5	=(E6*G6)+(F6*G6/60)

9.10 Übungen

1. Im Lager Ihres Unternehmens befinden sich die folgenden Waren:

Warenbezeichnung	Verkaufspreis pro Stück	Neuer Verkaufspreis pro Stück
Computer	3.500,00	
Drucker	900,00	
Scanner	1.860,00	
Monitore	390,00	

Die Preise der Artikel sollen erhöht werden. Erstellen Sie eine Tabelle, die es erlaubt, einen beliebigen Prozentsatz in die Zellen mit den Preiserhöhungen einzugeben und in der die neuen Verkaufspreise pro Stück errechnet werden.

2. Bei der Bürobedarfsgroßhandlung Schüler GmbH werden einige Forderungen zu spät beglichen. Mithilfe der Zinsrechnung sollen Sie feststellen, welcher Zinsverlust dem Unternehmen jeweils entstanden ist. Die Daten finden Sie in der folgenden Tabelle.

Betrag	Rechnungsdatum	Zahlungsziel (in Tagen)	Zahlungstag lt. Rechnung	Zahlung	Verzug in Tagen	Zinsen
7.386,20 €	16.05.2016	20		25.05.2016		
5.643,00 €	17.05.2016	10		02.06.2016		
345,87 €	18.05.2016	10		27.05.2016		
2.300,00 €	20.05.2016	30		20.06.2016		
480,00 €	22.05.2016	12		20.06.2016		
9.602,56 €	22.05.2016	20		13.07.2016		
876,00 €	24.05.2016	60		15.08.2016		

a) Ermitteln Sie in der *Tabelle 1* die jeweiligen Zahlungstage laut Rechnung mithilfe der Addition von Werten. Errechnen Sie außerdem den Zahlungsverzug in Tagen mithilfe der Subtraktion von Zellen. Liegt kein Zahlungsverzug vor, soll eine leere Zelle ausgegeben werden.

b) Geben Sie den Zinssatz von 6 % in eine Zelle ein. Berechnen Sie danach die jeweiligen Zinsen mit der Zinsformel. Liegt jedoch kein Zahlungsverzug vor, ist bei den Zinsen eine leere Zelle auszugeben. Zu diesem Zweck muss festgestellt werden, ob im Bereich *Verzug in Tagen* ein Wert vorhanden ist.

$$Zinsen = \frac{Kapital * Zinssatz * Tage}{100 * 360}$$

c) Ermitteln Sie die gesamte, die durchschnittliche, die niedrigste und die höchste Summe der Beträge.

d) Ermitteln Sie die Anzahl der in Zahlungsverzug geratenen Kunden.

e) Stellen Sie fest, wie viele Kunden nicht in Zahlungsverzug gekommen sind.

f) Ermitteln Sie in der *Tabelle2* die jeweiligen Zahlungstage laut Rechnung mithilfe der Addition von Werten. Errechnen Sie außerdem den Zahlungsverzug in Tagen mithilfe der Funktion TAGE360. Berechnen Sie die jeweiligen Zinsen. Beachten Sie, dass bei keinem Zahlungsverzug auch keine Werte ausgegeben werden.

g) Führen Sie in der *Tabelle3* eine Berechnung unter Verwendung der Funktion JETZT durch. Die tatsächliche Zahlung wird durch das aktuelle Datum ersetzt. Somit kann aktuell bestimmt werden, welcher Zinsverlust jeweils eingetreten ist. Bedenken Sie, dass verschiedene Werte angepasst werden müssten, damit realistische Bezüge zwischen den einzelnen Tagen bestehen.

3. Die Einkaufspreise und Einkaufsmengen für verschiedene Produkte sind in der folgenden Aufstellung aufgeführt. Außerdem gibt der Lieferant bei einer abgenommenen Menge von 200 Stück oder mehr 12 % und bei einer Abnahmemenge von 100 Stück oder mehr 8 % Rabatt.

Ware	Menge	Preis	Rabattsatz	Rabatt	Nettopreis
Schreibtisch	180	678,00 €			
Bürostuhl	57	123,00 €			
Regal	109	1.200,00 €			
Aktenschrank	210	560,00 €			
Rabatt bei Einkaufsmenge >= 200 (in %)					
Rabatt bei Einkaufsmenge >= 100 (in %)					

a) Ermitteln Sie, welchen Rabattsatz und welchen Rabatt der Lieferant jeweils gewährt und welcher Einkaufspreis ohne Rabatt (Nettopreis) sich daraus ergibt. Die Tabelle muss in der Lage sein, Änderungen der Menge bei der Rabattermittlung zu berücksichtigen. Daher sind die Rabattsätze in separaten Zellen einzugeben.

b) Der Lieferant ändert die Bedingungen insofern ab, dass er nur noch einen einheitlichen Rabatt von 10 % bei einer Abnahme von mindestens 100 Stück gewährt. Außerdem wird der Rabatt nur bei Produkten gewährt, deren Einkaufspreis 600,00 € und mehr beträgt. Erstellen Sie die entsprechende Tabelle.

4. Erstellen Sie die folgende Vertreterdatei. Die Provision beträgt 8 % bei einem Umsatz von über 200.000,00 €, ansonsten 7 %.

Vertreter_Nr	Nachname	Menge	Preis	Umsatz	Provision
500	Hegemann	200	1.500,70 €		
501	Halbrich	150	1.200,53 €		
502	Donker		987,45 €		
503	Pöker	324	1.400,99 €		
504	Faller	134	1.800,14 €		

a) Berechnen Sie den Umsatz und die Provision.

b) Stellen Sie mit der verschachtelten WENN-Funktion (WENN-UND) fest, welche Vertreter sowohl eine Umsatzmenge von 200 Stück als auch eine Provision von 30.000,00 € verfehlt haben. Geben Sie entweder den Text „Ziel verfehlt" oder den Text „Ziel erreicht" aus.

c) Ermitteln Sie die gesamte, die mittlere, die minimale und die maximale Provision.

d) Stellen Sie den gesamten, den mittleren, den minimalen und den maximalen Umsatz fest.

e) Ermitteln Sie in weiteren Spalten die gerundete Provision und die Provision als ganze Zahl.

f) Summieren Sie alle Provisionen der Vertreter mit einer Vertreter_Nr über 502.

g) Stellen Sie die Anzahl der Vertreter fest.

h) Ermitteln Sie, wie viele Vertreter Produkte verkauft haben und wie viele Vertreter keine Produkte verkauft haben.

i) Geben Sie diesen Gesamtumsatz in Abhängigkeit von der Summe mit einem Text aus. Der Text soll bei einer Umsatzsatzhöhe von 1.000.000,00 € lauten „Der Umsatz ist zufriedenstellend.", ansonsten „Der Umsatz ist nicht zufriedenstellend." Realisieren Sie diese Ausgabe mithilfe der WENN-Funktion.

j) Ermitteln Sie mithilfe der Funktion SVERWEIS durch die Eingabe der Vertreter_Nr alle Daten eines Vertreters.

5. Ein Arbeitnehmer arbeitet lt. Arbeitsvertrag an jedem Montag, Mittwoch und Freitag der Woche je nach Auftragslage unterschiedlich lange. Außerdem variiert der Stundenlohn nach der geleisteten Tätigkeit. Der Arbeitsvertrag sieht außerdem vor, dass der Arbeitnehmer nach vorheriger Ankündigung bis zu zwei Arbeitstage im Monat Urlaub nehmen kann. Die Arbeitstage des Monats Juni sind in der nachfolgenden Tabelle zusammengefasst. Außerdem sind die Daten des ersten Arbeitstages eingetragen. Sie müssen jedoch wie alle anderen Daten berechnet werden.

Wochentag	Datum	Beginn	Ende	St.L.	Zeit	St	Min	Lohn	Arbeit	%
Montag	07.06.2010	08:34	15:11	12,50 €	06:37	6	37	82,71 €	gearbeitet	11,4
Mittwoch	09.06.2010	09:11	12:45	16,80 €						
Freitag	11.06.2010	08:23	13:36	22,34 €						
Montag	14.06.2010	07:14	12:56	15,87 €						
Mittwoch	16.06.2010	06:00	18:34	12,67 €						
Freitag	18.06.2010			18,50 €						
Montag	21.06.2010	07:01	11:43	20,00 €						
Mittwoch	23.06.2010	08:24	12:43	21,45 €						
Freitag	25.06.2010	08:34	10:17	18,90 €						

a) Erstellen Sie die Tabelle. Geben Sie den Wochentag, das Datum, den Beginn und das Ende der Arbeitszeit und den Stundenlohn ein.

b) Berechnen Sie die tägliche Arbeitszeit. Ermitteln Sie mithilfe von Funktionen in separaten Spalten, wie viele Stunden und wie viele Minuten dies sind.

c) Berechnen Sie den Lohn für jeden Tag und den Lohn insgesamt.

d) Das Unternehmen möchte wissen, ob der Arbeitnehmer an einem Tag gearbeitet hat oder nicht. Geben Sie als Ergebnis entweder *gearbeitet* oder *nicht gearbeitet* aus.

e) Berechnen Sie den prozentualen Anteil, den der Arbeitnehmer an einem Tag vom gesamten Lohn erzielt hat. Runden Sie das Ergebnis auf eine Stelle.

f) Stellen Sie fest, an wie vielen Tagen der Arbeitnehmer im angegebenen Zeitraum arbeiten konnte. Ermitteln Sie ebenfalls, an wie vielen Tagen er gearbeitet hat und an wie vielen Tagen er nicht gearbeitet hat.

g) Stellen Sie fest, wie lange der Arbeitnehmer durchschnittlich, minimal und maximal gearbeitet hat.

h) Stellen Sie fest, wie oft der Arbeitnehmer über 4 Stunden gearbeitet hat. Berechnen Sie außerdem, an wie vielen Tagen der Arbeitnehmer 4 oder weniger Stunden gearbeitet hat.

i) Stellen Sie fest, wie viel Euro der Arbeitnehmer insgesamt an den drei Montagen verdient hat.

j) Berechnen Sie den Zeitabstand zwischen dem ersten und dem letzten Arbeitstag

ja) durch Subtrahieren der Werte,

jb) mit einer Funktion.

k) Berechnen Sie, wie viele Stunden und Minuten der Arbeitnehmer insgesamt gearbeitet hat. Die Berechnung durch das Addieren der Arbeitszeit funktioniert nicht. Addieren Sie daher mit den vorhandenen Stunden und Minuten. Rechnen Sie danach die addierten Minuten in Stunden um. Nutzen Sie dabei die Funktion ABRUNDEN. Ermitteln Sie danach die verbleibenden Minuten. Als Ergebnis werden 44 Stunden und 24 Minuten ermittelt.

l) Trennen Sie mithilfe von Funktionen das Datum jeweils in Tag, Monat und Jahr.

10 Wirtschaftliche Anwendungen 2

10.1 Angebotsvergleich 1

Bei einem Angebotsvergleich wird mathematisch berechnet, welches Angebot am kostengünstigen ist. Es wird aber keine Bewertung der eventuellen Lieferanten, etwa im Hinblick auf die Zuverlässigkeit, vorgenommen. Auch wird z. B. die Qualität der Ware nicht in dem Vergleich berücksichtigt.

Aufgabenstellung

Web

Einem Unternehmen liegen drei Angebote für eine Maschine vor. Die Daten sind bereits im oberen Teil einer Tabelle zusammengefasst. Im unteren Teil sind die Daten aus dem oberen Teil zu übernehmen und Berechnungen durchzuführen.

Für die Berechnungen sind die Funktionen RANG, MIN, MAX, ZÄHLENWENN und WENN (verschaltet) zu nutzen. Zur Orientierung sind die unteren Ergebnisse angegeben.

Tabelle

	A	B	C	D
1	Angebotsvergleich - Eingabedaten			
2		Angebot A	Angebot B	Angebot C
3	Listeneinkaufspreis	121.345,98 €	111.276,54 €	102.300,00 €
4	Rabatt (in %)	12	15	0
5	Skonto (in %)	3	2	3
6	Bezugskosten	2.213,67 €	11.411,00 €	5.987,89 €
7				
8	Angebotsvergleich - Berechnung			
9		Angebot A	Angebot B	Angebot C
10	Listeneinkaufspreis			
11	- Rabatt			
12	Zieleinkaufspreis			
13	- Skonto			
14	Bareinkaufspeis			
15	+ Bezugskosten			
16	Bezugspreis			
17				
18	Rangfolge der Angebote	3	1	2
19				
20	Günstigstes Angebot	Angebot B	104.104,36 €	
21	Höchstes Angebot	Angebot A	105.794,60 €	
22	Durchschnittspreis der Angebote		105.039,28 €	
23				
24	Angebote	>105000	2	

10.2 Angebotsvergleich 2

In dem nachfolgenden Beispiel sollen die Daten aus Angeboten, die aufgrund einer Anfrage eingehen, entnommen werden.

Aufgabenstellung

Ein Unternehmen benötigt 1 000 Einheiten Kopierpapier und 400 Einheiten Briefumschläge. Aufgrund einer Anfrage gehen drei Angebote ein, die von Ihnen verglichen werden sollen. Zur Verfügung stehen eine Vergleichstabelle und Informationen über Kosten für einen Bezug der Waren mit der Deutschen Bahn.

Vergleichen Sie zunächst die Preise für Kopierpapier. Anschließend können Sie einen weiteren Angebotsvergleich für die Briefumschläge durchführen.

Für die Berechnungen sind die Funktionen RANG, MIN, MAX und WENN (verschaltet) zu nutzen. Zur Orientierung sind die unteren Ergebnisse angegeben.

Tabelle

	C
7	=WENN(B7>=$B$3;"gut";WENN(B7>=$B$4;"mittelmäßig";"schlecht"))

	A	B	C	D	E	F	G
1	Angebotsvergleich						
2							
3		Wagner GmbH		Tranel GmbH		Hansen OHG	
4	Produkt	Kopierpapier „Copy1“		Kopierpapier		Kopierpapier "Superio"	
5	Menge (in Einheiten)						
6	Listeneinkaufspreis je Einheit						
7	Listeneinkaufspreis (gesamt)						
8	Rabatt (in %)						
9	Zieleinkaufspreis						
10	Skonto (in %)						
11	Bareinkaufspreis						
12	Bezugskosten						
13	Bezugspreis (gesamt)						
14	Bezugspreis je Einheit						
15							
16	Nebenrechnungen						
17		Bezugskosten					
18	Verpackungseinheiten	5					
19	Kosten/Verpackungseinheit						
20							
21	Beförderungsbedingungen					Bezugskosten	
22	ab Werk, ab Lager					230,00 €	
23	unfrei, ab hier					125,00 €	
24	frachtfrei					82,00 €	
25	frei Haus, frei Lager					0,00 €	
26							
27	Rangfolge der Angebote		3		2		1
28							
29	Günstigstes Angebot		Hansen OHG		2,24 €		
30	Höchstes Angebot		Wagner GmbH		2,30 €		

Geschäftsbrief Format A4, Form B mit Informationsblock

(verkleinerte Darstellung)

Schüler GmbH
Bürobedarfsgroßhandlung
26871 Papenburg

•
•
•
•
Schüler GmbH, Fahnenweg 31 – 39, 26871 Papenburg
Wagner GmbH
Bürobedarf
Vogtweg 23
33607 Bielefeld
•
•

Ihr Zeichen:	
Ihre Nachricht vom:	
Unser Zeichen:	ha-sch
Unsere Nachricht vom:	
Name:	Heiko Harmes
Telefon:	04961 453213-412
Telefax:	04961 453213-413
Datum:	20.01.20..

•
•
Anfrage
•
•
Sehr geehrte Damen und Herren,
•
wir benötigen eine größere Menge der folgenden Artikel:
•
1000 Einheiten Kopierpapier, weiß, holzfrei, Gewicht 80 g/m^2, DIN A4, 500 Blatt, für Kopierer, Laserdrucker und Normalpapier-Faxgeräte
•
400 Einheiten Briefumschläge DIN lang, weiß, Papiergewicht 80 g/m^2, ohne Fenster, Verpackungsgröße 500 Stück
•
Das Angebot sollte Preise und Lieferungs- und Zahlungsbedingungen sowie ausführliches Prospektmaterial mit Abbildungen enthalten.
•
Mit freundlichen Grüßen
•
Schüler GmbH
•
ppa.
•
Heiko Harmes

Geschäftsstelle:	Geschäftszeiten:	Bankverbindung:
Fahnenweg 31 – 39	10:00 – 17:00 Uhr:	Kreissparkasse Papenburg
26871 Papenburg		IBAN DE18 2855 1560 6123 4500 00

Geschäftsführer: Hans Haller, Dieter Foppe • Handelsregister B 867 beim Amtsgericht Papenburg

Geschäftsbrief Format A4, Form B mit Informationsblock

(verkleinerte Darstellung)

Wagner GmbH
Bürobedarf
Bielefeld

•
•
•
•
Wagner GmbH, Vogtweg 23, 33607 Bielefeld
Bürobedarfsgroßhandlung
Schüler GmbH
Herrn Heiko Harmes
Fahnenweg 31 – 39
26871 Papenburg
•

Ihr Zeichen:	ha-sch
Ihre Nachricht vom:	20.01.20..
Unser Zeichen:	pf-me
Unsere Nachricht vom:	
Name:	Gerold Pflug
Telefon:	0521 44345-879
Telefax:	0521 44345-801
Datum:	23.01.20..

•
•
Angebot
•
•
Sehr geehrter Herr Harmes,
•
vielen Dank für Ihre Anfrage. Wir bieten Ihnen an:
•
Kopierpapier „Copy1“, Artikel-Nr. 3214, Kopierpapier, weiß, holzfrei, Packungsinhalt 500 Blatt, Gewicht 80 g/m², für Kopierer, Laserdrucker und Normalpapier-Faxgeräte, zum Preis von 2,50 €
•
Briefumschläge DIN lang, weiß, Papiergewicht 80 g/m², ohne Fenster, Verpackungsbox 1000 Stück, zum Preis von 19,99 €
•
Zu den Preisen kommt die gesetzliche Mehrwertsteuer. Wir liefern die Ware innerhalb von 10 Tagen über DHL. Pro Karton (jeweils 5-mal 500 Blatt bzw. 5-mal 1000 Briefumschläge) fallen 1,20 € Versandkosten an.
•
Ab einer Menge von 300 Einheiten gewähren wir einen Mengenrabatt in Höhe von 15 %. Der Rechnungsbetrag ist zahlbar innerhalb von 8 Tagen unter Abzug von 3 % Skonto oder innerhalb von 20 Tagen netto Kasse.
•
Mit freundlichen Grüßen
•
Wagner GmbH
•
•
•
Gerold Pflug
•
Anlage
Bürobedarfskatalog

Geschäftsstelle:	Geschäftszeiten:	Bankverbindung:
Vogtweg 23	09:00 – 18:30 Uhr	Sparkasse Bielefeld
33607 Bielefeld		IBAN DE49 4805 0161 0005 4367 00

Geschäftsführer: Dr. Rebecca Hartung, Eberhard Schmitz – Handelsregister B 1421, Amtsgericht Bielefeld

Geschäftsbrief Format A4, Form B mit Informationsblock

(verkleinerte Darstellung)

Tranel GmbH
Bürobedarf
47058 Duisburg

•
•
•
•

Tranel GmbH | Bechemstr. 67 | 47058 Duisburg
Bürobedarfsgroßhandlung
Schüler GmbH
Herrn Heiko Harmes
Fahnenweg 31 – 39
26871 Papenburg
•

Ihr Zeichen:	ha-sch
Ihre Nachricht vom:	20.01.20..
Unser Zeichen:	uv-sr
Unsere Nachricht vom:	
Name:	Ulrike Vermeer
Telefon:	04961 45321-3234
Telefax:	04961 45321-3235
Datum:	24.01.20..

•
•

Angebot

•
•

Sehr geehrter Herr Harmes,

•

wir bedanken uns für Ihre Anfrage und können Ihnen die folgenden Produkte anbieten:

•

> Kopierpapier „Norda“, Artikel-Nr. 654, Kopierpapier, weiß, holzfrei, Packungsinhalt 500 Blatt, Gewicht 80 g/m^2, für Kopierer, Laserdrucker und Normalpapier-Faxgeräte, zum Preis von 2,55 €

•

> Briefumschläge DIN lang, weiß, Papiergewicht 80 g/m^2, ohne Fenster, Verpackungsgröße 500 Stück, zum Preis von 11,99 €

•

Alle Preise verstehen sich zuzüglich der gesetzlichen Mehrwertsteuer. Wir liefern die Ware innerhalb von 14 Tagen per Lkw frei Haus.

•

Ab einer Menge von 400 Einheiten gewähren wir einen Mengenrabatt in Höhe von 10 %.
Der Rechnungsbetrag ist zahlbar innerhalb von 10 Tagen unter Abzug von 2 % Skonto oder innerhalb von 30 Tagen netto Kasse.

•

Mit freundlichen Grüßen

•

Tranel GmbH

•

ppa.

•

Ulrike Vermeer

•

Anlage
Unser Büromaterialprospekt 20..

Geschäftsstelle: Bechemstr. 67 26871 Papenburg	Geschäftszeiten: 10:00 – 18:00 Uhr	Bankverbindung: Deutsche Bank Duisburg IBAN DE53 3507 0030 0000 3357 00

Handelsregister B 867, Amtsgericht Duisburg; Geschäftsführer: Hans Tranel, Heiner Illenseer

Geschäftsbrief Format A4, Form B mit Informationsblock

(verkleinerte Darstellung)

Micro Hansen OHG
Bürobedarf
Oldenburg

•
•
•
•
Micro Hansen OHG · Am Stau 47 · 26122 Oldenburg
Bürobedarfsgroßhandlung
Schüler GmbH
Herrn Heiko Harmes
Fahnenweg 31 – 39
26871 Papenburg
•

Ihr Zeichen:	ha-sch
Ihre Nachricht vom:	20.01.20..
Unser Zeichen:	he
Unsere Nachricht vom:	
Name:	Sabine Hemel
Telefon:	0441 67336-879
Telefax:	0441 67336-312
Datum:	23.01.20..

•
•
Angebot
•
•
Sehr geehrter Herr Harmes,
•
vielen Dank für Ihre Anfrage. Wir können Ihnen die folgenden Produkte anbieten:
•

- Kopierpapier „Superio“, Artikel-Nr. 5414, Kopierpapier, weiß, holzfrei, Packungsinhalt 500 Blatt, Gewicht 80 g/m^2, für Kopierer, Laserdrucker und Normalpapier-Faxgeräte, zum Preis von 2,30 €

•

- Briefumschläge DIN lang, weiß, Papiergewicht 80 g/m^2, ohne Fenster, Verpackungsbox 1000 Stück, zum Preis von 23,00 €

•
Zu den Preisen kommt die gesetzliche Mehrwertsteuer. Die Lieferung erfolgt umgehend unfrei.
•
Ab einer Menge von 500 Einheiten gewähren wir einen Mengenrabatt in Höhe von 6 %.
Der Rechnungsbetrag ist zahlbar innerhalb von 8 Tagen unter Abzug von 2 % Skonto oder innerhalb von 30 Tagen netto Kasse.
•
Mit freundlichen Grüßen
•
Micro Hansen OHG
•
•
•
Sabine Hemel
•
Anlage
Katalog Sortiment 20..

Geschäftsstelle:	Geschäftszeiten:	Bankverbindung:
Am Stau 47	09:00 – 18:30 Uhr	Commerzbank Oldenburg
26122 Oldenburg		IBAN DE81 2804 0046 0007 6587 64

Handelsregister B 1545, Amtsgericht Oldenburg

10.3 Lagerkennziffern

Der Lagerbestand eines Produktes kann mit Kennziffern, z. B. der Umschlaghäufigkeit, also wie oft der durchschnittliche Lagerbestand verkauft wurde, ausgewertet werden.

Aufgabenstellung

Web

Die Daten der Güter im Lager sollen in einer Tabelle festgehalten und danach rechnerisch ausgewertet und u. a. Lagerkennziffern ermittelt werden. Alle Werte sollen auf Null-Stellen gerundet werden.

Formeln

$$Durchschnittlicher\ Lagerbestand = \frac{Anfangsbestand + 12\ Monatsendbestände}{13}$$

$$Umschlaghäufigkeit = \frac{Lagerbestand}{durchschnittlicher\ Lagerbestand}$$

$$Durchschnittliche\ Lagerdauer = \frac{360}{Umschlaghäufigkeit}$$

$$Lagerzinssatz\ 1 = \frac{Jahreszinssatz * durchschnittliche\ Lagerdauer}{360}$$

$$Lagerzinssatz\ 2 = \frac{Jahreszinssatz}{Umschlaghäufigkeit}$$

$$Lagerzinssatz\ 3 = \frac{Jahreszinssatz * durchschnittliche\ Lagerbestand}{Wareneinsatz}$$

Tabelle

	A	B	C	D	E	F	G
1	Lagerkennziffern						
2							
3	Jahresanfangsbestand			591		Durchschnittlicher Lagerbestand	
4							
5		Einkäufe	Verkäufe	Endbestände			
6	Januar	342	546			Umschlaghäufigkeit	
7	Februar	456	567			Jahresabsatz	
8	März	543	645			Durchschnittlicher Lagerbestand	
9	April	345	234			Umschlaghäufigkeit	
10	Mai	654	345				
11	Juni	563	456			Durchschnittliche Lagerdauer	
12	Juli	543	378			Tage	360
13	August	423	654			Umschlaghäufigkeit	
14	September	675	876			Durchschnittliche Lagerdauer	
15	Oktober	345	456				
16	November	543	345			Lagerzinssatz	
17	Dezember	768	457			Jahreszinssatz	5
18						Lagerzinssatz 1	
19	Einkäufe/Verkäufe					Lagerzinssatz 2	
20						Lagerzinssatz 3	
21	Durchschnitt						
22	Minimum						
23	Maximum						

10.4 Artikel 2

Rangfolgen, Summen, Durchschnitte usw.

Aufgabenstellung

Werten Sie die Artikelarten nach verschiedenen Gesichtspunkten aus.

Tabelle (Ausschnitt)	Artikel	Auswertungen

Ermitteln Sie die Rangfolge der Umsätze und der Überschüsse.

	A	L	M	N	O	P	Q	R	S
1	Artikel								
2									
3	Art_Nr	Umsatz	Kosten	Überschuss	Umsatz %	Kosten %	Überschuss %	Rang U	Rang Ü
4	100	7.560,00 €	5.940,00 €	1.620,00 €	0,68	0,72	0,57	15	15
5	101	176.400,00 €	120.600,00 €	55.800,00 €	15,91	14,65	19,54	2	2

Runden, Abrunden und Aufrunden Sie auf zwei Stellen die Prozentwerte in den Zellen ab Spalte *T*. Erklären Sie in einem Textfenster die Abweichungen.

	A	T	U	V	W	X	Y	Z	AA	AB
2		Umsatz %			Kosten %			Überschuss %		
3	Art_Nr	Runden	Aufrunden	Abrunden	Runden	Aufrunden	Abrunden	Runden	Aufrunden	Abrunden
4	100	0,68	0,69	0,68	0,72	0,73	0,72	0,57	0,57	0,56
20	Summe	100	100,08	99,93	100,01	100,08	99,93	100,02	100,07	99,92

Ermitteln Sie die Anteile der folgenden Werte:

	A	B	C	D	E	F
22		Umsatz	Kosten	Überschuss		
23	Minimal	7.560,00 €	2.000,00 €	1.620,00 €		
24	Maximal	275.448,00 €	216.936,00 €	58.512,00 €		
25	Durchschnitt	73.929,07 €	54.887,80 €	19.041,27 €		

Ermitteln Sie Anteile der einzelnen Gerätearten:

	A	B	C	D	E	F
27		Umsatz	Kosten	Überschuss	Anzahl	
28	Umsatz über 100.000,00 €	598.218,00 €			3	
29	Kosten über 30.000,00		736.883,00 €		8	
30	Überschuss über 20.000,00 €			217.053,00 €	6	

Ermitteln Sie Anteile der einzelnen Gerätearten am Umsatz usw.:

	A	B	C	D	E	F	G
32		Umsatz	Kosten	Überschuss	Umsatz %	Kosten %	Überschuss %
33	Fernsehgerät	637.618,00 €	463.292,00 €	174.326,00 €	57,50	41,78	15,72
34	DVD-Player	138.840,00 €	100.590,00 €	38.250,00 €	12,52	9,07	3,45
37	Summe	1.108.936,00 €	823.317,00 €	285.619,00 €	100,00	74,24	25,76

Ermitteln Sie Anteile der einzelnen Marken am Umsatz usw.:

	A	B	C	D	E	F	G
39		Umsatz	Kosten	Überschuss	Umsatz %	Kosten %	Überschuss %
40	Samsu	517.852,00 €	380.625,00 €	137.227,00 €	72,15	71,22	74,86
41	Phip	53.540,00 €	36.224,00 €	17.316,00 €	7,46	6,78	9,45
42	LGO	146.370,00 €	117.600,00 €	28.770,00 €	20,39	22,00	15,69
43	Summe	717.762,00 €	534.449,00 €	183.313,00 €	100,00	100,00	100,00

Bestellung

Aufgabenstellung

Aufgrund der Daten der Artikeldatei soll festgestellt werden, wann der Meldebestand kleiner als der Bestand ist, welche Menge bestellt werden muss und welchen Wert die Bestellung jeweils hat. Die Werte sollen außerdem summiert werden.

Zusätzlich sollen die Werte bezogen auf die Lieferanten ermittelt werden. Außerdem soll festgestellt werden, wie viele Produktarten auf einer einzigen Bestellung bei einem Lieferanten bestellt werden können, um unnötige Kosten und Arbeiten zu vermeiden. Zu diesem Zweck muss zunächst mithilfe der Funktion WENN die Produktart z. B. durch die Zahl *1* gekennzeichnet werden, wenn eine Bestellung erfolgen soll. Danach wird mithilfe der Funktion SUMMEWENN die Anzahl der Produktarten, die bei einem Lieferanten bestellt werden muss, festgestellt. Die mit der Funktion ANZAHL festgestellten Werte dienen lediglich Überprüfungszwecken.

Tabelle (Ausschnitt)	Artikel	Bestellung

	A	B	C	H	L	M	N	O	P
3	Art_Nr	Artikelart	Marke	MB	Bestand	Bestand>Meldebestand	Bestellung	Bestellwert (ca.)	Produktart
4	100	Fernsehgerät	Samsu	50	56				
5	101	Fernsehgerät	Samsu	100	68	32	132	88.440,00 €	1
6	102	Fernsehgerät	Samsu	70	108				
7	103	Fernsehgerät	Phipe	80	40	40	80	7.840,00 €	1
8	104	Fernsehgerät	Phipe	80	49	31	101	25.856,00 €	1

	A	B	C	H	L	M	N	O	P
20						B<MB	Bestellung	Bestellwert (ca.)	Produktart
21	Summe					188	698	249.636,00 €	
22									
23	Samsu					77	397	148.740,00 €	3
24	Phipe					71	181	33.696,00 €	2
25	LGOO					40	120	67.200,00 €	1
26	Summe					188	698	249.636,00 €	6
27									
28	Anzahl					6	6	6	6

Auswahl mit SVERWEIS

Aufgabenstellung

Durch die Eingabe einer Artikelnummer sollen alle relevanten Daten ausgegeben werden.

Tabelle (Ausschnitt)	Artikel	Auswahl mit SVERWEIS

	A	B	C	D	E	F	G	H	I	J	K
1	Artikel										
2											
3	Art_Nr	Artikelart	Marke	Typ	AB	Einkauf	Verkauf	MB	HB	EKP (d)	VP
4	100	Fernsehgerät	Samsu	T108	47	45	36	50	80	165,00 €	210,00 €

	A	B	C	D	E	F	G	H	I	J	K
18	405	Stereo-Anlage	Phipe	S54	187	70	40	50	100	50,00 €	198,00 €
19											
20	Art_Nr										201
21											
22	Art_Nr	Artikelart	Marke	Typ	AB	Einkauf	Verkauf	MB	HB	EKP (d)	VP
23	201	DVD-Player	Samsu	T1081	100	234	230	70	120	99,00 €	132,00 €

10.5 Kunden 2

Quartalsauswertungen

Aufgabenstellung

Laden Sie die Mappe *Kunden* mit den Daten der Kunden. Übertragen Sie die Werte aus der Tabelle *Werte* in die Tabelle *Quartalsauswertungen*. Werten Sie die Daten der Kunden nach verschiedenen Gesichtspunkten aus. Nachfolgend werden teilweise Ausschnitte der Auswertungen angezeigt, damit Sie Vergleichsmöglichkeiten haben.

Tabelle	Kunden	Quartalsauswertungen

Ermitteln Sie die Summen, die Minimum-, die Maximum- und die Durchschnittswerte der Kundenumsätze in den einzelnen Quartalen und die entsprechenden Gesamtwerte.

	A	B	C	D	E	F
24		Quartalsumsätze				
25		Quartal 1	Quartal 2	Quartal 3	Quartal 4	Gesamt
26	Summe	979.528,00 €	955.826,00 €	947.702,00 €	936.961,00 €	3.820.017,00 €
27	Minimum	2.398,00 €	3.452,00 €	654,00 €	4.098,00 €	13.064,00 €
28	Maximum	234.543,00 €	198.098,00 €	182.765,00 €	210.987,00 €	811.615,00 €
29	Durchschnitt	118.470,50 €	100.775,00 €	91.709,50 €	107.542,50 €	412.339,50 €

Stellen Sie fest, wie viele Kunden in den einzelnen Quartalen einen Umsatz von 100.000,00 € und mehr hatten und wie viele Kunden dies nicht erreichten. Stellen Sie außerdem fest, wie viele Kunden im Gesamtjahr einen Umsatz von 400.000,00 € und mehr erzielten und wie viele nicht.

	A	B	C	D	E	F
31		Unternehmen, mit einem Umsatz				
32		Quartal 1	Quartal 2	Quartal 3	Quartal 4	Gesamt
33	>= 100.000,00 €	3	3	4	2	2
34	< 100.000,00 €	15	15	14	16	16

Ermitteln Sie die Anteile der Kunden am Umsatz aus den einzelnen Absatzgebieten in den jeweiligen Quartalen. Ermitteln Sie auch die jeweiligen Gesamtwerte.

	A	B	C	D	E	F
37		Anteil am Gesamtumsatz des Jahres				
38		Quartal 1	Quartal 2	Quartal 3	Quartal 4	Gesamt
39	Nord	454.249,00 €	408.442,00 €	442.923,00 €	395.349,00 €	1.700.963,00 €
40	West	190.485,00 €	194.907,00 €	176.818,00 €	209.005,00 €	771.215,00 €
41	Ost					
42	Süd					
43						
44	Gesamt					

Ermitteln Sie die prozentualen Anteile der Kunden am Umsatz und die Gesamtwerte.

	A	B	C	D	E	F
46		Anteil am Gesamtumsatz des Jahres %				
47		Quartal 1	Quartal 2	Quartal 3	Quartal 4	Gesamt
48	Nord	46,37	42,73	46,74	42,19	44,53
49	West	19,45				
50	Ost	18,08				
51	Süd	16,10				
52						
53	Gesamt	100,00				

Berechnen Sie den prozentualen Quartalsumsatz am Gesamtumsatz für die jeweiligen Verkaufsgebiete.

	A	B	C	D	E	F	G
55		Anteil am Unternehmensumsatz des Jahres %					
56		Quartal 1	Quartal 2	Quartal 3	Quartal 4	Gesamt	
57	Nord	26,71	24,01	26,04	23,24	100,00	

Ermitteln Sie den durchschnittlichen Anteil der Kunden am Umsatz eines Quartals in den jeweiligen Verkaufsgebieten. Zu diesem Zweck müssen Sie zunächst die Anzahl der Kunden in den einzelnen Gebieten ermitteln. Außerdem soll der Gesamtwert ermittelt werden.

	A	B	C	D	E	F	G
62		Durchschnittlicher Anteil am Gesamtumsatz des Jahres pro Unternehmen					
63		Quartal 1	Quartal 2	Quartal 3	Quartal 4	Gesamt	Unternehmen
64	Nord	75.708,17 €	68.073,67 €	73.820,50 €	65.891,50 €	283.493,83 €	6
65	West	38.097,00 €	38.981,40 €	35.363,60 €	41.801,00 €	154.243,00 €	5
66	Ost						
67	Süd						

Ermitteln Sie, ob alle oder einzelne Quartalsumsätze von Kunden einen bestimmten Quartalsumsatz erreicht haben. Als Ergebnis soll entweder *WAHR* oder *FALSCH* ausgegeben werden. Ermitteln Sie außerdem, in wie vielen Gebieten die Umsatzzahl erreicht wurde.

Hinweis: *Die genutzten Funktionen benötigten entweder kein oder ein mathematisches Zeichen. Daher sind zwei Eingaben erforderlich, was natürlich zu Fehlern führen kann. Will man dies vermeiden, muss, wie anschließend gezeigt wird, die Funktion VERKETTEN genutzt werden.*

	A	B	C	D	E	F	G	H	I
69	Quartalsumsatz								400000
70									>400000
71									
72		Quartal 1		Quartal 2		Quartal 3		Quartal 4	
73		alle	einzelne	alle	einzelne	alle	einzelne	alle	einzelne
74	Alle Verkaufsgebiete	FALSCH	WAHR	FALSCH	WAHR	FALSCH	WAHR	FALSCH	FALSCH
75	Gebiete		1		1		1		0

	A	B	C	D	E	F	G	H	I
69	Quartalsumsatz								500000
70									>500000
71									
72		Quartal 1		Quartal 2		Quartal 3		Quartal 4	
73		alle	einzelne	alle	einzelne	alle	einzelne	alle	einzelne
74	Alle Verkaufsgebiete	FALSCH	FALSCH	FALSCH	FALSCH	FALSCH	FALSCH	FALSCH	FALSCH
75	Gebiete		0		0		0		0

Mithilfe der Funktion VERKETTEN werden Zelleninhalte zusammengeführt. Die Werte können je nach Bedarf in die Zellen **G78** (< > >= usw.) und **H78** eingegeben werden. Sie werden danach aus der Zelle **I78** ausgelesen.

	A	B	C	D	E	F	G	H	I
78	Quartalsumsatz über						>	400.000,00 €	>400000
79									
80		Quartal 1		Quartal 2		Quartal 3		Quartal 4	
81		alle	einzelne	alle	einzelne	alle	einzelne	alle	einzelne
82	Alle Verkaufsgebiete	FALSCH	WAHR	FALSCH	WAHR	FALSCH	WAHR	FALSCH	WAHR
83	Gebiete		1		1		1		0

	G	H	I
78	>	400000	=VERKETTEN(G78;H78)

Umsatzauswertungen

Aufgabenstellung

Laden Sie die Mappe *Kunden* mit den Daten der Kunden. Wählen Sie die Tabelle *Umsatzauswertungen* aus. Werten Sie die Daten der Kunden nach verschiedenen Gesichtspunkten aus. Nachfolgend werden teilweise Ausschnitte der Auswertungen angezeigt, damit Sie Vergleichsmöglichkeiten haben.

Tabelle	**Kunden**	**Umsatzauswertungen 2**

Erstellen Sie die folgende Auswertung der Kundendaten:

	A	B	C	D	E	F
27		**Quartalsumsätze**				
28		Quartal 1	Quartal 2	Quartal 3	Quartal 4	Gesamt
29	Summe	979.528,00 €	955.826,00 €	947.702,00 €	936.961,00 €	3.820.017,00 €
30	Minimum	2.398,00 €	3.452,00 €	654,00 €	4.098,00 €	13.064,00 €
31	Maximum	234.543,00 €	198.098,00 €	182.765,00 €	210.987,00 €	811.615,00 €
32	Durchschnitt	54.418,22 €	53.101,44 €	52.650,11 €	52.053,39 €	212.223,17 €
33	Anzahl	18	18	18	18	18

Zählen und summieren Sie die Bereiche entsprechend der angegebenen Werte.

	A	B	C	D	E	F
35		**Umsätze bis**				
36		Quartal 1	Quartal 2	Quartal 3	Quartal 4	Gesamt
37	<100000	15				
38	>=100000	3				
39	Summe	18				
40						
41	Summe < 100000	502.789,00 €				
42	Summe >= 100000	476.739,00 €				
43	Summe	**979.528,00 €**				

Auswahl mit SVERWEIS

Aufgabenstellung

Durch die Eingabe einer Kundennummer werden Daten des entsprechenden Kunden ausgegeben.

Tabelle (Ausschnitt)	**Kunden**	**Auswahl mit SVERWEIS**

	A	B	C	D	E	F	G	H
1	**Kunden**							
2								
3					**Umsatz**			
4	Kunden_Nr	Name1	Ort	Verkaufsgebiet	Quartal 1	Quartal 2	Quartal 3	Quartal 4
5	200	Otto Artig e. Kfm.	Leer	Nord	20.234,00 €	24.987,00 €	39.876,00 €	16.745,00 €
6	201	Hans Kassens KG	Lingen	Nord	7.987,00 €	3.452,00 €	7.654,00 €	6.742,00 €
7	202	Bürohandlung KG	Meppen	Nord	89.087,00 €	56.009,00 €	123.876,00 €	78.098,00 €

	A	B	C	D	E	F	G	H
24	Kunden_Nr							201
25								
26	201	Hans Kassens KG	Lingen	Nord	7.987,00 €	3.452,00 €	7.654,00 €	6.742,00 €

10.6 Maschinenlaufzeiten

Anhand der Maschinenlaufzeiten sollen verschiedene Auswertungen im Hinblick auf das Datum und die Uhrzeit vorgenommen werden.

Aufgabenstellung

Erstellen Sie eine Mappe mit dem Namen *Maschinenlaufzeiten*, geben Sie Daten ein und werten sie diese aus.

Tabelle	Maschinenlaufzeiten	Daten und Auswertungen

Erstellen Sie die folgende Tabelle und berechnen Sie die Laufzeiten:

	A	B	C	D	E	F
1	Maschinenlaufzeiten					
2						
3	Datum	Maschine	Wochentag	Beginn	Ende	Laufzeit
4	01.09.2020	OK	Dienstag	5:14	22:16	17:02
5	02.09.2020	Defekt	Mittwoch			
6	03.09.2020	OK	Donnerstag	6:00	20:16	14:16
7	04.09.2020	OK	Freitag	6:12	23:12	17:00
8	05.09.2020		Samstag			
9	06.09.2020		Sonntag			
10	07.09.2020	OK	Montag	5:43	21:43	16:00
11	08.09.2020	OK	Dienstag	6:18	19:14	12:56
12	09.09.2020	OK	Mittwoch	7:14	21:56	14:42
13	10.09.2020	OK	Donnerstag	5:15	17:19	12:04
14	11.09.2020	OK	Freitag	4:12	22:23	18:11
15	12.09.2020		Samstag			
16	13.09.2020		Sonntag			
17	14.09.2020	OK	Montag	6:12	20:15	14:03
18	15.09.2020	OK	Dienstag	5:17	21:13	15:56

Lösungshinweise

- Formatieren Sie die Zellen **A5** bis **A19** als *Datum, kurz*. Formatieren Sie danach den Bereich **D5** bis **F19** als Uhrzeit mit Stunden und Minuten.
- Das Datum kann nach unten kopiert werden, indem man die Zellen **A5** und **A6** markiert und dann mit der Maus über die rechte untere Ecke die Reihe vervollständigt. Die Autoausfüll-Funktion des Programms steht auch bei den Wochentagen zur Verfügung.

Datum	Maschine
01.09.2020	OK
02.09.2020	Defekt
03.09.2020	
04.09.2020	OK

Wochentag	Beginn
Dienstag	5:14
Mittwoch	
Donnerstag	6:00
Freitag	6:12

- Soll, wie oben gezeigt, die Laufzeit nur dann angezeigt werden, wenn die Maschine wirklich genutzt wurde, muss mit der WENN-Funktion überprüft werden, ob eine Anfangszeit gegeben ist. Ist dies nicht der Fall, wird kein Wert ausgegeben, ansonsten die Anfangszeit von der Endzeit abgezogen. Angaben dazu finden Sie bei den Beispielen für die Funktion WENN.

Tabelle	Maschinenlaufzeiten	Daten und Auswertungen

Werten Sie mit der Funktion SVERWEIS die Tabelle aus.

	A	B	C	D	E	F
20	Datum					04.09.2020
21						
22	04.09.2020	OK	Freitag	6:12	23:12	17:00

Tabelle	Maschinenlaufzeiten	Daten und Auswertungen

Bestimmen Sie die angegebenen Werte.

	A	B	C	D	E	F
24	Auswertungen					
25						
26	Früheste Anfangszeit			4:12		
27	Späteste Anfangszeit			7:14		
28	Durchschnittliche Anfangszeit			5:45		
29	Früheste Endzeit				17:19	
30	Späteste Endzeit				23:12	
31	Durchschnittliche Endzeit				20:58	
32	Laufzeit (gesamt)					152:10
33	Laufzeit (minimal)					12:04
34	Laufzeit (maximal)					18:11
35	Laufzeit (durchschnittlich)					15:13
36	Laufzeit über 14 Stunden					8
37						
38	Maschine defekt		1			
39	Produktionstage		10			
40	Produktionstage (geplant)		11			

Lösungshinweis

Die Berechnungen sind mit den zur Verfügung stehenden Funktionen relativ einfach durchzuführen. Lediglich die Berechnung der Laufzeit (gesamt) ergibt als Ergebnis ohne eine spezielle Formatierung den Wert *8:10*, da die normale Formatierung von der Uhrzeit nur 24 Stunden vorsieht (6 * 14 Std = 144 Std, 152:10 Std – 144 Std = 8:10 Std). Über die benutzerdefinierte Formatierung **[hh]:mm** kann die richtige Darstellung gewählt werden.

Vorsicht ist jedoch bei der Weiterverarbeitung geboten. Es handelt sich lediglich um eine Formatierung. Bei dem Auslesen der Stundenzahl wird nicht 152, sondern 8 ausgegeben, ein falscher Wert. Auf der nächsten Seite wird u. a. gezeigt, wie eine richtige Stunden- und Minutenzahl ermittelt wird. Mit diesen Zahlen kann dann problemlos weitergearbeitet werden, z. B. die Kosten berechnet werden, die bei der Nutzung der Maschine anfallen können.

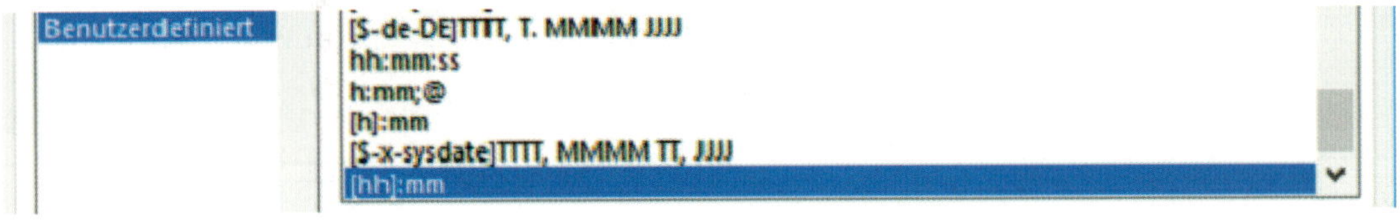

Tabelle	Maschinenlaufzeiten	Daten und Auswertungen

Ermitteln sie die folgenden Werte aus den Ausgangsdaten. Die Umrechnung der Stunden und Minuten am Ende wird formelmäßig dargestellt. Versuchen Sie die Vorgehensweise nachzuvollziehen. Lösen Sie das Problem ansonsten u. U. durch Einzelschritte.

A	B	C	D	E	F	G	H	I
Auswertungen								
			Anfangszeit		Endzeit		Laufzeit	
Tag	Monat	Jahr	Stunde	Minute	Stunde	Minute	Stunde	Minute
1	9	2020	5	14	22	16	17	2
2	9	2020						
3	9	2020	6	0	20	16	14	16
4	9	2020	6	12	23	12	17	0
5	9	2020						
6	9	2020						
7	9	2020	5	43	21	43	16	0
8	9	2020	6	18	19	14	12	56
9	9	2020	7	14	21	56	14	42
10	9	2020	5	15	17	19	12	4
11	9	2020	4	12	22	23	18	11
12	9	2020						
13	9	2020						
14	9	2020	6	12	20	15	14	3
15	9	2020	5	17	21	13	15	56
Laufzeit (gesamt)							149	190
Laufzeit (gesamt)							**152**	**10**

	A	H	I
61	Laufzeit (gesamt)	=SUMME(H46:H60)	=SUMME(I46:I60)
62	Laufzeit (gesamt)	**=H61+ABRUNDEN(I61/60;0)**	**=I61-((H62-H61)*60)**

Tabelle	Maschinenlaufzeiten	Daten und Auswertungen

Berechnen Sie die Daten für die einzelnen Wochentage.

	A	B	C	D	E	F	G	H	I
64	Auswertungen								
65									
66				Anfangszeit		Endzeit		Laufzeit	
67	Laufzeiten			Stunden	Minuten	Stunden	Minuten	Tage	Minuten
68	Montag			11	55	41	58	30	3
69	Dienstag			16	49	62	43	44	114
70	Mittwoch			7	14	21	56	14	42
71	Donnerstag			11	15	37	35	26	20
72	Freitag			10	24	45	35	35	11
73	Samstag			0	0	0	0	0	0
74	Sonntag			0	0	0	0	0	0
75	Laufzeit (gesamt)							149	190
76	Laufzeit (gesamt)							**152**	**10**

11 Diagramme

11.1 Vorbemerkungen

Die Erstellung von Diagrammen, die wirtschaftliche Zahlen aussagekräftig darstellen, ist durch die Verwendung leistungsfähiger Tabellenkalkulationsprogramme relativ einfach geworden. Die Umwandlung von Zahlenmaterial in grafische Darstellungen macht den Sachverhalt für den Betrachter anschaulich. Das Erkennen von Trends, wirtschaftlichen Entwicklungen usw. wird wesentlich vereinfacht.

11.2 Darstellungsarten

Wirtschaftliche Daten lassen sich auf verschiedene Art und Weise darstellen, beispielsweise als Säulen-, Linien- oder Kreisdiagramm. Es empfiehlt sich genau zu bedenken, welche Darstellung für einen bestimmten Sachverhalt gewählt werden soll. So können Umsätze sicherlich ausgezeichnet als Säulendiagramm dargestellt werden; wenn der jeweilige Anteil am Umsatz zu erkennen sein soll, auch besonders gut als Kreisdiagramm.

Besonders geeignet, um die Entwicklung wirtschaftlicher Tatbestände anzugeben, sind z. B. Linien- oder Säulendiagramme. Sollen verschiedene Tatbestände in einem Diagramm abgebildet werden, ist ein Verbunddiagramm zu wählen. Optisch ansprechend sind sehr oft 3-D-Darstellungen, da sie den Sachverhalt formschön präsentieren.

Säulendiagramm	**Balkendiagramm**
Die Entwicklung und die Gegenüberstellung von Daten lässt sich besonders gut mit dem Säulendiagramm darstellen. 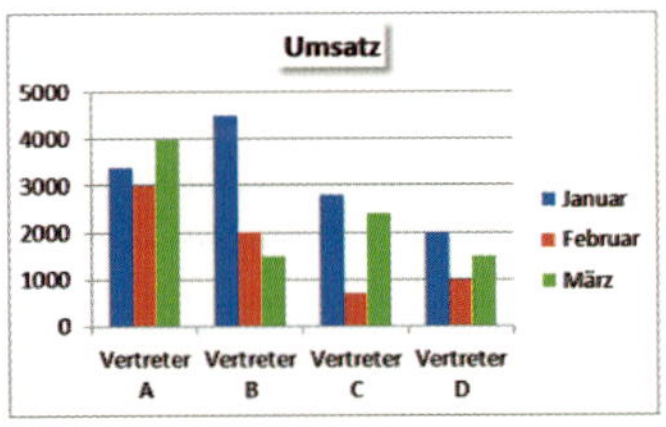	Ein Balkendiagramm eignet sich wie ein Säulendiagramm für die Entwicklung und Gegenüberstellung von Daten. 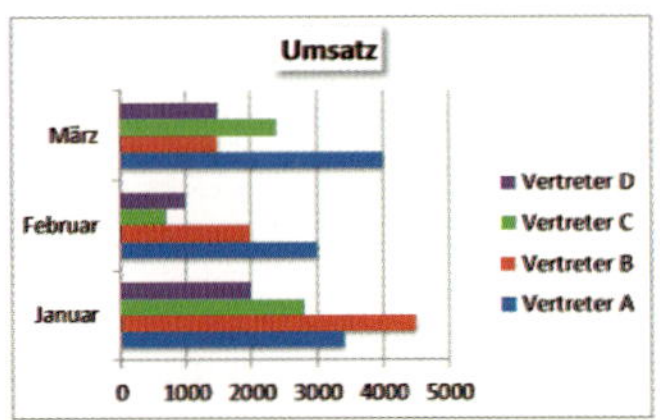

Kreisdiagramm	**Liniendiagramm**
Anteilige Werte werden besonders effektiv in einem Kreisdiagramm dargestellt. 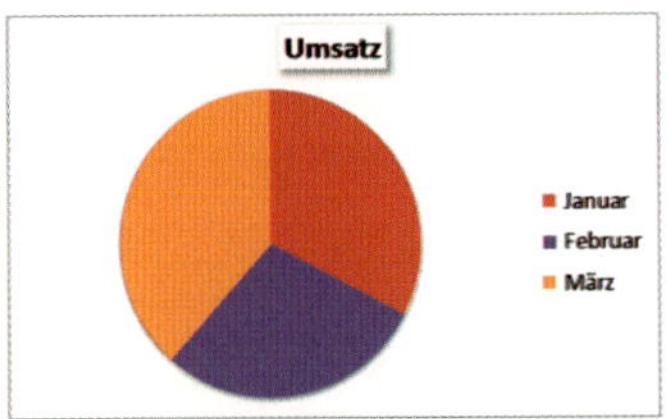	Die Entwicklung von Werten wird anschaulich mit einem Liniendiagramm dargestellt. 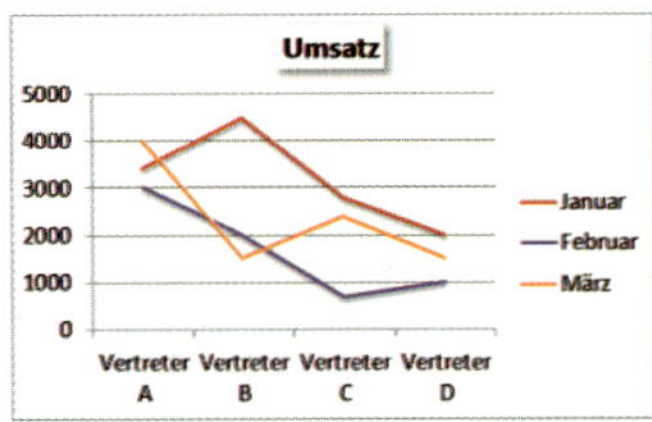

Ein wesentlicher Gesichtspunkt bei der Auswahl des Diagrammtyps muss jedoch die Übersichtlichkeit sein. Überfrachtete Grafiken sind sehr oft nicht mehr aussagekräftig und werden daher vom Betrachter nicht angenommen.

Die Tabellenkalkulation **Excel** stellt außerdem die nachfolgend abgebildeten Diagrammtypen zur Verfügung. Jeder Diagrammtyp wird in unterschiedlichen Varianten angeboten.

Fläche	**Punkt**	**Kurs**	**Oberfläche**	**Ring**	**Statistik**	**Netz**	**Verbund**
	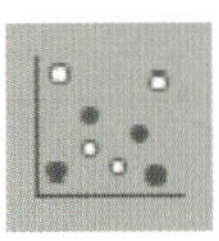	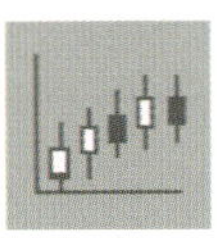		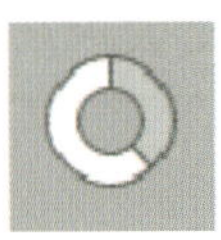	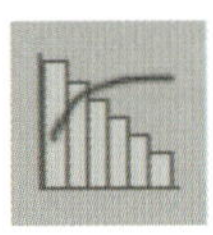		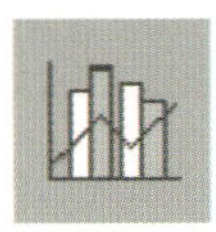

11.3 Bearbeitungshinweise

Bei der Erstellung von Diagrammen sind Arbeitsschritte in einer bestimmten Reihenfolge vorzunehmen.

<table>
<tr><th>Bearbeitung</th><th>Erklärung</th></tr>
<tr><td>Markieren</td><td>Die Zellen, deren Werte und Bezeichnungen in einem Diagramm dargestellt werden sollen, werden mit der Maus markiert.

Grundsätzlich ist es möglich, Überschriften usw. mit zu markieren, um diese automatisch in das Diagramm einzufügen. Ist das Programm dazu nicht in der Lage, werden zunächst nur Zahlenwerte markiert und später entsprechende Ergänzungen im Diagramm vorgenommen. Dies dürfte öfters vorkommen.</td></tr>
<tr><td rowspan="4">Auswählen des Diagrammtyps</td><td>Alternative 1: Empfohlene Diagramme</td></tr>
<tr><td>Nach dem Anklicken der Schaltfläche Empfohlene Diagramme in der Gruppe Diagramme im Register Einfügen werden Diagrammarten mit einer Vorschauansicht angeboten, die für die Darstellung des Sachverhalts besonders geeignet sind.

Alle anderen Diagrammtypen können ebenfalls ausgewählt werden. Auch dabei werden Diagramme in der Vorschauansicht gezeigt.

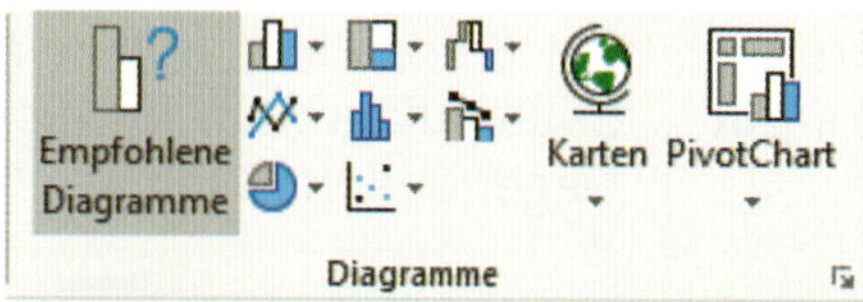
</td></tr>
<tr><td>Alternative 2: Schaltflächen in der Gruppe Diagramme</td></tr>
<tr><td>Durch das Anklicken einer Schaltfläche in der Gruppe Diagramme im Register Einfügen wird die gewünschte Diagrammart ausgewählt. Danach wird bestimmt, welche spezielle Form das Diagramm haben soll, ob es sich z. B. beim Säulendiagramm um ein 2D- oder 3D-Diagramm handeln soll, ob die Daten nebeneinander oder in gestapelter Form dargestellt werden sollen usw.

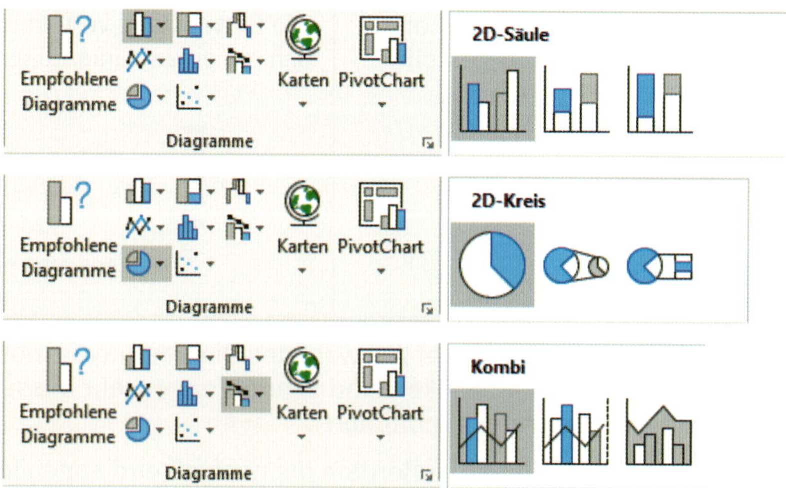
</td></tr>
<tr><td>Nachbearbeitung</td><td>Das Ergebnis muss in der Regel nachbearbeitet werden. Beispielsweise müssen eine Überschrift, eine Legende usw. hinzugefügt oder Formatierungen usw. vorgenommen werden.</td></tr>
</table>

11.4 Erstellung eines Diagramms 1

Am Beispiel des Umsatzes der Vertreter soll die Erstellung eines Diagramms demonstriert werden. Die Möglichkeiten der Gestaltung des Diagramms werden danach beschrieben.

Im ersten Beispiel werden lediglich die Werte und die Achsenbeschriftungen, die unterhalb der x-Achse stehen sollen, markiert. Andere Bezeichnungen wie z. B. die Überschrift und die Legende werden nachträglich hinzugefügt.

Bearbeitungsschritte

- Laden Sie die Mappe *Umsatz1* und speichern Sie diese unter dem Namen *Umsatz_Diagramm_1* wieder ab.
- Markieren Sie die Bereiche, die für die Erstellung eines Diagramms benötigt werden. Markieren Sie zunächst den Bereich **A6** bis **A9**, drücken Sie die Taste [**Strg**] und markieren Sie anschließend bei gedrückter Taste [**Strg**] den Bereich **D6** bis **D9**.

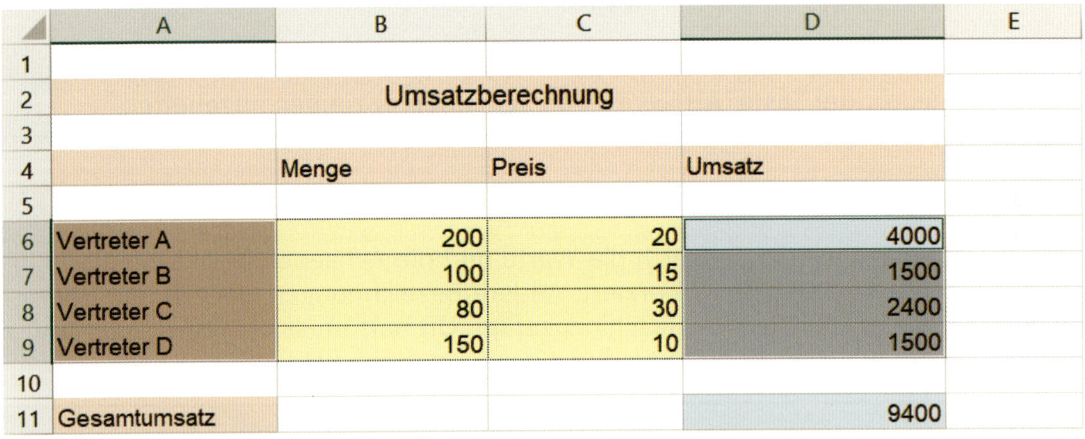

	A	B	C	D	E
1					
2	Umsatzberechnung				
3					
4		Menge	Preis	Umsatz	
5					
6	Vertreter A	200	20	4000	
7	Vertreter B	100	15	1500	
8	Vertreter C	80	30	2400	
9	Vertreter D	150	10	1500	
10					
11	Gesamtumsatz			9400	

- Klicken Sie im Register **Einfügen** in der Gruppe **Diagramme** die Schaltfläche **Empfohlene Diagramme** an. Durch Anklicken können Sie zwischen den in diesem Fall empfohlenen Diagrammarten **Säule**, **Kreis** und **Balken** wählen.

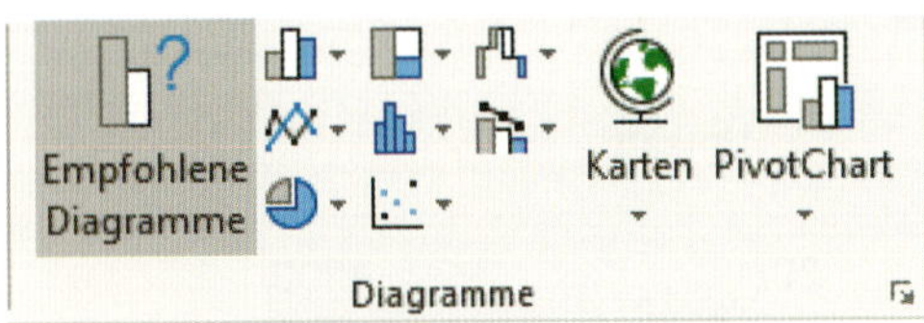

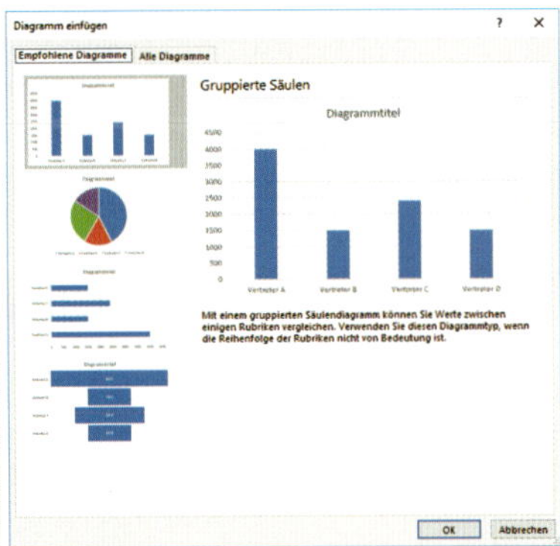

- Durch Anklicken des Reiters **Alle Diagramme** können auch alle zur Verfügung stehenden Optionen angezeigt werden.

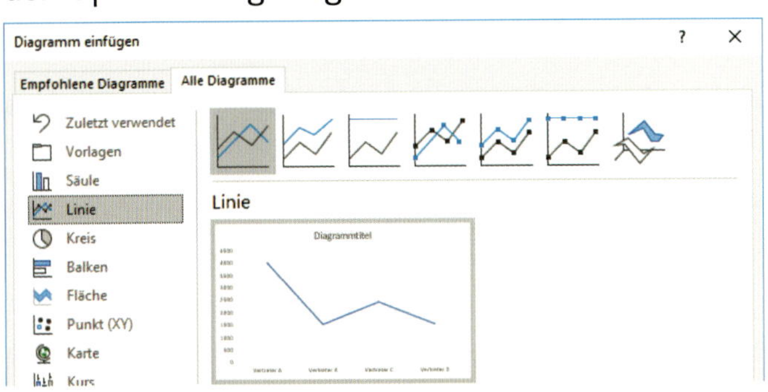

Bearbeitungsschritte (Fortsetzung)

- Nach Auswahl der Diagrammart und Anklicken der Schaltfläche **OK** wird das gewünschte Diagramm in das Tabellenblatt eingefügt. Allerdings ist das Diagramm noch nicht sehr aussagekräftig. Einzelne Elemente, wie z. B. die Überschrift, fehlen noch. Das Diagramm muss daher nachbearbeitet werden.

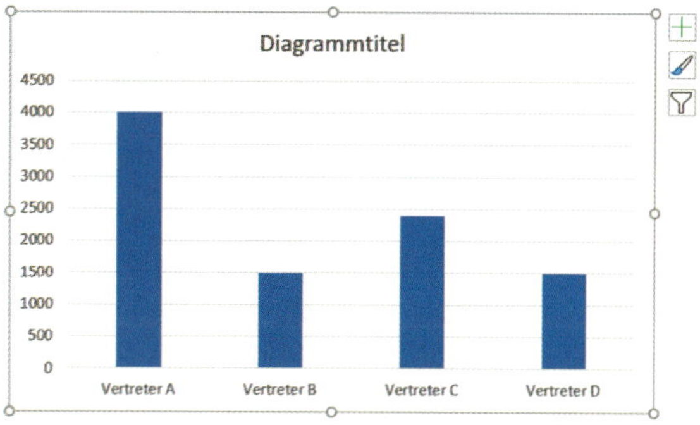

- Sie können nun das Diagramm mit der Maus an eine gewünschte Position verschieben. Bei gedrückter Taste [**Alt**] wird es an Zellenbegrenzungen angeheftet.

11.5 Erstellung eines Diagramms 2

Im zweiten Beispiel werden lediglich die Werte und die Achsenbeschriftungen, die unterhalb der x-Achse stehen sollen, markiert. Andere Bezeichnungen wie z. B. die Überschrift und die Legende werden nachträglich hinzugefügt. Oftmals muss dieser Weg gewählt werden, da eine automatische Zuordnung durch das Programm nicht erfolgen kann.

Bearbeitungsschritte

- Laden Sie die Mappe *Umsatz1* und speichern Sie diese unter dem Namen *Umsatz_Diagramm_2* wieder ab.
- Markieren Sie die Bereiche, die für die Erstellung eines Diagramms benötigt werden. Markieren Sie zunächst den Bereich **A6** bis **A9**, drücken Sie die Taste [**Strg**] und markieren Sie anschließend bei gedrückter Taste [**Strg**] den Bereich **D6** bis **D9**.

	A	B	C	D	E
1					
2		Umsatzberechnung			
3					
4		Menge	Preis	Umsatz	
5					
6	Vertreter A	200	20	4000	
7	Vertreter B	100	15	1500	
8	Vertreter C	80	30	2400	
9	Vertreter D	150	10	1500	
10					
11	Gesamtumsatz			9400	

- Klicken Sie im Register **Einfügen** in der Gruppe **Diagramme** die Schaltfläche **Säule** an. Mehrere Arten werden angezeigt. Wählen Sie die erste **2D-Säule** aus.

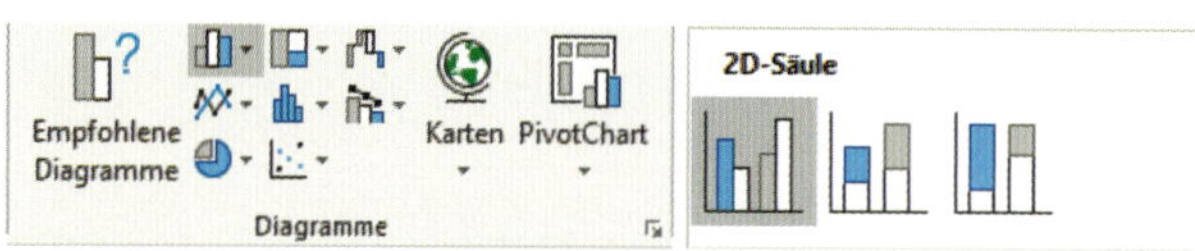

- Wie beim ersten Beispiel wird ein unvollständiges Diagramm ohne die Bezeichnung *Diagrammtitel* angezeigt.

11.6 Erstellung eines Diagramms 3

Im dritten Beispiel wird davon ausgegangen, dass die Zellen für die Beschriftungen sofort mit markiert werden können und das Programm automatisch eine richtige Zuordnung vornimmt. Da die Zuordnung je nach Aufbau der Tabelle nicht immer automatisch geschieht, ist zu überlegen, ob auf diese Art der Markierung verzichtet werden kann, wenn die Datenstruktur problematisch erscheint.

Bearbeitungsschritte

- Laden Sie die Mappe *Umsatz1* und speichern Sie diese unter dem Namen *Umsatz_Diagramm_3* wieder ab.
- Markieren Sie die Bereiche, die für die Erstellung eines Diagramms benötigt werden. Markieren Sie zunächst den Bereich **A4** bis **A9**, drücken Sie die Taste [**Strg**] und markieren Sie anschließend bei gedrückter Taste [**Strg**] den Bereich **D4** bis **D9**.

	A	B	C	D	E
1					
2	Umsatzberechnung				
3					
4		Menge	Preis	Umsatz	
5					
6	Vertreter A	200	20	4000	
7	Vertreter B	100	15	1500	
8	Vertreter C	80	30	2400	
9	Vertreter D	150	10	1500	

- Klicken Sie im Register **Einfügen** in der Gruppe **Diagramme** die Schaltfläche **Säule** an. Verschiedene Säulenarten werden angezeigt. Fahren Sie mit der Maus über die einzelnen angebotenen Diagrammarten. Die Ergebnisse werden jeweils angezeigt. Wählen Sie die erste **2D-Säule** aus.

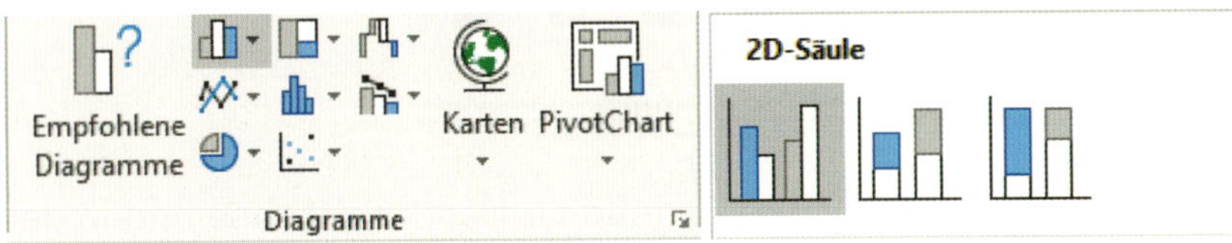

- Das gewünschte Diagramm wird mit Überschrift angezeigt, allerdings ist es noch nicht sehr aussagekräftig. Einzelne Elemente, wie z. B. die Legende, fehlen noch.
- In der Tabelle wird angezeigt, welche Zellen für die Darstellung genutzt und automatisch zugeordnet werden.

	A	B	C	D	E
1					
2	Umsatzberechnung				
3					
4		Menge	Preis	Umsatz	
5					
6	Vertreter A	200	20	4000	
7	Vertreter B	100	15	1500	
8	Vertreter C	80	30	2400	
9	Vertreter D	150	10	1500	

11.7 Erstellung eines Diagramms 4

Liegen alle Werte, die in einem Diagramm dargestellt werden sollen, neben- und hintereinander, ist die Erstellung des Diagramms mit Datenbeschriftung und Legende möglich. Die Nachbearbeitung des Diagramms ist dann in der Regel nicht besonders umfangreich.

Bearbeitungsschritte

- Erstellen Sie die nachfolgende Tabelle. Speichern Sie die Mappe unter dem Namen *Umsatz_Monate*. Markieren Sie den Bereich **A4** bis **D8.**

	A	B	C	D	E
1					
2	Umsatzberechnung				
3					
4		Januar	Februar	März	
5	Vertreter A	3400	3000	4000	
6	Vertreter B	4500	2000	1500	
7	Vertreter C	2800	700	2400	
8	Vertreter D	2000	1000	1500	

- Klicken Sie im Register **Einfügen** in der Gruppe **Diagramme** die Schaltfläche **Empfohlene Diagramme** an. Durch Anklicken können Sie zwischen den in diesem Fall empfohlenen Diagrammarten **Säule**, **Linien**, **Balken** usw. wählen. Der Sachverhalt bietet u. a. an, gestapelte **Säulen-** oder **Balkendiagramme** zu erstellen.

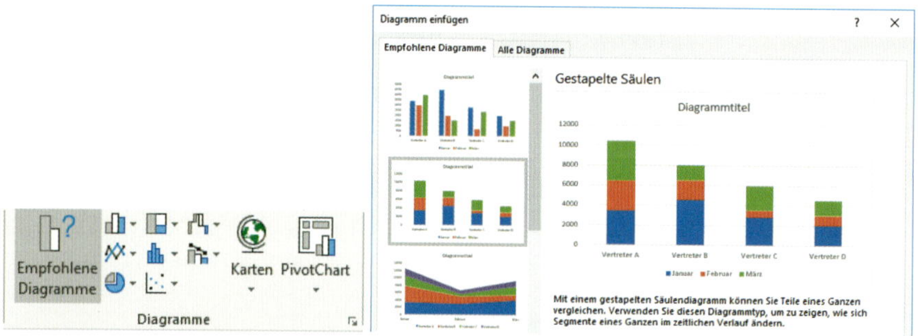

- Erstellen Sie Diagramme mit unterschiedlichen Angaben unter der x-Achse und in der Legende.

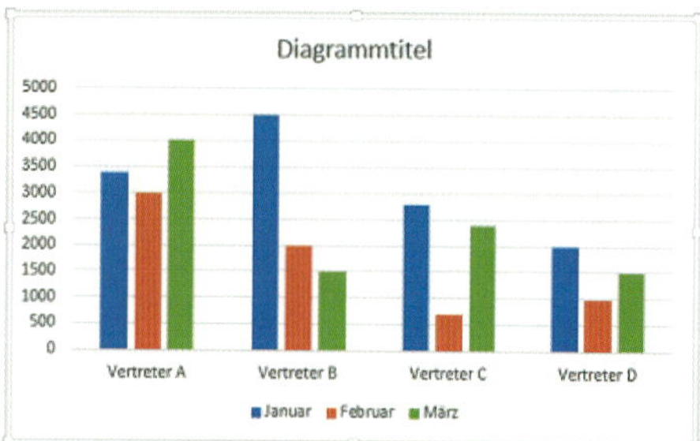

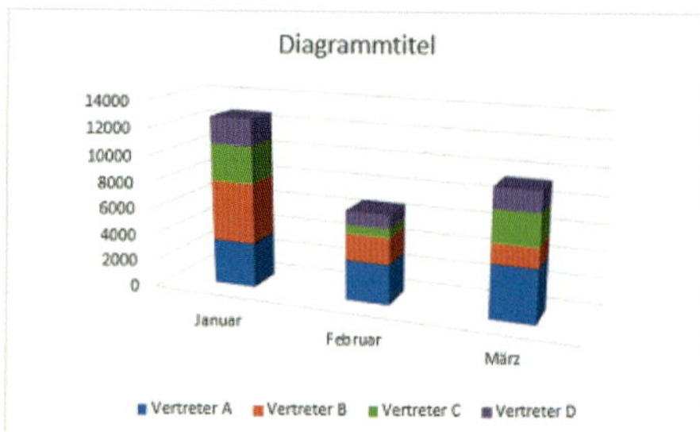

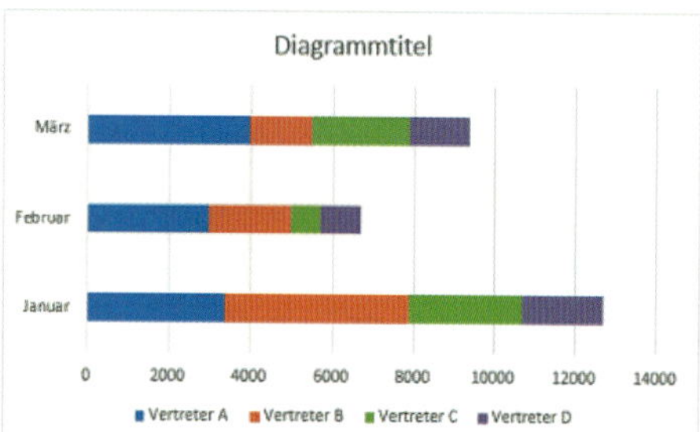

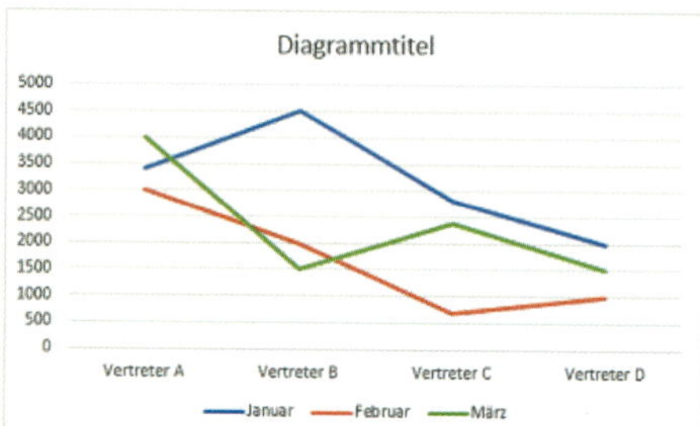

11.8 Nachbearbeitung eines Diagramms

11.8.1 Vorbemerkungen

Anhand eines Säulen-, eines Kreis-, eines Balken-, eines Linien- und eines Punktdiagramms werden nachfolgend die Elemente angegeben, die bearbeitet werden können. Bei anderen Diagrammen sind in der Regel dieselben Möglichkeiten gegeben.

Zur Nachbearbeitung stehen nach dem Markieren eines Diagramms die Schaltflächen der Register **Diagrammtools/Entwurf** und **Diagrammtools/Format** zur Verfügung. Im Wesentlichen gleiche Möglichkeiten bieten Schaltflächen, die neben einem markierten Diagramm eingeblendet werden. Außerdem kann ein Diagramm mithilfe von **Diagrammformatvorlagen** interessant formatiert werden. Danach sind dann u. U. weniger Elemente noch zu bearbeiten.

11.8.2 Elemente eines Diagramms

In einem Diagramm können verschiedene Elemente formatiert werden, z. B. die Schriftgröße und -farbe, der Hintergrund usw. Die folgende Darstellung zeigt die Elemente, die bei einem **Säulendiagramm** beeinflusst werden können. Bei einem Balkendiagramm sind es im Wesentlichen dieselben Elemente, die gestaltet werden können.

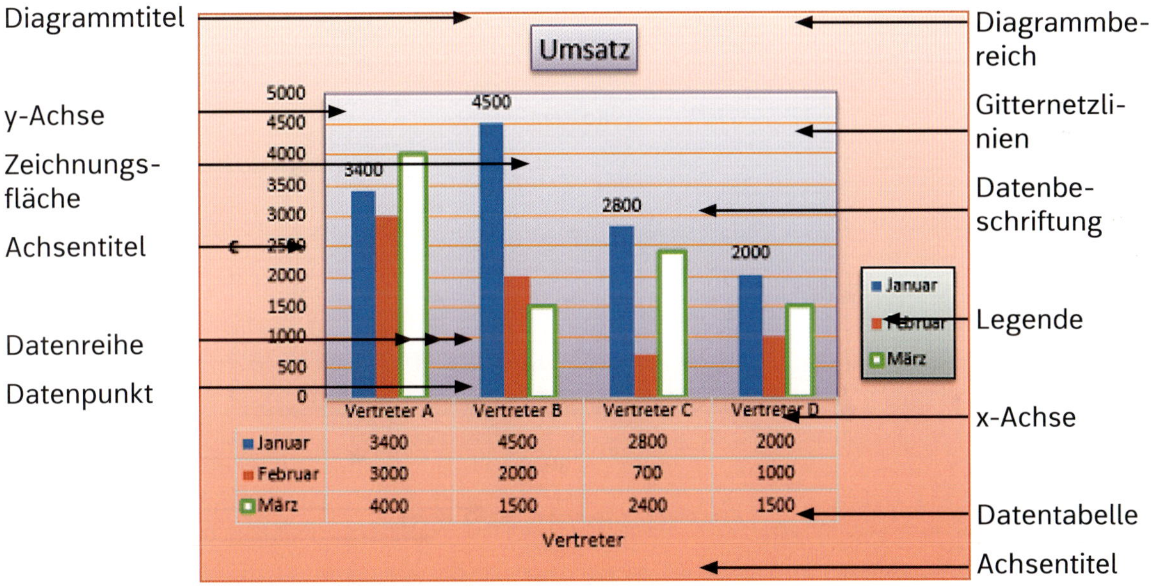

Für ein **Kreisdiagramm** stehen in der Regel wesentlich weniger Beeinflussungsmöglichkeiten zur Verfügung. Dies ist aufgrund der zu verarbeitenden Daten logisch.

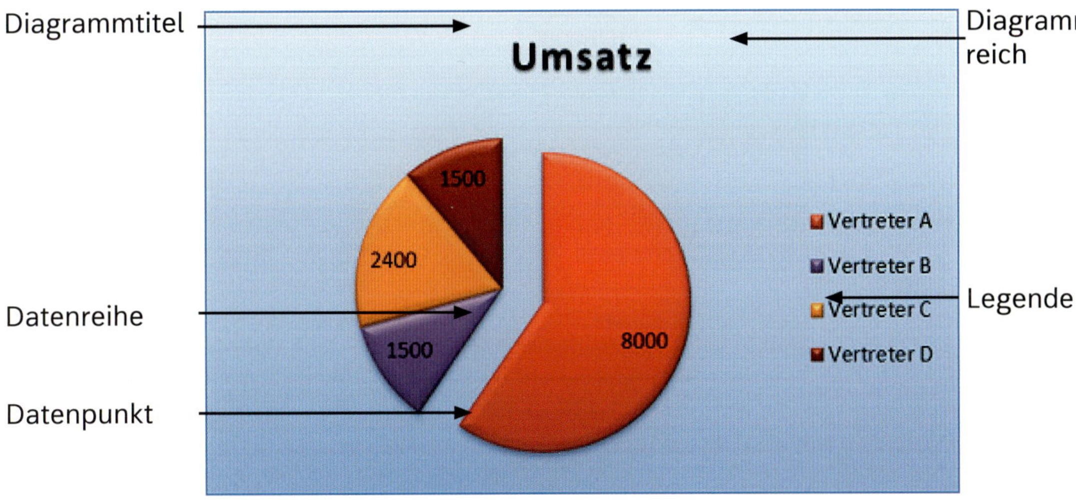

Durch ein **Liniendiagramm** lassen sich besonders gut Kosten- und Erlösverläufe darstellen. Durch das Hervorheben von Datenpunkten, eventuell versehen mit einzelnen Werten, wird ein Verlauf aussagekräftig dargestellt.

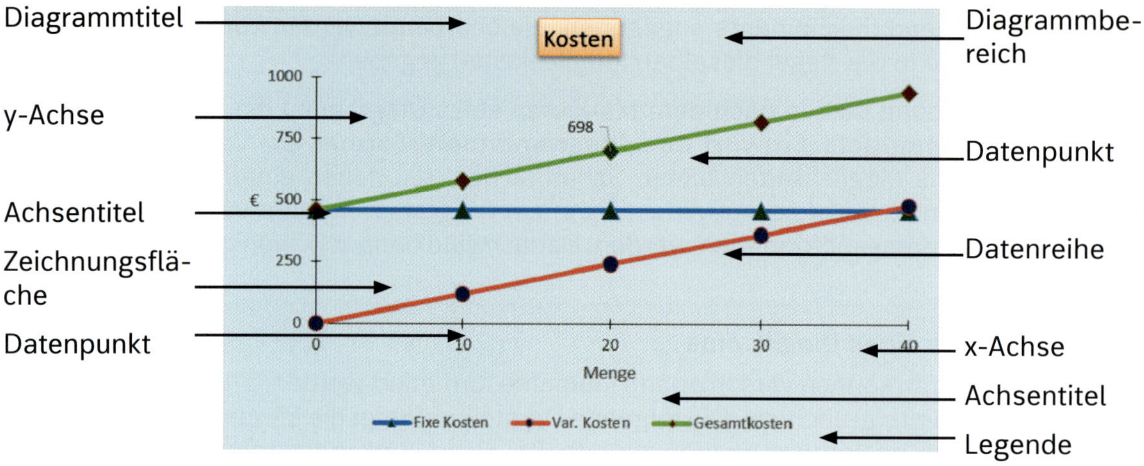

Das **Punktdiagramm** ist mit dem Liniendiagramm vergleichbar. Während beim Liniendiagramm die einzelnen Punkte miteinander verbunden werden, ist dies beim Punktdiagramm nicht der Fall.

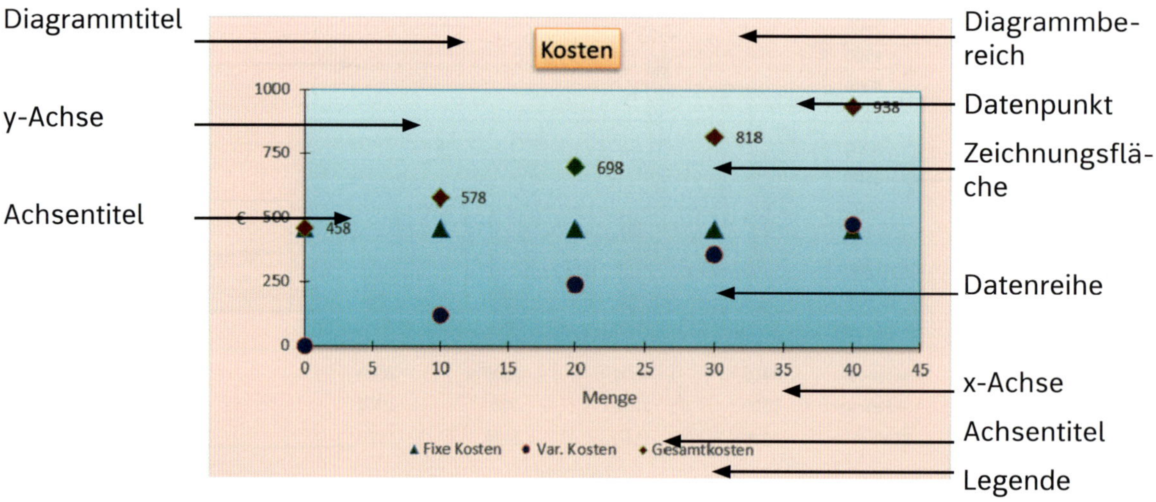

Mit einem **Balkendiagramm** werden Umsätze usw. dargestellt. Grundsätzlich eignet sich das Balkendiagramm für Sachverhalte, die auch mit einem Säulendiagramm dargestellt werden können.

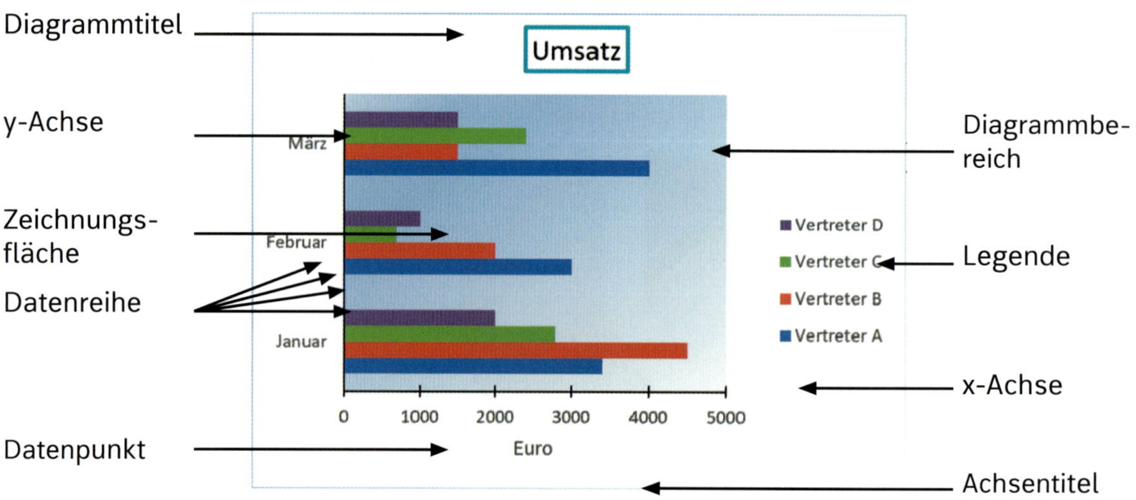

11.8.3 Diagrammtools

Die Bearbeitung eines Diagramms wird mithilfe der zur Verfügung stehenden Diagrammtools vorgenommen. Diese werden nach der Erstellung oder Markierung eines Diagramms automatisch in der Menüleiste eingeblendet.

Diagrammentwurf

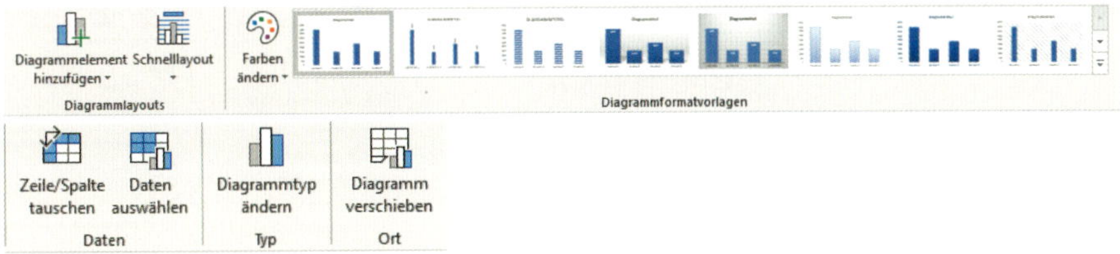

Format

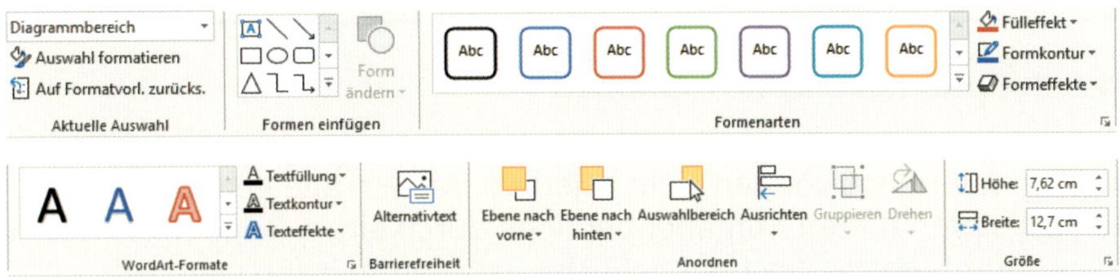

11.8.4 Schaltflächen zur Gestaltung eines Diagramms

Nach Anklicken der neben dem Diagramm vorhandenen Schaltflächen **Diagrammelemente**, **Diagrammformatvorlagen** und **Diagrammfilter** werden Möglichkeiten der Bearbeitung angezeigt. In einer Livevorschau werden mögliche Ergebnisse direkt angezeigt.

Diagrammelemente

Diagrammelemente
Diagrammelemente wie Titel, Legende, Gitternetzlinien oder Datenbeschriftungen hinzufügen, entfernen oder ändern.

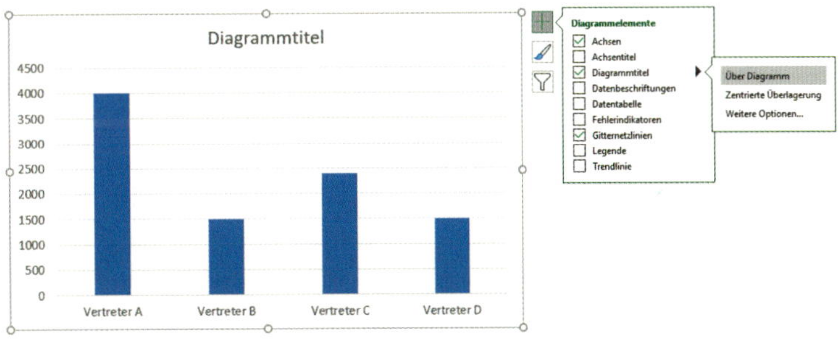

Diagrammformatvorlagen

Diagrammformatvorlagen
Eine Formatvorlage und ein Farbschema für das Diagramm festlegen.

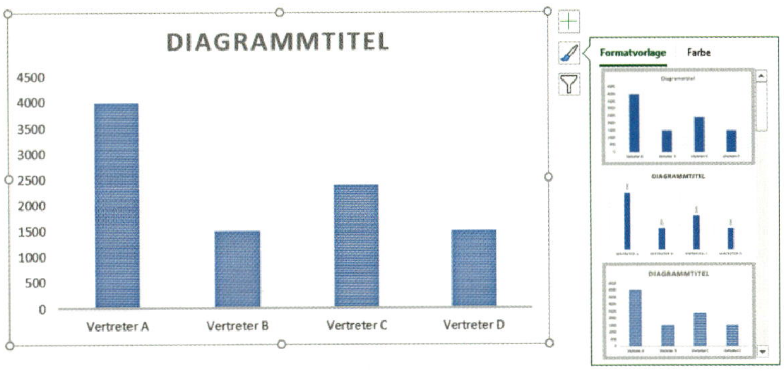

Diagrammfilter

Diagrammfilter
Bearbeiten, welche Datenpunkte und Namen im Diagramm angezeigt werden.

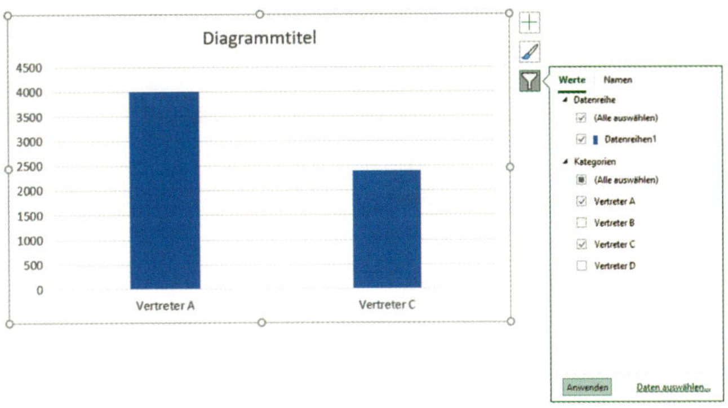

11.8.5 Kontextmenü

Um das Kontextmenü aufzurufen, muss ein Element mit der rechten Maustaste angeklickt werden. Danach stehen sofort einige Optionen wie Füllungen und Rahmen zur Verfügung, es lassen sich jedoch auch alle möglichen Optionen aufrufen.

Kontextmenü	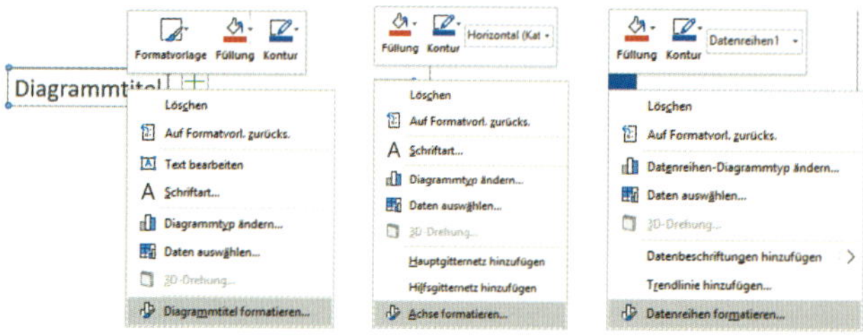

11.8.6 Optionen und Textoptionen

Optionen zur Gestaltung eines Diagramms stehen für alle Bereiche des Diagramms zur Verfügung. Allerdings können nicht in jedem Bereich alle genutzt werden. Am einfachsten können die sogenannten Aufgabenbereiche durch einen Doppelklick auf den jeweiligen Bereich (Diagrammbereich, Zeichnungsfläche usw.) aufgerufen werden.

Bereich	Optionen	
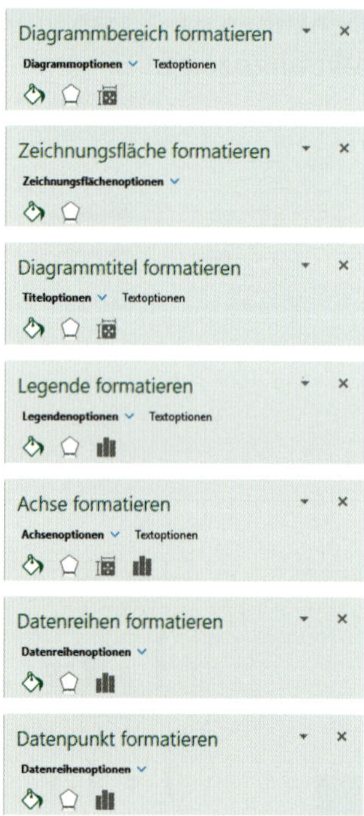		Durch die Nutzung der Schaltfläche **Füllung und Linie** können alle Bereiche mit Rahmen und farblichen und anderen Hintergründen versehen werden.
		Schatten, Leuchteffekte, 3-D Formate usw. werden über die Schaltfläche **Effekte** in verschiedene Bereiche des Diagramms eingefügt.
		**Größe und Eigenschaften** legt u.a. die vertikale Ausrichtung eines Textes fest. Außerdem kann beispielsweise eine Textrichtung bestimmt werden. Auch ein Schrägstellen, z.B. der Überschrift, kann über ausgewählte Winkel realisiert werden.
		Über die **Achsenoptionen** werden z.B. bei einem Säulen- oder Balkendiagramm Intervalle bestimmt, also ob beispielsweise ein Intervall auf der y-Achse 100 oder 500 beträgt. Bei einem Liniendiagramm kann z.B. der Schnittpunkt der Linie mit der y-Achse festgelegt werden.

Textoptionen stehen logischerweise nur in den Bereichen, in denen Texte vorhanden sind, also z.B. dem Diagrammtitel, zur Verfügung. Außerdem kann der ganze Diagrammbereich textlich in wesentlichen Punkten, wie z.B. Farben, identisch gestaltet werden.

Bereich	Textoptionen	
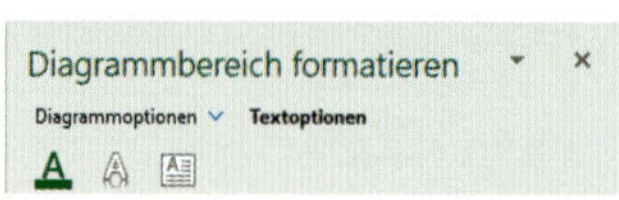		Über die Option **Textfüllung und Kontur** wird z.B. die Farbe oder ein Farbverlauf festgelegt.
		Schatten, Spiegelungen usw. werden über die Option **Texteffekte** eingestellt.
		Ein zuvor erstelltes **Textfeld** wird z.B. ausgerichtet. Auch die Textrichtung kann bestimmt werden.

11.9 Säulendiagramm

11.9.1 Vorbemerkungen

Bei einem Säulendiagramm unterscheidet man zwischen einem gruppierten und einem gestapelten Diagramm. Bei einem gruppierten Säulendiagramm werden Säulen, z. B. für Werte wie Monate, nebeneinander, bei einem gestapelten werden sie übereinander dargestellt. Nachfolgend wird mit einem gruppierten Diagramm gearbeitet, später wird das gestapelte Diagramm ebenfalls erklärt.

11.9.2 Diagrammüberschrift

Am Beispiel der Umbenennung, des Versetzens, des Ein- und Ausblendens, der Gestaltung des Diagrammtitels soll grundsätzlich gezeigt werden, wie Elemente in einem Diagramm bearbeitet werden können. Alle anderen Elemente werden im Prinzip identisch bearbeitet. Es gibt jedoch andere Bearbeitungsmöglichkeiten außer der Formatierung.

Bearbeitungsschritte

- Öffnen Sie die Mappe *Umsatz_Monate*. Löschen Sie alle vorhandenen Diagramme, indem Sie das Diagramm mit der Maus durch Anklicken markieren und danach die **Ausschneiden** in der Gruppe **Zwischenablage** im Register **Start** anklicken. Nach dem Markieren eines Diagramms können Sie die Löschung auch mit der Taste [**Entf**] vornehmen.
- Markieren Sie den Bereich **A5** bis **D8.** Erstellen Sie auf eine der beschriebenen Arten das folgende Diagramm. Einzelne vorhandene Elemente können durch Anklicken und Markieren bearbeitet werden. Markieren Sie daher den Diagrammtitel und geben Sie den neuen Titel ein.

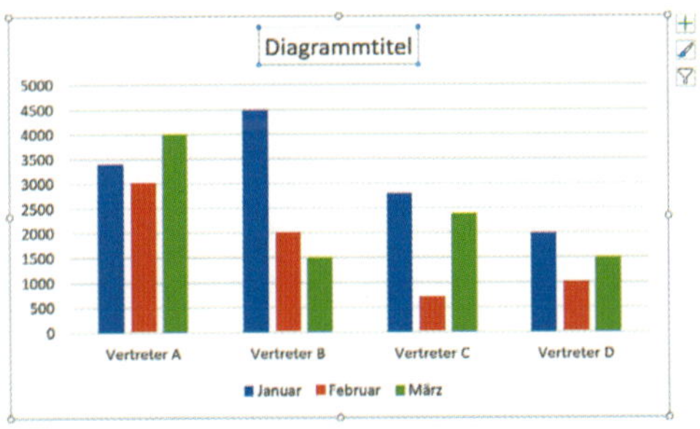

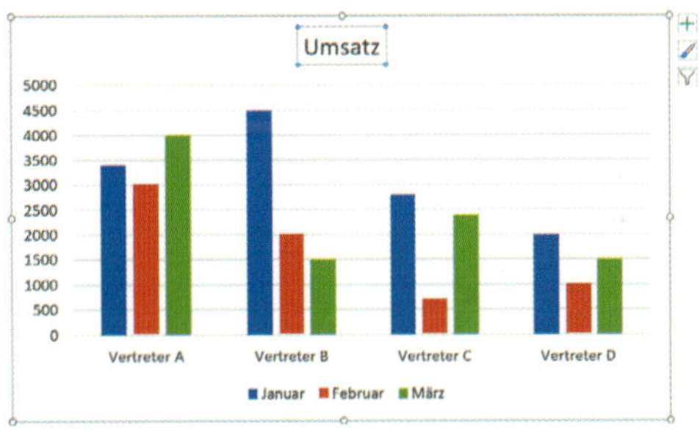

- Klicken Sie zum Hinzufügen und Entfernen von Elementen die Schaltfläche **Diagrammelemente** [+] an. Fahren Sie mit der Maus über die einzelnen Elemente. Das jeweilige Ergebnis wird angezeigt. Klicken Sie den Pfeil im Bereich *Diagrammtitel* an. Im Untermenü sehen Sie, wo der Titel platziert werden kann.

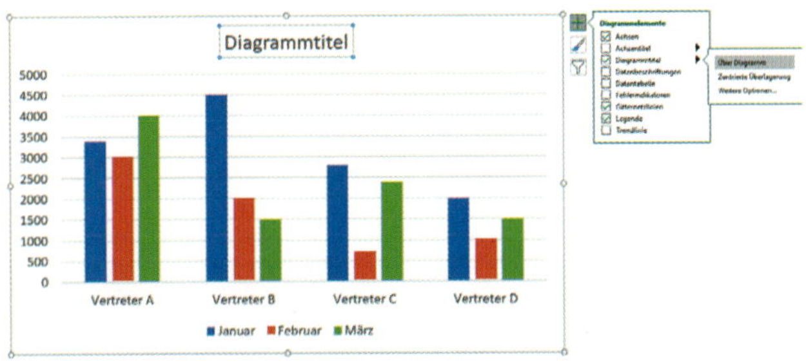

- Alternativ können Sie im Register **Diagramm/Entwurf** in der Gruppe **Diagrammlayouts** die Schaltfläche **Diagrammelement hinzufügen** anklicken und danach bestimmen, ob und wie der Diagrammtitel eingefügt werden soll.

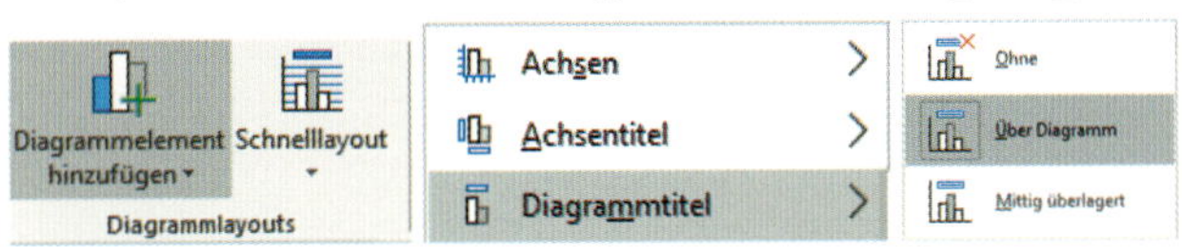

Bearbeitungsschritte (Fortsetzung)

- Wenn Sie mit der Maus an den Rand der markierten Überschrift gehen, können Sie bei gedrückter linker Maustaste die Überschrift an eine beliebige Stelle versetzen.

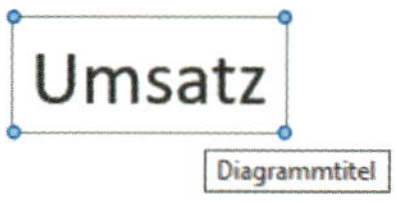

- Über das Register **Diagrammtools/Format**, welches beim Markieren des gesamten Diagramms oder eines Elements des Diagramms automatisch eingeblendet wird, können Sie nun die Überschrift mit Formenarten, Fülleffekten, WordArt-Formaten, Texteffekten usw. bearbeiten.

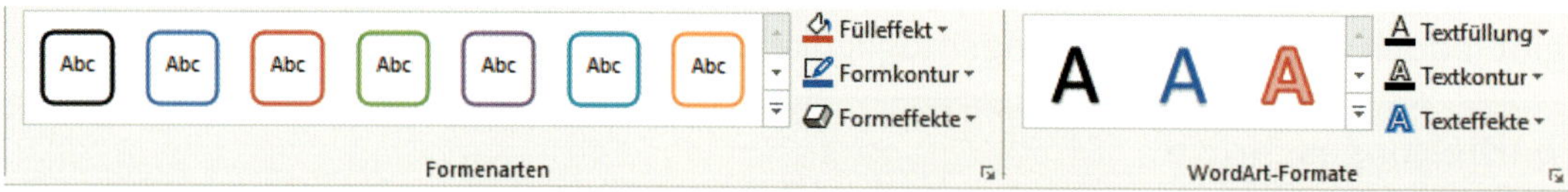

- Probieren Sie einige der Möglichkeiten aus. Achten Sie jedoch unbedingt darauf, dass das Ergebnis gut lesbar und übersichtlich dargestellt wird. Selbstverständlich können Sie auch im Register **Start** in der Gruppe **Schriftart** die Schriftgröße, die Schriftfarbe usw. ändern.

- Alternativ können Sie Einstellungen über die Schaltfläche **Auswahl formatieren** in der Gruppe **Aktuelle Auswahl** im Register **Diagrammtools/Format** bzw. nach Anklicken der Schaltfläche **Diagrammelemente** vornehmen. Die weiteren Optionen können auch über einen Doppelklick auf den Diagrammtitel aufgerufen werden.

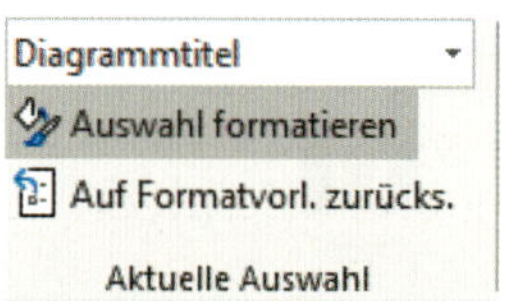

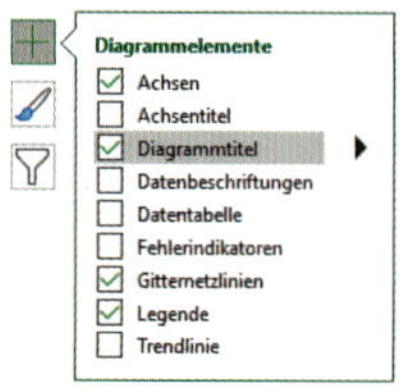

- Probieren Sie einige **Titeloptionen** zur Formatierung des Diagrammtitels aus.

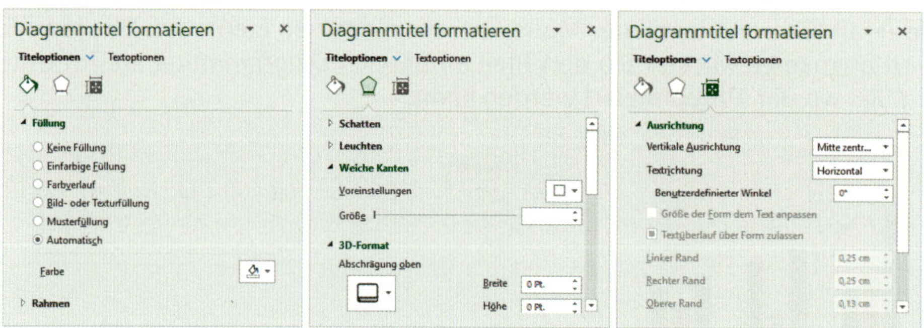

- Probieren Sie einige **Textoptionen** zur Formatierung des Diagrammtitels aus.

11.9.3 Legende

Die Legende erklärt in der Regel außerhalb der Diagrammdarstellung einen Sachverhalt. Sehr oft können etwa die x-Achsen-Werte und die Legenden-Werte getauscht werden, um den Sachverhalt aus einer anderen Perspektive anschaulich zu machen.

Bearbeitungsschritte

- Laden Sie gegebenenfalls die Mappe *Umsatz_Monate*. In der ursprünglichen Form steht die Legende unterhalb des Diagramms.
- Markieren Sie die Legende und wählen Sie sie über das Register **Diagrammtools/ Format** oder über die Schaltfläche **Diagrammelemente** aus. Sie können nun die Legende z. B. *Rechts* anordnen.

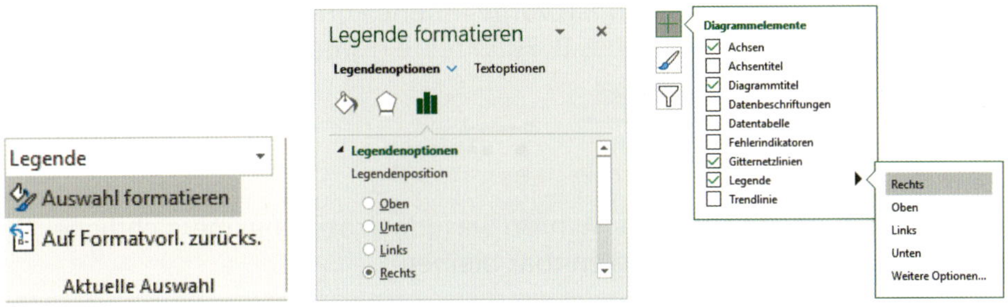

- Nachfolgend sehen Sie das ursprüngliche und das neue Ergebnis:

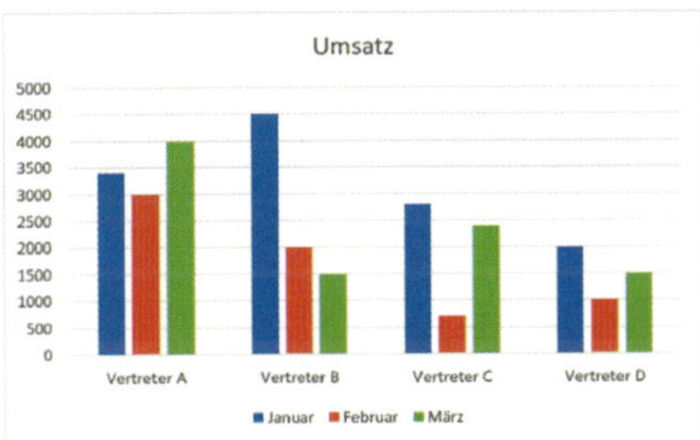

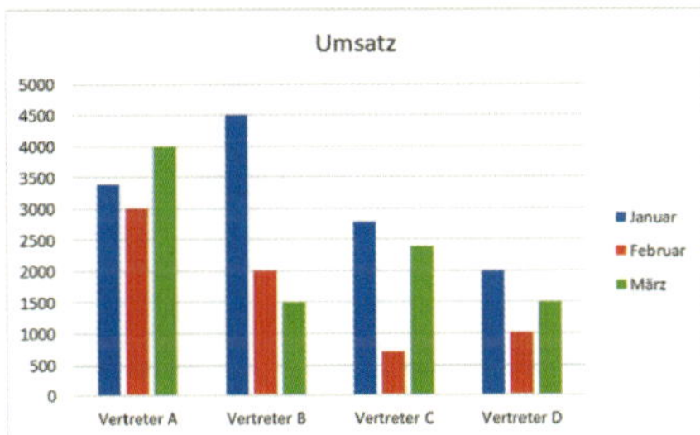

- Unabhängig davon, welche alternative Methode zur Bearbeitung von Elementen Sie nutzen, können Sie weitere Optionen wählen. Es werden Optionen zur Verfügung gestellt, die sich auf das gewählte Element beziehen, z. B. Legendenoptionen. Diese entsprechen im Wesentlichen denen, die bereits bei der Diagrammüberschrift beschrieben wurden. Probieren Sie einige aus. Kehren Sie danach zur ursprünglichen Darstellung zurück.

- Klicken Sie die Schaltfläche **Zeile/Spalten wechseln** in der Gruppe **Daten** im Register **Diagrammtools/Entwurf** an. Dadurch werden nun die Vertreter in der Legende angegeben, die Monate unter der x-Achse.

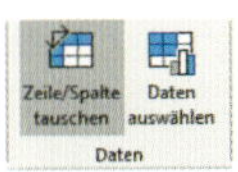

- Ergebnisse sehen beispielsweise so aus. Arbeiten Sie nachfolgend mit der zweiten Darstellung weiter.

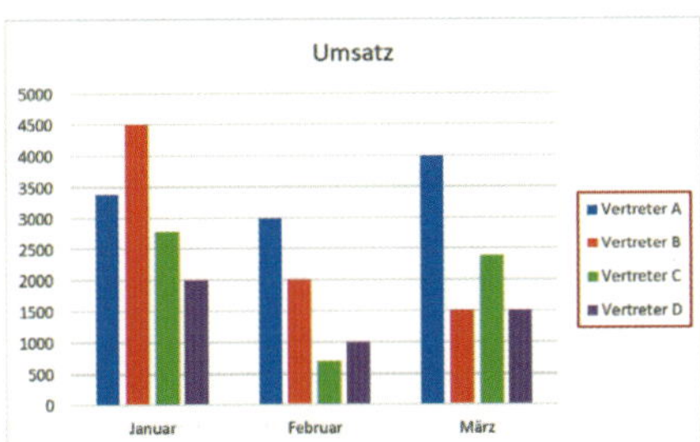

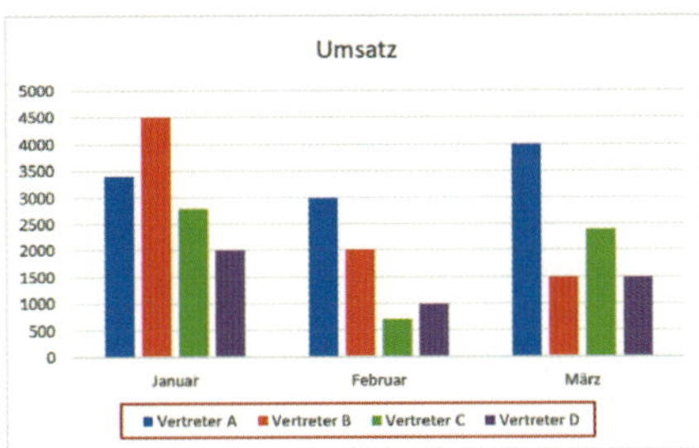

11.9.4 Zeichnungsfläche

Die Zeichnungsfläche enthält die Datendarstellung, also Säulen, Balken, Linien, Kreise usw. Sie kann mit einem Hintergrund und einem Rahmen, aber auch mit Effekten versehen werden. In der Regel scheint es aus Gründen der übersichtlichen Darstellung vernünftig zu sein, nur einen farblichen Hintergrund auszuwählen. Außerdem lässt sich die gesamte Diagrammfläche formatieren. Dadurch wird die Zeichnungsfläche u. U. nochmals deutlich hervorgehoben.

Bearbeitungsschritte

- Laden Sie gegebenenfalls die Mappe *Umsatz_Monate*. Markieren Sie die Zeichnungsfläche, indem Sie den Rand der Fläche anklicken (siehe weiter unten).
- Über die Gruppe **Formenarten** können Sie vorgegebene Formen zur Formatierung des Zeichnungsbereichs nutzen, aber auch z. B. Fülleffekte (Hintergrundfarben).

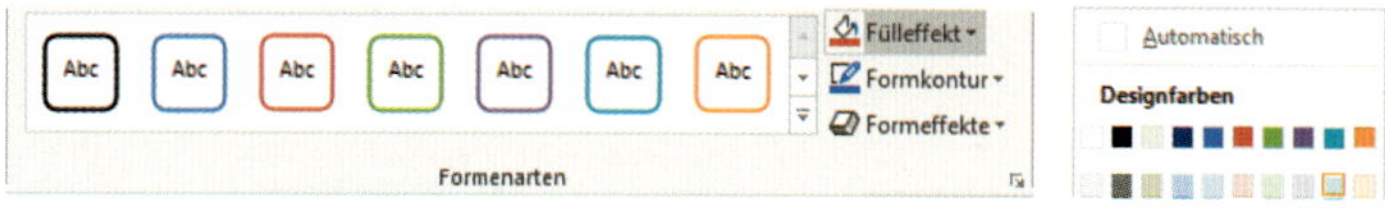

- Probieren Sie einige Möglichkeiten aus. Achten Sie jedoch auf eine übersichtliche Darstellung, damit die Säulen noch gut erkennbar bleiben.

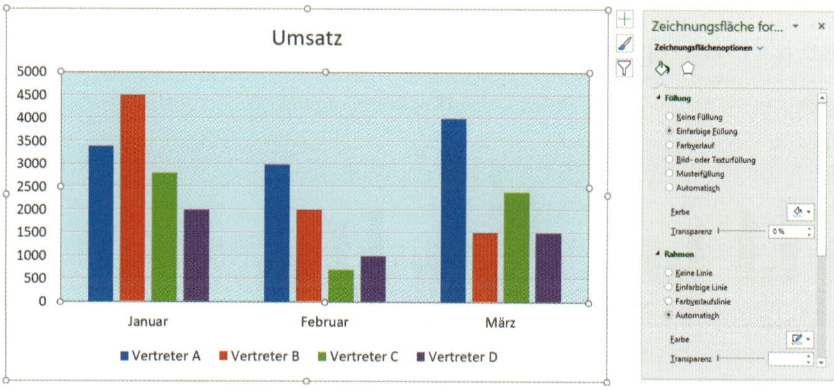

- Markieren Sie die gesamte Diagrammfläche. Wählen Sie danach wie beschrieben einen Hintergrund usw. aus.

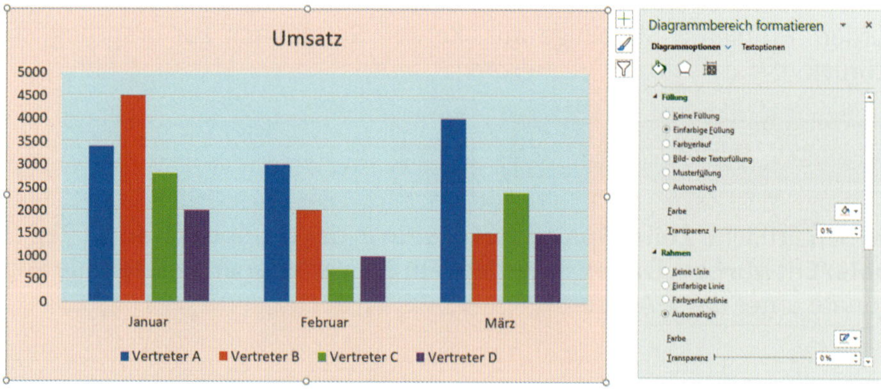

- Alternativ können Sie die Formatierungen über den Aufgabenbereich **Zeichnungsfläche formatieren** bzw. **Diagrammbereich formatieren** vornehmen. Falls der Aufgabenbereich neben dem Diagramm nicht eingeblendet ist, müssen Sie ihn über die Schaltfläche **Auswahl formatieren** in der Gruppe **Aktuelle Auswahl** im Register **Diagrammtools/Format** einblenden. Die weiteren Optionen können auch über einen Doppelklick auf das Diagrammelement aufgerufen werden.

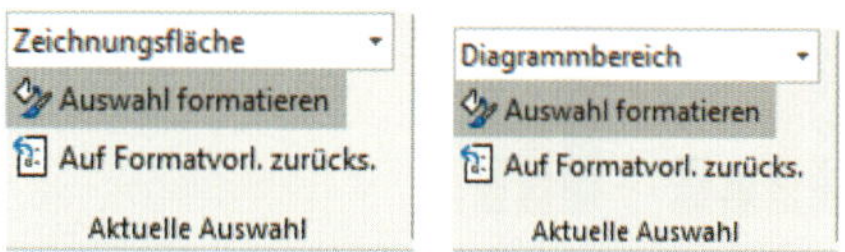

11.9.5 Gitternetzlinien

Gitternetzlinien können ein Diagramm aussagekräftiger machen, etwa dadurch, dass man die Größe von Werten besser einordnen kann. Auf der anderen Seite können sie auch die Übersichtlichkeit von Diagrammen beeinträchtigen.

Bearbeitungsschritte

- Laden Sie gegebenenfalls die Mappe *Umsatz_Monate*. Entfernen Sie einige Formatierungen. Markieren Sie die Gitternetzlinien. Über die Schaltfläche **Diagrammelemente** ⊞ können Sie danach Einstellungen vornehmen.

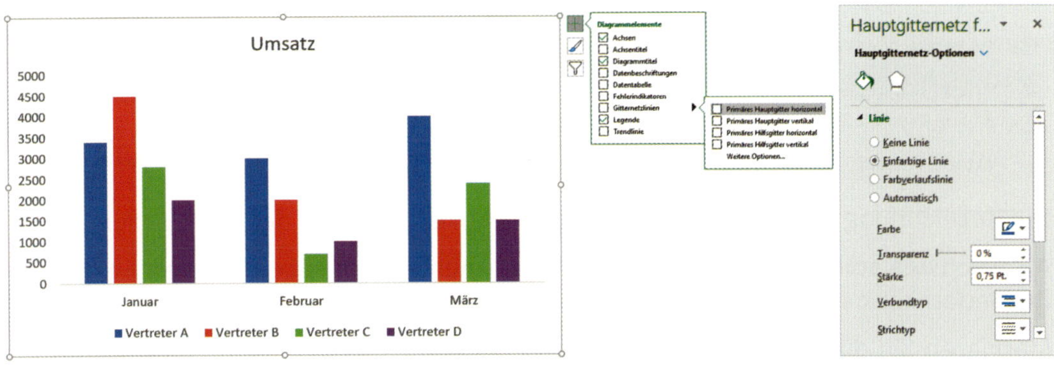

- Die nachfolgenden Abbildungen zeigen Diagramme ohne Gitternetzlinien und mit horizontalen und vertikalen Hauptgitternetzlinien:

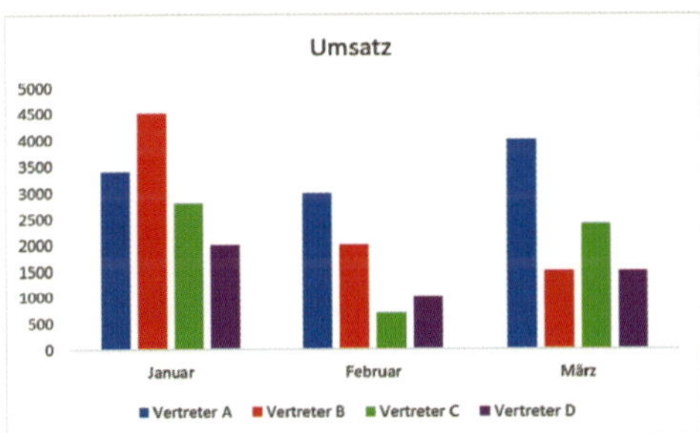

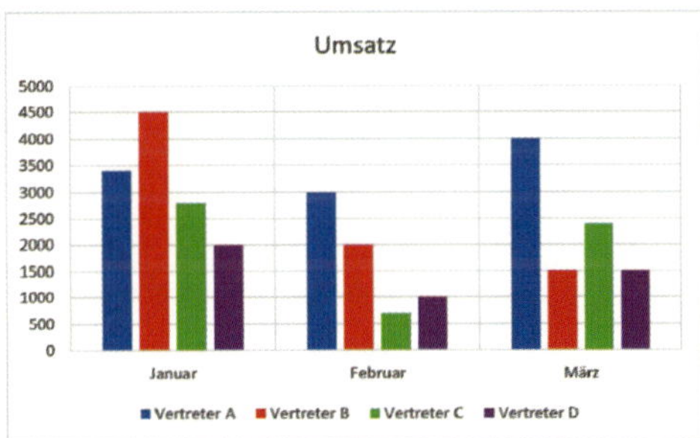

- Um nur eine Gitternetzlinie zu entfernen, kann sie markiert und danach durch Drücken der Taste [**Entf**] gelöscht werden.

11.9.6 Achsen benennen, formatieren und skalieren

Die Achse eines Diagramms kann mit oder ohne Eckpfeile eingeblendet werden. Darüber hinaus können Grenzen (Minimum- und Maximumwerte) und Intervalle (z. B. 1 000, 2 500 usw.) eingegeben werden. Darüber hinaus lassen sich selbstverständlich andere Einstellungen wie die Farbgestaltung usw. vornehmen.

Bearbeitungsschritte

- Laden Sie die Mappe *Umsatz_Monate*. Achsentitel sind noch nicht vorhanden. Blenden Sie den vertikalen Titel über die Schaltfläche **Diagrammelemente** ein.

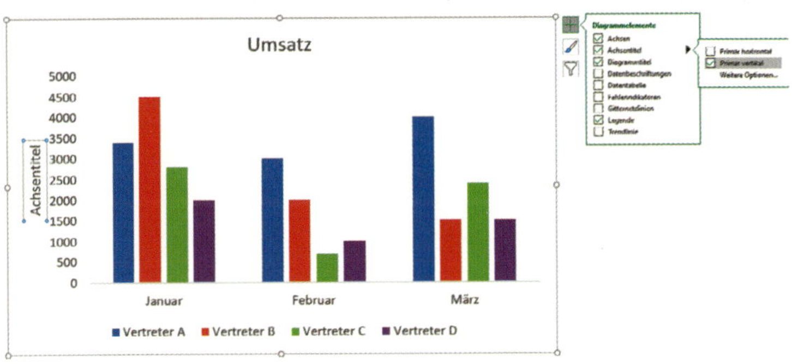

Bearbeitungsschritte (Fortsetzung)

- Ein Achsentitel für die x-Achse erscheint in diesem Fall nicht notwendig, da in der Legende die einzelnen Vertreter angegeben sind und der Titel *Vertreter* dann nicht mehr aussagekräftig ist.
- Ändern Sie den Titel der y-Achse in *Euro*. Der Text ist noch nicht optimal angeordnet. Markieren Sie ihn, falls nötig. Wählen Sie danach in den **Titeloptionen** den Bereich **Größe und Eigenschaften** aus und legen Sie folgende Optionen fest:

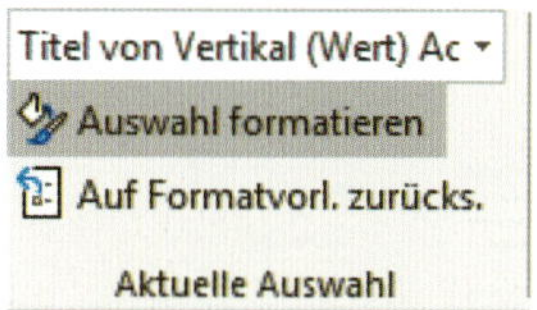

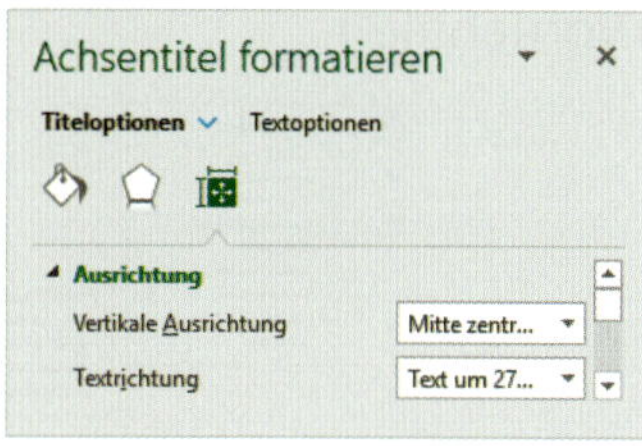

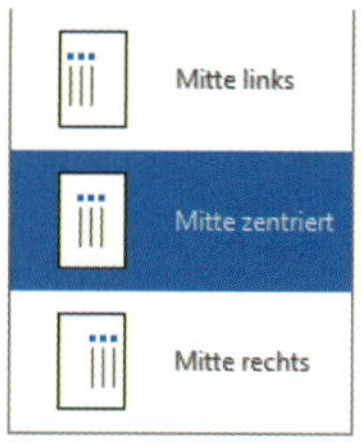

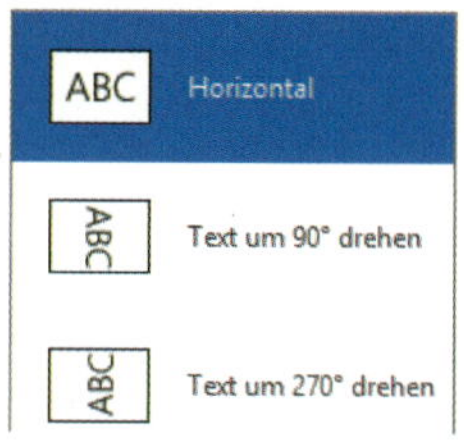

- Die Bezeichnung wird nun korrekt angegeben, wie unten auf der Seite gezeigt wird.
- Als Nächstes sollen fehlende Linien auf der y-Achse und der x-Achse ergänzt werden. Bei Bedarf kann auch ein Pfeil an den Enden der Linie eingefügt werden.
- Markieren Sie die y-Achse. Rufen Sie gegebenenfalls den Bereich **Füllung und Linie** auf und stellen Sie im Bereich **Linie** ein, dass eine einfarbige Linie von einer Stärke von 1,25 Pt. gezeichnet werden soll. Außerdem soll ein Endpfeil angezeigt werden. Formatieren Sie danach die x-Achse bis auf den Pfeil identisch.

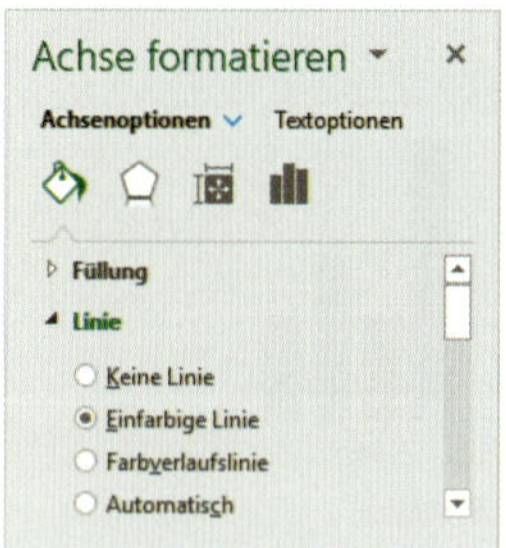

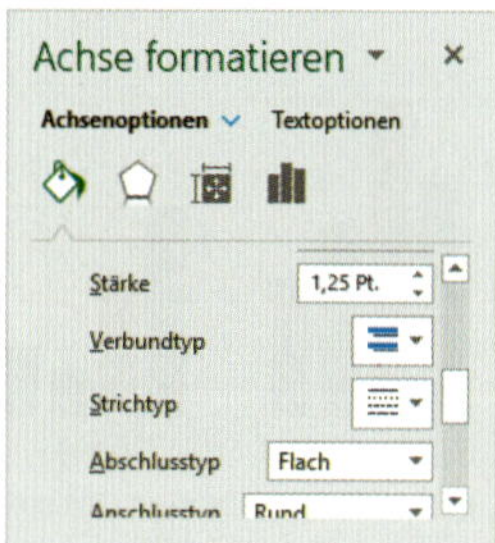

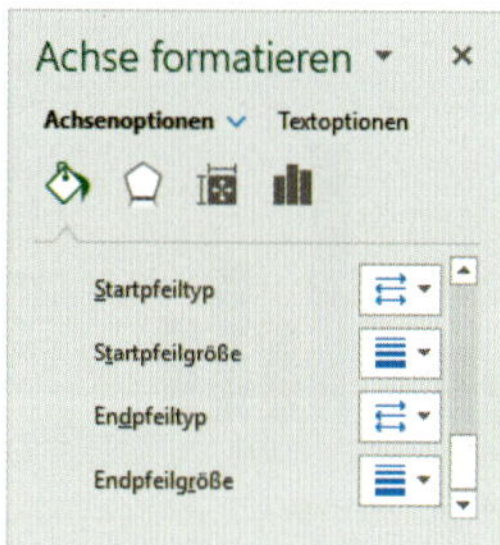

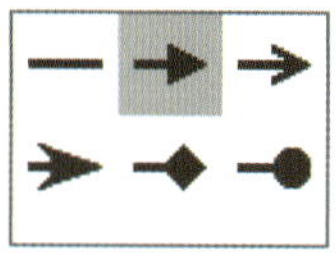

- Das Ergebnis sollte nun in etwa so aussehen:

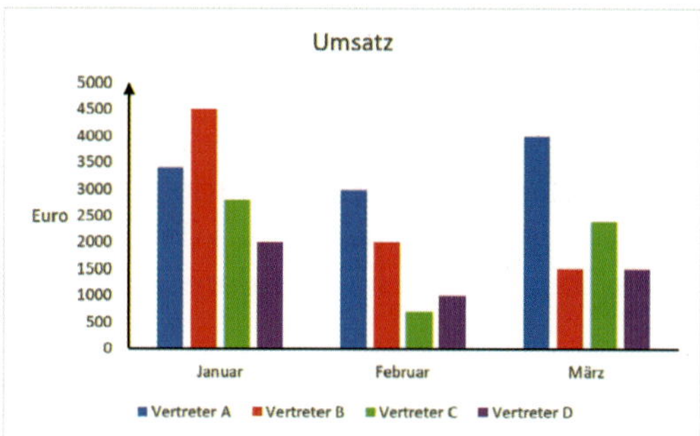

- Anschließend soll die Skalierung auf der y-Achse bearbeitet werden. Es sollen ein Minimalwert, ein Maximalwert und neue Intervalle angegeben werden. Außerdem sollen Teilstriche angezeigt werden. Damit wird die Achse übersichtlicher gestaltet.

Bearbeitungsschritte (Fortsetzung)

- Das Ergebnis sieht in etwa so aus:

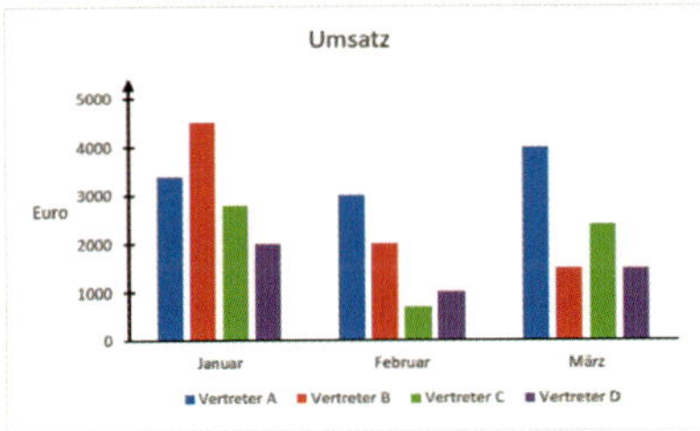

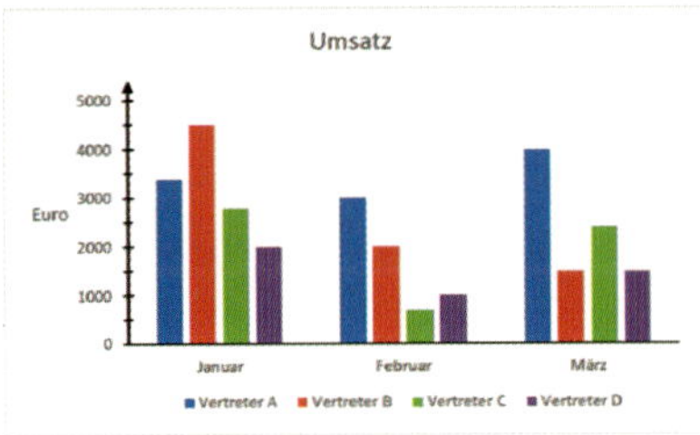

11.9.7 Datenreihen und Datenpunkte

Datenreihen und einzelne Datenpunkte lassen sich farblich ändern, mit einem Bild versehen usw. Die Bearbeitungsmöglichkeiten sollten jedoch nicht dazu führen, dass die Übersichtlichkeit der Darstellung leidet.

Bearbeitungsschritte

- Laden Sie gegebenenfalls die Mappe *Umsatz_Monate*. Markieren Sie anschließend durch Anklicken einer Säule die Umsätze des Vertreters *B*. Wählen Sie eine Form aus. Sie können auch Fülleffekte usw. nutzen und die anderen Säulen formatieren.

- Ein Ergebnis könnte wie nachfolgend dargestellt aussehen. Fraglich ist jedoch, ob eine solche Mischung der gegebenen Möglichkeiten sinnvoll und übersichtlich ist.

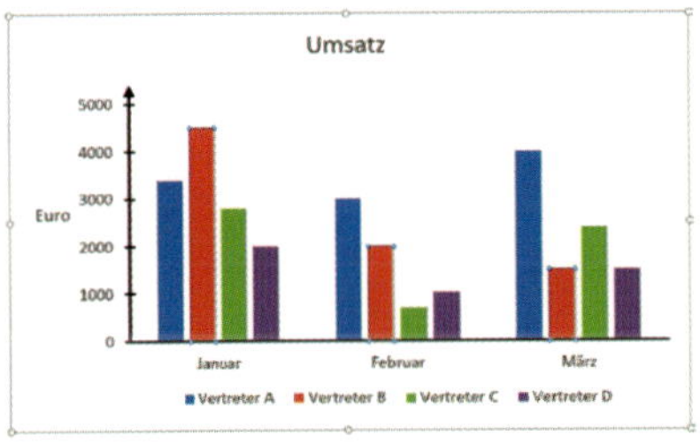

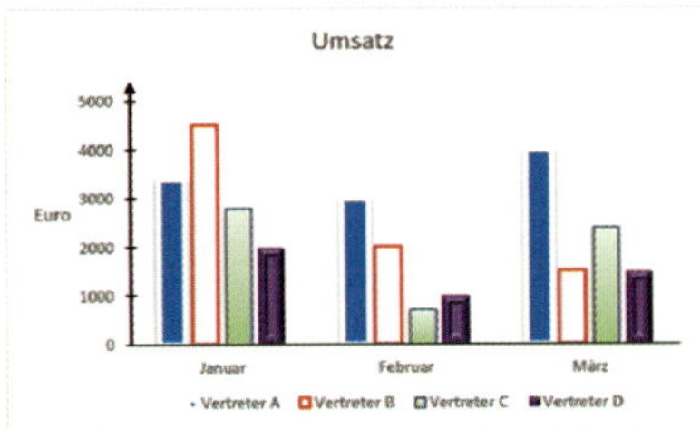

- Markieren Sie den Umsatz des Vertreters *A*. Klicken Sie danach die Säule des Vertreters *A* nochmals an. Die Säule (der Datenpunkt) ist damit markiert. Danach können Sie die Säule anders als die anderen Säulen des Vertreters *A* formatieren.

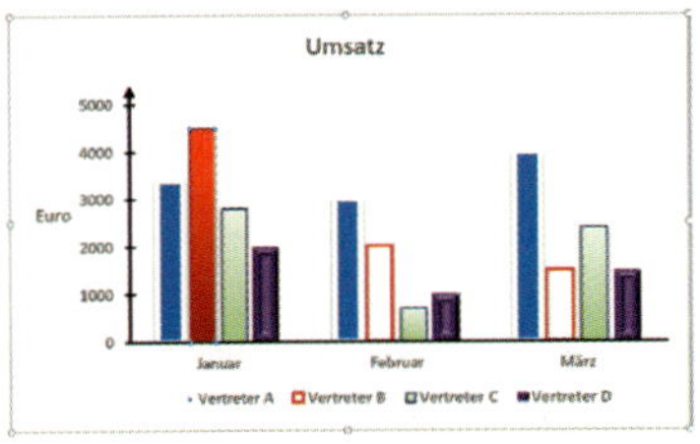

- Im Bereich **Datenreihenoptionen** können Sie bei markierter Datenreihe den Abstand zwischen den einzelnen Monaten ändern. Dies kann Daten übersichtlicher machen.

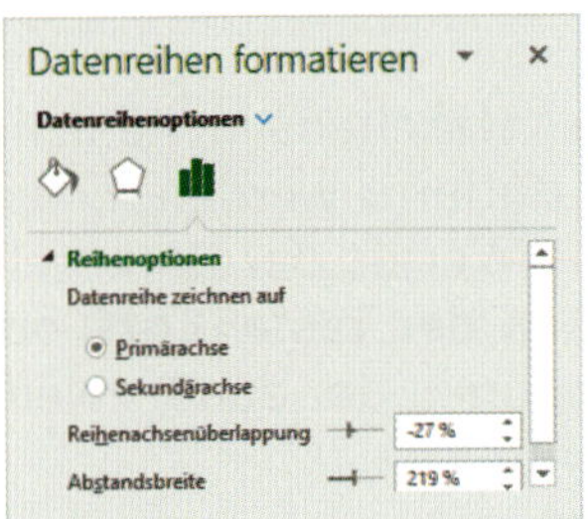

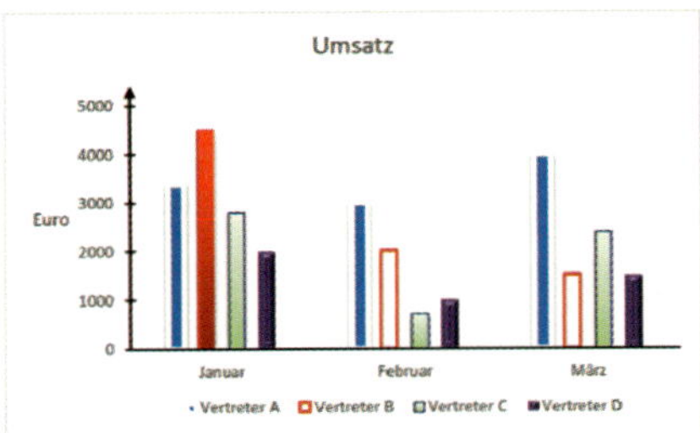

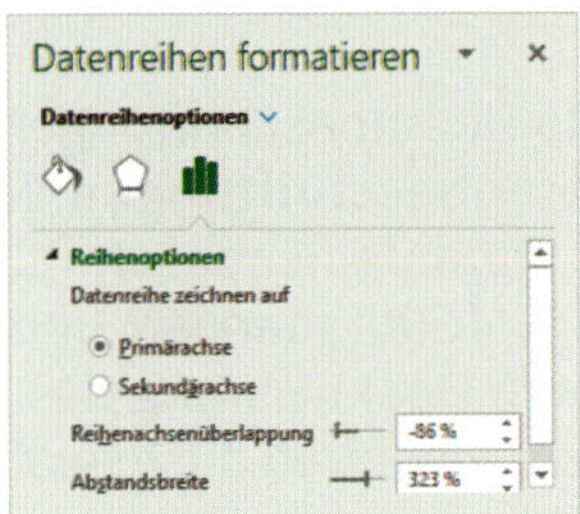

11.9.8 Datenbeschriftung

Datenbeschriftungen sind einerseits hilfreich, um Zahlenwerte genauer anzugeben. Zu diesem Zweck reicht die vertikale Achse oftmals nicht aus. Andererseits können zu viele Informationen das Diagramm unübersichtlich machen.

Bearbeitungsschritte

- Laden Sie gegebenenfalls die Mappe *Umsatz_Monate*. Klicken Sie die Schaltfläche **Diagrammelemente** und danach das Kästchen **Datenbeschriftungen** an. Wählen Sie die Option **Am Ende außerhalb** aus. Die anderen Optionen erscheinen in diesem Fall sehr unübersichtlich.

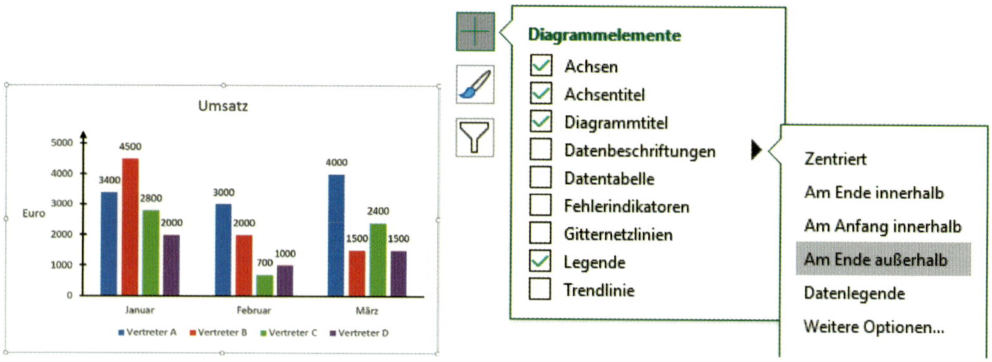

- Sollen beispielsweise die Umsätze des Vertreters *B* im Januar besonders herausgestellt werden, können die Werte z. B. mit Namen versehen werden. Markieren Sie zunächst die Säule des Vertreter *B* im Januar durch zweimaliges Anklicken. Formatieren Sie danach das Element.

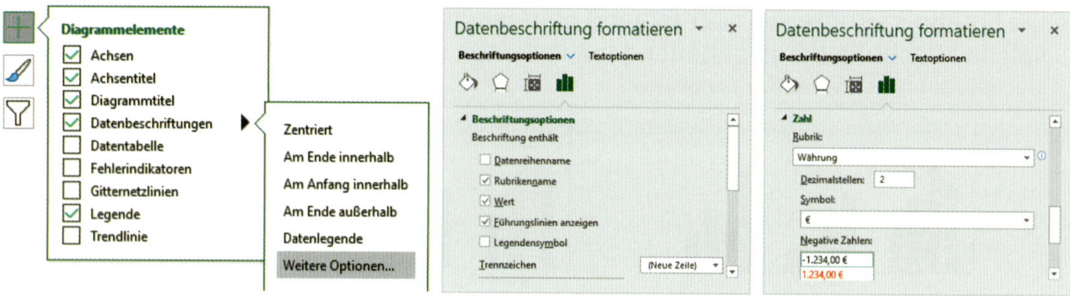

- Das Ergebnis könnte so aussehen:

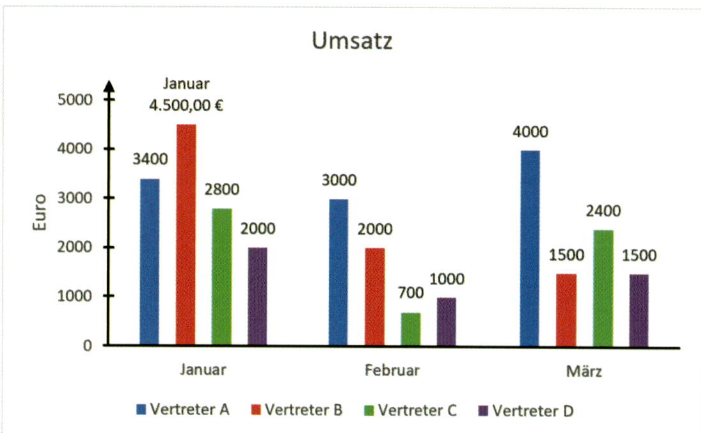

- Alle Datenbeschriftungen können durch die Deaktivierung des Häkchens im Kästchen **Datenbeschriftungen** im Bereich der **Diagrammelemente** entfernt werden. Einzelne Datenreihenbeschriftungen werden durch Anklicken eines Wertes der Datenreihe (z. B. *4500*) markiert und danach entweder durch das Drücken der Taste [**Entf**] oder durch Deaktivierung des Kästchens **Wert** entfernt. Ein Datenpunkt, der durch zweifaches Anklicken ausgewählt wird, wird auf identische Weise entfernt.

11.9.9 Datentabelle

Die Datentabelle ist eine Alternative zur Datenbeschriftung. Alle Werte werden in einer Tabelle dargestellt.

Bearbeitungsschritte

- Laden Sie gegebenenfalls die Mappe *Umsatz_Monate*. Klicken Sie die Schaltfläche **Diagrammelemente** ➕ und danach das Kästchen **Datentabelle** an. Wählen Sie die Option **Mit Legendensymbolen** aus. Das Ergebnis zeigt die Werte des Umsatzes der einzelnen Vertreter.

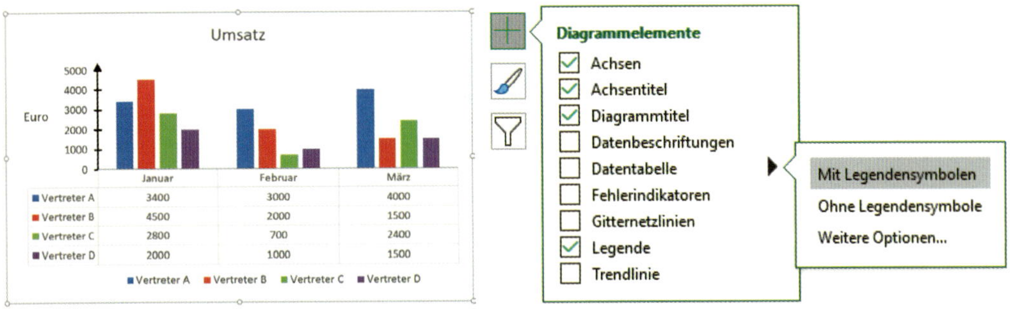

- Unter **Weitere Optionen** stehen im Wesentlichen Formatierungen zur Verfügung.

11.9.10 Trendlinien

Durch Trendlinien soll die künftige Entwicklung von Daten erkannt werden. Die Erkenntnisse können Entscheidungen beeinflussen, beispielsweise in Bezug auf Produktionserweiterungen, Einstellung von Mitarbeitern usw.

Bearbeitungsschritte

- Erstellen Sie die folgende Tabelle und anschließend das Diagramm. Speichern Sie die Tabelle unter dem Namen *Diagramm_Trend*.

	A	B
1	Umsatz	
2		
3	Januar	345
4	Februar	333
5	März	376
6	April	378
7	Mai	423
8	Juni	410
9	Juli	435

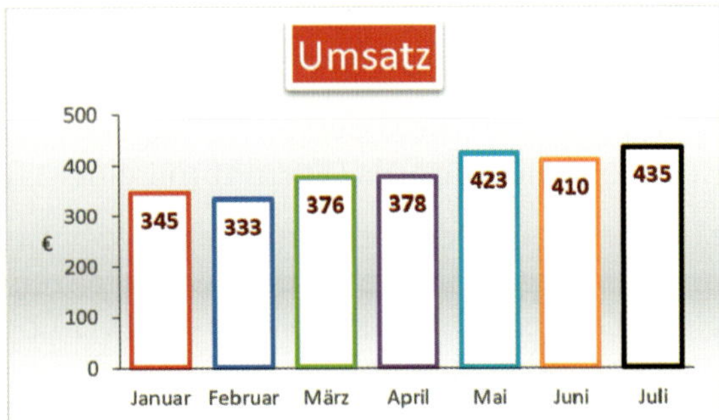

- Markieren Sie das Diagramm. Klicken Sie die Schaltfläche **Diagrammelemente** an. Aktivieren Sie den Bereich **Trendlinie**. Das Ergebnis soll mit Text so aussehen:

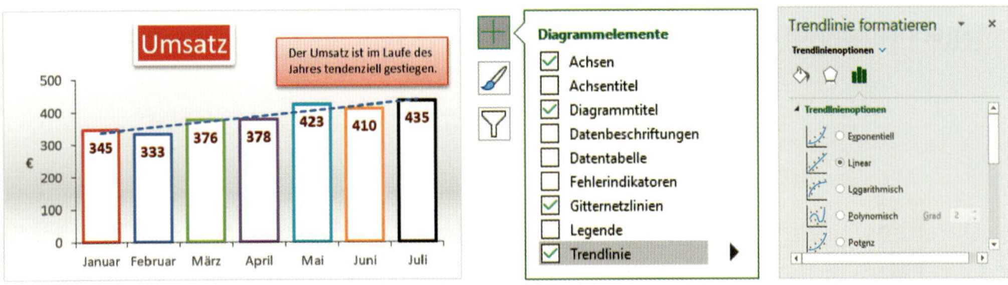

- Die lineare Trendlinie ist vorgegeben. Es können auch andere ausgewählt werden. Dies dürfte jedoch im Wesentlichen professionellen Anwendern vorbehalten sein.

11.9.11 Textfelder, AutoFormen usw.

Textfelder und Formen können ein Diagramm erläutern und ergänzen. Erklärungen zu den Begriffen und Hinweise zur Nutzung finden Sie auch an anderer Stelle des Buches.

Bearbeitungsschritte

- Öffnen Sie die Mappe *Umsatz_Diagramm_1*. Erstellen Sie bei Bedarf ein Säulendiagramm oder nutzen Sie ein bestehendes Diagramm. Formatieren Sie es zunächst in etwa wie angezeigt:

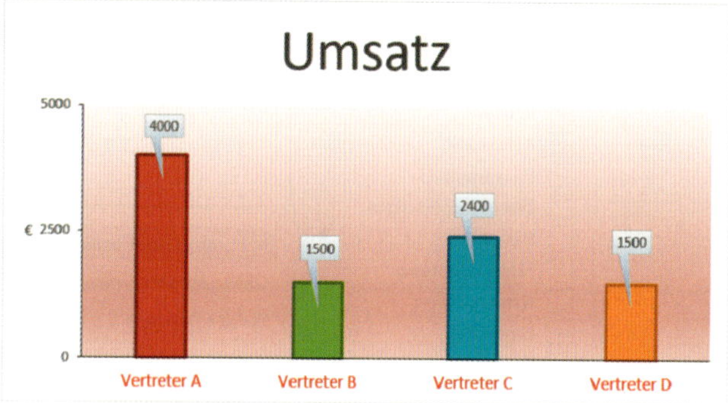

- Klicken Sie im Register **Diagrammtools/Format** in der Gruppe **WordArt-Formate** ein Format an und gestalten Sie damit den Diagrammtitel. Fügen Sie außerdem einen Rahmen hinzu.

- Klicken Sie im Register **Einfügen** in der Gruppe **Text** die Schaltfläche **Textfeld** an. Alternativ können Sie auch im Register **Diagrammtools/Format** in der Gruppe **Formen einfügen** die Schaltfläche **Textfeld** anklicken.

- Fügen Sie im Textfeld den unten angezeigten Text ein und formatieren Sie ihn über das Register **Zeichentools/Format** mit einem Rahmen und einem WordArt-Format.
- Klicken Sie im Register **Einfügen** in der Gruppe **Illustrationen** die Schaltfläche **Formen** an. Fügen Sie die Formen wie angezeigt hinzu. Alternativ können Sie auch im Register **Diagrammtools/Format** in der Gruppe **Formen einfügen** einen Pfeil im Bereich **Blockpfeile** auswählen.

- Das Ergebnis könnte z. B. so aussehen, ist jedoch eventuell etwas überfrachtet:

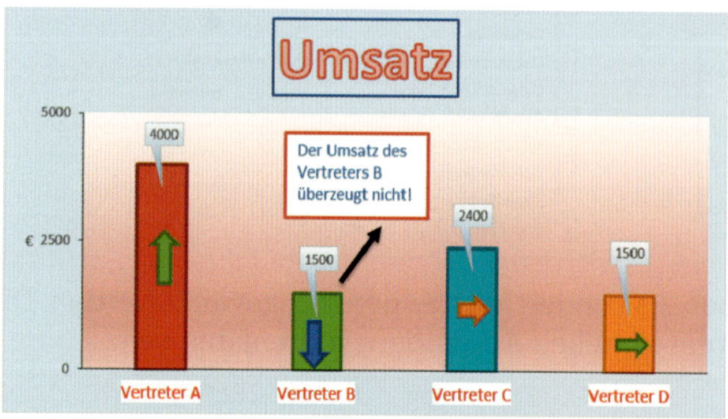

11.9.12 Filtern von Daten

Ein bereits erstelltes Diagramm kann genutzt werden, um nur Teilbereiche des Diagramms darzustellen.

Bearbeitungsschritte

- Erstellen Sie das folgende Diagramm. Klicken Sie danach die Schaltfläche **Diagrammfilter** an.

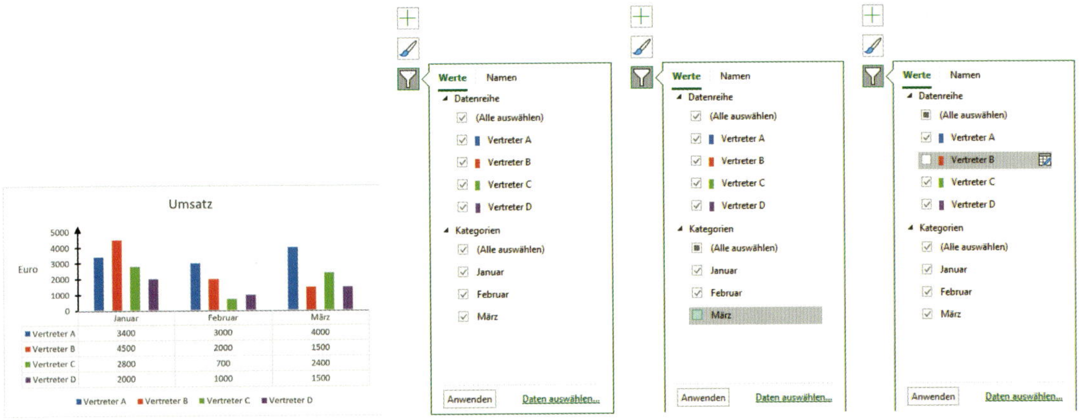

- Deaktivieren Sie z. B. den Monat *März* oder den Vertreter *B*. Klicken Sie danach die Schaltfläche **Anwenden** an. Die Ergebnisse zeigen die Daten korrekt an, jedoch ohne die deaktivierten Daten.

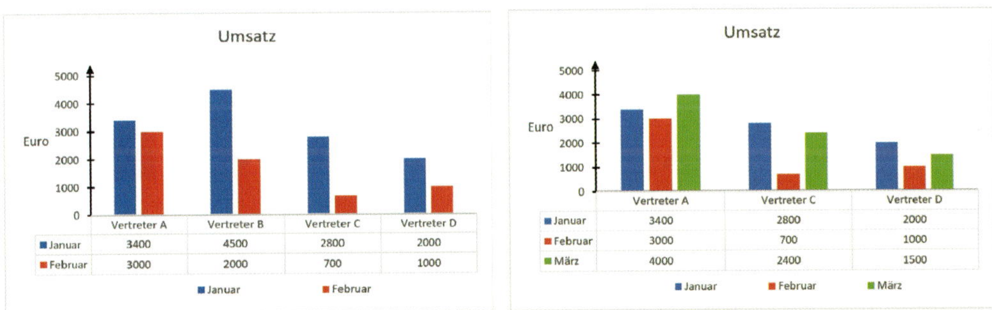

11.9.13 Auswahl von Daten

Normalerweise ist die Auswahl für die Daten, die in einem Diagramm verarbeitet werden sollen, kein großes Problem. Es können jedoch auch Daten nachträglich hinzugefügt werden. Auch das Entfernen und Bearbeiten von Diagrammdaten ist möglich.

Bearbeitungsschritte

- Klicken Sie im Register **Diagrammtools/Entwurf** in der Gruppe **Daten** die Schaltfläche **Daten auswählen** an. Sie können nun Daten für die Datenreihen und für die Achsen auswählen.

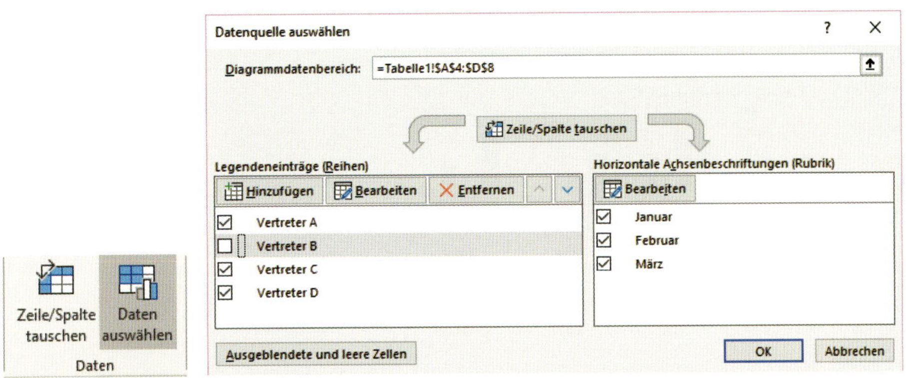

11.9.14 Formatvorlagen

Sind alle notwendigen Elemente in einem Diagramm eingefügt, können Formatvorlagen genutzt werden, um die Darstellung den eigenen Vorstellungen anzupassen. Selbstverständlich können auch danach noch Änderungen vorgenommen werden, beispielsweise an Säulen, Balken usw.

Bearbeitungsschritte

- Nutzen Sie das vorherige Diagramm. Blenden Sie, falls notwendig, alle Daten ein. Entfernen Sie die Legende.
- Klicken Sie die Schaltfläche **Formatvorlage** rechts neben dem Diagramm an. Fahren Sie mit der Maus über die dann neben dem Diagramm angezeigten Vorlagen. In einer Livevorschau wird das jeweilige Ergebnis sofort angezeigt.

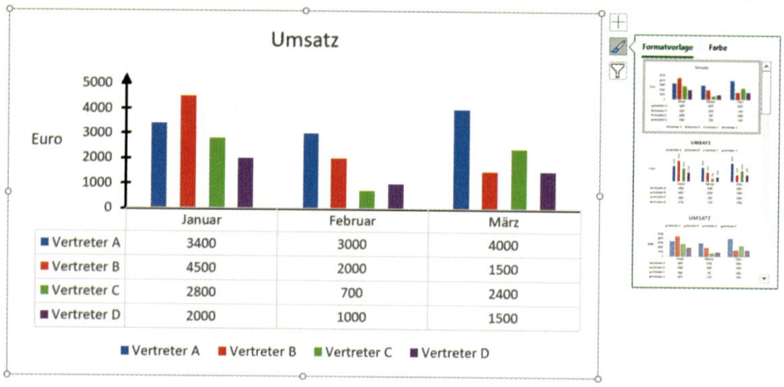

- Alternativ können Sie die einzelnen Formatvorlagen auch über die Gruppe **Diagrammformatvorlagen** im Register **Diagrammtools/Entwurf** auswählen.

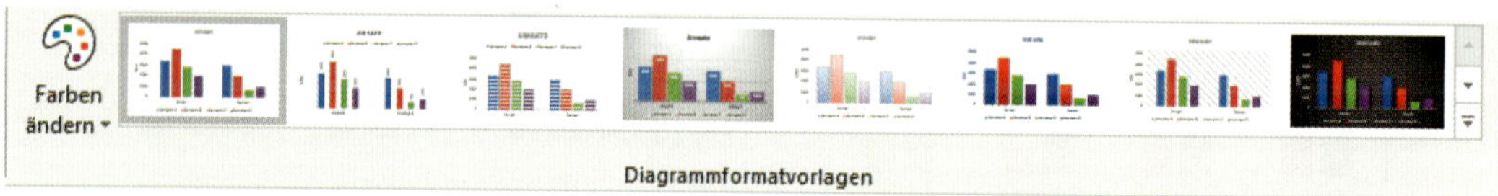

- Unter anderem können folgende formschöne Diagramme erzeugt werden:

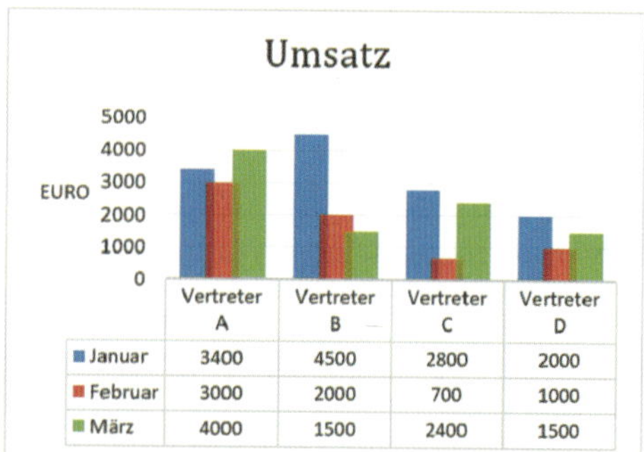

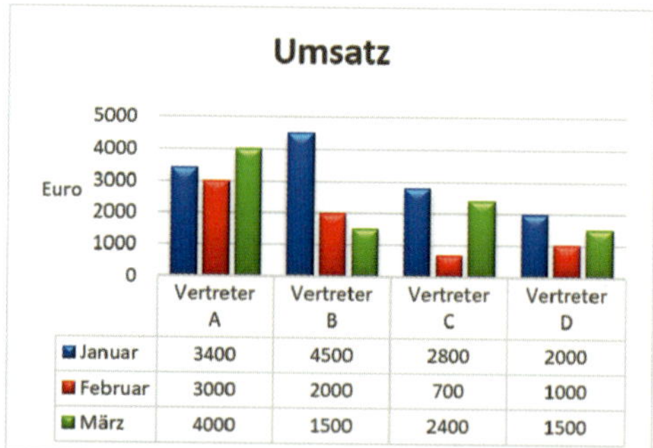

- Über die Schaltfläche **Zeile/Spalte wechseln** in der Gruppe **Daten** im Register **Diagrammtools/Entwurf** können Sie außerdem die Darstellung in eine andere Sichtweise ändern.

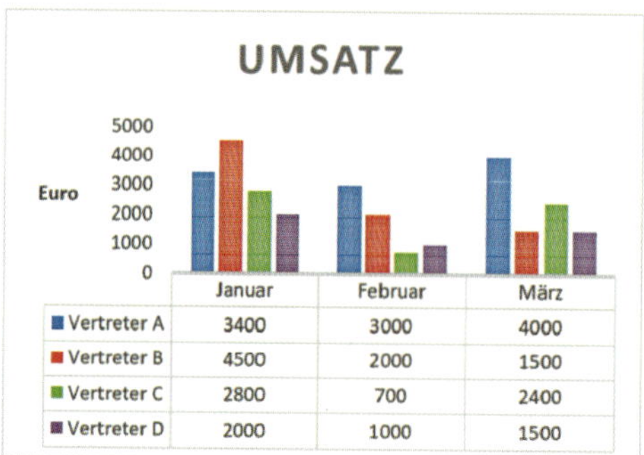

11.9.15 Schnelllayouts

Zur Nachbearbeitung mancher Diagramme bietet es sich an, zunächst über das sogenannte Schnelllayout wesentliche Teile der Darstellung festzulegen. Danach können weitere Einstellungen vorgenommen werden.

Bearbeitungsschritte

- Öffnen Sie die Mappe *Umsatz_Monate*. Erstellen Sie das folgende Diagramm, falls es noch vorhanden ist.

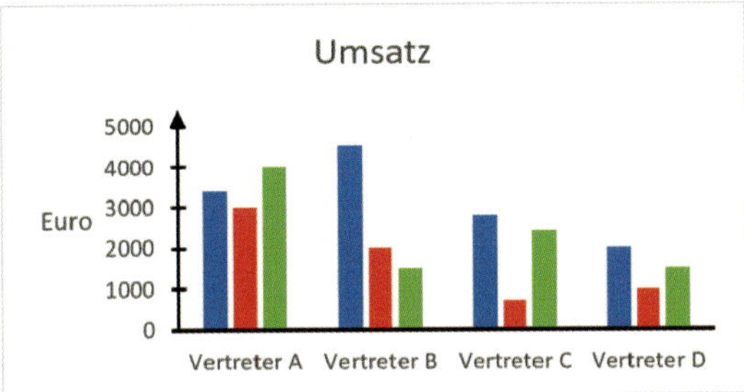

- Klicken Sie im Register **Diagrammtools/Entwurf** in der Gruppe **Diagrammlayouts** die Schaltfläche **Schnelllayout** an.

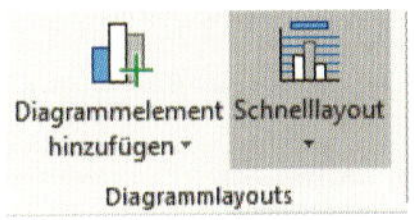

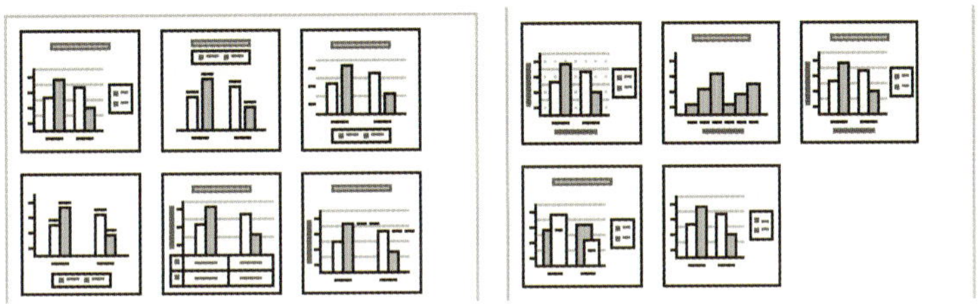

- Fahren Sie mit der Maus über die einzelnen Layouts. Das Ergebnis wird durch die Schnellansicht sofort dargestellt. Nachbearbeitungen sind manchmal notwendig.

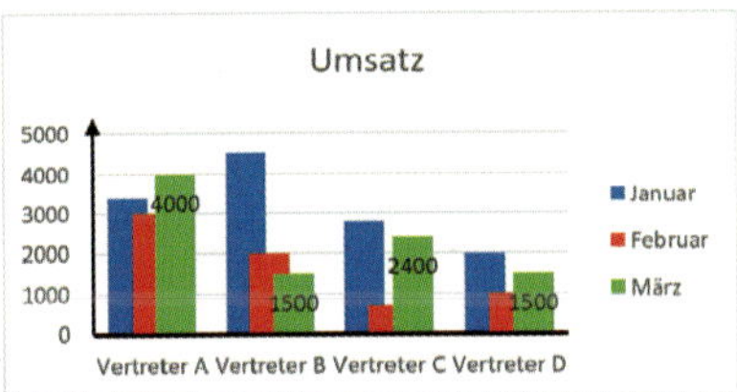

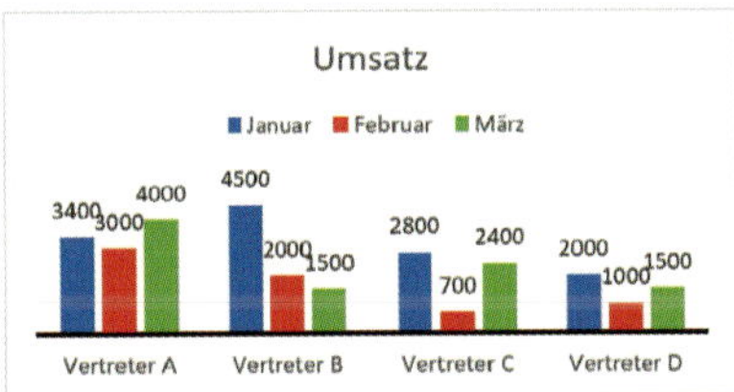

11.9.16 Kopieren und Verschieben eines Diagramms

Ein erstelltes Diagramm kann kopiert und/oder in ein eigenständiges Tabellenblatt ausgelagert werden.

Bearbeitungsschritte

- Öffnen Sie die Mappe *Umsatz_Diagramm_1*. Markieren Sie das Diagramm. Klicken Sie danach im Register **Start** in der Gruppe **Zwischenablage** die Schaltfläche **Kopieren** an. Klicken Sie dann auf eine leere Zelle unter dem Diagramm. Nun klicken Sie die Schaltfläche **Einfügen** an. Das Diagramm ist jetzt zweifach vorhanden.
- Markieren Sie gegebenenfalls das zweite Diagramm. Klicken Sie im Register **Diagrammtools/Entwurf** in der Gruppe **Ort** die Schaltfläche **Diagramm verschieben** an. Das Fenster *Diagramm verschieben* wird eingeblendet:

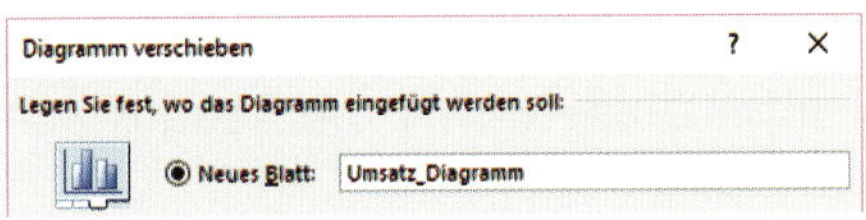

- Bestimmen Sie, wohin das Diagramm verschoben werden soll. Es bietet sich an, es als neues Blatt mit einem aussagekräftigen Namen in die Mappe einzufügen.

11.9.17 Gestapeltes Säulendiagramm

Gestapelte Diagramme zeigen beispielsweise alle Umsätze eines Monats oder eines Vertreters. Mit einigem Aufwand ist es möglich, die Gesamtumsätze in den einzelnen Säulen des Diagramms einzufügen.

Bearbeitungsschritte

- Öffnen Sie die Mappe *Umsatz_Monate*. Speichern Sie sie unter dem Namen *Umsatz_Monate_gestapelt* wieder ab. Löschen Sie alle vorhandenen Diagramme.
- Berechnen Sie zunächst die Summen wie nachfolgend dargestellt:

	A	B	C	D	E
4		Januar	Februar	März	Summe
5	Vertreter A	3400	3000	4000	10400
6	Vertreter B	4500	2000	1500	8000
7	Vertreter C	2800	700	2400	5900
8	Vertreter D	2000	1000	1500	4500
9	Summe	12700	6700	9400	

- Markieren Sie den Bereich **A4** bis **D8.** Klicken Sie im Register **Einfügen** in der Gruppe **Diagramme** die Schaltfläche **Empfohlene Diagramme** an. Wählen Sie eine gestapelte Säule aus. Bearbeiten Sie das Diagramm weiter. Als Letztes sollen Sie bei den Diagrammelementen die Option **Datenbeschriftungen** aktivieren.

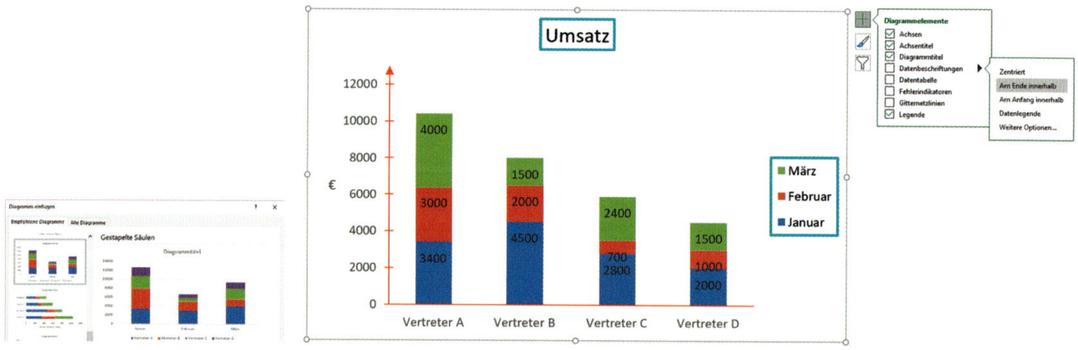

- Wie zu sehen ist, sind einige der Werte nicht unbedingt im richtigen Kästchen angeordnet. Markieren Sie daher einen Wert, z. B. den Wert *700*, und ziehen Sie ihn mit der Maus in den richtigen Bereich. Das Ergebnis könnte insgesamt so aussehen:

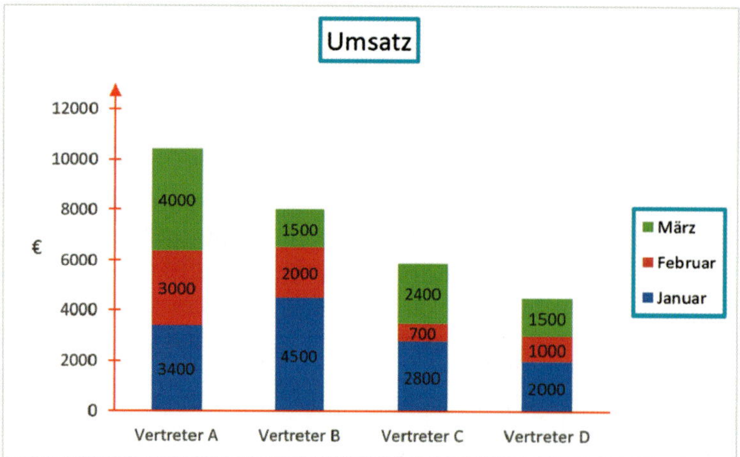

- Erstellen Sie anschließend ein neues Diagramm. Markieren Sie den Bereich **A4** bis **D8.** Klicken Sie im Register **Einfügen** in der Gruppe **Diagramme** die Schaltfläche **Empfohlene Diagramme** an. Wählen Sie eine gestapelte Säule aus.

Bearbeitungsschritte (Fortsetzung)

- Bearbeiten Sie das Diagramm, sodass es wie nachfolgend dargestellt aussieht. Um die Werte in die Kästchen des Monats *März* zu bekommen, müssen Sie zunächst ein *März-Kästchen* anklicken und dann bei **Diagrammelemente** die Option **Datenbeschriftungen** aktivieren. Die Werte des Monats *März* werden eingeblendet.

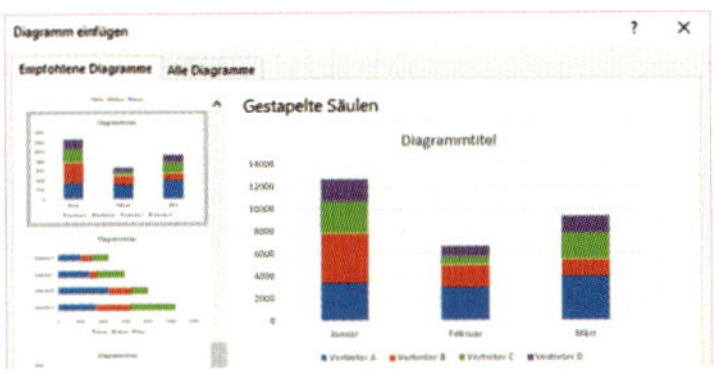

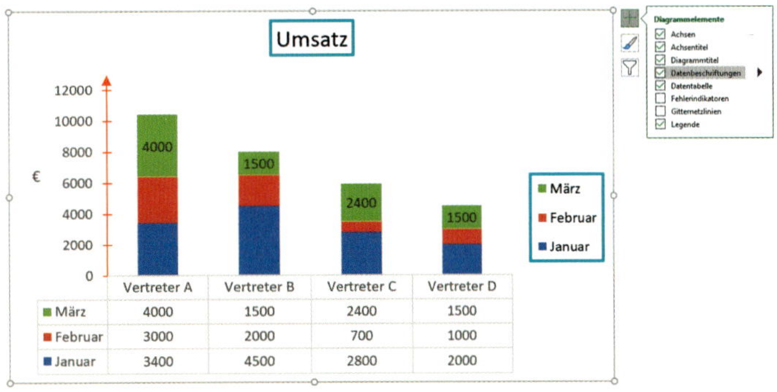

- Markieren Sie die Beschriftungen. Aktivieren Sie dann im Aufgabenbereich **Datenbeschriftungen formatieren** die Option **Wert aus Zellen**. Das Fenster *Datenbeschriftungsbereich* wird eingeblendet. Wählen Sie die Zellen **E5** bis **E8** aus, in denen die Summen der Vertreterumsätze stehen. Nach dem Anklicken der Schaltfläche **OK** werden zunächst die Gesamtsumme und die Summe des Monats *März* angezeigt. Deaktivieren Sie daher das Kästchen **Wert**, um nur noch den Gesamtwert anzeigen zu lassen.

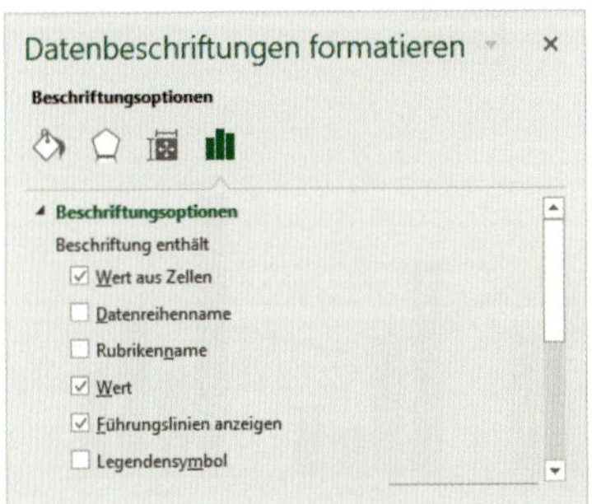

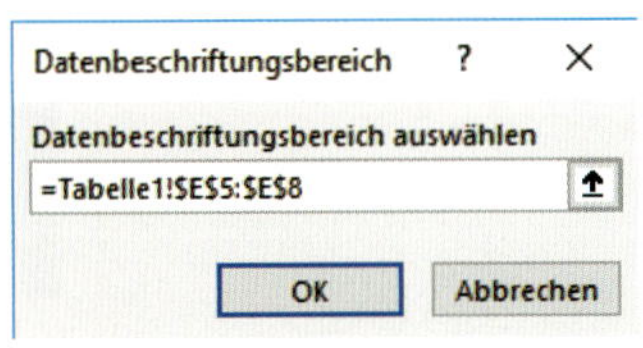

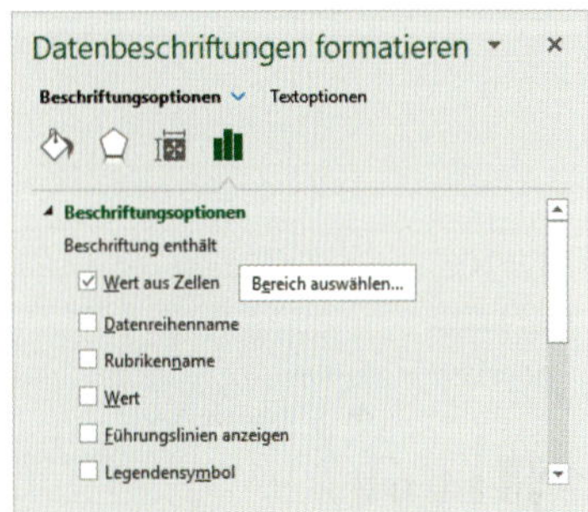

- Ziehen Sie abschließend die einzelnen markierten Zahlen aus dem Bereich des Monats *März*. Das Ergebnis sollte in etwa so aussehen:

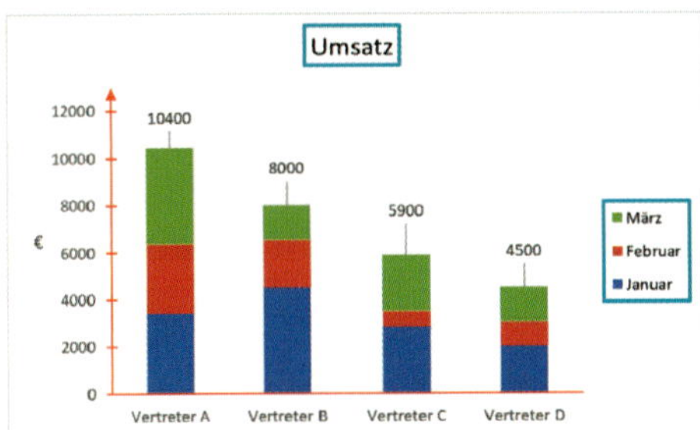

- Erstellen Sie anschließend zu Übungszwecken die folgenden Diagramme:

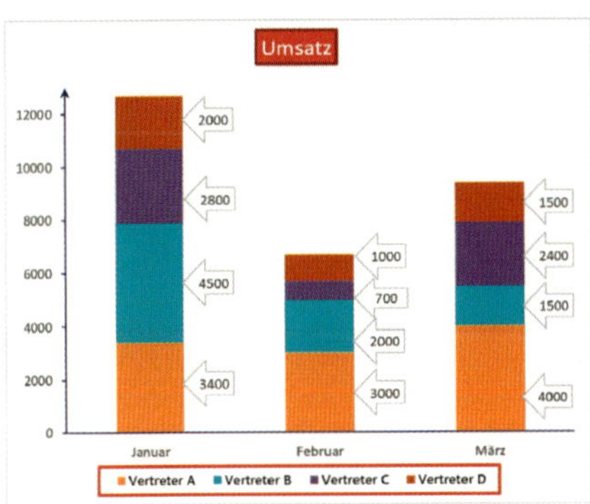

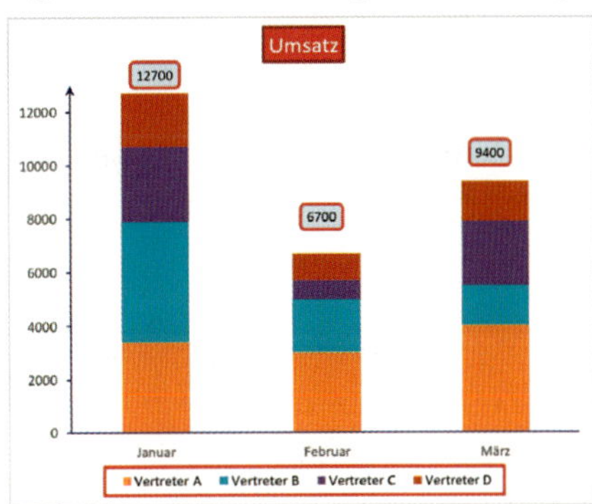

11.9.18 Verbunddiagramm

In einem Verbunddiagramm können beispielsweise Durchschnittswerte eingebaut werden. Dabei werden die einzelnen Werte als Säulen dargestellt, die Durchschnittswerte als Linien. Danach kann das Diagramm normal weiterbearbeitet werden.

Bearbeitungsschritte

- Öffnen Sie die Tabelle *Umsatz_Monate*. Speichern Sie sie unter dem Namen *Umsatz_Monate_Durchschnitt* nochmals ab. Berechnen Sie die dargestellten Durchschnittswerte. Markieren Sie den Bereich **A4** bis **D9**.

	A	B	C	D	E
4		Januar	Februar	März	Durchschnitt
5	Vertreter A	3400	3000	4000	3466,67
6	Vertreter B	4500	2000	1500	2666,67
7	Vertreter C	2800	700	2400	1966,67
8	Vertreter D	2000	1000	1500	1500,00
9	Durchschnitt	3175	1675	2350	2400,00

- Klicken Sie danach im Register **Einfügen** in der Gruppe **Diagramme** die Schaltfläche **Empfohlene Diagramme** an. Klicken Sie die Registerkarte *Alle Diagramme* an. Wählen Sie im Bereich *Kombi* das Diagramm **Gruppierte Säulen** mit einer Linie aus. Nach einer Bearbeitung könnte das Diagramm versehen mit einer Datentabelle so aussehen:

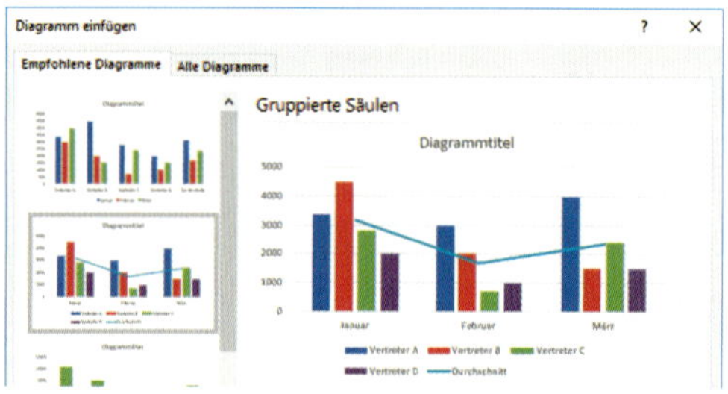

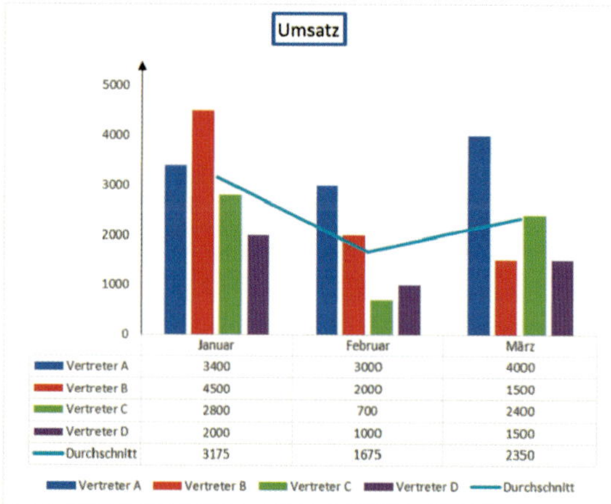

- Markieren Sie anschließend den Bereich **A4** bis **E8** und erstellen Sie die folgenden Diagramme. Bei dem zweiten Diagramm werden die Durchschnittswerte ausgegeben. Dazu müssen sie in der Regel zur besseren Darstellung mit der Maus an eine andere Stelle gezogen werden.

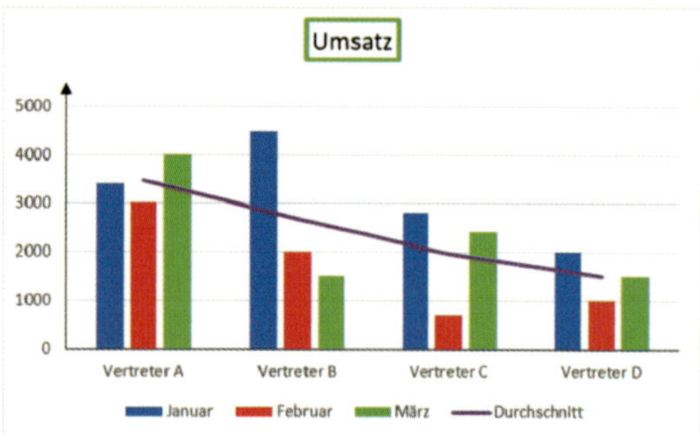

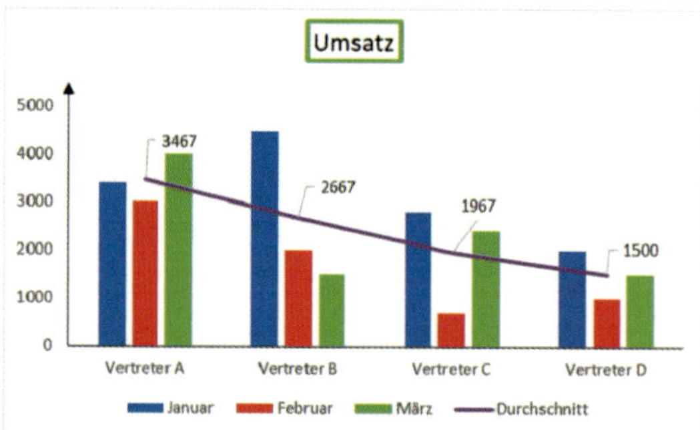

11.10 Balkendiagramm

11.10.1 Diagrammüberschrift, Legende, Zeichnungsfläche, Achsen, Gitternetzlinie

Das Balkendiagramm ist in der Bearbeitung dem Säulendiagramm sehr ähnlich. Daher können Sie wesentliche Bereiche wie Diagrammüberschrift, Legende, Zeichnungsfläche, Gitternetzlinie, Achsen identisch bearbeiten. Auch beim Balkendiagramm wird zwischen einem gruppierten und einem gestapelten Diagramm unterschieden.

Bearbeitungsschritte

- Laden Sie die Mappe *Umsatz_Monate*. Speichern Sie diese unter dem Namen *Umsatz_Monate_2* wieder ab. Löschen Sie das angezeigte Diagramm.
- Markieren Sie den Bereich **A4** bis **D8**. Klicken Sie danach im Register **Einfügen** in der Gruppe **Diagramme** die Schaltfläche **Empfohlene Diagramme** an. Wählen Sie die Diagrammart **Balkendiagramm** aus.

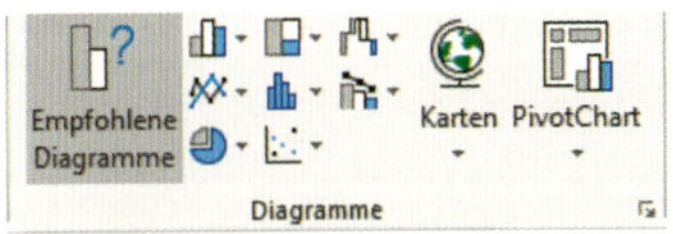

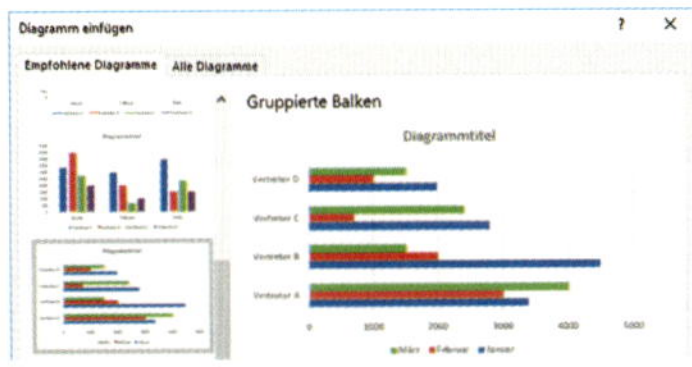

- Das ausgegebene Diagramm sieht wie links angegeben aus. Formatieren Sie die Überschrift, Achse, Legende usw. anschließend wie angegeben.

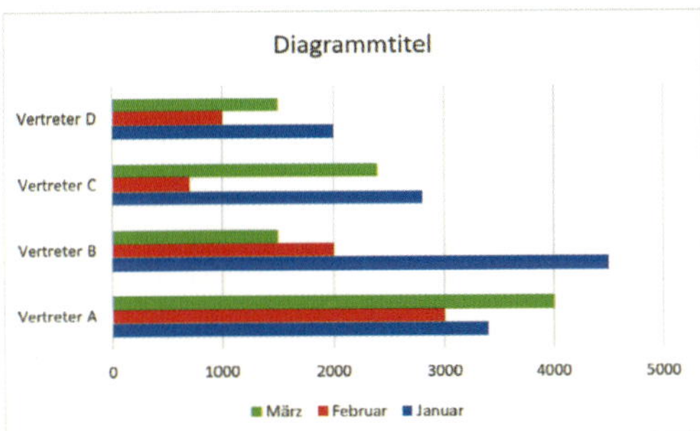

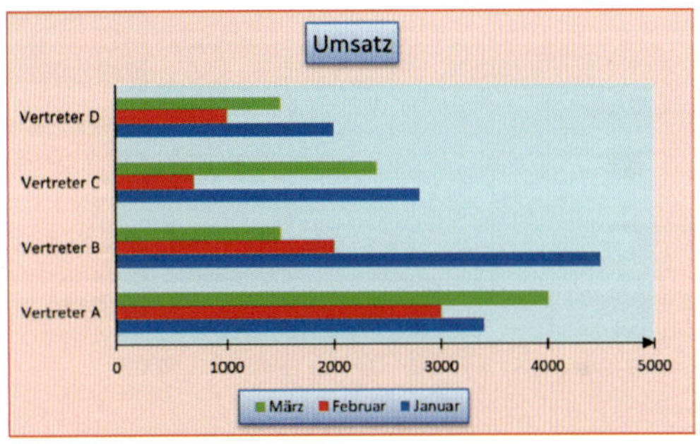

- Auf der horizontalen Achse fehlt noch die Achsenbeschriftung, z. B. *Euro* oder €. Allerdings würden diese Bezeichnungen die Zeichnungsfläche deutlich verkleinern. Daher könnte man beispielsweise auch die Skalierung ändern und die Zahlen mit einem Währungssymbol ausstatten. Nehmen Sie daher im Aufgabenbereich **Achsenoptionen** unter anderem die folgenden Einstellungen vor:

- Das Ergebnis sollte in etwa so aussehen:

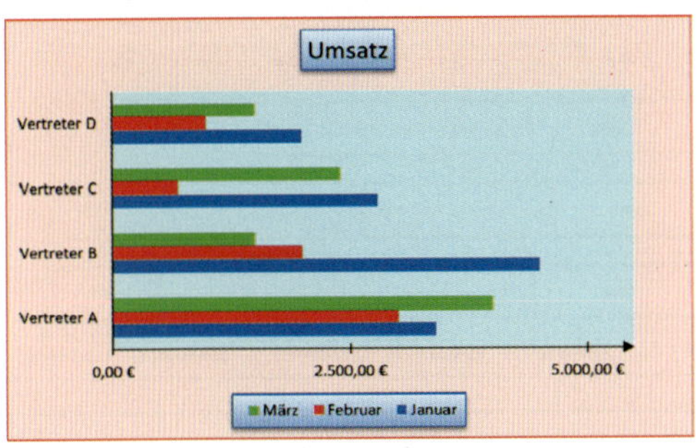

11.10.2 Datenreihen, Datenpunkte und Datenbeschriftung

Die einzelnen Balken der Vertreterumsätze sind bisher aneinander dargestellt. Es ist jedoch möglich, die Balken auseinanderzuziehen und damit u. U. die Darstellung zu optimieren. Insbesondere bei Datenbeschriftungen ist es hilfreich, wenn Abstände gegeben sind.

Bearbeitungsschritte

- Kopieren Sie das bisher erstellte Diagramm und fügen Sie es an einer anderen Stelle der Tabelle wieder ein.
- Fügen Sie zunächst Datenbeschriftungen ein. Dies ist im Zusammenhang mit den Säulendiagrammen erklärt worden. Außerdem soll der höchste Wert anders formatiert werden.
- Führen Sie im neuen Diagramm einen Doppelklick auf die Datenreihe des Monats *März* aus. Der Aufgabenbereich **Datenreihen formatieren** wird eingeblendet. Mit der Reihenachsenüberlappung wird festgelegt, wie weit die Umsätze der einzelnen Vertreter, z. B. des Vertreters *A*, voneinander entfernt sind. Mit der Abstandsbreite wird der Abstand der Darstellung zwischen den einzelnen Vertretern festgelegt.

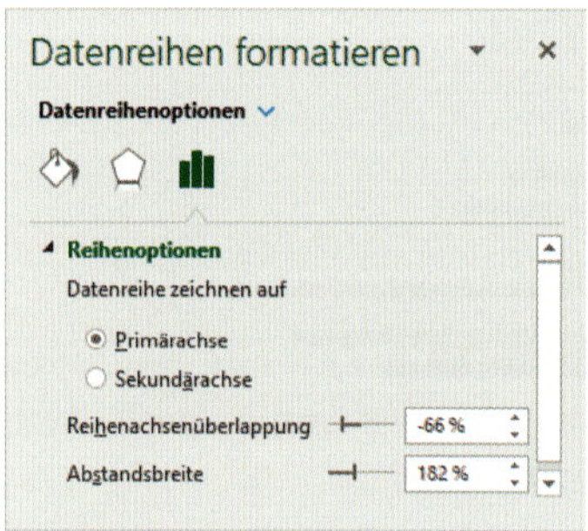

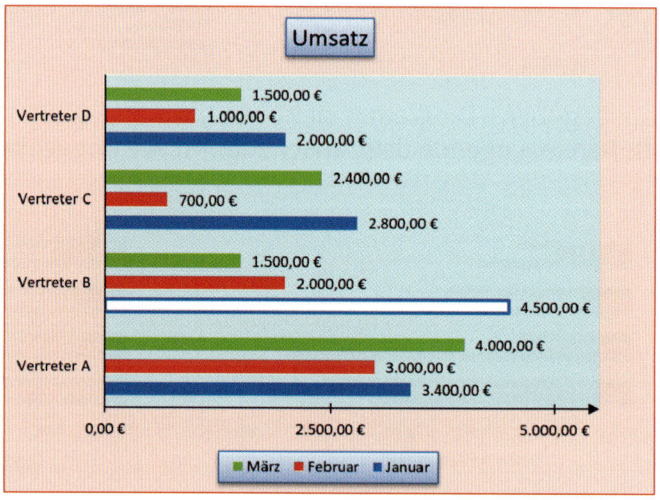

- Erstellen Sie anschließend noch die folgenden gestapelten Diagramme. Die Bearbeitung soll vor allem dazu dienen, eine gewisse Sicherheit beim Einfügen von Formen, Werten, Gesamtwerten usw. zu erlangen.

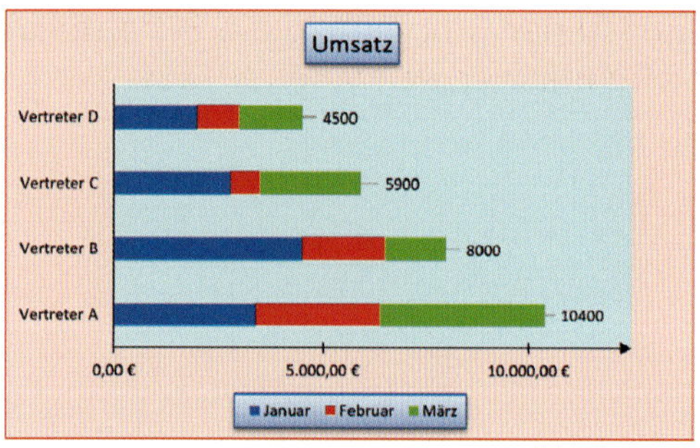

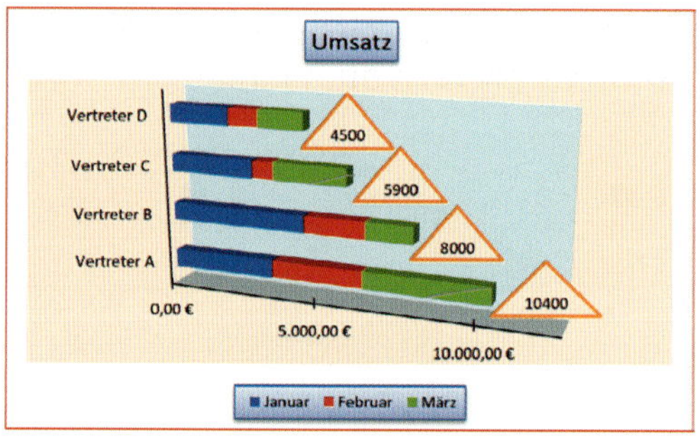

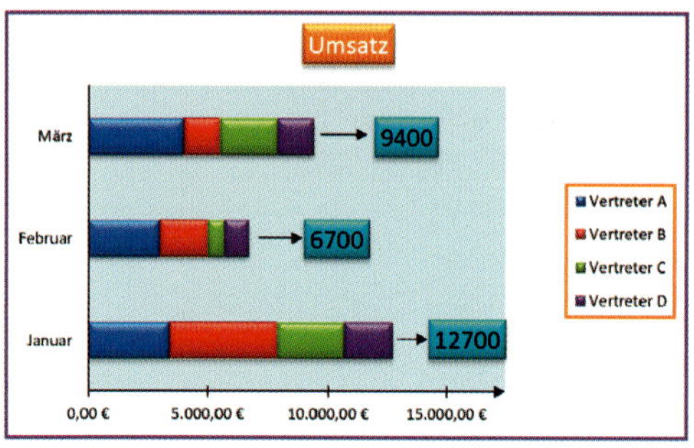

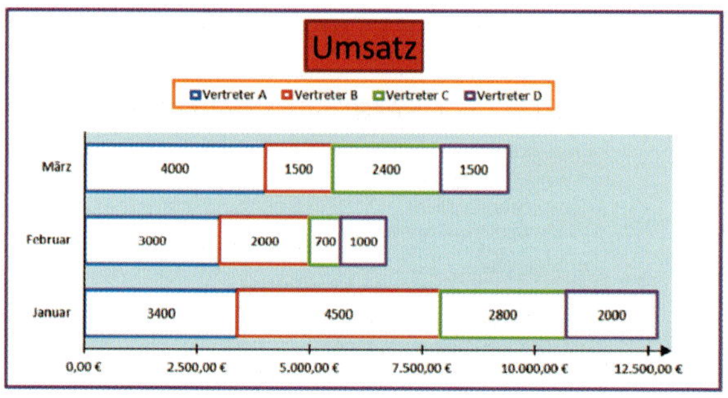

11.10.3 Trendlinien

Durch Trendlinien sollen künftige Entwicklungen erkannt werden. Die Erkenntnisse können Entscheidungen beeinflussen, z. B. in Bezug auf Einstellungen von Mitarbeitern usw.

Bearbeitungsschritte

- Erstellen Sie das folgende Balkendiagramm. Klicken Sie danach im Bereich **Diagrammelemente** den Punkt **Trendlinie** an.

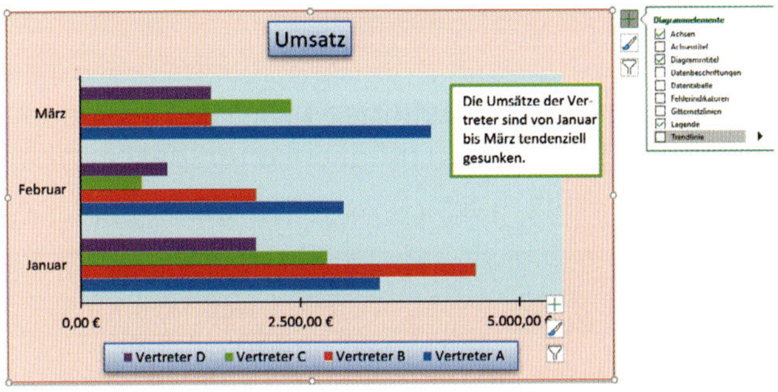

- Automatisch wird das Fenster *Trendlinie hinzufügen* eingeblendet, in dem bestimmt werden kann, für welchen Wert eine Trendlinie hinzugefügt werden soll. Wählen Sie den Vertreter *B* aus. Als Ergebnis wird eine lineare Trendlinie für den Vertreter *B* in der Farbe des entsprechenden Balkens eingefügt. Ergänzen Sie das Diagramm um eine Einschätzung in einem Textfenster.

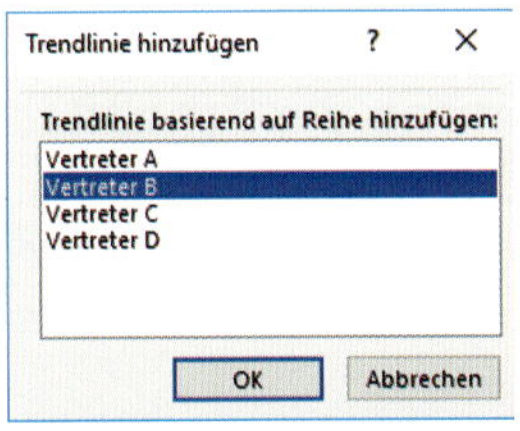

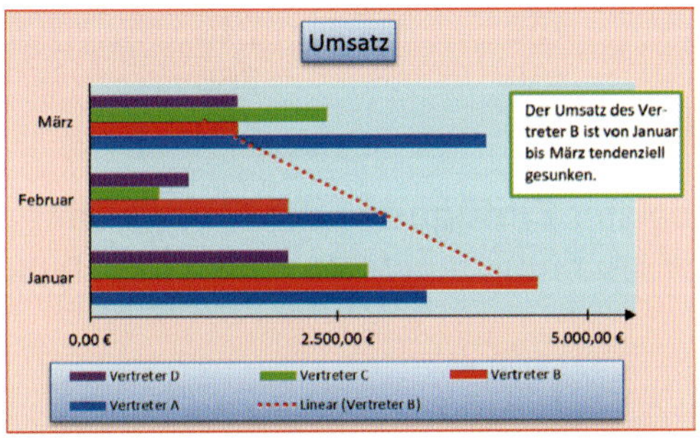

- Die Auswahl eines Wertes kann auch durch das Anklicken eines Balkens und der Aktivierung der Trendlinie im Bereich **Diagrammelemente** erfolgen.
- Kopieren Sie das erstellte Diagramm und fügen Sie es an anderer Stelle wieder ein.
- Klicken Sie im Register **Diagrammtools/Entwurf** in der Gruppe **Typ** die Schaltfläche **Diagrammtyp ändern** an. Wählen Sie danach den markierten Säulentyp aus.

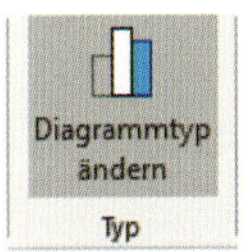

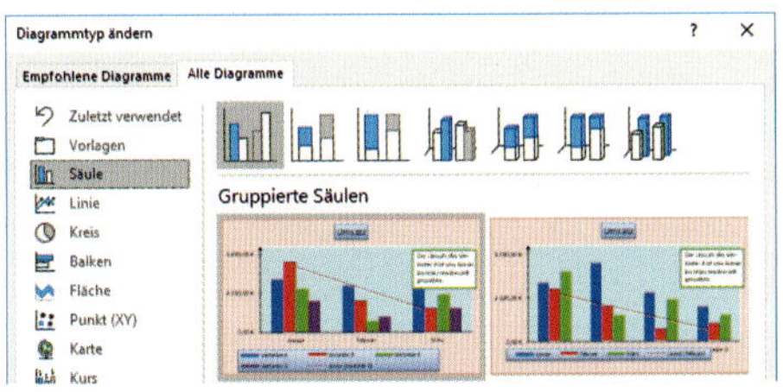

- Nach Anklicken der Schaltfläche und eventueller leichter Nachbearbeitung wird das Säulendiagramm ausgegeben. Entscheiden Sie selbst, ob ein Säulen- oder ein Balkendiagramm zur Veranschaulichung des Trends besser geeignet ist.

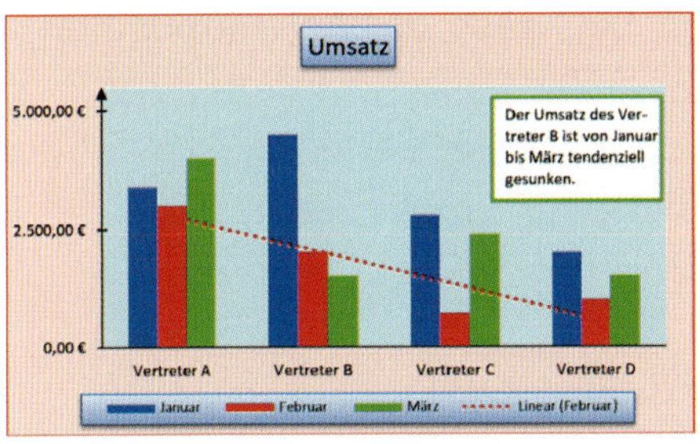

11.11 Liniendiagramm

11.11.1 Achsen benennen und formatieren

Die Achse eines Liniendiagramms wird im Wesentlichen in folgender Hinsicht bearbeitet:

- Schnittpunkt der Achsenlinie (nur bei bestimmten Sachverhalten),
- Einblendung der Achsenlinien,
- Position der Beschriftung,
- Grenzen (Minimum- und Maximumwerte) und Intervalle (z. B. 50, 100 usw.),
- Endpfeile an den Achsen.

Darüber hinaus lassen sich selbstverständlich andere Einstellungen wie die Farbgestaltung usw. vornehmen. Im ersten Beispiel werden alle Einstellungsmöglichkeiten beschrieben, im zweiten nur die Besonderheit der Glättung von Linien.

Bearbeitungsschritte

- Erstellen Sie die folgende Tabelle und markieren Sie die Zellen **A1** bis **D6**. Speichern Sie die Mappe unter dem Namen *Liniendiagramm*.

	A	B	C	D	E
1	Menge	Fixe Kosten	Var. Kosten	Gesamtkosten	
2	0	458	0	458	
3	10	458	120	578	
4	20	458	240	698	
5	30	458	360	818	
6	40	458	480	938	

- Klicken Sie danach im Register **Einfügen** in der Gruppe **Diagramme** die Schaltfläche **Empfohlene Diagramme** an. Wählen Sie das erste Liniendiagramm aus.

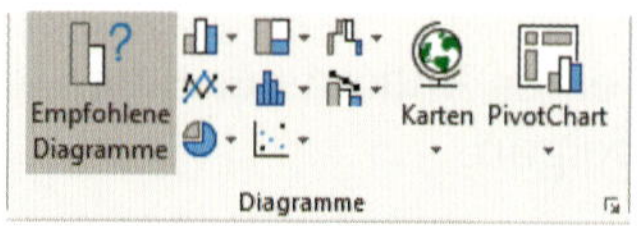

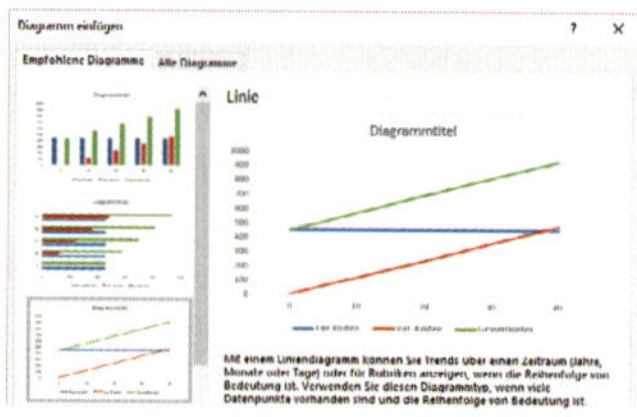

- Nach dem Ändern des Diagrammtitels sieht das Ergebnis folgendermaßen aus:

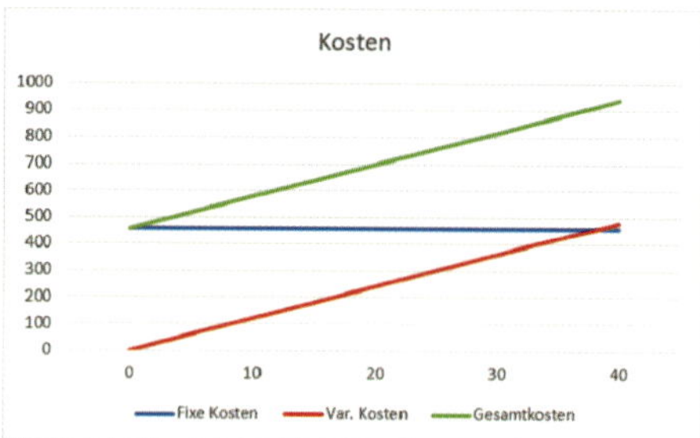

- Das Ergebnis überzeugt noch nicht. Die Werte sind auf der x-Achse nicht optimal angeordnet. Markieren Sie daher die x-Achse. Klicken Sie danach im Register **Diagrammtools/Format** in der Gruppe **Aktuelle Auswahl** die Schaltfläche **Auswahl formatieren** an. Im Fenster *Achse formatieren* bestimmen Sie, dass die Achsenposition auf Teilstrichen festgelegt wird.

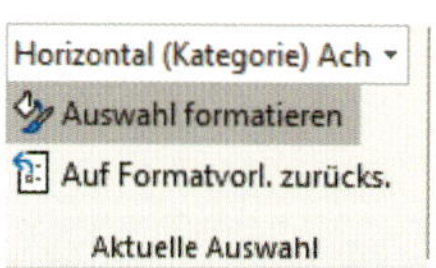

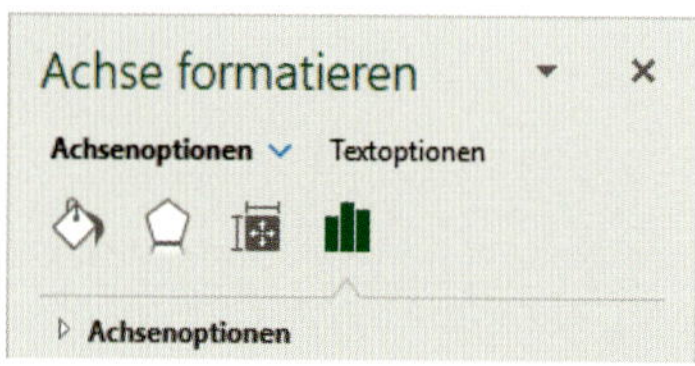

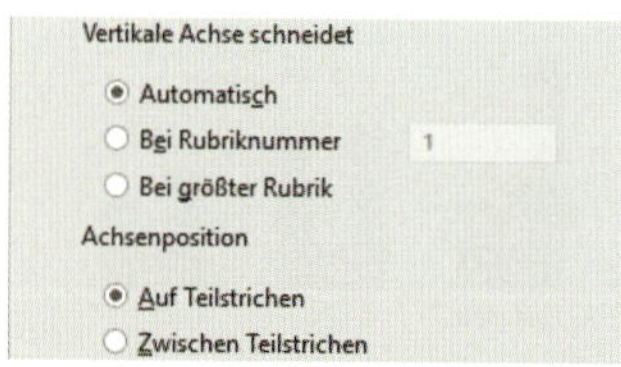

Bearbeitungsschritte (Fortsetzung)

- Das Ergebnis zeigt, dass die Werte nun richtig angeordnet sind:

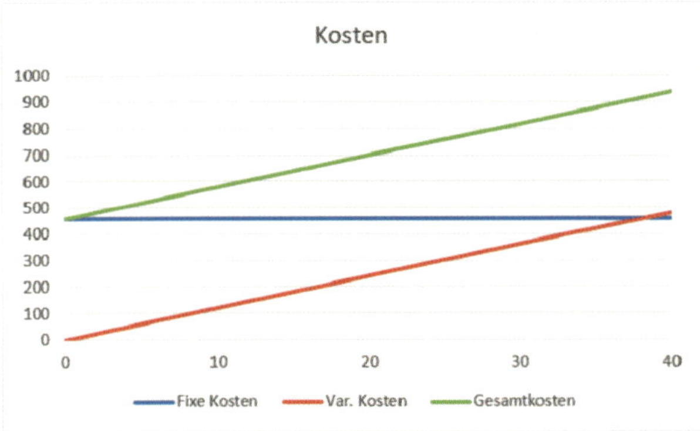

- Allerdings fehlen u. a. noch die Achsentitel. Blenden Sie diese ein.

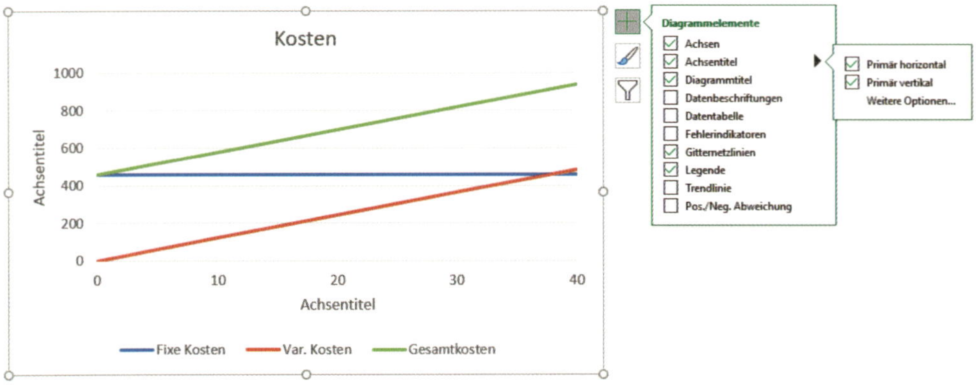

- Ändern Sie den Titel der x-Achse in *Menge* und den Titel der y-Achse in €. Das Eurozeichen ist noch nicht optimal angeordnet. Markieren Sie es, falls nötig. Wählen Sie danach in den **Titeloptionen** den Bereich **Größe und Eigenschaften** aus und legen Sie folgende Optionen fest:

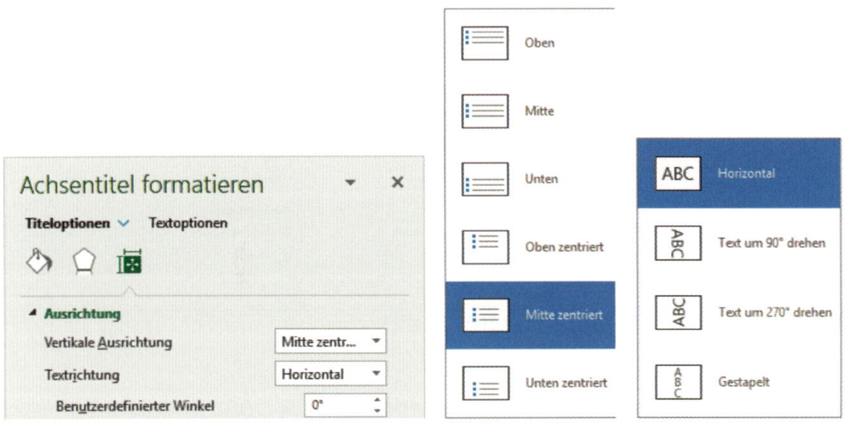

- Als Ergebnis werden nun die Achsenbezeichnungen korrekt angezeigt.

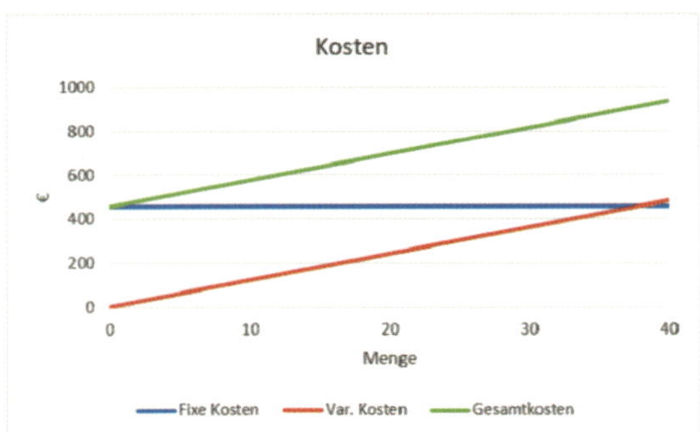

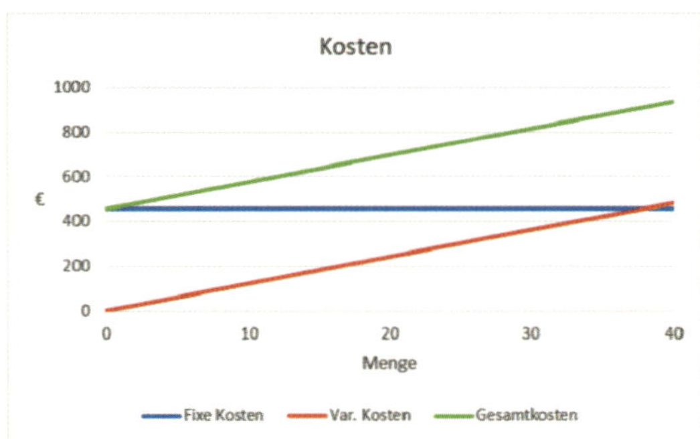

Bearbeitungsschritte (Fortsetzung)

- Als Nächstes sollen fehlende Linien auf der y-Achse und der x-Achse ergänzt werden. Bei Bedarf kann auch ein Pfeil am Ende der Linie eingefügt werden.
- Markieren Sie die y-Achse. Rufen Sie gegebenenfalls den Bereich **Füllung und Linie** auf und stellen Sie im Bereich **Linie** ein, dass eine einfarbige Linie von einer Stärke von 1,25 Pt. gezeichnet werden soll. Außerdem soll ein Endpfeil angezeigt werden. Formatieren Sie danach die x-Achse bis auf den Pfeil identisch.

- Das Ergebnis sollte in etwa so aussehen:

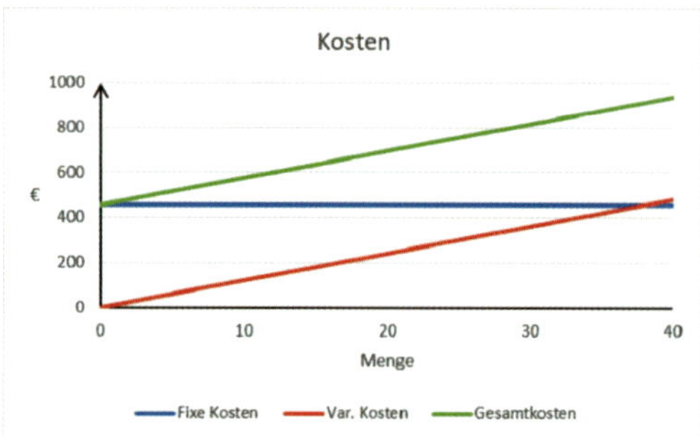

- Anschließend soll die Skalierung auf der y-Achse bearbeitet werden. Es sollen ein Maximalwert und neue Intervalle angegeben werden. Damit können Sie eine Achse übersichtlicher gestalten.

- Das Ergebnis sieht mit und ohne Hilfsintervalle so aus:

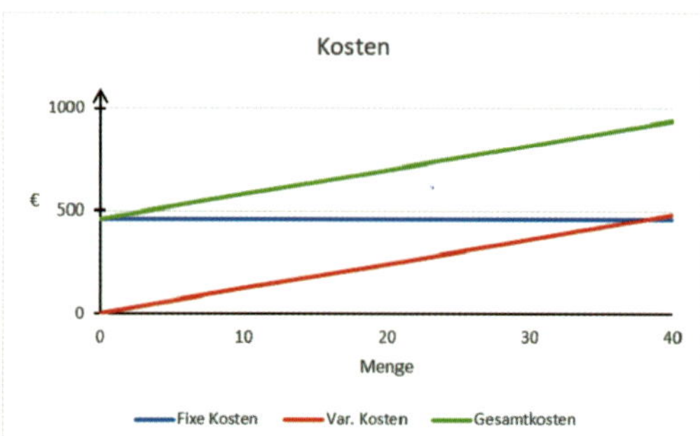

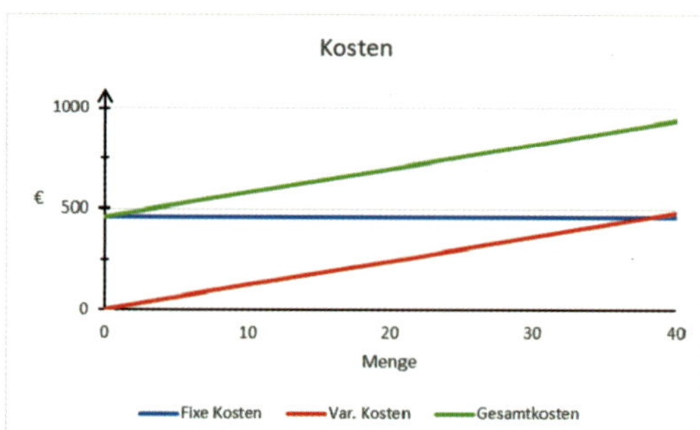

- Bei anderen Diagrammarten, beispielsweise einem Säulendiagramm, wäre es sicherlich auch möglich, z. B. den Minimumwert nicht bei *0* anzusetzen. Diese Methode wird beispielsweise bei stark unterschiedlichen Werten eingesetzt, führt aber auch zu einer gewissen Manipulation der Werte.

11.11.2 Datenreihen, Datenpunkte, Datenbeschriftung und Datentabelle

Datenreihen und einzelne Datenpunkte können bei Liniendiagrammen mit Markierungszeichen belegt werden. Außerdem können Datenbeschriftungen, beispielsweise in Form der Angabe von Werten, in das Diagramm eingearbeitet werden. Auch die Ausgabe einer Datentabelle ist durchaus sinnvoll.

Bearbeitungsschritte

- Laden Sie gegebenenfalls die Mappe *Liniendiagramm*. Markieren Sie anschließend durch Anklicken die Linie der Gesamtkosten.
- Eventuell müssen Sie über die Schaltfläche **Auswahl formatieren** in der Gruppe **Aktuelle Auswahl** im Register **Diagrammtools/Format** den Aufgabenbereich **Datenreihen formatieren** aufrufen, falls er nicht eingeblendet ist.
- Legen Sie im Bereich **Füllung und Linie** eine Farbe und eine einfarbige Linie mit der Stärke 1,25 Pt. fest. Als Markierungszeichen legen Sie einen Typ, eine Größe und eine Farbe fest.

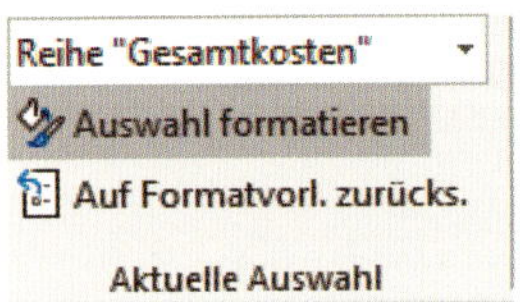

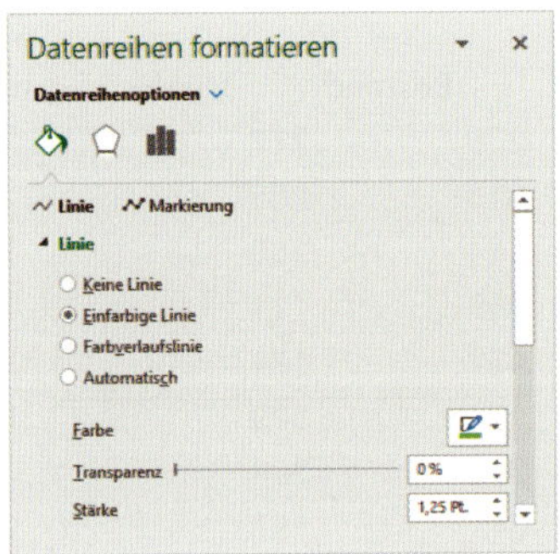

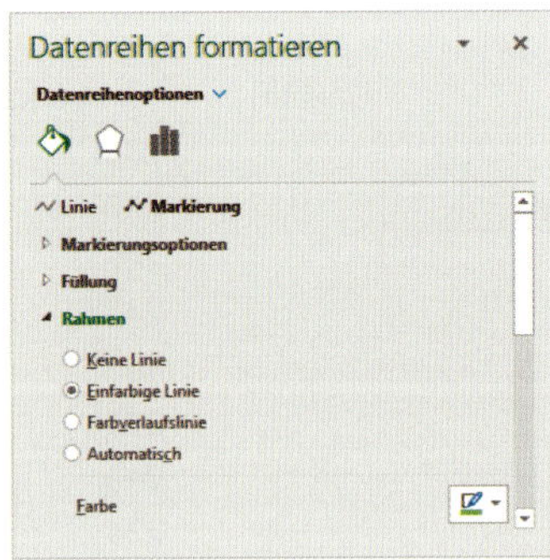

- Ein einzelner Datenpunkt kann bei einer markierten Linie durch ein nochmaliges Anklicken des Datenpunkts markiert werden. Danach lässt sich der Datenpunkt z. B. mit einem anderen und/oder größeren Symbol, einer anderen Farbe usw. versehen. Auch die Linie vor dem Datenpunkt kann z. B. farblich geändert werden. Formatieren Sie anschließend die beiden anderen Linien.

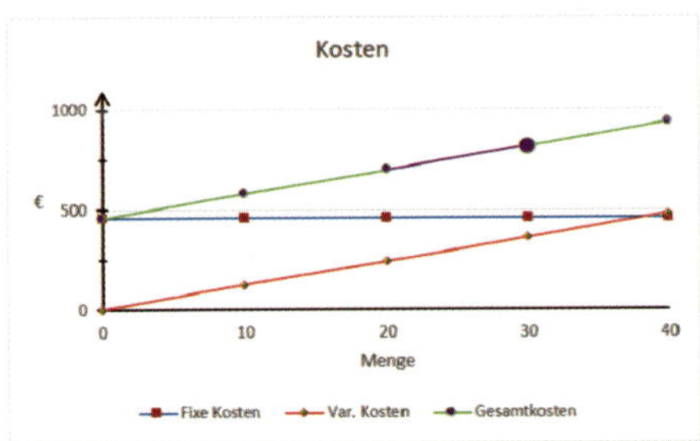

- Um Datenbeschriftungen einzufügen, muss eine Linie markiert und die Option **Datenbeschriftungen** aktiviert werden. Im nachfolgend gezeigten Beispiel werden die Daten oberhalb und unterhalb eingeblendet. Bei den fixen Kosten wurde ein Datenpunkt markiert und dadurch der Wert nur einmal ausgegeben.

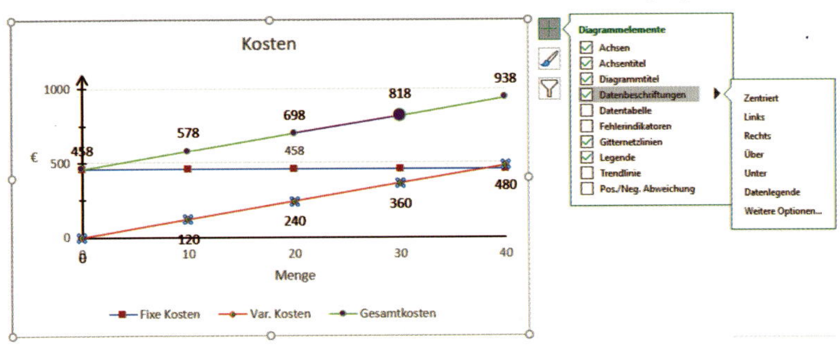

- Markierte Datenbeschriftungen können nach dem Markieren durch das Deaktivieren der Option **Datenbeschriftungen** oder mit der Taste [**Entf**] entfernt werden.

11.11.3 Glättung von Kurven

Bei einem Liniendiagramm werden normalerweise Punkte miteinander verbunden. Soll die Linie eine Kurve ergeben, muss sie geglättet werden. Dies kann, muss aber nicht, den Sachverhalt besser erklären.

Bearbeitungsschritte

- Erstellen Sie die folgende Mappe unter dem Namen *Bestand*. Geben Sie die Werte ein. Berechnen Sie den Bestand, übernehmen Sie den Mindestbestand in die dafür vorgesehenen Felder und berechnen Sie den Fehlbestand mithilfe einer Funktion. Ist kein Fehlbestand vorhanden, soll ein leeres Feld ausgegeben werden.

	A	B	C	D	E	F
1	Bestand					
2						
3	AGIB HS	AGIB HS				
4	Anfangsbestand	256				
5	Meldebestand	200				
6						
7		Einkauf	Verkauf	Bestand	Mindestbestand	Fehlbestand
8	Januar	230	209	277	200	
9	Februar	243	315	205	200	
10	März	209	154	260	200	
11	April	240	389	111	200	89
12	Mai	495	432	174	200	26
13	Juni	289	134	329	200	
14	Juli	342	367	304	200	
15	August	234	341	197	200	3
16	September	456	341	312	200	
17	Oktober	345	344	313	200	
18	November	236	422	127	200	73
19	Dezember	343	278	192	200	8

- Erstellen Sie das folgende Diagramm. Achten Sie auf die korrekte Markierung der für das Diagramm benötigten Zellen. Eine Anpassung der Position der x-Achse muss nicht erfolgen, die Werte sind korrekt den Monaten zugeordnet, wie unten auf dieser Seite dargestellt. Es ist also keine Linie, die im Nullpunkt (*0,0*) beginnt.

- Kopieren Sie das Diagramm und fügen Sie es an anderer Stelle wieder ein. Markieren Sie durch einen Doppelklick die Bestandslinie. Der Aufgabenbereich **Datenreihen formatieren** wird eingeblendet. Aktivieren Sie im Bereich **Füllung und Linie** das Kästchen **Linie glätten**.

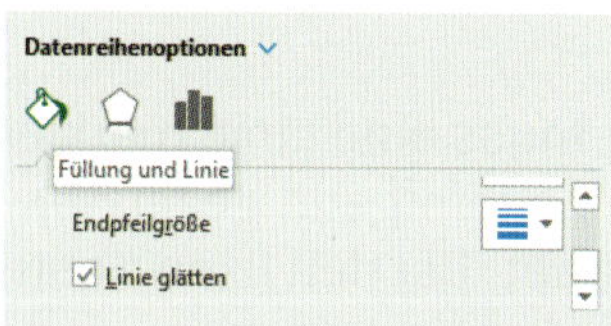

- Das Ergebnis sieht vor und nach der Glättung folgendermaßen aus:

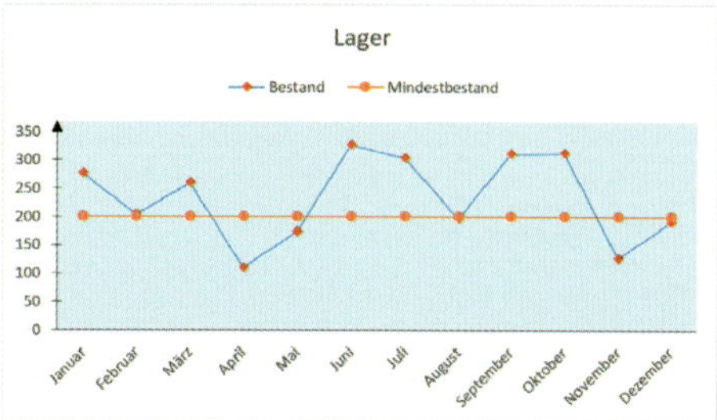

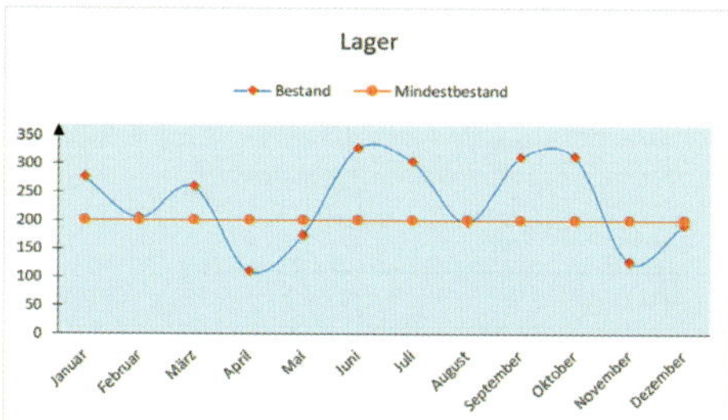

11.11.4 Skalierung

Über die Skalierung kann das Ergebnis verdeutlicht oder manipuliert werden.

Bearbeitungsschritte

- Kopieren Sie das ursprüngliche Diagramm und fügen Sie es an anderer Stelle wieder ein. Ändern Sie die Skalierung der y-Achse, sodass der untere Wert *100* beträgt. Der Sachverhalt wird in diesem Zusammenhang nicht verfälscht, sondern eher noch verdeutlicht. Diese Art der Änderung der Skalierung wird ansonsten auch durchaus zur Manipulation von Daten genutzt.

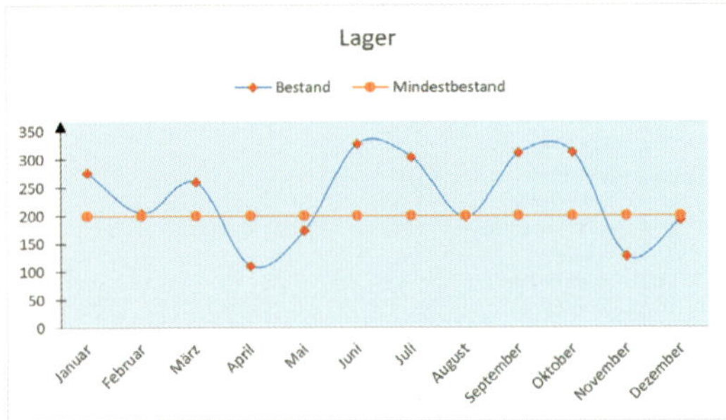

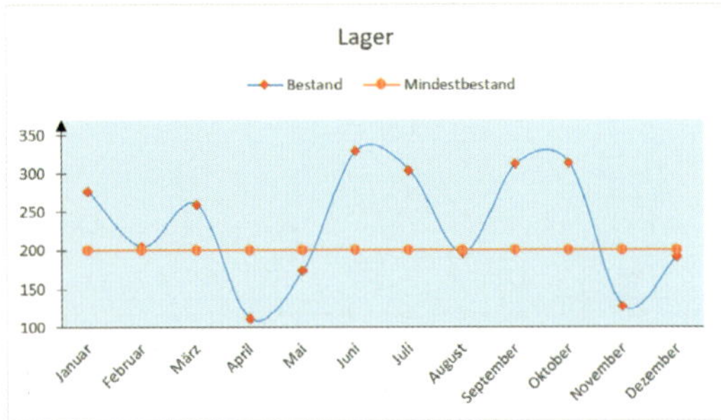

11.11.5 Säulen und Linien

Unter Umständen wird die Aussagekraft eines Diagramms dadurch gestärkt, dass unterschiedliche Elemente, z. B. Linien und Säulen, in einem Diagramm verwandt werden.

Bearbeitungsschritte

- Kopieren Sie das ursprüngliche Diagramm mit den Elementen *Bestand* und *Mindestbestand* und fügen Sie es an anderer Stelle wieder ein. Glätten Sie die Linien.
- Markieren Sie die Linie *Mindestbestand*. Klicken Sie im Register **Diagrammtools/Entwurf** in der Gruppe **Typ** die Schaltfläche **Diagrammtyp ändern** an. Wählen Sie für den Bestand eine gruppierte Säule aus.

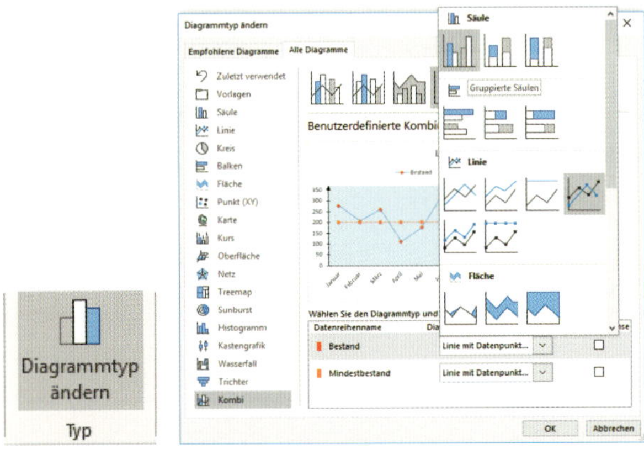

- Das Ergebnis sieht wie links dargestellt aus. Wählen Sie danach die zweite Kombination aus.

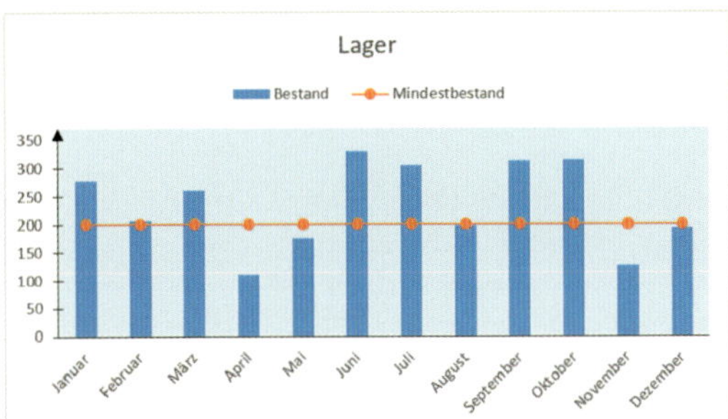

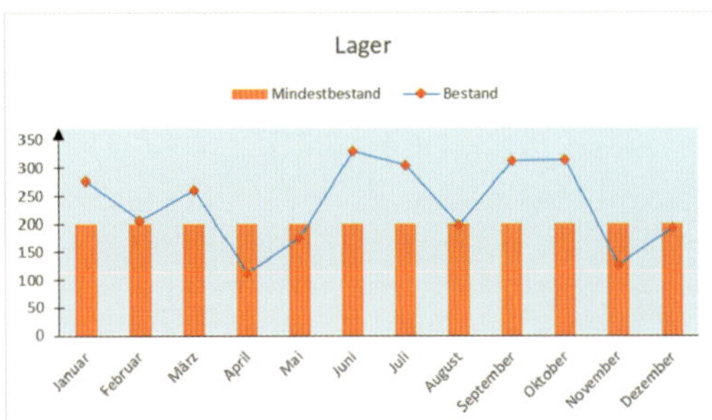

11.11.6 Filtern von Daten – Datenauswahl

Eine vernünftige Datenauswahl schützt vor einer Überfrachtung des Diagramms.

Bearbeitungsschritte

- Erstellen Sie ein Diagramm mit allen wichtigen Daten wie *Einkauf*, *Verkauf*, *Bestand* und *Mindestbestand*. Glätten Sie die Linien.
- Die Masse der Daten kann unübersichtlich wirken. Blenden Sie daher nach Bedarf einige aus.

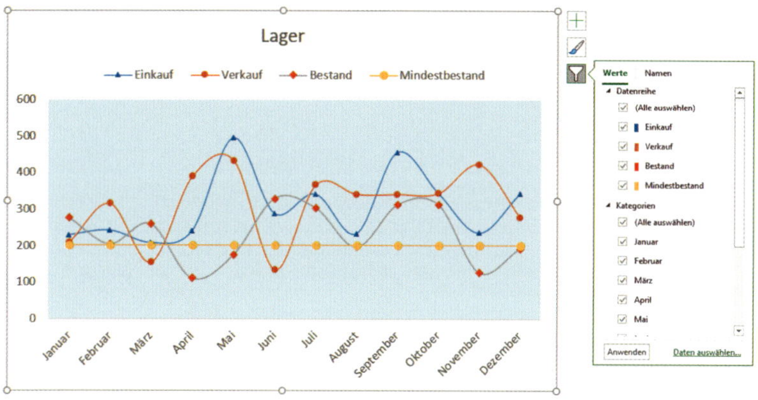

11.12 Punktdiagramm

Das Punktdiagramm gleicht dem Liniendiagramm sowohl in der Bearbeitung als auch im Aussehen. Beim Liniendiagramm werden im Prinzip nur die Punkte miteinander durch Linien verbunden. Daher können Punktdiagramme u. U. zunächst besser als Liniendiagramme erstellt und dann umgewandelt werden.

Bearbeitungsschritte

- Öffnen Sie die Mappe *Liniendiagramm*. Kopieren Sie ein erstelltes Diagramm und fügen Sie es an einer anderen Stelle in der Tabelle wieder ein. Entfernen Sie eventuelle Datenbeschriftungen.
- Wandeln Sie das Liniendiagramm über die Schaltfläche **Diagrammtyp ändern** in der Gruppe **Typ** im Register **Diagrammtools/Entwurf** in ein Punktdiagramm um.

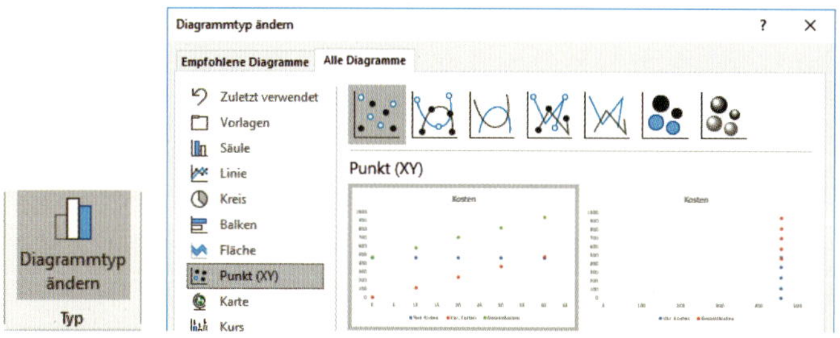

- Das Ergebnis könnte nach einer entsprechenden Nachbearbeitung so aussehen:

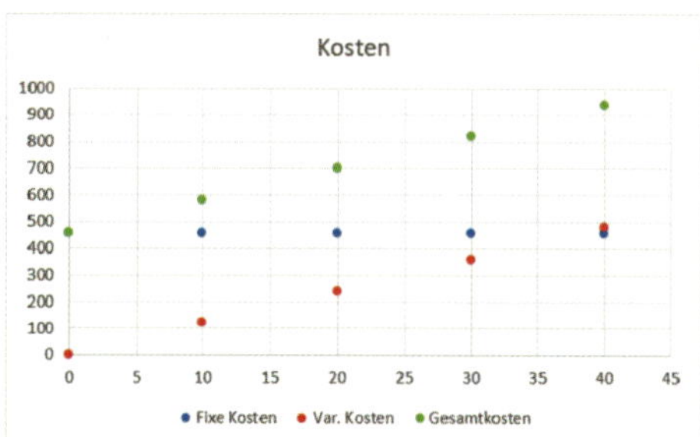

- Erstellen Sie danach traditionell in der Mappe *Liniendiagramm* ein Punktdiagramm.

11.13 Kreisdiagramm

Das Kreisdiagramm eignet sich vor allem dann, wenn nur eine Datenreihe ausgewertet werden soll. Beispielsweise soll der Umsatz von Vertretern dargestellt werden. Nicht geeignet ist das Kreisdiagramm für die Darstellung mehrerer Datenreihen.

Bearbeitungsschritte

- Laden Sie die Mappe *Umsatz_Diagramm_1* und speichern Sie diese unter dem Namen *Umsatz_Diagramm_Kreis* wieder ab.
- Markieren Sie die Bereiche, die für die Erstellung eines Diagramms benötigt werden. Markieren Sie zunächst den Bereich **A6** bis **A9**, drücken Sie die Taste [**Strg**] und markieren Sie anschließend bei gedrückter Taste [**Strg**] den Bereich **D6** bis **D9**.

	A	B	C	D	E
6	Vertreter A	200	20	4000	
7	Vertreter B	100	15	1500	
8	Vertreter C	80	30	2400	
9	Vertreter D	150	10	1500	

- Klicken Sie dann im Register **Einfügen** in der Gruppe **Diagramme** die Schaltfläche **Empfohlene Diagramme** an. Wählen Sie die angezeigte Diagrammart **Kreis** aus.

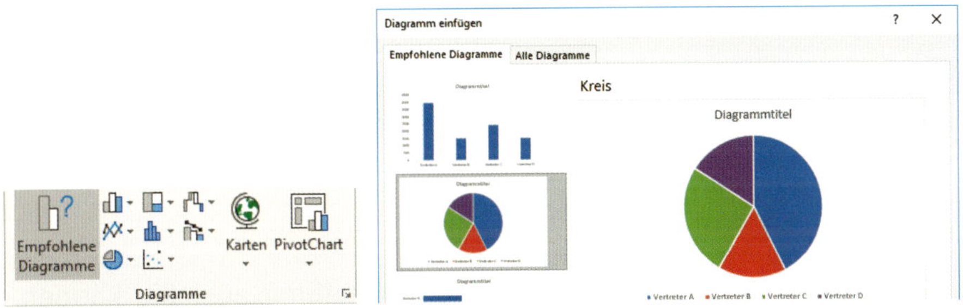

- Blenden Sie das Element **Datenbeschriftungen** mit der angezeigten Option an. Formatieren Sie die Überschrift und die Legende anschließend wie angegeben.

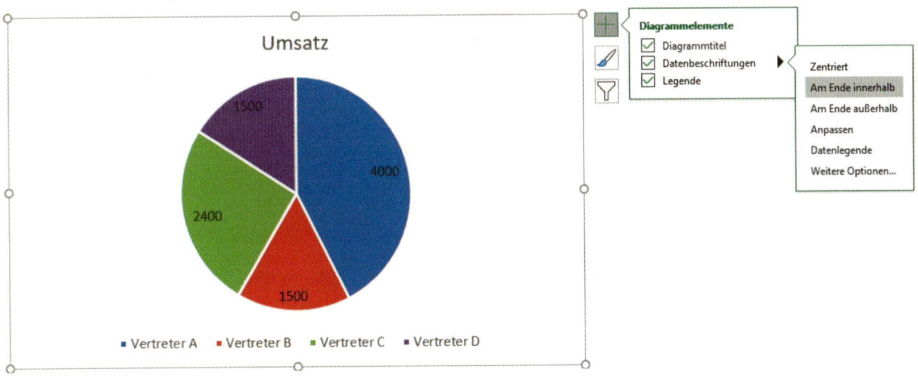

- Kopieren Sie das Diagramm und fügen Sie die Kopie an anderer Stelle der Tabelle wieder ein. Damit stehen mehrere Diagramme zur Bearbeitung zur Verfügung.
- Markieren Sie danach eine Datenbeschriftung. Sie können sie nun mit vorgegebenen Formenarten, Fülleffekten usw. und WordArt-Formaten bearbeiten. Interessant ist auch die Möglichkeit, die Form zu ändern. Damit stehen etliche verschiedene Möglichkeiten zur individuellen Gestaltung zur Verfügung.

Bearbeitungsschritte (Fortsetzung)

- Folgende Ergebnisse könnten beispielsweise erzielt werden:

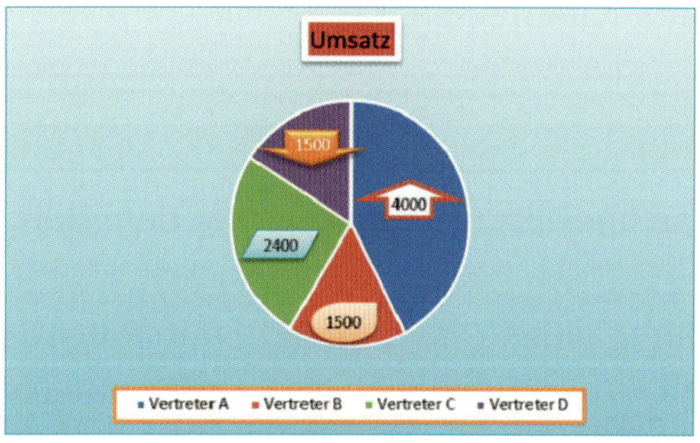

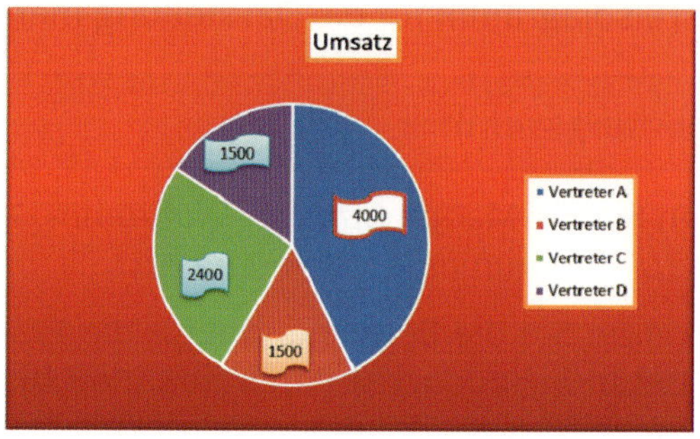

- Über den Aufgabenbereich **Datenbeschriftungen formatieren** können nach Anklicken der Schaltfläche **Beschriftungsoptionen** z. B. der *Rubrikenname* und der *Prozentsatz* oder der *Wert* eingeblendet werden. Außerdem kann bei einem Wert beispielsweise das Währungssymbol eingeblendet werden.

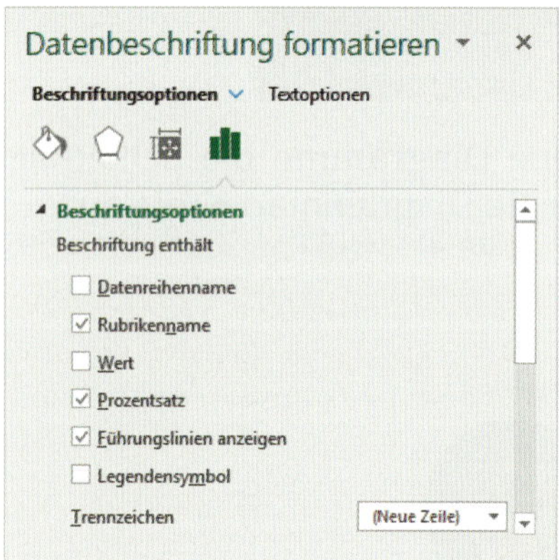

- Das Ergebnis sieht in etwa wie die linke folgende Darstellung aus. Sie können zu Übungszwecken den Hintergrund über die Schaltfläche **Fülleffekte** in der Gruppe **Formenarten** im Register **Diagrammtools/Format** mit einer Struktur versehen und in einem Kreiselement ein Bild oder eine Onlinegrafik einfügen.

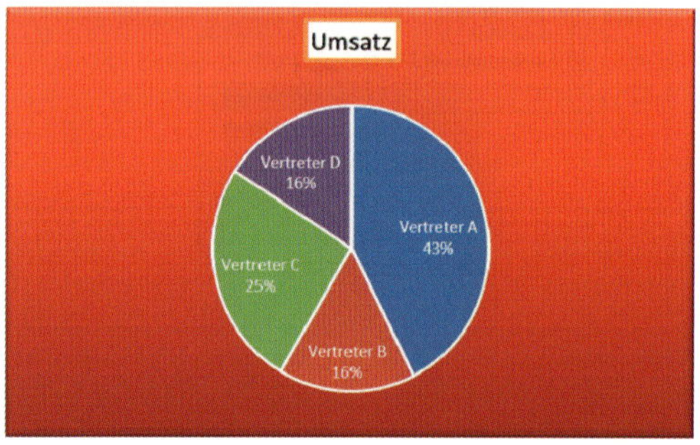

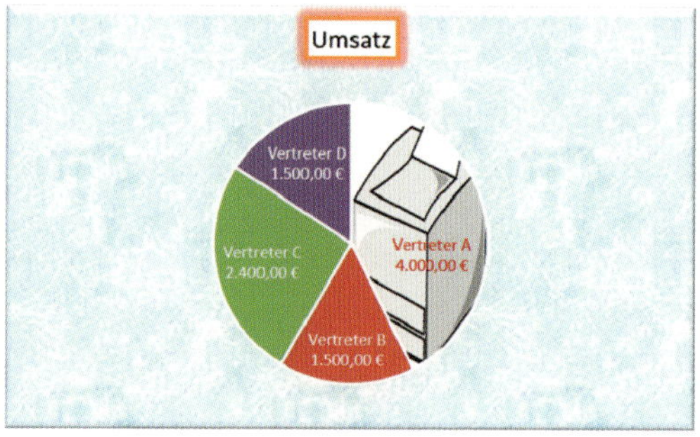

- Um einen Bereich herauszustellen, kann man ihn aus dem Kreis herausziehen. Markieren Sie zu diesem Zweck den Kreis und danach nochmal den Ausschnitt des Vertreters *A*. Mit gedrückter linker Maustaste können Sie den Bereich bewegen. Alle Bereiche werden bei Markierung des gesamten Kreises auseinandergezogen.

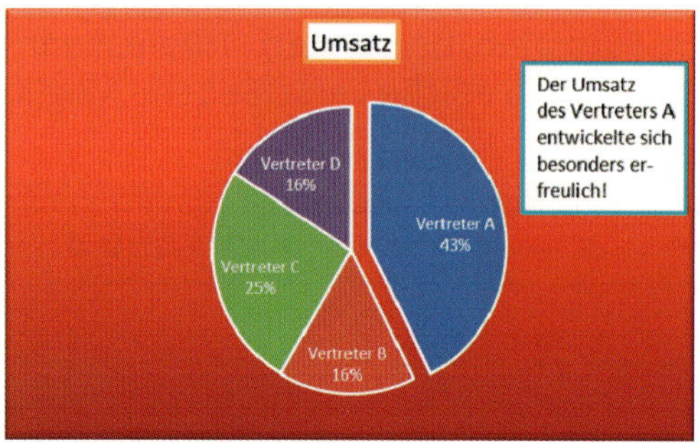

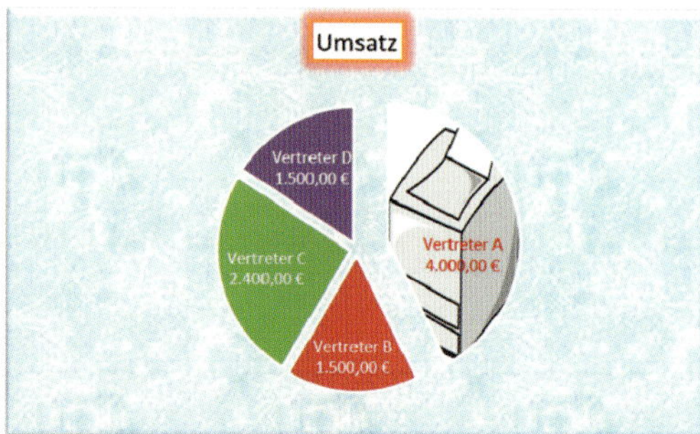

11.14 Übungen

1. Die Verkaufszahlen Ihres Unternehmens sind in einer Tabelle zusammengefasst.

	A	B	C	D
1	Verkaufszahlen			
2				
3	Monat	Drucker	Computer	Monitore
4	Januar	150	123	66
5	Februar	302	244	34
6	März	74	134	54
7	April	130	65	12
8	Mai	140	124	33
9	Juni	89	112	87
10	Gesamtverkauf			

a) Berechnen Sie mithilfe von Funktionen den Gesamtverkauf, den durchschnittlichen Verkauf, den minimalen und maximalen Verkauf.

b) Stellen Sie den Gesamtverkauf der einzelnen Produkte mit den Prozentzahlen in einem Kreisdiagramm dar. In der Legende sollen die Produkte aufgeführt werden.

c) Stellen Sie in einem Säulendiagramm die Verkäufe der drei Produkte in den Monaten Januar bis Juni dar. In der Legende sollen die Produkte angegeben werden. Kennzeichnen Sie den höchsten Umsatz eines Produkts in einem Monat, indem Sie die Säule mit einem Muster versehen und in einem Textfenster mit Rahmen und Pfeil zur Säule den folgenden Text anbringen: *Höchster Umsatz eines Produkts*.

d) Stellen Sie den durchschnittlichen, minimalen und maximalen Verkauf in einem 3-D-Balkendiagramm mit einer Skalierung, die nur Hunderterwerte anzeigt, dar.

2. Erstellen Sie die Tabelle *Zins*. Ein Anfangskapital von 150.000,00 € soll mit 6 % verzinst werden. Am Ende eines jeden Jahres kommt es zur Auszahlung von 20.000,00 €. Mithilfe der Prozentwert-Formel können die jeweiligen Zinsen ermittelt werden. Die ab der Zeile *7* dargestellten Werte sollen alle durch Formeln errechnet werden. Die Berechnung soll bis zum Jahr *10* erfolgen. Nutzen Sie die Möglichkeit des Kopierens.

	A	B	C	D	E
1	**Berechnung des Endkapitals**				
2					
3	Anfangskapital	150.000,00 €			
4	Zinssatz	6			
5	Zahlungsbetrag	20.000,00 €		Zahlungsperiode	1
6					
7	Zahlungsperiode	Anfangskapital	Zinsen	Auszahlung	Endkapital
8	1	150.000,00 €	9.000,00 €	20.000,00 €	139.000,00 €
9	2	139.000,00 €	8.340,00 €	20.000,00 €	127.340,00 €
10	3	127.340,00 €	7.640,40 €	20.000,00 €	114.980,40 €

a) Stellen Sie das Endkapital in einem Säulendiagramm dar. Fügen Sie eine Trendlinie hinzu. Legen Sie auf der y-Achse einen Hauptintervallwert von 40.000,00 € fest.

b) Stellen Sie die Zinsen in einem Balkendiagramm dar. Fügen Sie eine lineare Trendlinie hinzu. Kommentieren Sie die Zinsentwicklung in einem Textfenster.

c) Erstellen Sie aus dem Zahlenmaterial die folgenden Diagramme. Eventuell müssen Sie die Spalten der beiden Werte *Auszahlung* und *Zinsen* austauschen.

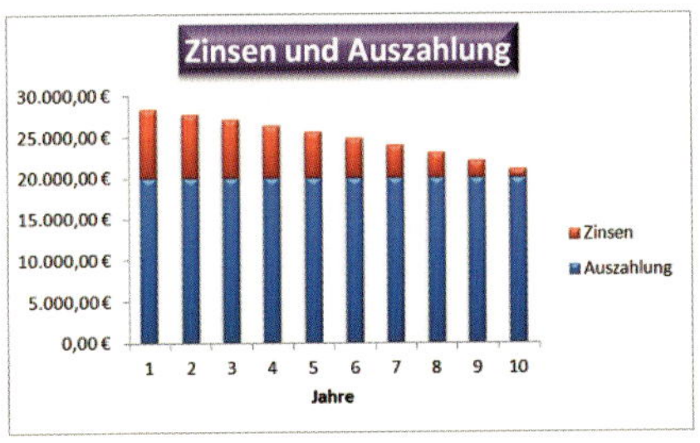

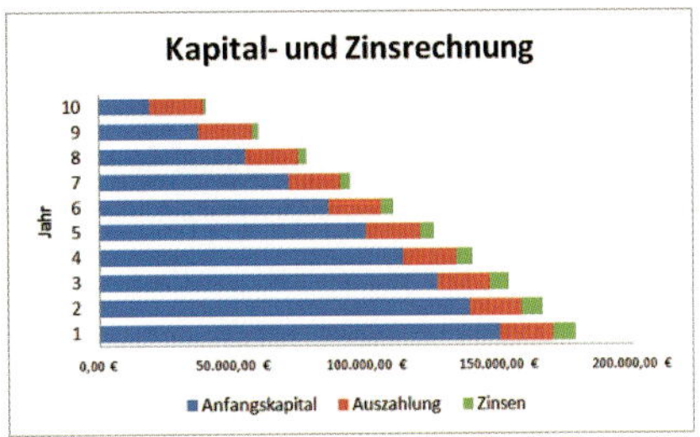

3. Die Mitarbeiterentwicklung in den Jahren 2016 bis 2019 sieht folgendermaßen aus:

	A	B	C	D	E	F	G	H	I
1	**Mitarbeiter**								
2									
3		**2016**	**%**	**2017**	**%**	**2018**	**%**	**2019**	**%**
4	**Einkauf**	27		36		35		40	
5	**Verkauf**	21		24		20		23	
6	**Buchhaltung**	12		14		10		15	
7	**Lager**	8		8		8		8	
8	**Produktion**	43		46		40		42	
9	**Gesamt**								

a) Berechnen Sie den jeweiligen prozentualen Anteil der Mitarbeiter in den einzelnen Abteilungen im Verhältnis zu den gesamten Mitarbeitern. Runden Sie in der Berechnung das Ergebnis auf zwei Stellen hinter dem Komma.

b) Stellen Sie die Mitarbeiter im Jahr 2016 in einem Kreisdiagramm dar. Die Anzahl der Mitarbeiter soll angegeben werden.

c) Werten Sie die Mitarbeitertabelle in den folgenden Arten aus:

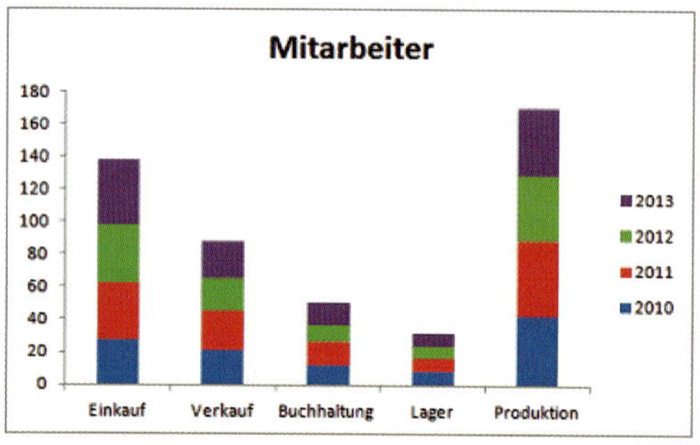

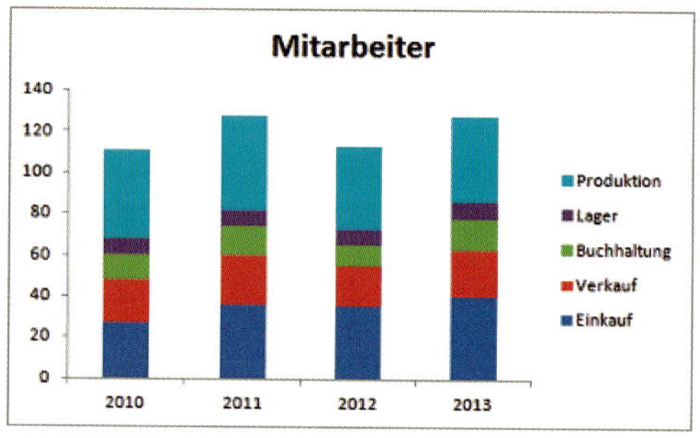

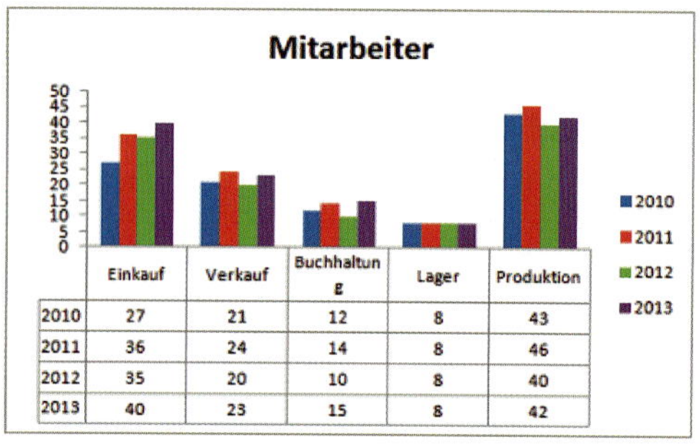

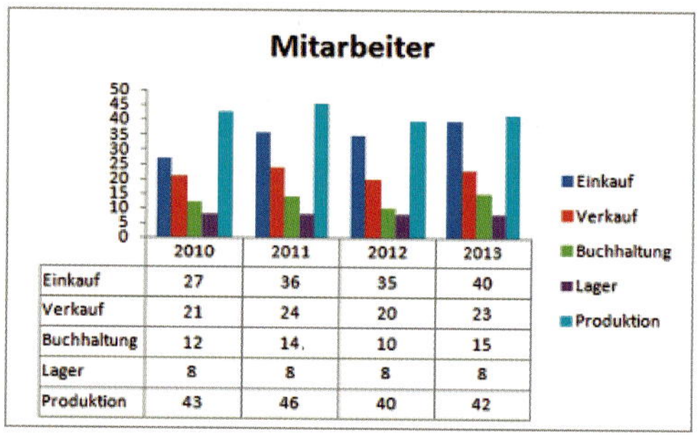

4. Die Entwicklung des Verkaufspreises wird in der folgenden Tabelle dargestellt:

	A	B	C	D
1	**Verkaufspreise**			
2				
3	Warenbezeichnung	2016	2017	2018
4	Computer	2.300,00 €	2.200,00 €	2.000,00 €
5	Drucker	800,00 €	900,00 €	1.050,00 €
6	Scanner	2.100,00 €	1.800,00 €	1.500,00 €
7	Monitore	400,00 €	400,00 €	410,00 €

a) Erstellen Sie ein Liniendiagramm, in dem die Preisentwicklung der einzelnen Produkte dargestellt wird. Kommentieren Sie die Preisentwicklung in einem Textfenster.

b) Stellen Sie die Preise der Produkte im Jahre 2016 in Form einer 3-D-Säulengrafik dar. Ändern Sie die Farben der einzelnen Säulen und fügen Sie jeweils auch ein Muster bei. Versetzen Sie die Legende und formatieren Sie den Titel *Verkaufspreise 2016* mit einer Textfarbe und einem farbigen Hintergrund. Fügen Sie außerdem einen Rahmen um den Titel hinzu. Beschriften Sie die Säulen mit den Verkaufspreisen, indem Sie Datenbeschriftungen anbringen. Sollten diese Beschriftungen unglücklich dargestellt sein, versetzen Sie selbige.

c) Stellen Sie die Verkaufspreise für Scanner in einem Balkendiagramm dar.

12 Wirtschaftliche Anwendungen 3

12.1 Artikel 3

12.1.1 Diagramme 1

Aufgabenstellung

Erstellen Sie die folgenden Diagramme in den angegebenen Tabellen:

Tabelle	Artikel	Anteile

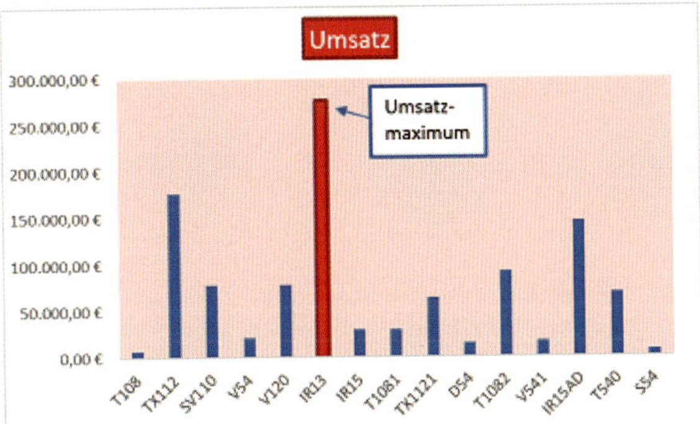

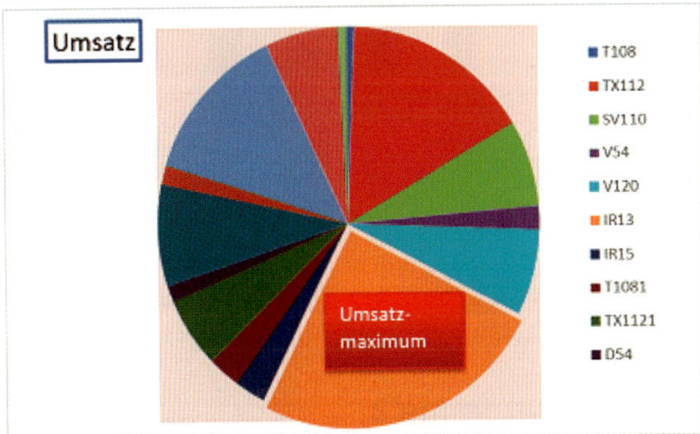

Tabelle	Artikel	Auswertungen

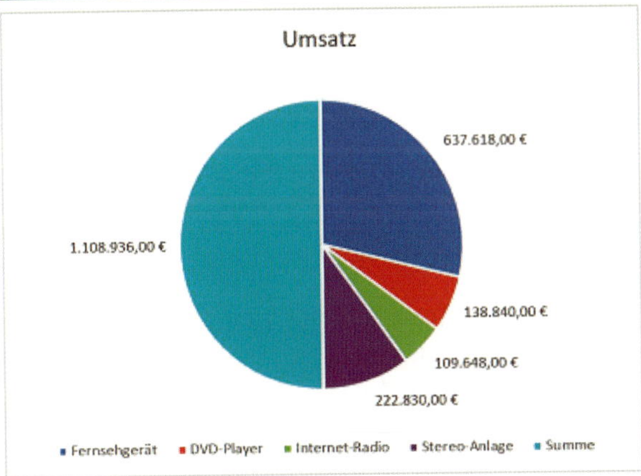

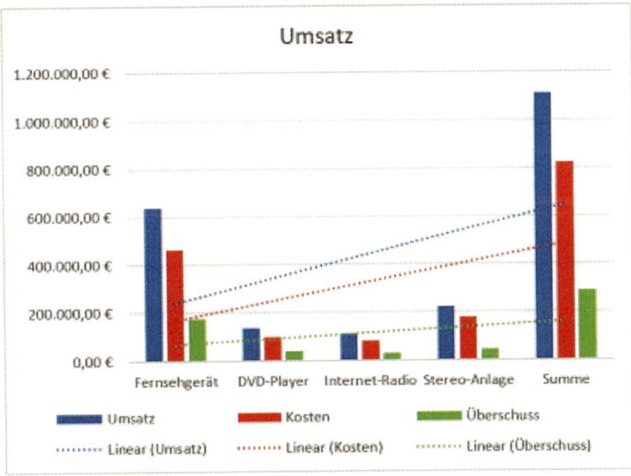

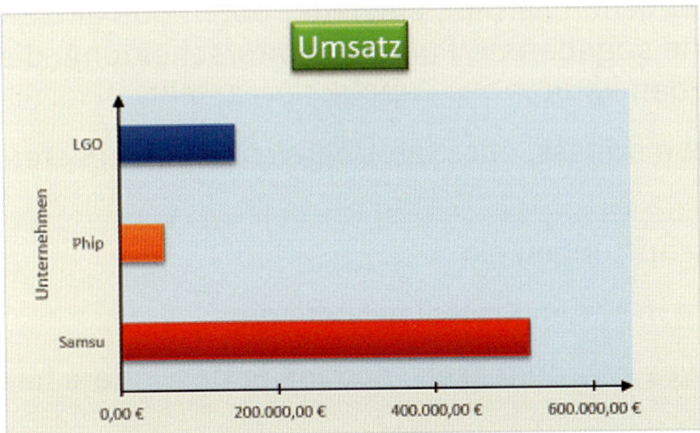

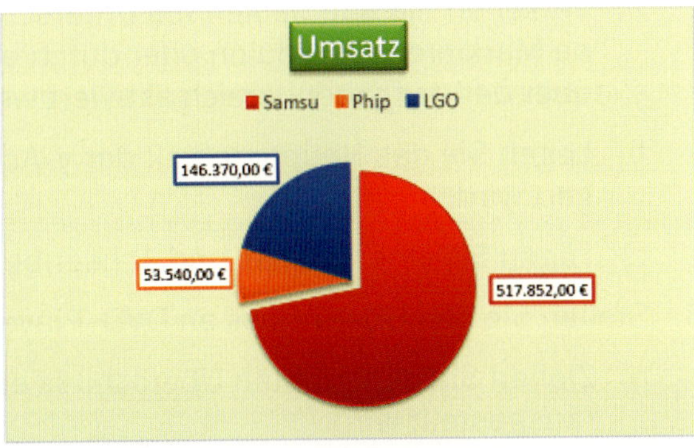

Tabelle	Artikel	Bestellung

Das nachfolgende Diagramm ist ein Verbunddiagramm mit Säulen und Linien:

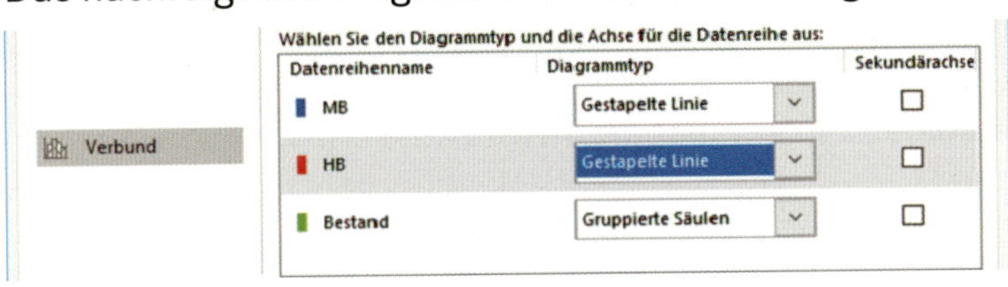

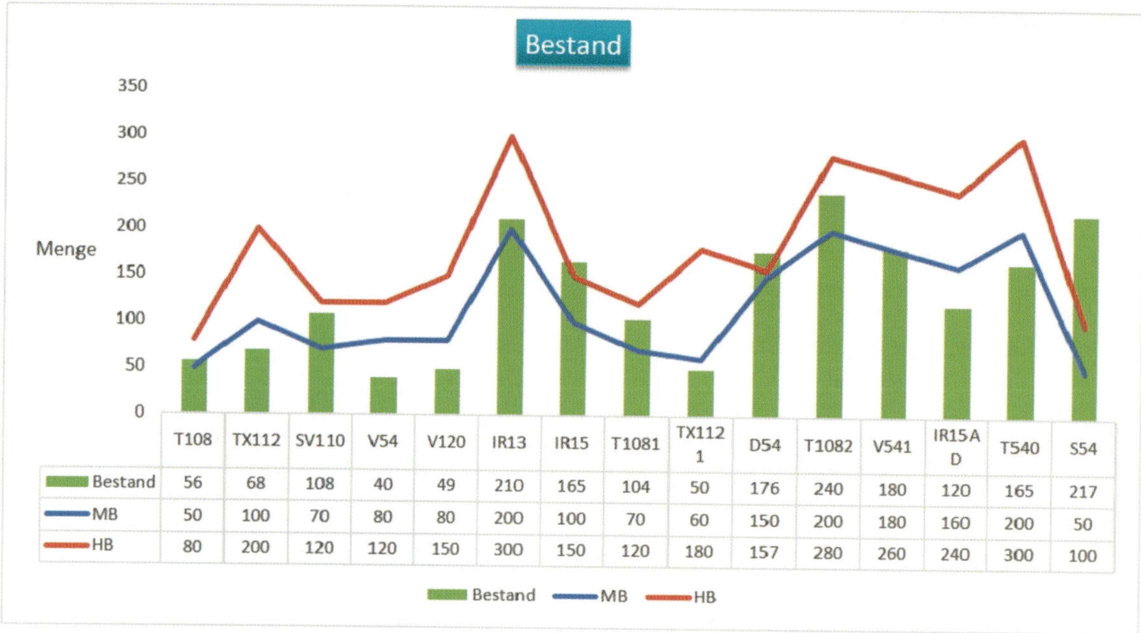

12.1.2 Diagramme 2

1. Stellen Sie die Anfangsbestände und Einkäufe der Artikel in einem gestapelten Säulendiagramm dar.
   a) Ordnen Sie die Legende rechts an.
   b) Fügen Sie eine Datentabelle ein.
   c) Legen Sie das Hauptintervall der y-Achse auf 200 fest.
   d) Fügen Sie als Achsenbeschriftungen *Produkt* und € ein. Stellen Sie die Textrichtung der Bezeichnung der y-Achse horizontal ein.
   e) Entfernen Sie die Gitternetzlinien.
   f) Versehen Sie die Zeichnungsfläche mit einem hellvioletten Hintergrund. Formatieren Sie die Überschrift und die Legende nach Ihren Vorstellungen.
2. Stellen Sie den Umsatz mit Fernsehgeräten in einem Säulendiagramm dar. Unter der x-Achse sollen sowohl der Typ als auch die Marke angeordnet sein.
   a) Versehen Sie alle Säulen mit unterschiedlichen Farben, entweder durch das einzelne Markieren der Säulen oder durch eine sogenannte Punktfarbunterscheidung, die über den Aufgabenbereich aktiviert werden kann.
   b) Legen Sie das Hauptintervall der y-Achse so fest, dass die Übersichtlichkeit gesteigert wird.
   c) Fügen Sie eine y-Achse und Achsenbeschriftungen ein.
3. Stellen Sie den Überschuss an DVD-Playern in einem Kreisdiagramm dar.
   a) Ziehen Sie den größten Überschuss etwas aus dem Kreis, sodass er besonders herausgestellt wird.
   b) Versehen Sie nur diesen Anteil mit einer Datenbeschriftung. Die Beschriftung soll innerhalb des Kreiselements liegen und den Wert und den prozentualen Anteil angeben.
   c) Versehen Sie die anderen Elemente des Kreisdiagramms mit unterschiedlichen Bild- oder Texturfüllungen.
   d) Versehen Sie die Überschrift mit einem gut lesbaren WordArt-Format.
   e) Versehen Sie die Diagrammfläche mit einem dezenten Farbhintergrund.

12.1.3 ABC-Analyse 1

Bei der ABC-Analyse werden Objekte, z. B. Produkte, in Klassen (A, B, C) mit absteigender Bedeutung eingeteilt. Bei der Analyse wird z. B. festgestellt, welche Produkte besonders stark am Umsatz (A-Produkte) beteiligt sind, welche eine mittlere Bedeutung haben und welche Produkte von eher geringer Bedeutung sind. Daraus können z. B. Rückschlüsse auf die Gestaltung des Produktsortiments, auf die Werbung usw. gezogen werden. Auch Kunden und Lieferanten können z. B. Gegenstand einer ABC-Analyse sein.

Aufgabenstellung

Mithilfe der ABC-Analyse wird festgestellt, welche Produkte für den Umsatz welche Bedeutung haben. Die meistverkauften Produkte, die zusammen mindestens 80 % des Umsatzes ausmachen, sollen als A-Produkte deklariert werden, die Produkte, die die nächsten 15 % ausmachen, als B-Produkte, die restlichen als C-Produkte.

Web

Tabelle (Ausschnitt)

	A	C	D	G	K	L	M	N	O	P
1					Artikel					
2										
3	Art_Nr	Marke	Typ	Verkauf	VP	Umsatz	Umsatz %	Umsatz % k.	>=	<
4	105	LGOO	IR13	276	998,00 €	275.448,00 €	24,84	24,84	A	A
5	101	Samsu	TX112	180	980,00 €	176.400,00 €	15,91	40,75	A	A
6	301	LGOO	IR15AD	210	697,00 €	146.370,00 €	13,20	53,95	A	A
7	204	Samsu	T1082	203	456,00 €	92.568,00 €	8,35	62,29	A	A
8	104	Phipe	V120	197	398,00 €	78.406,00 €	7,07	69,36	A	A
9	102	Samsu	SV110	56	1.399,00 €	78.344,00 €	7,06	76,43	A	A
10	400	Samsu	T540	230	298,00 €	68.540,00 €	6,18	82,61	B	B
11	202	Samsu	1	240	267,00 €	64.080,00 €	5,78	88,39	B	B
12	201	Samsu	T1081	230	132,00 €	30.360,00 €	2,74	91,12	B	B
13	200	LGOO	IR15	300	98,00 €	29.400,00 €	2,65	93,78	B	B
14	103	Phipe	V54	148	145,00 €	21.460,00 €	1,94	95,71	C	C
15	300	Phipe	V541	140	122,00 €	17.080,00 €	1,54	97,25	C	C
16	203	Phipe	D54	200	75,00 €	15.000,00 €	1,35	98,60	C	C
17	405	Phipe	S54	40	198,00 €	7.920,00 €	0,71	99,32	C	C
18	100	Samsu	T108	36	210,00 €	7.560,00 €	0,68	100,00	C	C
19										
20	Umsatz				1.108.936,00 €					
21										
22	A-Produkte	80			847.536,00 €					
23	B-Produkte	95			192.380,00 €					
24	C-Produkte				69.020,00 €					

Lösungshinweise

- Die Produkte werden zunächst nach dem Umsatz (benutzerdefiniertes Sortieren) sortiert. Danach wird die Gesamtsumme des Umsatzes ermittelt.
- Der prozentuale Anteil eines Artikels am Gesamtumsatz wird errechnet. Die Umsätze werden kumuliert, d. h., die prozentualen Anteile am Gesamtumsatz werden addiert.
- Mit einer verschachtelten WENN-Funktion werden die Produkte in A-, B- und C-Produkte eingeteilt. Die Berechnung kann man sowohl mit einer Größer-Gleich (>=) als auch Kleiner (<) Berechnungsmethode durchführen.

Zusätzliche Auswertungen

Das Ergebnis einer ABC-Analyse lässt sich in einem Pareto-Diagramm darstellen. Dieses Diagramm zeigt zum einen die Einzelwerte als Säule und zum anderen die kumulierten Werte als Linie. Die Werte werden in der jeweiligen Einheit, z. B. Euro, angegeben. Die kumulierten Werte werden durch eine zusätzliche Achse mit Prozentangaben verdeutlicht.

Die Tabellenkalkulation **Excel** kennt bei den *Empfohlenen Diagrammen* diese im Wirtschaftsleben häufig genutzte Darstellungsart. Markieren Sie daher die Zellen **D3** bis **D18** und **K3** bis **K18** und fügen Sie ein empfohlenes Diagramm vom Typ *Pareto* ein. Die Säulen können bei Bedarf farblich gestaltet werden. **Excel** würde auch ohne vorherige Sortierung dieses Diagramm korrekt erstellen, also die Werte automatisch anordnen.

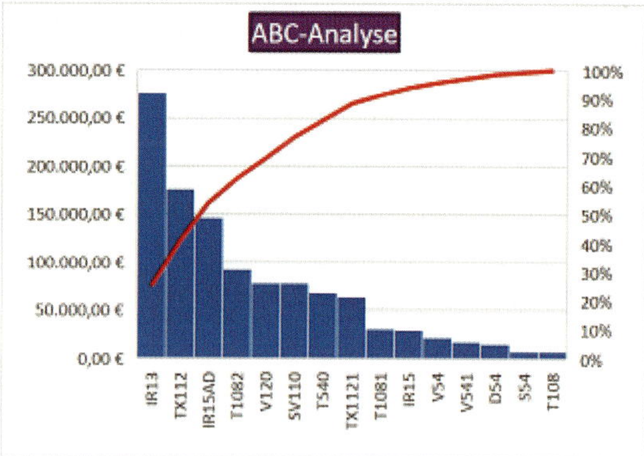

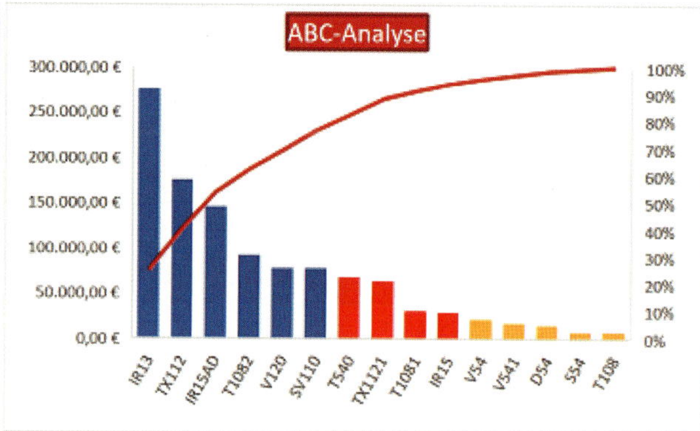

Zusätzlich können Sie unter Nutzung der Funktion SUMMEWENN die Anteile am Umsatz der A-, B- und C-Produkte berechnen. Mithilfe eines Kreis- oder Säulendiagramms können Sie danach die Anteile am Gesamtumsatz darstellen.

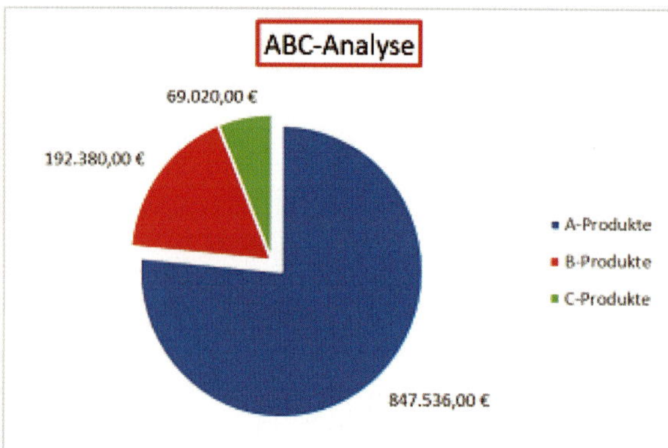

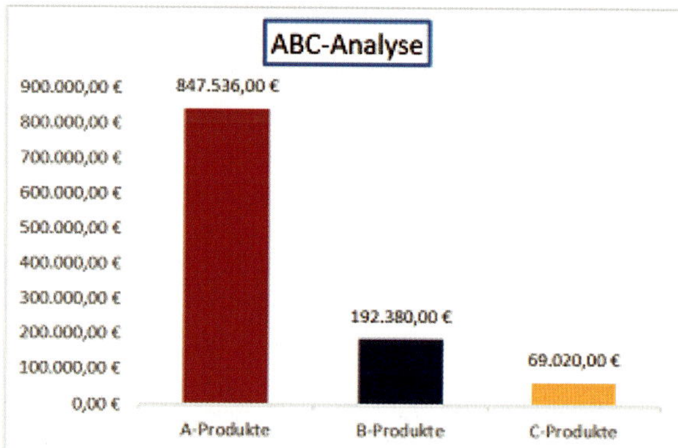

12.1.4 ABC-Analyse 2

Aufgabenstellung

Die ABC-Analyse soll genutzt werden, um den Verkauf von Produkten (siehe Tabelle auf der vorherigen Seite) zu untersuchen. Alle Verkäufe bis zu 60 % sollen als A-, alle Verkäufe bis 80 % als B- und die restlichen Verkäufe als C-Verkäufe deklariert werden. Berechnen Sie die Werte und stellen Sie sie als Diagramm dar.

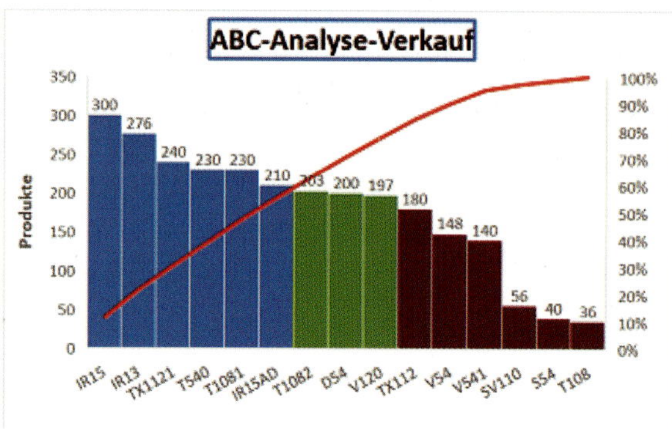

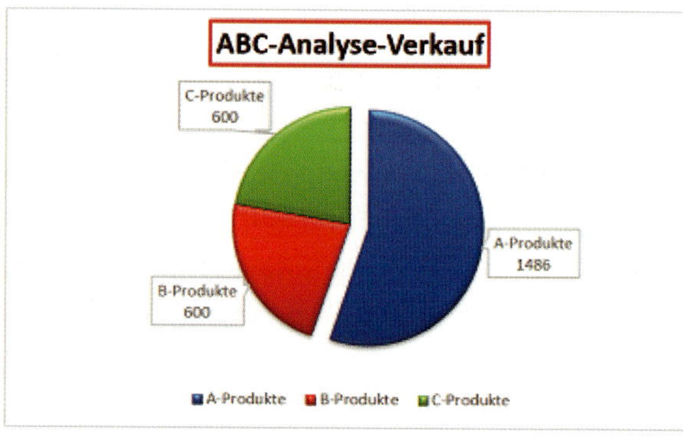

12.1.5 Optimale Bestellmenge

Das Ziel der Mengenplanung eines Unternehmens ist die Ermittlung der kostengünstigsten Bestellmenge. Diese Menge wird als optimale Bestellmenge bezeichnet.

Die anfallenden Kosten bestehen zum einen aus den Bestellkosten, die z. B. für das Einholen und Vergleichen von Angeboten, für das Schreiben von Bestellungen usw. bestehen. Zum anderen müssen die Lagerkosten berücksichtigt werden.

Allgemein muss festgestellt werden, dass die Ermittlung der optimalen Bestellmenge die kostengünstige Variante ermitteln kann, jedoch nicht immer genutzt werden kann, da z. B. begrenzte Lagerkapazitäten zur Verfügung stehen.

Hinweis: *In der Literatur werden sehr unterschiedliche Formeln zur Lösung des Problems genutzt. Im Ansatz ist jede Lösung vernünftig, die davon ausgeht, dass die optimale Bestellmenge dann erreicht ist, wenn bei dieser Menge Bestellkosten und Lagerhaltungskosten identisch sind. An diesem Punkt sind dann die Gesamtkosten am geringsten.*

Aufgabenstellung

Web

In einem Betrieb werden in einer Periode 500 Stück eines Produkts benötigt. Die Lagerkosten betragen 1,00 € pro Stück. Pro Bestellung fallen 20,00 € Kosten an.

Tabelle

	A	B	C	D	E
1	Optimale Bestellmenge				
2					
3	Bestellmenge	500		Optimale Bestellmenge	100,00
4	Kosten pro Bestellung	20,00 €		Optimale Gesamtkosten	200,00 €
5	Durchschnittliche Lagerkosten pro Stk.	1,00 €		Optimale Bestellkosten	100,00 €
6	Bestellungen pro Periode	1		Optimale Lagerkosten	100,00 €
7	Schrittweite	20			
8					
9	Bestellungen pro Periode	Bestellmenge	Bestellkosten	Lagerhaltungskosten	Gesamtkosten
10	1	500,00	20,00 €	500,00 €	520,00 €
11	2	250,00	40,00 €	250,00 €	290,00 €
12	3	166,67	60,00 €	166,67 €	226,67 €
13	4	125,00	80,00 €	125,00 €	205,00 €
14	5	100,00	100,00 €	100,00 €	200,00 €
15	6	83,33	120,00 €	83,33 €	203,33 €
16	7	71,43	140,00 €	71,43 €	211,43 €
17	8	62,50	160,00 €	62,50 €	222,50 €
18	9	55,56	180,00 €	55,56 €	235,56 €
19	10	50,00	200,00 €	50,00 €	250,00 €

Lösungshinweise

- Die genutzte Formel für die Ermittlung der Optimalen Bestellmenge lautet:

$$optimale\ Bestellmenge = \sqrt{\frac{Bestellmenge * Kosten\ pro\ Bestellung}{Lagerkosten\ pro\ Stück}} = \sqrt{\frac{500 * 20}{1}} = \mathbf{100}$$

- Zur Lösung wird daher die Funktion WURZEL genutzt:
  =WURZEL((B3*B4)/B5)
- Die errechnete Optimale Bestellmenge ist ein rein mathematischer Wert, durch eine Rundung könnte z. B. sichergestellt werden, dass eine ganze Zahl ausgegeben wird.

- Ausgehend von der Berechnung der Optimalen Bestellmenge werden danach die optimalen Gesamtkosen, die optimalen Bestellkosten und die optimalen Lagerkosten berechnet. Die Formeln finden Sie anschließend.
- Der Wert *1* für die Bestellungen/Periode wird nur dazu eingesetzt, damit im unteren Teil lediglich Berechnungen gegeben sind. Der Wert *1* darf nicht geändert werden, da ansonsten keine vernünftigen Werte ermittelt werden.

	A	B	C	D	E
3	Bestellmenge	500		Optimale Bestellmenge	=WURZEL((B3*B4)/B5)
4	Kosten pro Bestellung	20		Optimale Gesamtkosten	=((B3/E3)*B4)+(E3*B5)
5	Durchschnittliche Lagerkosten pro Stk.	1		Optimale Bestellkosten	=(B3/E3)*B4
6	Bestellungen pro Periode	1		Optimale Lagerkosten	=E3*B5
7	Schrittweite	20			
8					
9	Bestellungen pro Periode	Bestellmeng	Bestellkoste	Lagerhaltungskosten	Gesamtkosten
10	=B6	=$B$3/A10	=$B$4*A10	=$B$5*B10	=RUNDEN(C10+D10;2)
11	=A10+1	=$B$3/A11	=$B$4*A11	=$B$5*B11	=RUNDEN(C11+D11;2)

- Die ermittelten Werte (**A9** bis **E19**) können für die Erstellung eines Diagramms genutzt werden. Das Diagramm passt sich bei realistischen Werten automatisch an. Nach leichten Formatierungsarbeiten sieht das Diagramm folgendermaßen aus:

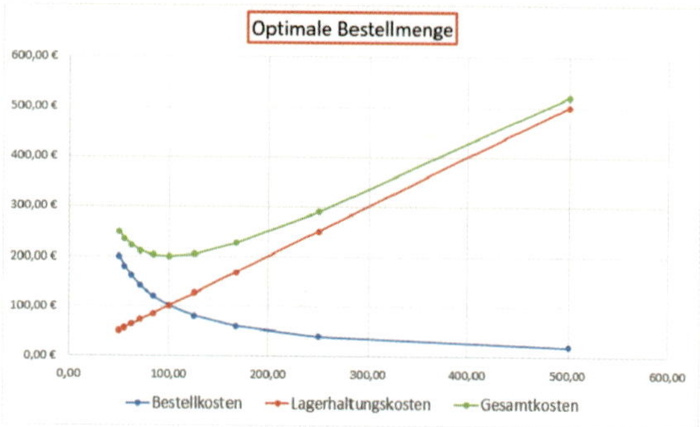

- Soll das Diagramm individuell gestaltet werden, muss die Menge mithilfe einer Schrittweite bestimmt und die Schrittweite in die anderen Formeln eingearbeitet werden.

	A	B	C	D	E
21	Menge	Bestellkosten	Lagerhaltungskosten	Gesamtkosten	
22	20	20	500,00 €	520,00 €	
23	40	40	250,00 €	290,00 €	

	A	B	C	D	E
21	Menge	Bestellkosten	Lagerhaltungskosten	Gesamtkosten	
22	=$B$7	=A22*C10/(($B$4/$B$5)*A10)	=D10*(($B$4/$B$5)*A10)/A22	=B22+C22	
23	=$B$7+A22	=A23*C11/(($B$4/$B$5)*A11)	=D11*(($B$4/$B$5)*A11)/A23	=B23+C23	

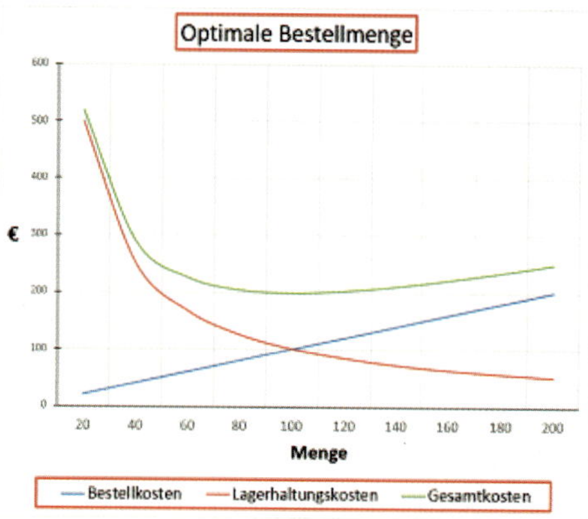

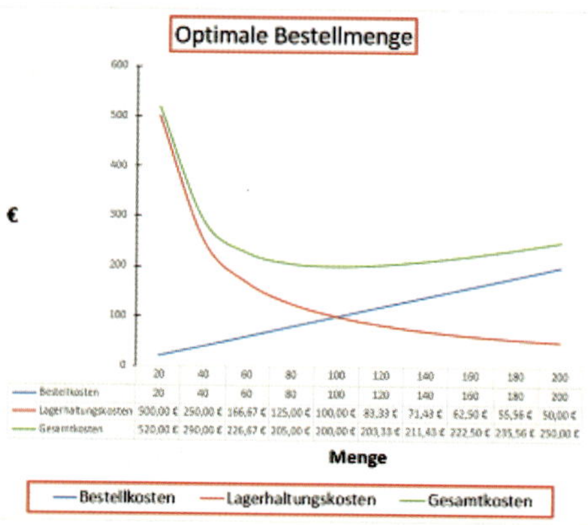

12.2 Kunden 3

ABC-Analyse

Aufgabenstellung

Erstellen Sie die folgende ABC-Analyse und Diagramme aus den Gesamtumsätzen. Zu Übungszwecken sollten Sie diese Analysen danach mit Quartalszahlen durchführen.

Tabelle	Kunden	ABC-Analyse gesamt (Ausschnitt)

	A	B	I	J	K	L	M
4	Kunden_Nr	Name1	Gesamt	Umsatz %	Umsatz % k	>=	<
5	207	Hans Terfehr KG	811.615,00 €	21,25	21,25	A	A
6	203	Büro Hinze KG	552.640,00 €	14,47	35,71	A	A
7	208	Meyer OHG	394.604,00 €	10,33	46,04	A	A
8	216	Reif GmbH	360.252,00 €	9,43	55,47	A	A
9	202	Bürohandlung KG	347.070,00 €	9,09	64,56	B	B
10	205	Willi Garstig OHG	346.595,00 €	9,07	73,63	B	B
11	210	Müller GmbH	307.071,00 €	8,04	81,67	C	C

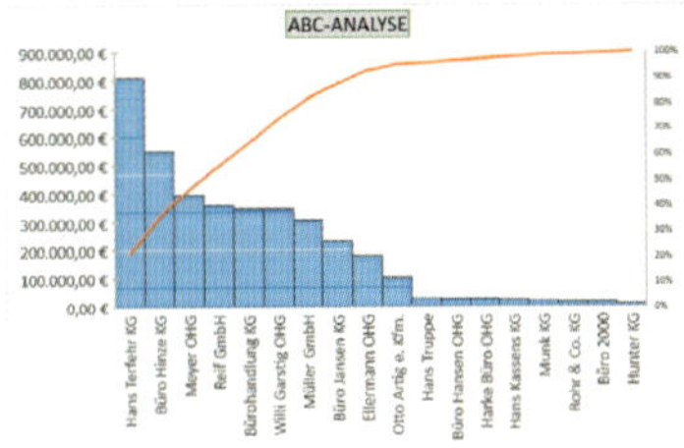

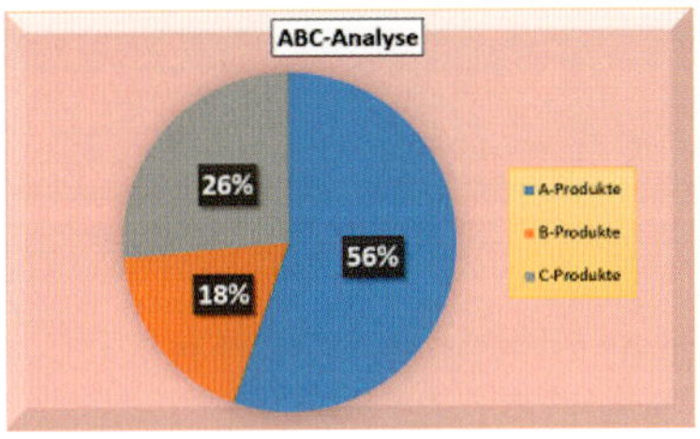

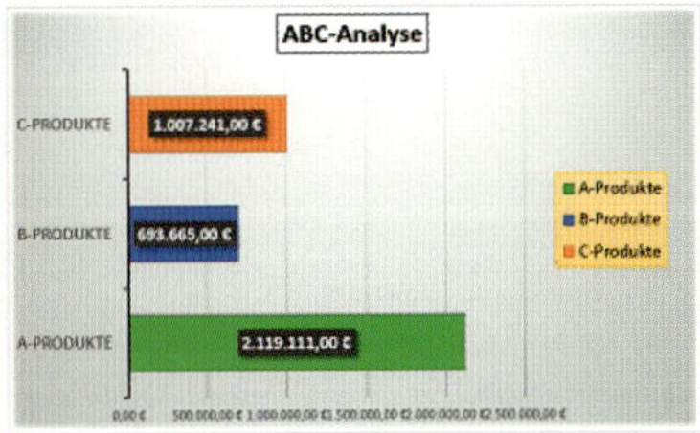

Diagramme

Aufgabenstellung

Erstellen Sie die folgenden Diagramme in den angegebenen Tabellen. Erstellen Sie außerdem weitere Diagramme mithilfe der gegebenen Daten.

Tabelle	Kunden	Umsatzauswertungen/Quartalsauswertungen

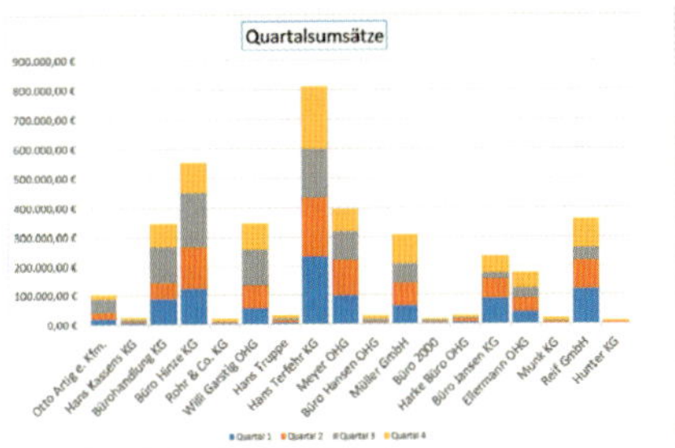

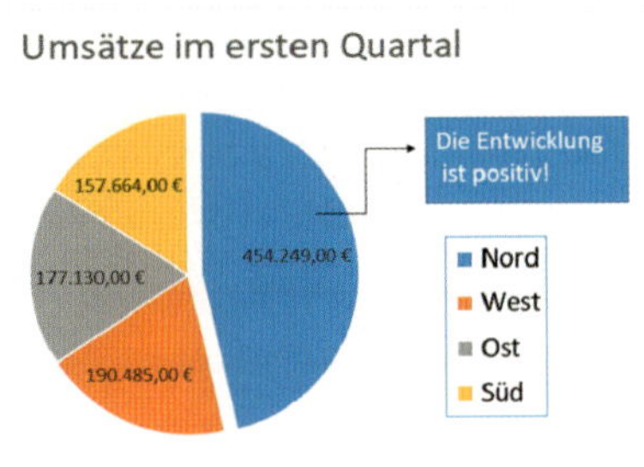

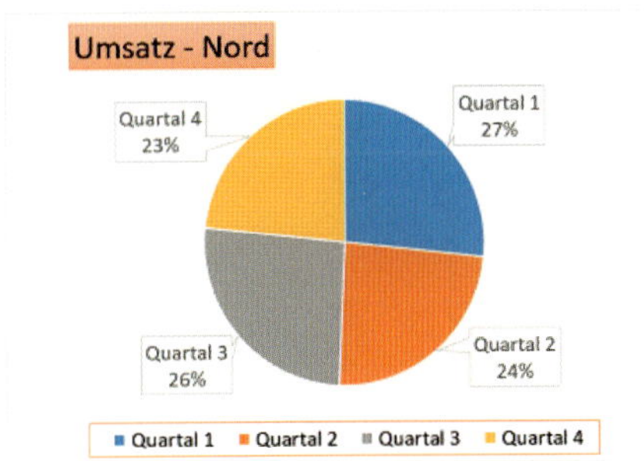

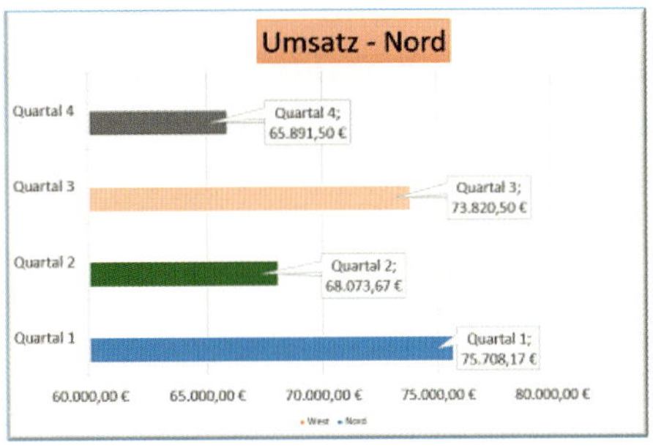

13 Programmübergreifende Anwendungen

13.1 Vorbemerkungen

Unter Datenaustausch oder Programmübergreifenden Anwendungen versteht man das Nutzen einmal erfasster Daten in anderen Programmen. Eine erstellte Tabelle der Tabellenkalkulation **Excel** soll beispielsweise in einen Text der Textverarbeitung **Word** oder in einem anderen Dokument unter Windows eingefügt werden. Die Erfassung von Daten erfolgt nicht immer über das Programm **Excel**. Oftmals stehen Daten aus anderen Datenquellen zur Verfügung, etwa Daten aus einer Datenbank wie **Access**, erfasste Textdateien usw. Diese Daten können in der Regel in Excel-Mappen eingefügt werden.

13.2 Datei einfügen

13.2.1 Einlesen eines Dokuments

In ein Office-Dokument kann ein Dokument einer anderen Office-Anwendung oder ein Dokument eines anderen Programms geladen werden.

Bearbeitungsschritte

- Erstellen Sie in der Textverarbeitung **Word** die folgende Datei und speichern Sie sie unter dem Namen *Umsatz der Vertreter* ab.

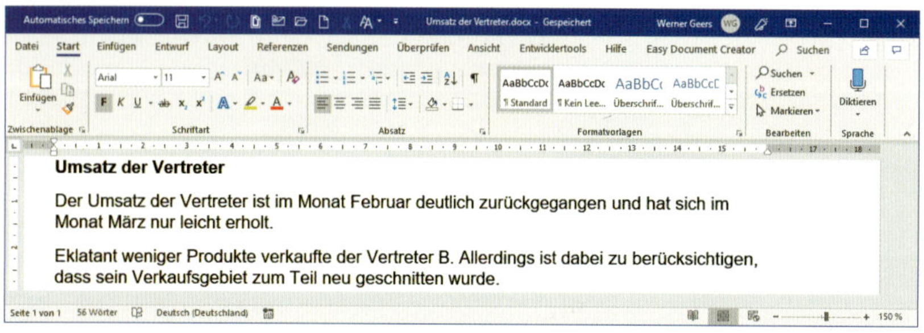

- Speichern Sie die Datei, sodass der aktuelle Dateiinhalt abgespeichert ist.
- Öffnen Sie in der Tabellenkalkulation **Excel** die Mappe *Umsatz_Monate*. Speichern Sie die Mappe unter dem Namen *Umsatz_Monate_Datei* wieder ab. Verschieben oder löschen Sie das bestehende Diagramm. Markieren Sie die Zelle **A9**.
- Klicken Sie im Programm **Excel** im Register **Einfügen** in der Gruppe **Text** die Schaltfläche **Objekt** an. Eine Möglichkeit wäre nun, eine neue Datei zu erstellen und diese dann in die Datei einzufügen. Das entsprechende Programm wird dann geladen. Diese Möglichkeit soll hier nicht genutzt werden. Klicken Sie daher die Option **Aus Datei erstellen** an und wählen Sie die Datei *Umsatz der Vertreter* aus.

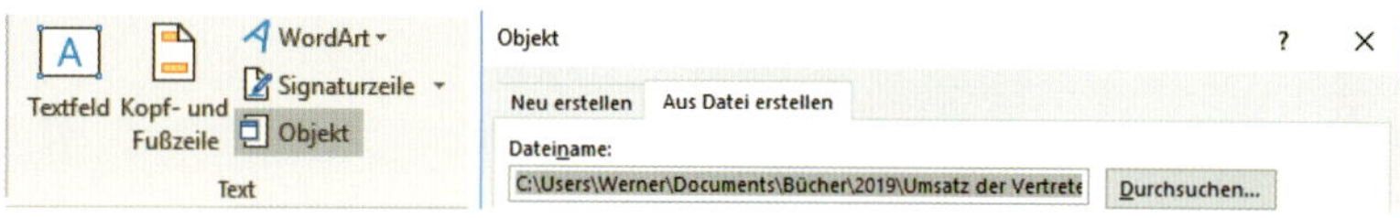

- Das Dokument wird nun in **Excel** eingelesen und kann über das Register **Zeichentools/Format** mit Fülleffekten und Formkonturen bearbeitet werden.

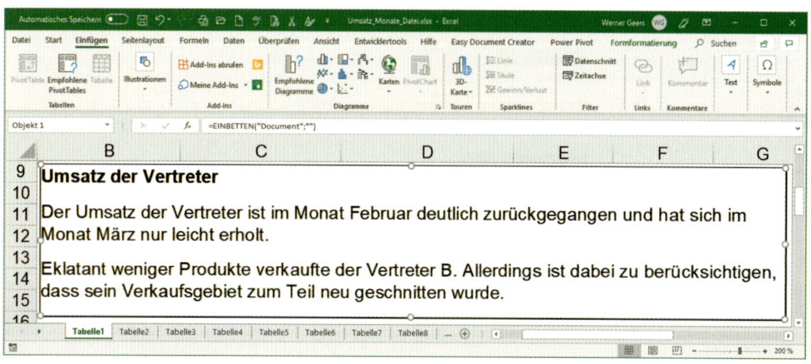

13.2.2 Einlesen und Verknüpfen eines Dokuments

Dokumente können auch eingefügt und verknüpft werden. Dies bedeutet, dass eine Änderung im Originaldokument automatisch zu der entsprechenden Änderung im aufnehmenden Dokument führt. In Netzwerken kann es zu Problemen führen, wenn das Netzwerk nicht entsprechend eingerichtet ist. Wahrscheinlich sind die Probleme jedoch nicht.

Bearbeitungsschritte

- Öffnen Sie gegebenenfalls in der Tabellenkalkulation **Excel** die Mappe *Umsatz_Monate_Datei*. Markieren Sie eine Zelle unterhalb der zuletzt eingefügten Datei.
- Klicken Sie im Programm **Excel** im Register **Einfügen** in der Gruppe **Text** die Schaltfläche **Objekt** an. Klicken Sie die Option **Aus Datei erstellen** an und wählen Sie die Datei *Umsatz der Vertreter* aus. Aktivieren Sie die Option **Verknüpfen**.

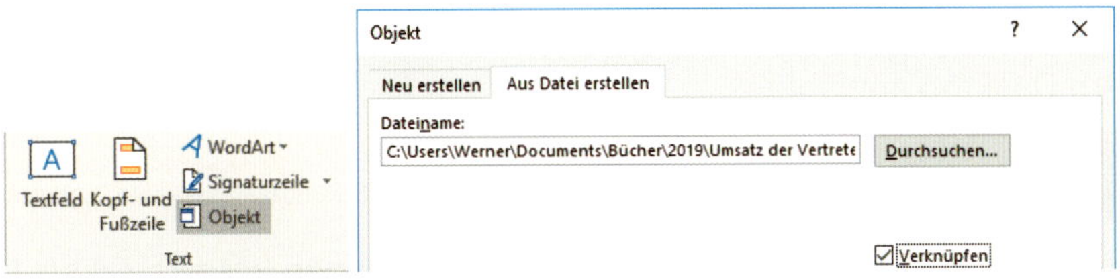

- Das Dokument wird nun in **Excel** eingelesen und könnte über das Register **Formformatierung** mit Fülleffekten und Formkonturen bearbeitet werden.

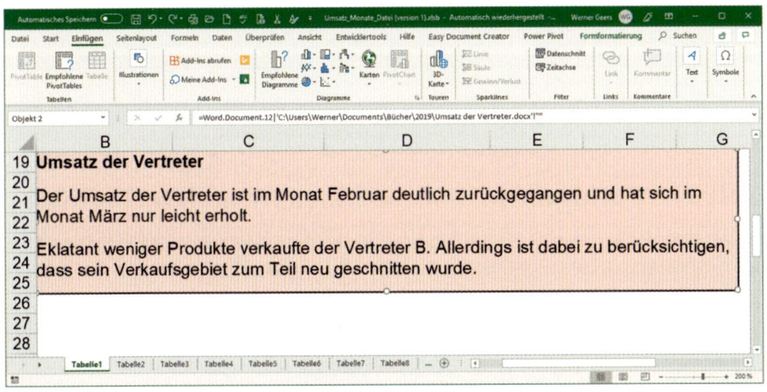

- Ergänzen Sie im Word-Dokument den Text. Speichern Sie den Text danach über die Schaltfläche **Speichern** oder den Menüpunkt **Datei/Speichern**.

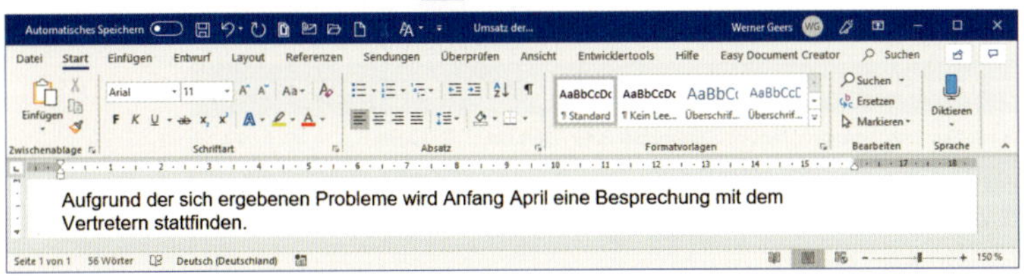

- Der Text wird nun automatisch im Programm **Excel** geändert.

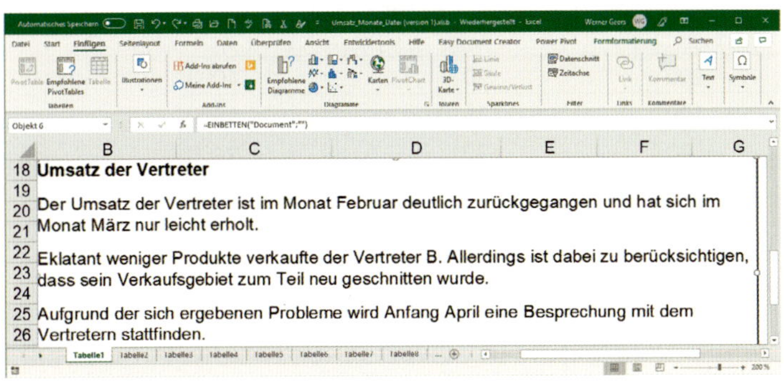

- Wenn eine Datei als Symbol eingefügt wird, kann sie durch einen Doppelklick auf das Symbol aufgerufen werden.

13.3 Diagramm, Tabelle, Text programmübergreifend nutzen und verknüpfen

13.3.1 Übertragen einer EXCEL-Tabelle in die Textverarbeitung Word

Die häufigste Anwendung des Datenaustauschs dürfte sicherlich darin bestehen, dass Zahlenwerte von der Tabellenkalkulation in die Textverarbeitung übertragen werden. Damit können die Zahlenwerte in einen Text integriert werden. Die Erstellung von Tabellen ist in der Tabellenkalkulation sicherlich einfacher als in der Textverarbeitung, da in der Tabellenkalkulation leichter Berechnungen vorgenommen werden können.

Bearbeitungsschritte

- Öffnen Sie das Programm **Word**. Speichern Sie ein leeres Dokument unter dem Namen *Datenaustausch*.
- Öffnen Sie mit **Excel** die Mappe *Umsatz_Diagramm_1*. In der Taskleiste werden je nach Einstellung die Programme angezeigt. Ansonsten können Sie z. B. die Programme über die Anzeige auf dem Desktop anwählen.

- Formatieren Sie die Tabelle wie unten angezeigt. Markieren Sie den Bereich **A4** bis **D9**. Klicken Sie danach im Register **Start** in der Gruppe **Zwischenablage** die Schaltfläche **Kopieren** an.

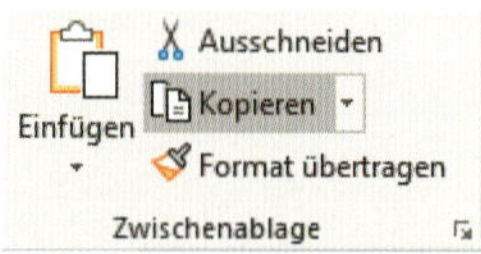

- Wechseln Sie in die Textverarbeitung **Word**. Klicken Sie im Register **Start** in der Gruppe **Zwischenablage** die Schaltfläche **Einfügen** an. Soll die Tabelle in anderer Form eingefügt werden, z. B. ohne Formatierung, muss eine Einfügeoption gewählt werden. Wenn Sie mit der Maus über die Schaltflächen gehen, sehen Sie das Ergebnis. Außerdem wird eine Kurzerklärung der Option angezeigt.

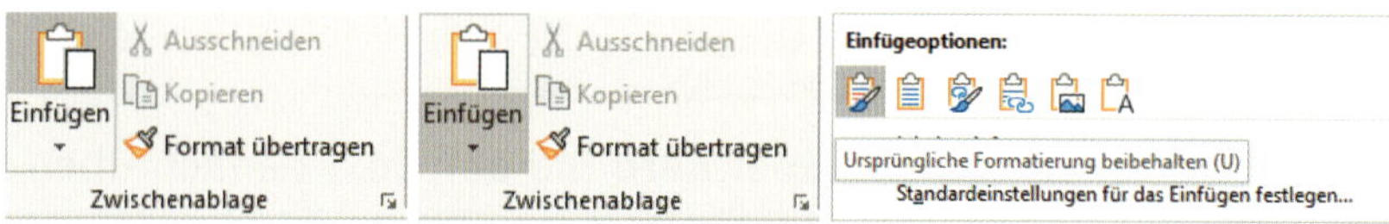

- Das Ergebnis sieht etwa so aus. Eventuell muss eine Nachbearbeitung erfolgen.

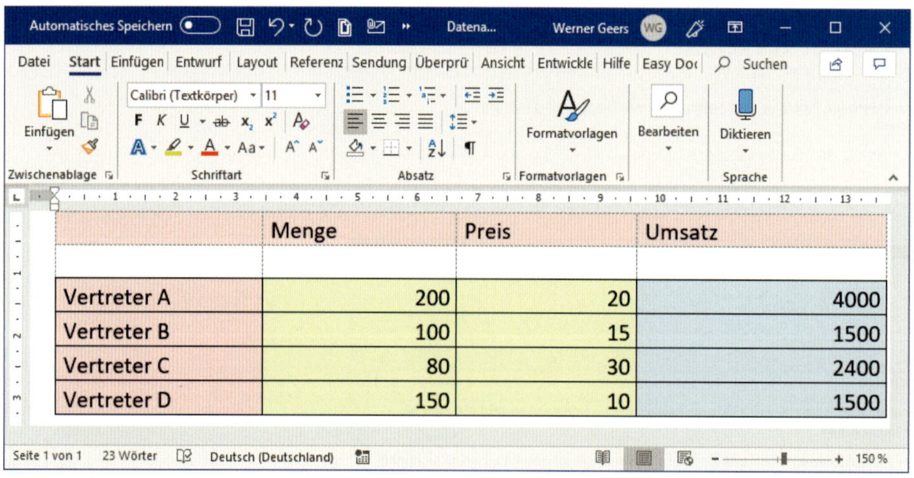

- Die Übertragung der Daten in alle anderen Windows-Programme ist identisch. Besonders gut lassen sich beispielsweise Diagramme in PowerPoint-Präsentationen einbauen, da Zahlen, Diagramme, Grafiken usw. einen Sachverhalt zusätzlich verdeutlichen können.

13.3.2 Übertragen eines Diagramms

Als eine weitere Möglichkeit des Datenaustauschs ist die Übertragung einer Grafik von der Tabellenkalkulation **Excel** in die Textverarbeitung **Word** oder ein anderes Programm interessant. Ein mit einer Textverarbeitung erstellter Text kann durch das Einfügen einer Grafik besonders ansprechend gestaltet werden. Die Aufmerksamkeit, die das Dokument erzielt, wird deutlich gesteigert.

Bearbeitungsschritte

- Öffnen Sie gegebenenfalls die Dateien *Datenaustausch* und *Umsatz_Diagramm_1* in den Programmen **Word** und **Excel**.
- Markieren Sie in der Datei *Umsatz_Diagramm_1* durch einfaches Anklicken mit der Maus das Diagramm. Klicken Sie danach im Register **Start** in der Gruppe **Zwischenablage** die Schaltfläche **Kopieren** an.

- Wechseln Sie in das Dokument *Datenaustausch* in der Textverarbeitung **Word**. Klicken Sie im Register **Start** in der Gruppe **Zwischenablage** die Schaltfläche **Einfügen** ohne die Nutzung von Optionen an.

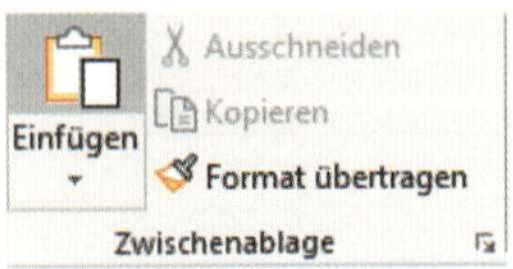

- Das Ergebnis sieht, je nach Diagramm, in etwa folgendermaßen aus:

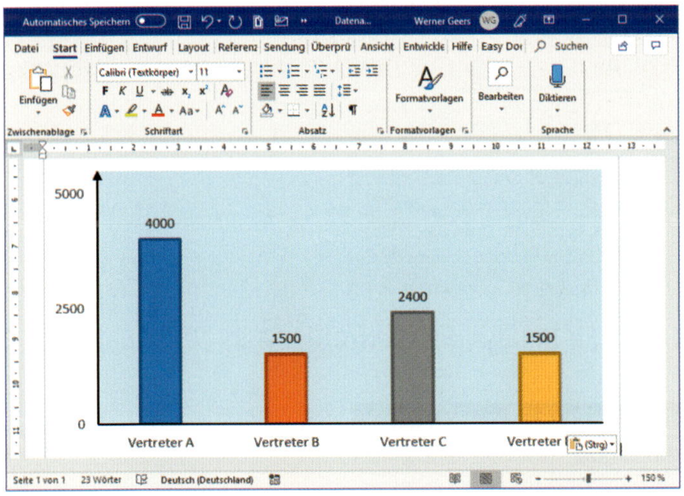

- Anhand der Schaltflächen neben der markierten Grafik können Sie sehen, dass Sie bei Bedarf in **Word** das Diagramm weiterbearbeiten können.
- Soll das Diagramm nicht mehr weiterverarbeitet werden und auch sonst originalgetreu übertragen werden, sollte es u. U. als Grafik eingefügt werden.

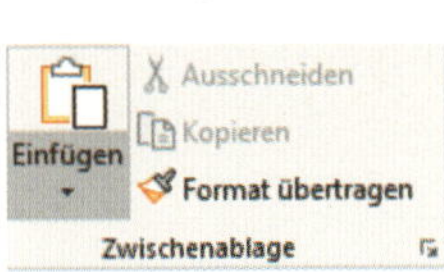

- Die Übertragung von Diagrammen in andere Windows-Programme ist auf die gleiche Weise vorzunehmen. Besonders die Übernahme von Diagrammen in eine PowerPoint-Präsentation bietet sich an. Bei einem Vortrag wirken grafische Darstellungen oftmals überzeugender als Zahlen.

13.3.3 Verknüpfung von Daten

Werden Daten verknüpft, so werden diese Daten bei einer Änderung im Programm, in dem sie erfasst wurden (z. B. in **Excel**), automatisch auch in dem Programm geändert, in das sie übertragen wurden. Daher können in **Excel** erfasste Daten immer aktuell z. B. in einer Word- oder in einer PowerPoint-Datei gespeichert werden. Eventuell kann die Verknüpfung der Daten durch Einstellungen, etwa im Serverbetrieb, eingeschränkt sein.

Bearbeitungsschritte

- Öffnen Sie gegebenenfalls die Dateien *Datenaustausch* und *Umsatz_Diagramm_1* in den Programmen **Word** und **Excel**.
- Markieren Sie mit der Maus den Bereich **A2** bis **D9** in der Excel-Datei *Umsatz_Diagramm_1*. Klicken Sie im Register **Start** in der Gruppe **Zwischenablage** die Schaltfläche **Kopieren** an.

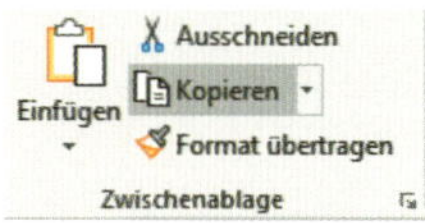

- Klicken Sie in der Taskleiste die Textverarbeitung **Word** an. Klicken Sie dann im Register **Start** in der Gruppe **Zwischenablage** den Pfeil in der Schaltfläche **Einfügen** und danach den Menüpunkt **Verknüpfen und ursprüngliche Formatierung beibehalten** an.

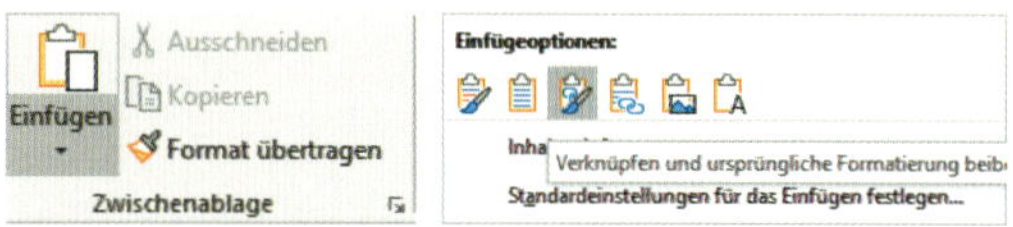

- Nach Anklicken der Schaltfläche **OK** werden die Inhalte übertragen.

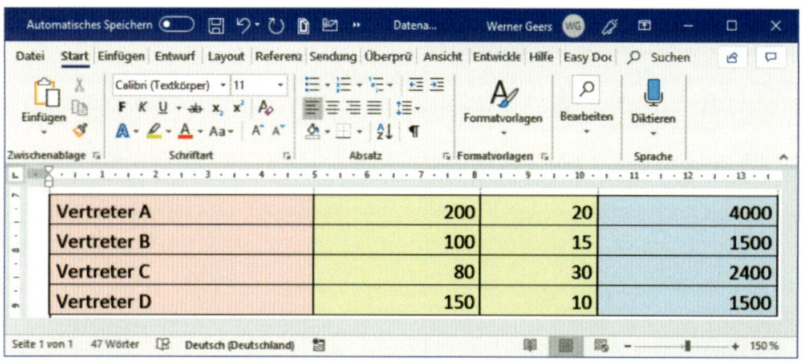

- Verändern Sie im Programm **Excel** die Menge des Vertreters *A* in *400*. Speichern Sie die Datei.

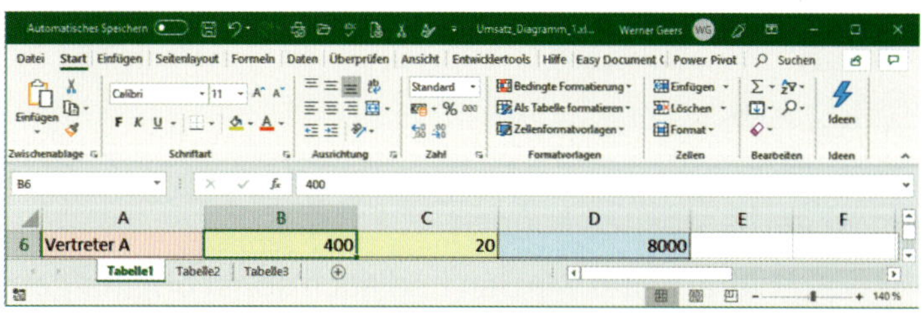

- Die Zahl wird in die Datei des Programms **Word** übernommen. Auch die sich daraus ergebenden Berechnungen werden korrekt dargestellt.

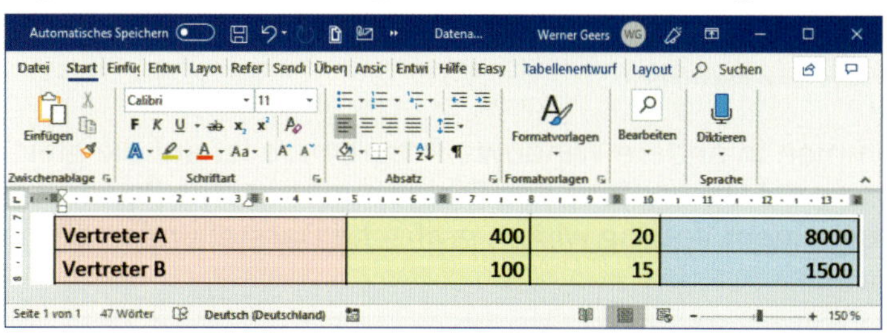

•

13.4 Datenimport

13.4.1 Vorbemerkungen

Die Nutzung externer Daten erfordert in der Regel Grundkenntnisse über die Programme, mit denen die Daten erfasst worden sind. Bei Office-Programmen wie **Word** oder **Excel** lassen sich die Schritte normalerweise ohne Probleme nachvollziehen.

13.4.2 Datenimport durch Kopieren und Einfügen

Daten von einem Office-Programm können in ein anderes Office-Programm genauso wie innerhalb der Programme durch Kopieren und Einfügen übertragen werden.

Bearbeitungsschritte

- Öffnen oder erstellen Sie eine Tabelle in **Word**. Markieren Sie den gesamten Inhalt.

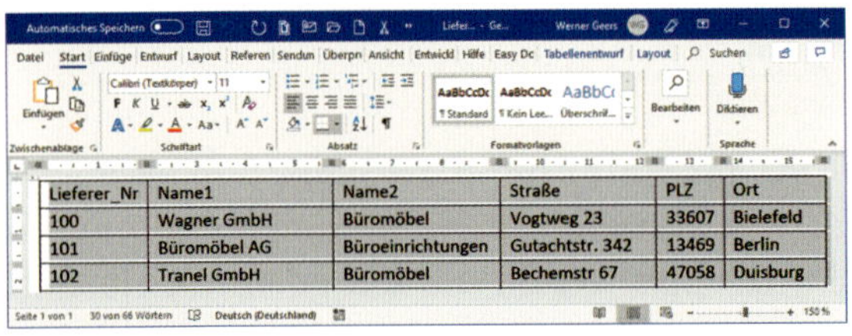

Lieferer_Nr	Name1	Name2	Straße	PLZ	Ort
100	Wagner GmbH	Büromöbel	Vogtweg 23	33607	Bielefeld
101	Büromöbel AG	Büroeinrichtungen	Gutachtstr. 342	13469	Berlin
102	Tranel GmbH	Büromöbel	Bechemstr 67	47058	Duisburg

- Klicken Sie im Register **Start** in der Gruppe **Zwischenablage** die Schaltfläche **Kopieren** an.

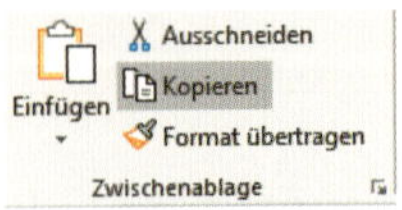

- Erstellen Sie eine Excel-Tabelle unter dem Namen *Datenaustausch_Word_1*. Markieren Sie in **Excel** die Zelle **A1**. Klicken Sie im Register **Start** in der Gruppe **Zwischenablage** die Schaltfläche **Einfügen** an. Sie können dann entscheiden, ob die Daten mit oder ohne Formate übertragen werden sollen.

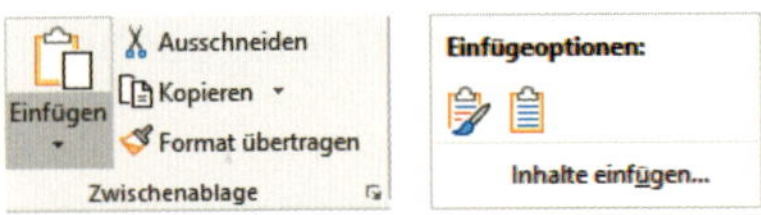

- Das Ergebnis sieht z. B. bei einer Übertragung ohne Formate in etwa so aus:

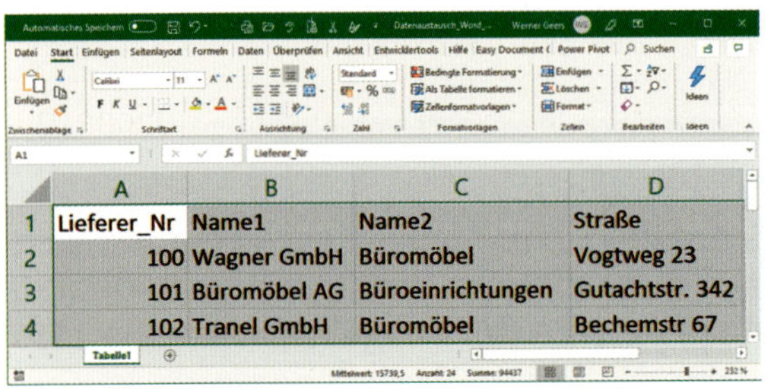

	A	B	C	D
1	Lieferer_Nr	Name1	Name2	Straße
2	100	Wagner GmbH	Büromöbel	Vogtweg 23
3	101	Büromöbel AG	Büroeinrichtungen	Gutachtstr. 342
4	102	Tranel GmbH	Büromöbel	Bechemstr 67

- Ein Text mit Spalten lässt sich auf diese Weise auch gut übertragen.

13.4.3 Datenaustausch durch Einlesen von Daten aus anderen Quellen

Auch aus anderen Programmen können Daten übernommen werden. Hier wird nur kurz der Weg zur Nutzung der Daten angedeutet.

Bearbeitungsschritte

- Klicken Sie das Register **Daten** an. Externe Daten können aufgerufen werden.

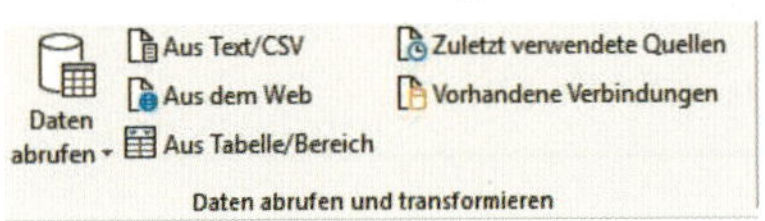

13.5 Screenshots

Ein Screenshot stellt einen Bildschirmausschnitt oder einen gesamten Bildschirm zur Verfügung. Der ausgeschnittene Bereich kann dann beispielsweise in ein Dokument eingefügt oder als Anhang mit einer Mail versandt werden.

Bearbeitungsschritte

- Öffnen Sie das Programm **Excel**. Öffnen Sie nacheinander Dokumente in verschiedenen Programmen, wie z. B. **Word**, einem Internet-Browser und **PowerPoint**.
- Klicken Sie im Register **Einfügen** in der Gruppe **Illustrationen** die Schaltfläche **Screenshot** an. Die verfügbaren Fenster werden angezeigt:

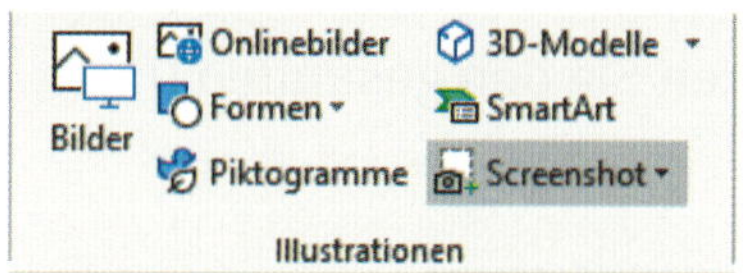

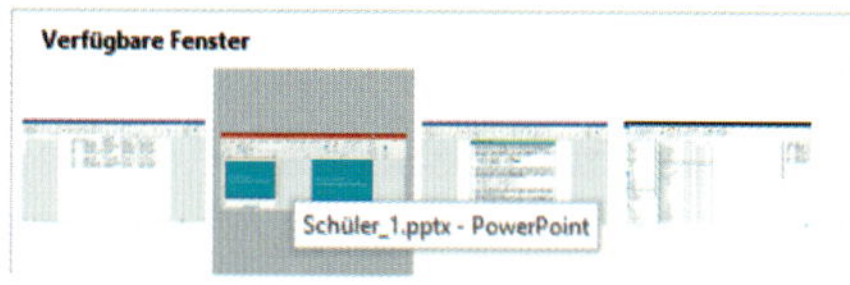

- Klicken Sie mit der Maus auf ein Fenster. Der gesamte Inhalt des Fensters wird in das Dokument eingefügt. Danach kann das Fenster markiert und über die Einstellmöglichkeiten im Register **Bildtools/Format** in der Gruppe **Größe** auf die gewünschte Größe verkleinert oder vergrößert werden.

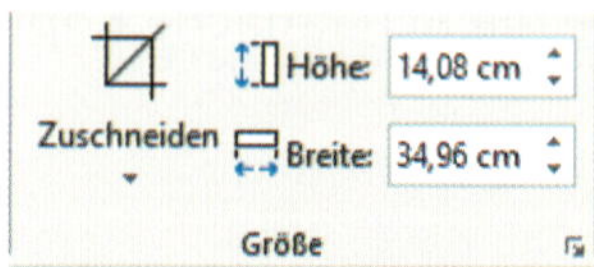

- Um nur einen Bildschirmausschnitt eines bestimmten Programms auszuschneiden, müssen Sie zunächst das Programm in der Taskleiste aufrufen, aus dem der Bildschirmausschnitt kommen soll.
- Gehen Sie zum Programm **Excel** zurück. Klicken Sie im Register **Einfügen** in der Gruppe **Illustrationen** die Schaltfläche **Screenshot** an. Das zuletzt aufgerufene Programm wird als erstes angezeigt. Aus diesem Programm kann ein Ausschnitt ausgeschnitten werden. Wählen Sie den Menüpunkt **Bildschirmausschnitt**.

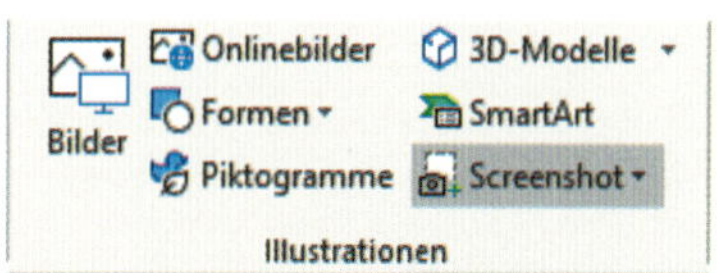

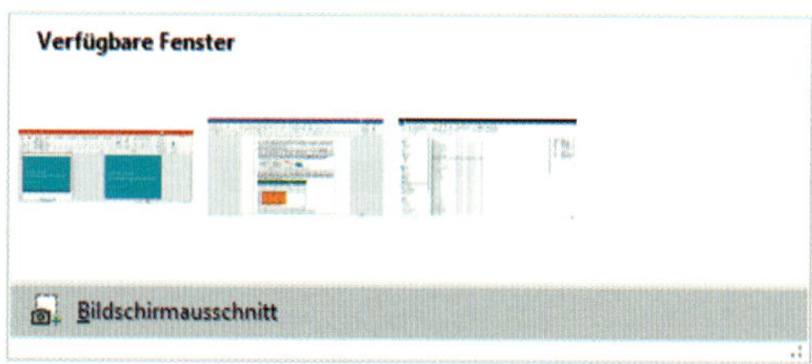

- Der ausgewählte Bildschirm wird matt dargestellt. Der Mauszeiger verändert sich in ein Kreuz. Danach können Sie mit der Maus einen Bereich festlegen, der normal dargestellt wird. Mit dem Loslassen der Maustaste wird der ausgeschnittene Bereich in das Dokument eingefügt.

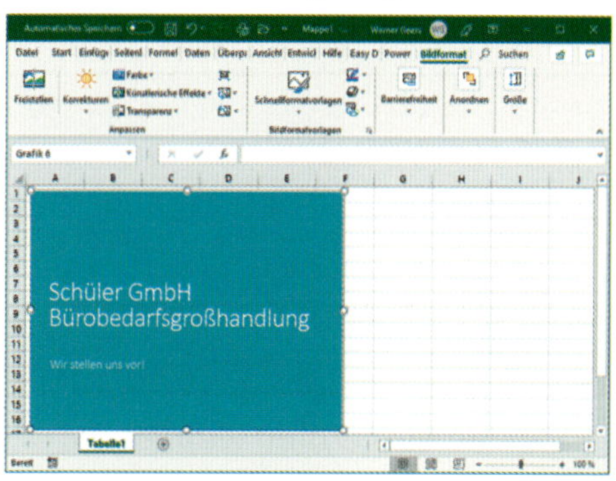

- Die Vorgehensweise ist in anderen Office-Programmen identisch.

14 Seitenlayout

14.1 Vorbemerkungen

Mit dem Einrichten einer Tabelle beginnt in der Regel die Vorbereitung auf einen späteren Druck. Selbstverständlich kann die Einrichtung auch den Zweck verfolgen, Seiten beispielsweise in einen Text oder in eine Präsentation zu integrieren.

Excel bietet grundsätzlich mehrere Möglichkeiten, Seiten einzurichten. Das Register **Seitenlayout**, das Fenster *Seite einrichten* und der Menüpunkt **Datei/Drucken** können zu diesem Zweck genutzt werden. Über eine Seitenvorschau können die Auswirkungen der Einstellungen sofort überprüft werden.

14.2 Einstellungen über das Register Seitenlayout

14.2.1 Seitenrand

Die Seitenränder können nach Vorgaben wie *Normal*, *Breit* oder *Schmal* gestaltet werden. Eine individuelle Gestaltung ist ebenfalls möglich.

Bearbeitungsschritte

- Öffnen Sie die Mappe *Umsatz1*. Speichern Sie die Mappe unter dem Namen *Umsatz_1_Druck* wieder ab. Klicken Sie danach im Register **Seitenlayout** in der Gruppe **Seite einrichten** die Schaltfläche **Seitenränder** an.

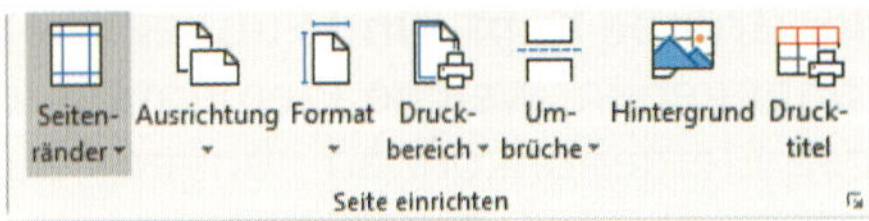

- Probieren Sie einige Möglichkeiten, um die Seitenränder zu gestalten.

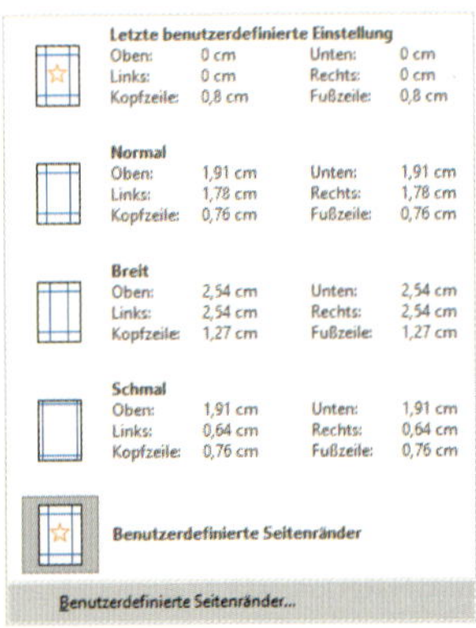

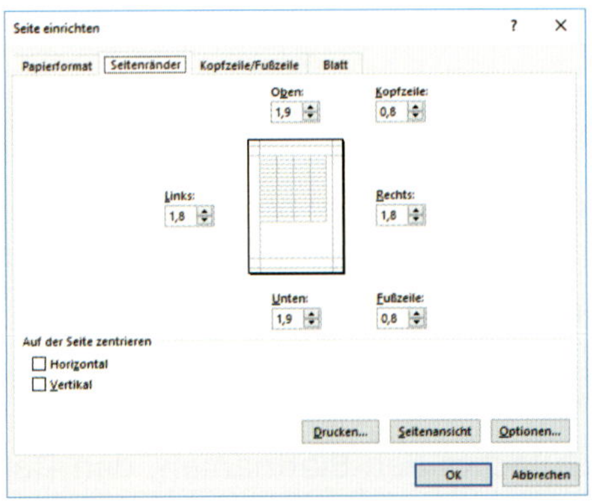

14.2.2 Ausrichtung

Die Ausrichtung einer Seite bezieht sich darauf, ob eine Seite im Hoch- oder Querformat dargestellt und gedruckt werden soll. Dies ist auch oftmals vom Papierformat abhängig.

Bearbeitungsschritte

- Klicken Sie im Register **Seitenlayout** in der Gruppe **Seite einrichten** die Schaltfläche **Ausrichtung** an. Bestimmen Sie ein Format.

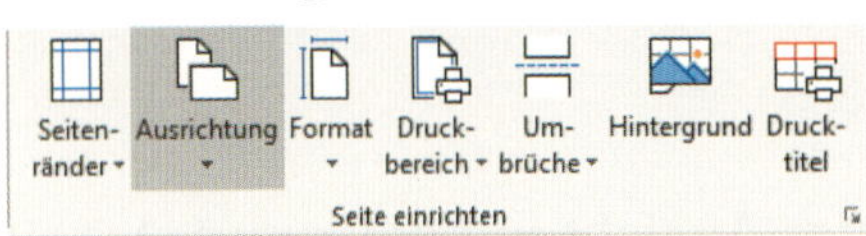

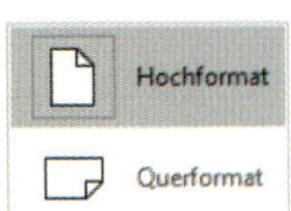

- Normalerweise wird auf **DIN A4** gedruckt. Überprüfen Sie die Einstellung.

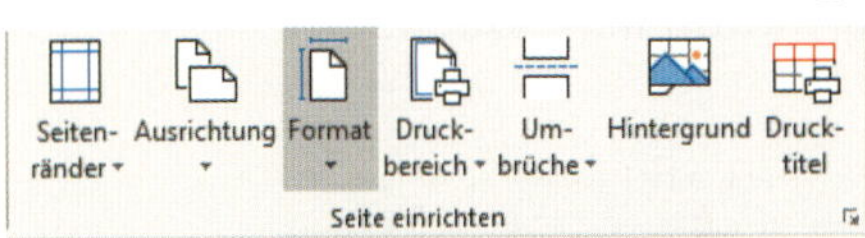

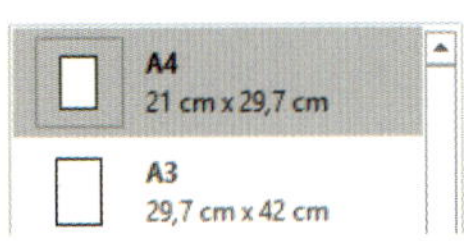

14.2.3 Kopf- und Fußzeile

Zur Gestaltung einer Tabelle gehört eine aussagekräftige Kopf- und/oder Fußzeile, in der beispielsweise der Titel der Mappe, ein Datum, die Seitenzahl usw. angegeben sind.

Bearbeitungsschritte

- Klicken Sie das Register **Einfügen** und dann in der Gruppe **Text** die Schaltfläche **Kopf- und Fußzeile** an.

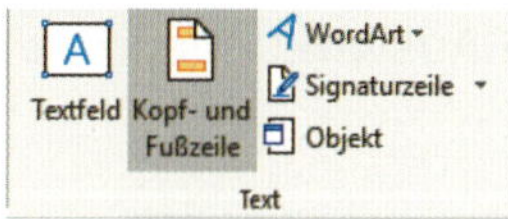

- Das Register **Kopf- und Fußzeile** wird eingeblendet.

- Klicken Sie gegebenenfalls in die Mitte der Kopfzeile der Tabelle.

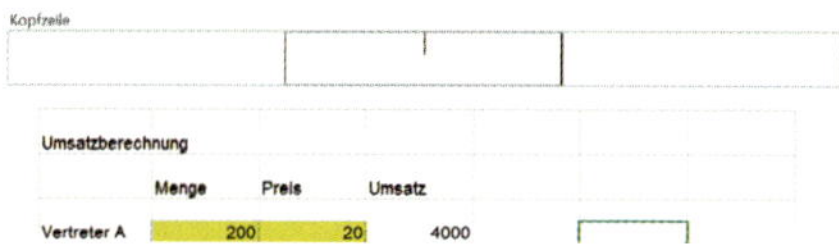

- Klicken Sie nun auf die Schaltfläche **Kopfzeile** in der Gruppe **Kopf- und Fußzeilenelemente** im Register **Kopf- und Fußzeile**. Es wird angegeben, welche Elemente in die Mitte der Kopfzeile eingefügt werden können. Diese Elemente können übrigens auch an jeder andere, Stelle der Kopf- bzw. Fußzeile eingesetzt werden.

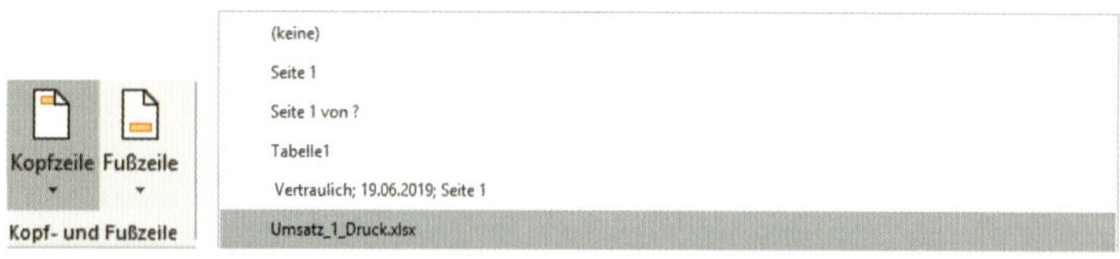

- Außerdem können Sie einzelne Elemente über die Schaltflächen der Gruppe **Kopf- und Fußzeilenelemente** im Register **Kopf- und Fußzeile** einfügen.

- Fügen Sie von links nach rechts den Blattnamen, den Dateinamen und das aktuelle Datum ein.

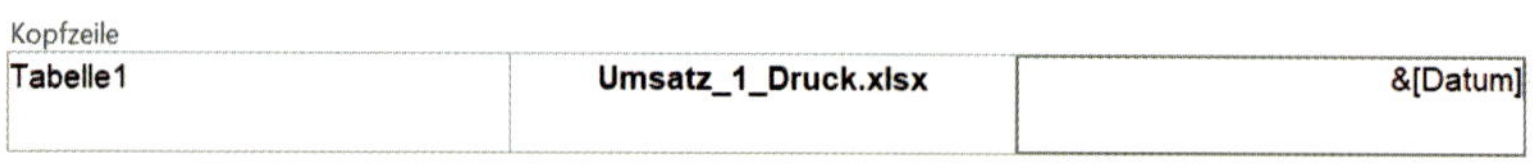

- Wenn Sie auf eine Zelle in der Tabelle klicken, wird das Ergebnis angezeigt:

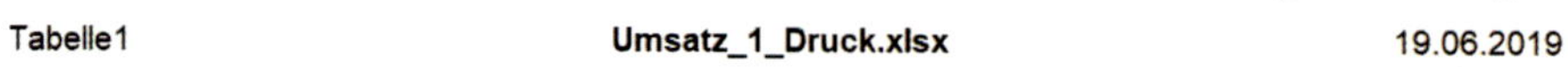

- Klicken Sie die Schaltfläche **Fußzeile** in der Gruppe **Kopf- und Fußzeile** im Register **Kopf- und Fußzeile** an. Fügen Sie Elemente ein.

- Klicken Sie danach eine Zelle und dann im Register **Ansicht** in der Gruppe **Arbeitsmappenansichten** die Schaltfläche **Normal** an. Sie können auch über die Schaltflächen am unteren rechten Bildschirmrand in die Normalansicht wechseln.

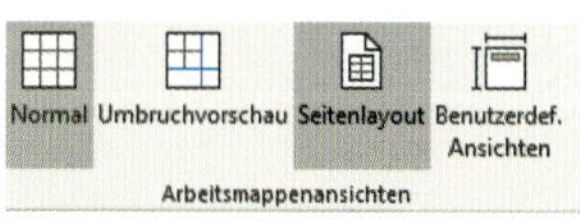

Bearbeitungsschritte (Fortsetzung)

- Schauen Sie sich das Ergebnis über den Menüpunkt **Datei/Drucken** in der Seitenansicht an. Es fällt auf, dass das Blatt nicht optimal ausgenutzt wird. Die Tabelle füllt nicht die gesamte Seite aus. Das Problem wird später gelöst.

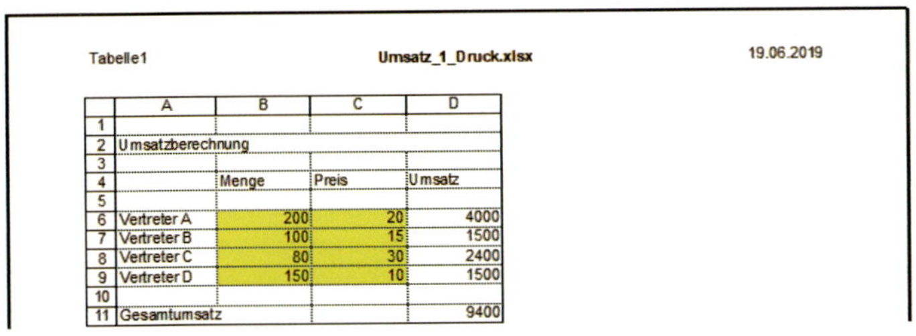

	A	B	C	D
1				
2	Umsatzberechnung			
3				
4		Menge	Preis	Umsatz
5				
6	Vertreter A	200	20	4000
7	Vertreter B	100	15	1500
8	Vertreter C	80	30	2400
9	Vertreter D	150	10	1500
10				
11	Gesamtumsatz			9400

- Sie können auch einzelne Elemente in der Kopf- und/oder Fußzeile formatieren. In der Seitenansicht könnte dann z. B. folgendes Ergebnis zu erkennen sein:

Tabelle1 Umsatz_1_Druck.xlsx **19.06.2019**

14.2.4 Zeilen- und Spaltenüberschrift, Gitternetzlinien

Beim Ausdruck können Zeilen- und Spaltenüberschriften und Gitternetzlinien genutzt werden, in der Regel sieht es jedoch vernünftiger aus, wenn sie ausgeblendet werden. Auch bei der Bildschirmdarstellung können diese Elemente ein- und ausgeblendet werden.

Bearbeitungsschritte

- Deaktivieren Sie die **Gitternetzlinien** und **Überschriften** in der Gruppe **Blattoptionen** im Register **Seitenlayout**. Über den Menüpunkt **Datei/Drucken** können Sie sich das Ergebnis ansehen.

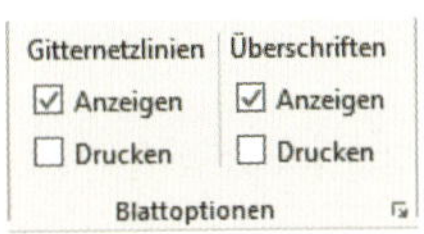

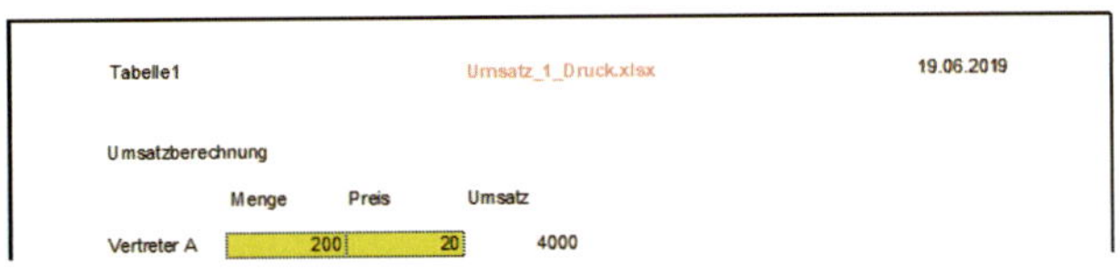

14.2.5 Anpassen an eine Seite

Um den Inhalt einer Tabelle optimal auf eine Seite zu verteilen, bietet es sich an, den Inhalt zu skalieren, d. h. vor dem Ausdruck zu vergrößern oder zu verkleinern. Dabei können Sie individuell nach Ihren Wünschen Einstellungen vornehmen, da die Darstellung prozentual angepasst werden kann.

Bearbeitungsschritte

- Schauen Sie sich zunächst den möglichen Ausdruck der Tabelle an. Wird nur ein Teil der Breite des Blattes ausgenutzt, sollten Sie sich überlegen, ob Sie durch eine Skalierung die Darstellung verbessern wollen. Eventuell können Sie auch eine Verkleinerung vornehmen, damit der Inhalt der Tabelle auf eine Seite passt.
- Legen Sie im Register **Seitenlayout** in der Gruppe **An Format anpassen** den Wert der Skalierung fest. Über den Menüpunkt **Datei/Drucken** können Sie sich das Ergebnis ansehen.

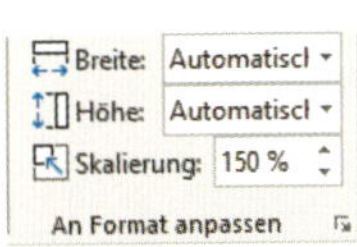

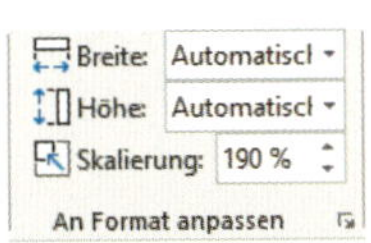

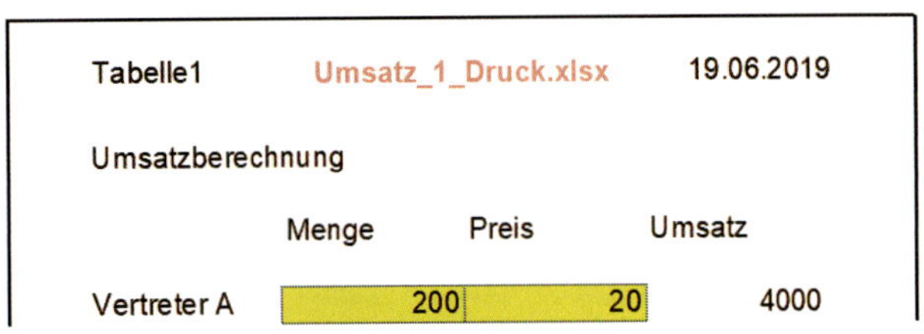

14.2.6 Formeln anzeigen und Drucken

Die Ausgabe der Daten kann durch eine Ausgabe vorhandener Formeln ergänzt werden.

Bearbeitungsschritte

- Klicken Sie die Schaltfläche **Formeln anzeigen** in der Gruppe **Formelüberwachung** im Register **Formeln** an. Passen Sie danach die Breite der Spalten den Erfordernissen an. Wenn die Ausgabe nicht auf eine Seite passt, müssen Sie im Register **Seitenlayout** in der Gruppe **An Format anpassen** die **Skalierung** anpassen.

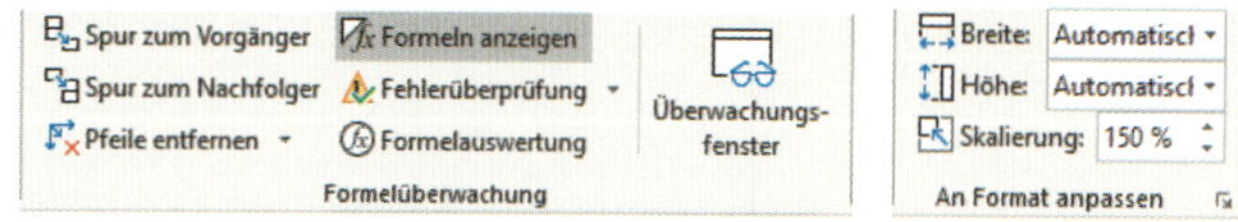

- Über den Menüpunkt **Datei/Drucken** können Sie sich Ergebnisse ansehen.

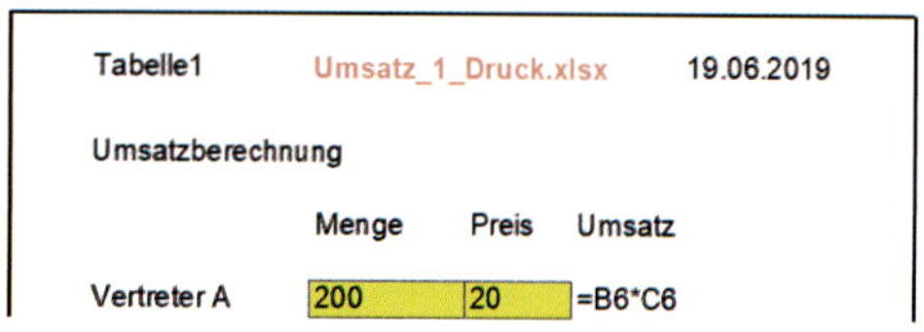

14.3 Einstellungen über die Schaltfläche Seite einrichten

Über das Fenster *Seite einrichten* lassen sich alle Einstellungen ebenfalls vornehmen. Der erfahrene Nutzer wird diese Möglichkeit u. U. vorziehen.

Bearbeitungsschritte

- Klicken Sie im Register **Seitenlayout** in der Gruppe **Seite einrichten** die Schaltfläche **Seite einrichten** am unteren rechten Rand an.

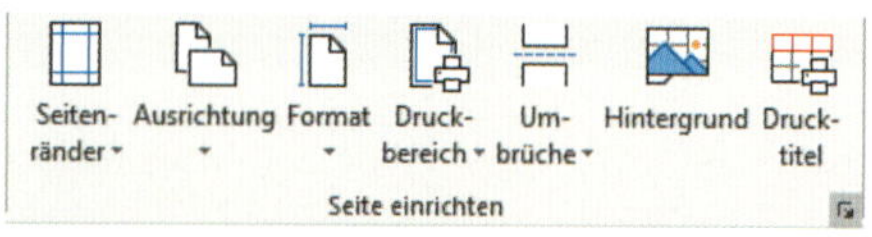

- Über die einzelnen Reiter können Sie Einstellungen vornehmen. Die Einstellungen entsprechen den zuvor gezeigten Einstellungen.

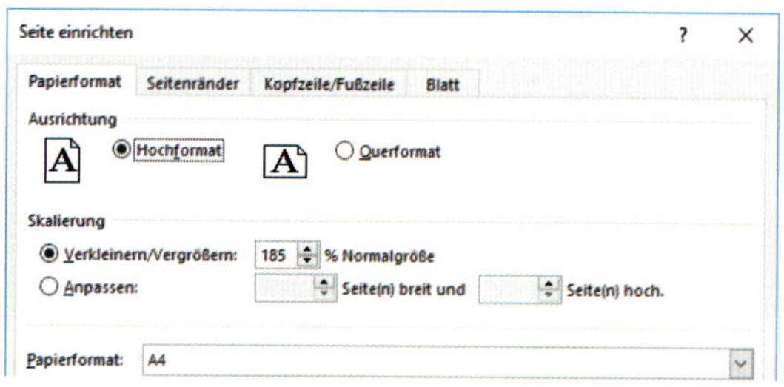

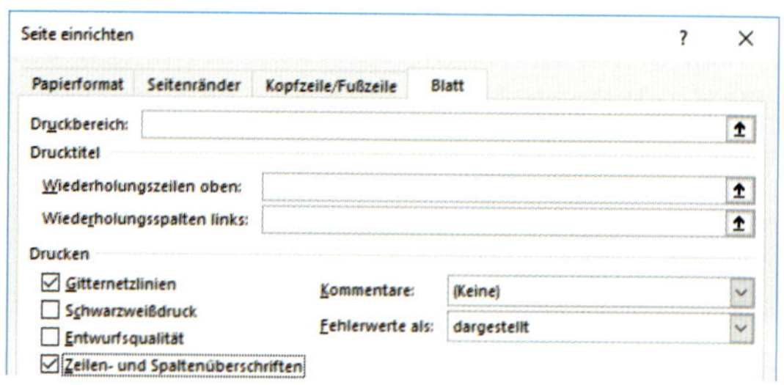

- Die Kopf- und Fußzeile kann über Schaltflächen ebenfalls genau definiert werden.

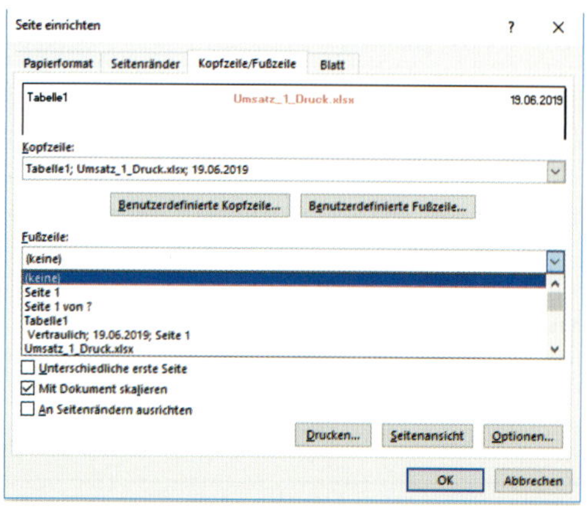

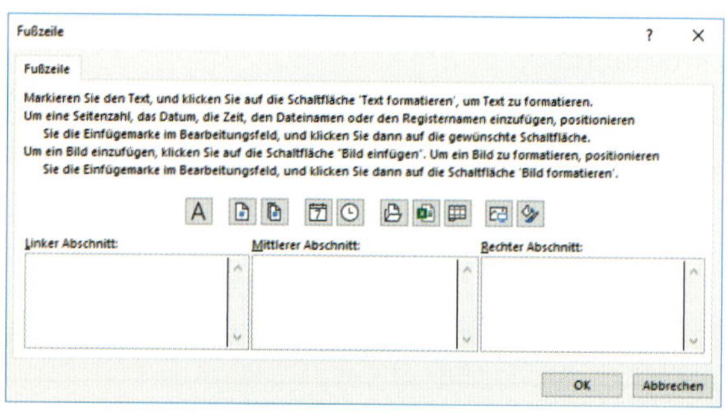

14.4 Einstellungen über die Druckvorschau

14.4.1 Überprüfen und Einstellen des Ausdrucks

Bevor eine Tabelle ausgedruckt wird, kann das Dokument in einer Art Druckvorschau überprüft werden. Dabei sehen Sie, ob das Ergebnis Ihren Vorstellungen entspricht. Ist dies nicht der Fall, können Sie die notwendigen Änderungen vornehmen.

Bearbeitungsschritte

- Öffnen Sie gegebenenfalls die Mappe *Umsatz_1_Druck*. Wählen Sie den Menüpunkt **Datei/Drucken**. Alle wesentlichen Einstellungsmöglichkeiten und eine Seitenansicht der Tabelle werden angezeigt:

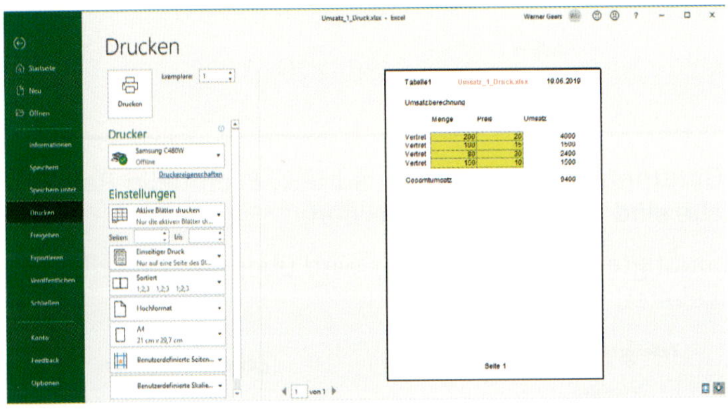

- Sie können nun die Einstellungen vornehmen. Bei benutzerdefinierten Einstellungen wird Ihnen das Fenster *Seite einrichten* zur Verfügung gestellt.

14.4.2 Rechtschreibprüfung und Thesaurus

Vor dem Ausdruck sollte eine Rechtschreibprüfung vorgenommen werden. Werden bestimmte Begriffe in der Tabelle oftmals benutzt, kann über den *Thesaurus* auch nach ähnlichen Begriffen mit gleicher Bedeutung gesucht werden.

Bearbeitungsschritte

- Geben Sie zu Übungszwecken das Wort *Provesion* statt *Provision* ein.

	A	B	C	D	E
4		Menge	Preis	Umsatz	Provisoin

- Klicken Sie im Register **Überprüfen** in der Gruppe **Dokumentprüfung** die Schaltfläche **Rechtschreibung** an. Die Rechtschreibprüfung findet den falschen Begriff und schlägt mögliche richtige Alternativen vor. Wählen Sie den richtigen Begriff aus und klicken Sie die Schaltfläche **Ändern** an. Die Korrektur wird vorgenommen.

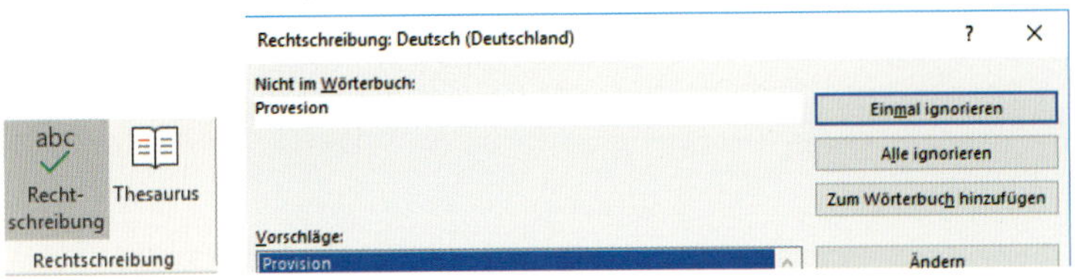

- Das gefundene Wort können Sie im Fenster oder in der Tabelle ändern. Markieren Sie die Zelle **B4**. Klicken Sie im Register **Überprüfen** in der Gruppe **Rechtschreibung** die Schaltfläche **Thesaurus** an. Suchen Sie nach verwandten Begriffen.

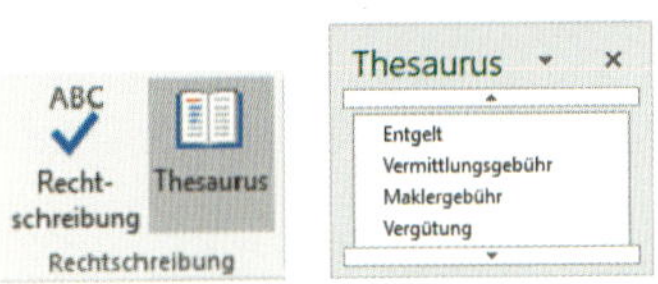

14.5 Übungen

1. Bereiten Sie die Druckausgabe der *ABC_Analyse 1* in der Mappe *Artikel* vor. Das Ergebnis sollte in etwa so aussehen (oberer und unterer Teil):

ABC-Analyse

Artikel					
Art_Nr	Artikelart	Umsatz	Umsatz %	Umsatz % kumuliert	>=
105	Fernsehgerät	275.448,00 €	24,84	24,84	A
101	Fernsehgerät	176.400,00 €	15,91	40,75	A

16.04.2020 Artikel 1

   a) Entfernen Sie sämtliche Gitternetzlinien für den Ausdruck. Eventuelle Rahmen um einzelne Zellen und Bereiche sind ebenfalls zu entfernen.

   b) Blenden Sie einige nicht benötigte Spalten aus. Dies wird über die Schaltfläche **Format** im Register **Start** eingeleitet.

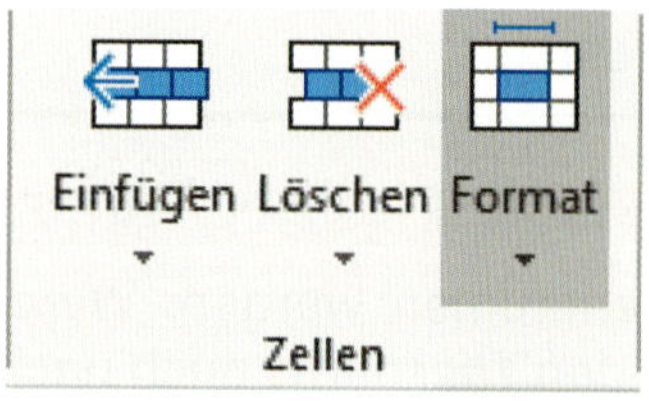

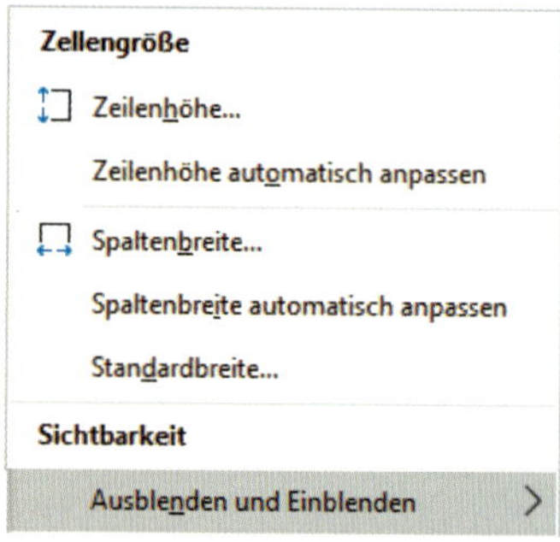

   c) Passen Sie die Spalten an die Seite an, indem Sie sie je nach Bedarf nach rechts oder links ziehen. Eventuell können Sie auch über eine Skalierung eine optimale Druckausgabe realisieren.

   d) Richten Sie die Seitenränder folgendermaßen aus: oben, unten jeweils 3; rechts, links jeweils 2; Kopf- und Fußzeile jeweils 3.

   e) Fügen Sie in der Kopfzeile den Seitentitel und in der Fußzeile das Datum, den Namen der Mappe und die Gesamtseitenzahl des Dokuments ein.

   f) Blenden Sie anschließend alle Spalten wieder ein.

2. Wiederholen Sie die Einrichtung einer Seite mit anderen Tabellen und verschiedenen Einstellungen.

3. Bereiten Sie die Ausgabe eines Diagramms im Querformat, eventuell mit Ausgabe eines Datums usw., vor.

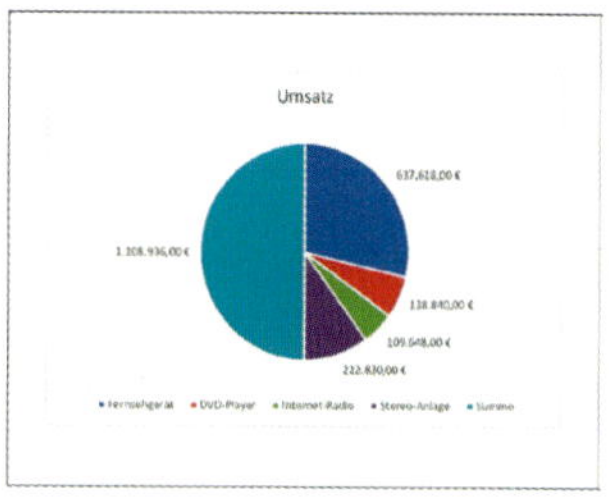

4. Geben Sie Seiten mit Formeln aus. Gestalten Sie die Kopf- und Fußzeile.

Kaufmann/Kauffrau für Büromanagement (Teil 1 der gestreckten Abschlussprüfung) Anwendungen, Befehle und Funktionen für den Prüfungsbereich „Informationstechnisches Büromanagement“

Aus Platzgründen werden die Inhalte in zwei verschiedene Zellen geschrieben. Sie beginnen im linken und enden im rechten Feld (Schriftart, Schriftgröße, Farbe, Fettschrift, Unterstreichung).

Programmübergreifendes Basiswissen		
Zeichen-formatierung	Schriftart Schriftgröße Farbe	Fettschrift Unterstreichung
Absatz-formatierung	Textausrichtung Zeilenabstand	Schattierung bzw. Füllfarbe Rahmen
Seitenlayout	Seitenrand Ausrichtung Kopf- und Fußzeile	Anpassen an eine Seite Feldfunktionen/Formeln
Tabelle	Spaltenbreite Zeilenhöhe Tabellenstruktur (Zellen, Zeilen, Spalten einfügen, löschen und verbinden)	Tabellenteil verschieben, kopieren Tabellen(blatt) einfügen, kopieren und benennen
Textfeld usw.	Textfeld, Grafik und ClipArt einfügen Größe und Position	Hyperlink und Symbol einfügen
Programm-übergreifende Anwendung	Datei einfügen	Diagramm, Tabelle, Text programmübergreifend nutzen und verknüpfen
	Suchen, Ersetzen und Sortieren	

Befehle und Funktionen der Tabellenkalkulation		
Funktionen für Berechnungen	ANZAHL/ANZAHL2	STUNDE/MINUTE
	HEUTE	SUMME
	JAHR/MONAT/TAG	SUMMEWENN
	MIN/MAX	SVERWEIS
	MITTELWERT	TAGE360
	ODER	UND
	RANG	WENN (auch verschachtelt)
	RUNDEN, AUFRUNDEN, ABRUNDEN	

Befehle und Funktionen der Tabellenkalkulation		
Diagramm erstellen und bearbeiten	Achse formatieren	Legende
	Achsenbenennung	Muster der Datenreihen und -punkte
	Datenbeschriftung in allen Diagrammtypen	Trendlinie hinzufügen
	Diagrammüberschrift	Zeichnungsfläche formatieren
	Gitternetzlinien	Zusatz (Textfeld, AutoFormen)
Allgemeine Rechenoperationen	Dreisatz	Prozentberechnung (auch prozentuale Veränderung)
	Durchschnitt (auch gewogen)	
Formatierung	Benutzerdefiniertes Format	Übersichtliche Darstellung von Diagrammen
	Format Zellen	Zeilen- und Spaltenüberschriften, Gitternetzlinien anzeigen

Sachwortverzeichnis

Bildquellenverzeichnis

Microsoft Deutschland GmbH, München: 9.1, 9.2, 9.3, 9.4, 9.5, 10.1, 10.2, 10.3, 10.4, 10.5, 10.6, 11.1, 11.2, 11.3, 12.1, 12.2, 12.3, 12.4, 12.5, 12.6, 12.7, 12.8, 12.9, 12.10, 12.11, 12.12, 12.13, 12.14, 13.1, 13.2, 13.3, 13.4, 13.5, 13.6, 14.1, 14.2, 14.3, 14.4, 14.5, 14.6, 14.7, 15.1, 15.2, 15.3, 15.4, 15.5, 15.6, 16.1, 16.2, 16.3, 16.4, 16.5, 16.6, 16.7, 16.8, 16.9, 17.1, 17.2, 17.3, 17.4, 17.5, 17.6, 18.1, 18.2, 19.1, 19.2, 19.3, 20.1, 20.2, 20.3, 20.4, 20.5, 21.1, 21.2, 21.3, 21.4, 21.5, 21.6, 22.1, 22.2, 22.3, 23.1, 23.2, 23.3, 23.4, 23.5, 23.6, 23.7, 23.8, 23.9, 23.10, 24.1, 24.2, 25.1, 25.2, 25.3, 25.4, 25.5, 26.1, 26.2, 26.3, 26.4, 26.5, 26.6, 26.7, 27.1, 27.2, 27.3, 27.4, 27.5, 27.6, 27.7, 27.8, 28.1, 28.2, 28.3, 28.4, 28.5, 28.6, 28.7, 28.8, 28.9, 29.1, 29.2, 29.3, 29.4, 29.5, 29.6, 29.7, 30.1, 30.2, 30.3, 30.4, 30.5, 30.6, 30.7, 32.1, 32.2, 34.1, 34.2, 34.3, 35.1, 35.2, 36.1, 36.2, 36.3, 36.4, 36.5, 36.6, 37.1, 37.2, 37.3, 37.4, 37.5, 38.1, 38.2, 38.3, 38.4, 38.5, 39.1, 39.2, 39.3, 40.1, 40.2, 40.3, 40.4, 40.5, 40.6, 40.7, 40.8, 40.9, 40.10, 40.11, 40.12, 40.13, 40.14, 41.1, 41.2, 41.3, 41.4, 41.5, 42.1, 42.2, 42.3, 42.4, 43.1, 43.2, 43.3, 43.4, 43.5, 43.6, 44.1, 44.2, 45.1, 45.2, 45.3, 45.4, 45.5, 45.6, 45.7, 45.8, 45.9, 46.1, 46.2, 46.3, 46.4, 46.5, 46.6, 46.7, 46.8, 46.9, 46.10, 47.1, 47.2, 47.3, 47.4, 47.5, 47.6, 47.7, 47.8, 47.9, 47.10, 47.11, 47.12, 47.13, 47.14, 47.15, 47.16, 47.17, 48.1, 48.2, 48.3, 48.4, 48.5, 48.6, 48.7, 48.8, 48.9, 49.1, 49.2, 49.3, 49.5, 49.6, 49.7, 49.8, 49.9, 49.10, 49.11, 49.12, 49.13, 49.14, 49.15, 50.1, 50.2, 50.3, 50.4, 50.5, 50.6, 50.7, 51.1, 51.2, 51.3, 51.4, 52.1, 52.2, 52.3, 52.4, 52.11, 52.12, 52.13, 53.1, 53.2, 53.3, 53.4, 53.5, 53.6, 61.1, 61.2, 62.1, 64.1, 73.1, 73.2, 74.1, 74.2, 75.1, 76.1, 76.2, 80.1, 80.2, 80.3, 80.4, 80.5, 80.6, 81.1, 81.2, 81.3, 81.4, 81.5, 81.6, 82.1, 82.2, 82.3, 82.4, 82.5, 82.6, 83.1, 84.1, 85.1, 85.2, 86.1, 86.2, 86.3, 86.4, 87.1, 87.2, 87.3, 89.1, 89.2, 89.3, 89.4, 89.5, 90.1, 90.2, 90.3, 91.1, 91.2, 91.3, 91.4, 91.5, 92.1, 92.2, 92.3, 92.4, 92.5, 92.6, 94.1, 94.2, 94.3, 95.1, 95.2, 95.3, 95.4, 95.5, 95.6, 95.7, 95.8, 96.1, 97.1, 97.2, 98.1, 98.2, 98.3, 98.4, 98.5, 99.1, 99.2, 99.3, 99.4, 100.1, 100.2, 100.3, 100.4, 101.1, 101.2, 101.3, 101.4, 101.5, 102.1, 102.2, 102.3, 102.4, 102.5, 103.1, 103.2, 103.3, 103.4, 103.5, 104.1, 104.2, 104.3, 104.4, 104.5, 104.6, 105.1, 105.2, 105.3, 105.4, 106.1, 106.2, 106.3, 107.1, 107.2, 108.1, 108.2, 108.3, 108.4, 108.5, 108.6, 109.1, 109.2, 109.3, 109.4, 109.5, 109.6, 110.1, 110.2, 110.3, 110.4, 110.5, 111.1, 111.2, 111.3, 111.4, 112.1, 112.2, 112.3, 112.4, 112.5, 112.6, 112.7, 112.8, 129.1, 131.1, 131.2, 131.3, 131.4, 131.5, 131.6, 131.7, 131.8, 132.1, 132.2, 132.3, 132.4, 132.5, 132.6, 132.7, 133.1, 133.2, 133.3, 133.4, 134.1, 134.2, 134.3, 135.1, 135.2, 135.3, 135.4, 136.1, 136.2, 136.3, 139.1, 139.2, 139.3, 139.4, 139.5, 139.6, 139.7, 139.8, 139.9, 139.10, 139.11, 139.12, 140.1, 140.2, 140.3, 140.4, 140.5, 140.6, 140.7, 140.8, 140.9, 140.10, 140.11, 140.12, 140.13, 140.14, 140.15, 140.16, 140.17, 140.18, 141.1, 141.2, 141.3, 141.4, 141.5, 141.6, 141.7, 142.1, 142.2, 142.3, 142.4, 142.5, 142.6, 142.7, 142.8, 142.9, 142.10, 143.1, 143.2, 143.3, 143.4, 143.5, 144.1, 144.2, 144.3, 144.4, 144.5, 144.6, 145.1, 145.2, 145.3, 145.4, 146.1, 146.2, 146.3, 146.4, 146.5, 146.6, 146.7, 146.8, 146.9, 146.10, 147.1, 147.2, 147.3, 147.4, 147.5, 148.1, 148.2, 148.3, 148.4, 148.5, 149.1, 149.2, 149.3, 149.4, 149.5, 150.1, 150.2, 150.3, 150.4, 150.5, 150.6, 151.1, 151.2, 151.3, 151.4, 151.5, 151.6, 152.1, 152.2, 152.3, 153.1, 153.2, 153.3, 153.4, 153.5, 154.1, 154.2, 154.3, 155.1, 155.2, 155.3, 155.4, 155.5, 156.1, 156.2, 157.1, 157.2, 157.3, 157.4, 158.1, 159.1, 159.2, 159.3, 160.1, 160.2, 160.3, 160.4, 160.5, 160.6, 161.1, 161.2, 161.3, 161.4, 162.1, 162.2, 162.3, 162.4, 162.5, 162.6, 163.1, 163.2, 163.3, 163.4, 164.1, 164.2, 165.1, 165.2, 166.1, 166.2, 166.3, 167.1, 167.2, 167.3, 167.4, 167.5, 167.6, 168.1, 168.2, 178.1, 178.2, 178.3, 178.4, 179.1, 179.2, 179.3, 179.4, 179.5, 179.6, 180.1, 180.2, 180.3, 180.4, 180.5, 180.6, 181.1, 181.2, 181.3, 181.4, 181.5, 182.1, 182.2, 182.3, 182.4, 182.5, 182.6, 183.1, 183.2, 183.3, 183.4, 183.5, 183.6, 184.1, 184.2, 184.3, 184.4, 184.5, 184.6, 184.7, 185.1, 185.2, 185.3, 185.4, 185.5, 185.6, 185.7, 186.1, 186.2, 186.3, 186.4, 186.5, 186.6, 186.7, 186.8, 187.1, 187.2, 187.3, 188.1, 188.2, 188.3, 188.4, 188.5, 188.6, 188.7, 189.1, 189.2, 189.3, 189.4, 189.5, 190.1, 190.2, 190.3.

stock.adobe.com, Dublin: A Stockphoto 52.9; alekseyvanin 119.1, 121.1; birdeyefotolia 52.8; fotofabrika 52.5; iamchamp Titel; jittawit.21 52.7; Peterman, Sergey 49.4; piyaphunjun 52.6; stockphoto-graf 52.10; walker333 118.1, 120.1.

Wir arbeiten sehr sorgfältig daran, für alle verwendeten Abbildungen die Rechteinhaberinnen und Rechteinhaber zu ermitteln. Sollte uns dies im Einzelfall nicht vollständig gelungen sein, werden berechtigte Ansprüche selbstverständlich im Rahmen der üblichen Vereinbarungen abgegolten.